中国历史

双色配图版

1000问

主编　申欢欢　　谢　婷

编者　李春香　李　淼　陈　昂
　　　毕文静　冯志军

中国地图出版社

北京

图书在版编目（CIP）数据

　　中国历史1000问 ／ 申欢欢，谢婷主编． —— 北京 ：
中国地图出版社，2012.5

　　ISBN 978-7-5031-6477-4

　　Ⅰ．①中… Ⅱ．①申… ②谢… Ⅲ．①中国历史 – 通
俗读物 Ⅳ．①K209

　　中国版本图书馆CIP数据核字（2012）第061589号

ZHONGGUO LISHI WEN

中国历史1000问

出版发行	中国地图出版社	邮政编码	100054
社　　址	北京市西城区白纸坊西街3号	网　　址	www.sinomaps.com
电　　话	010 – 83543907　83543902		
印　　刷	北京一鑫印务有限责任公司	经　　销	新华书店
成品规格	170mm×240mm	印　　张	14
版　　次	2012年5月第1版	印　　次	2020年8月北京第10次印刷
定　　价	28.00元		
书　　号	ISBN 978-7-5031-6477-4		
审 图 号	GS（2012）634号		

本书中国今国界线系按照中国地图出版社1989年出版的1：400万《中华人民共和国地形图》绘制
如有印装质量问题，请与我社发行部联系调换

目录

青少年不可不知 ● 中国历史 *1000* 问

秦汉卷

三国两晋南北朝卷

隋唐五代卷

宋 代 卷

辽 金 元 卷

明 代 卷

清 代 卷

晚 清 卷

中 华 民 国 卷

中华人民共和国卷

先秦卷

　　先秦时期包括远古时代及夏、商、西周、春秋、战国等历史阶段，约占中国历史的一半时间，是中华文明的滥觞时期。在这长达数千年的历史阶段中，中国从分散逐步走向统一，中华文明从发源逐步走向辉煌，各民族交流频繁，形成了独具特色的文化。

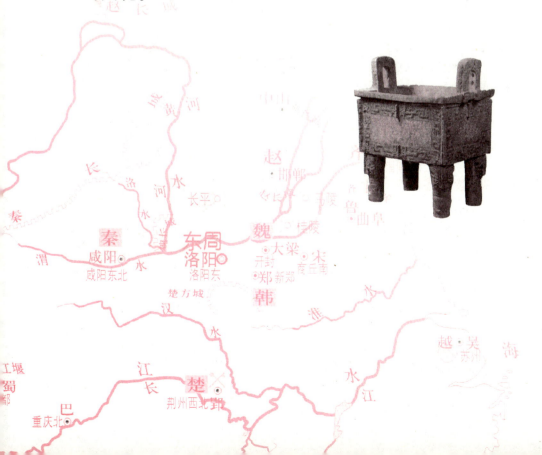

为什么盘古要开天辟地

民间神话传说，太古时尚无天地，就像鸡蛋一样。盘古出生在混沌的黑暗团中，他不能忍受黑暗，就用神斧劈向四方，使得清气上升为天，浊气下降为地，天空高远，大地辽阔。为了不使天地重新合并，他继续施展法术，每当盘古的身体长高一丈，天空就随之增高一丈，经过上万年的努力，盘古变成一位顶天立地的巨人，而天空升得高不可及，大地也变得厚实无比。盘古死后，身体化为四极五岳，血液化为江河，毛发化为草木，留给后人无穷无尽的宝藏。"盘古开天"的传说最早见于三国时徐整的《三五历记》。

你知道女娲造人的传说吗

民间传说，天地开辟之初，大地上并没有人类，有一位人面蛇身的女神女娲觉得非常寂寞，就按照她自己的模样创造了人。一开始她把黄土捏成团来造人，后来发现这样又忙又累，疲倦不堪。于是她就将绳子投入泥浆中，把泥浆甩落在地上，就变成了一个个人。不久，大地上就布满了人类的踪迹。后人说，富贵的人是女娲亲手团黄土造成的，而贫贱的人只是女娲用绳沾泥浆，把泥浆洒落在地上变成的。为了解决人类延续生存的问题，她又把人类分为男女，叫他们自己去创造后代。这样，人类就世世代代绵延下来，女娲也被民间奉为创世神和始祖神。

你知道黄帝战蚩尤的传说吗

大约在4 000多年前，我国黄河、长江流域一带住着许多氏族和部落。一次著名的大战发生在以黄帝为首的部落和蚩尤为首的部落之间。以黄帝为首领的部落发展兴盛；蚩尤属于南方的苗蛮部族，他有81个铜头铁额的兄弟，他们懂得用金属炼制兵器，在风伯、雨师的帮助下，向黄帝挑战，双方在涿鹿展开大战。战斗非常激烈，蚩尤虽然兵士凶猛，会做风雨大雾等法术，但黄帝有应龙、熊罴貔貅貙虎和旱神女魃的帮助，又发明了指南车，破除了蚩尤的妖雾，最后擒获并杀

死了蚩尤。

之后，天下都尊奉黄帝为天子，称为轩辕黄帝。他带领百姓定居中原，奠定了华夏民族的根基。

涿鹿之战

我国最早的人类遗址在哪里

一般认为，我国境内已知的最早人类是发现于云南的元谋人，距今约170万年。

1965年，我国地质工作者在云南元谋发现两颗猿人牙齿化石，经研究分析，同属一个男性成年人个体，形态特征与"北京猿人"相似，但较粗壮，具有明显的原始性状。经中国科学院专家用古地磁测定，其生存年代距今约170万年，为亚洲最早的原始人类。它把中国发现的最早人类化石的年代推前了100多万年。

元谋人遗址出土了石器、炭屑和烧骨，还有一些有明显人工痕迹的动物骨片，表明元谋人当时已学会了用火及制造简单工具。

什么叫"北京人"，其特征是什么

北京人的生活场景

"北京人"通常称为北京猿人、中国猿人，正式名称为"中国猿人北京种"，现在在科学上常称之为"北京直立人"，生活在距今大约77万年至20万年前。

"北京人"遗址发现地位于北京市西南房

山区周口店龙骨山，1921年发现，1927年起进行发掘。"北京人"遗址发掘出第一个完整的北京人头骨，此后又发现石制品、骨角制品和用火遗迹。

北京人是属于从古猿进化到智人的中间环节的原始人类，但其外貌仍保留了不少原始性状：如头骨低平、眉嵴突出、面部短而吻部前伸；脑量平均仅1 000多毫升，大约只及现代人的2/3；身材粗短，腿短臂长，头部前倾等。

什么叫图腾

图腾一词源于印第安语"totem"，意思为"它的亲属""它的标记"，是原始人群体所信仰的某种自然或有血缘关系的亲属、祖先、保护神的标志和象征，是人类历史上最早的一种文化现象。图腾源于"万物有灵"观念，是与祖先崇拜紧密相关的，原始人认为本氏族人与某种动物或植物具有亲缘关系，因而用来做本氏族的徽号或标志，即是图腾。

为什么龙是中华民族的象征

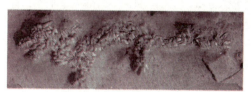

河南濮阳发现的蚌壳龙

从考古和历史记载的研究中可以看到，中国先民们的崇龙习俗已经有8 000多年的历史。在早期，古人对大多自然现象无法作出合理解释，于是便希望自己民族的图腾具备风雷的力量，群山的雄姿，最终各个部落动物图腾融合而形成了龙：角似鹿、头似驼、眼似兔、项似蛇、腹似蜃、鳞似鱼、爪似鹰、掌似虎、耳似牛，这意味着龙是万兽之首，万能之神。

龙的形象反映了各民族的共同意愿，最初就是中华民族团结合力的象征，体现了中华民族追求天、地、人沟通和统一的宝贵精神。龙的融合过程，是中华民族融合的过程。因此说，龙是中华民族的象征。

什么是氏族、部落

氏族是原始社会中以相同的血缘关系结合的人类社会群体，其成员出自一个共同的祖先。氏族大约产生于旧石器时代中、晚期，他们往往用一种动物或植物作为图腾标记。在氏族中，婚姻有一定的规定；氏族成员地位平等，集体劳动，财产共享。公共事务由氏族首领和氏族会议决定。氏族社会先后经过母系氏族社会、父系氏族社会，大约在铜石并用时代由于私有制的发展而解体。

部落是由若干血缘相近的宗族、氏族结合而成的集体。它们形成于原始社会晚期，有较明确的地域范围、名称、方言、宗教信仰和习俗，有以氏族酋长和军事首领组成的部落议事会，部分部落还有最高首领。

为什么说半坡文化是母系氏族社会的代表

约从10 000年前开始，人类进入了母系氏族社会。母系氏族的全体成员以母系血缘为纽带联结在一起。在母系社会中，妇女对财产的支配权大于男子，氏族家庭是以女子为中心建立起来的。

半坡居民的半地穴式建筑

半坡文化属黄河中游地区新石器时代的仰韶文化，位于陕西省西安半坡村，距今约6 000余年。半坡文化时代是女人地位高于男人的时代，女人掌管着农业，在生产中起主要作用，她们是氏族的管理者。这说明，半坡文化是母系氏族社会文化的代表。

为什么说龙山文化是父系氏族社会的代表

约5 500年至4 000年前，母系氏族社会为父系氏族社会所取代。在父系氏族社会中，随着农业和手工业的发展，男子在生产中的地位和作用越来越大，家庭婚姻关系也由"从妻居"改变为"从夫居"，子女成为父亲财产的继承者。

龙山文化泛指中国黄河中、下游地区约新石器时代晚期的一类文化遗存，因1928年首次发现于山东历城县龙山镇而得名，距今约4 000余年。龙山文化特征明显，男子更多地担负起农业生产和外出渔猎的任务，成为社会和家庭的中心，女子退居二线。女子结婚后要搬到男方家里去住，死后两人合葬。这说明，龙山文化是父系氏族社会的代表。

谁是三皇，谁是五帝

三皇五帝是中国在夏朝以前出现在传说中的"帝王"。三皇的年代早于五帝，但是不同史家对"三皇五帝"有不同的定义。

关于"三皇"的说法，主要有：①燧人、伏羲、神农；②伏羲、女娲、神农；③伏羲、祝融、神农；④伏羲、神农、共工；⑤伏羲、神农、黄帝。其中，最后一种说法影响最大。

关于"五帝"的说法，主要有：①黄帝、颛顼、帝喾、尧、舜；②黄帝、少昊、颛顼、帝喾、尧；③少昊、颛顼、帝喾、尧、舜。其中，最后一种说法影响最大。

《史记·秦始皇本纪》说："天皇、地皇、泰皇为三皇"；《史记·五帝本纪》列"黄帝、颛顼、帝喾、唐尧、虞舜"为五帝。

为什么中国人称自己为炎黄子孙

"炎黄"分别指上古时期的炎帝族和黄帝族。他们曾经发生过战争，后来黄帝族与炎帝族联合，在我国广大的中原地区占据了主导地位，影响日益广泛。之后，黄帝族、炎帝族和九黎族三个部落，逐步以黄帝族为主，相互融合，形成了春秋时期的华族，汉代以后称为汉族。在当时中原地区的民族和部落中，炎黄部族的力量较强，文化影响也较大，因而炎黄部族就成为中原文化的代表，炎黄二

帝就成为汉族的始祖，也被人们称为中华民族的始祖。因而，"炎黄子孙"就成了中国人的自称。

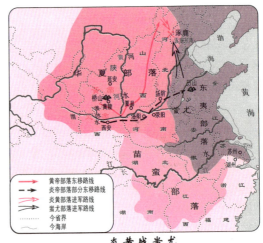
炎黄战蚩尤

为什么说黄河流域是中华民族的摇篮

中华民族的祖先从遥远的古代起，就已经开始在黄河流域从事生产和生活了。我国古人类遗址的分布，主要以黄河中游的关中平原、晋西南盆地和豫西沿河地带为中心，这正是我国古代华夏文明的发祥地。传说中华民族的始祖黄帝，就生于河南的新郑，主要活动于今河南、河北、陕西一带。我国历史从有文字记载以来，有八大古都，分别是西安、洛阳、开封、郑州、安阳、南京、杭州和北京，其中西安、洛阳、开封、郑州、安阳都在黄河流域。所以说，伟大的黄河是我们中华民族的摇篮。

尧为什么要把帝位传给舜

尧是一位集仁德和智慧于一身的伟大天子。在选择继承人时，因长子丹朱为人"顽凶"，尧决定不把帝位传他。群下推荐共工，尧说共工这个人好夸专其谈，做事不循正道，也否决了。他想从四位诸侯长中选出一位继承人，但他们都说自己无德无能，不敢接受。于是尧便让天下举荐贤能，众人把当时在民间的舜推荐上去，尧试

用舜三年后，发现他很有成绩，便正式让他"摄行天子之政"。

尧在选择继承人的重大问题上表现出了大公无私，他说："终不以天下之病而利一人"，这是常人难以做到的。

尧

舜

大禹是怎样治水的

大约在4 000多年前，我国的黄河流域洪水为患。尧命鲧治水，鲧采取"水来土挡"，以"堵"为主的策略，最后治水失败而被杀。鲧死后，其子禹主持治水。禹经过周密考察，确立了"疏"的方针，顺水性就下，导之入海，高处凿通，低处疏导。

据说禹治水非常辛苦，三过家门而不入，由于长期泡在水中，小腿上的毛都泡掉了，腿上还落下了残疾，后人称之为"禹步"。他的妻子到工地看他，也被他送回。禹治水13年，耗尽心血与体力，终于完成了这一名垂青史的大业，被奉为英雄，人称"大禹"。

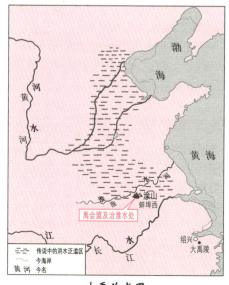
大禹治水图

为什么称中国为九州

以九州代指中国的渊源可追溯至大禹时代。史载大禹在治水过程中，根据山川河流走向分野，把中原划分为九州，即"冀、兖、青、徐、扬、荆、豫、梁、雍。"九州是以黄河、长江流域为中心的活动区域。殷商代夏后，仍有以九州建制的说法；周灭商以后，也保持着九州划分天下的观念，只是有所损益。

三代以后，华夏族基本形成，以九州为华夏族生息繁衍基地的观念也扎下了根。正如"中国人是炎黄子孙"的观念那样，九州成了代表中国的地理观念，深深地印在了中国的传统文化当中。因而，在2 000多年的历史上，九州一直在各种典籍中出现，作为中国的代称。

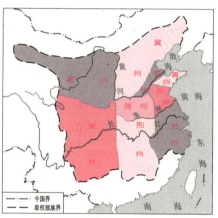
传说中的九州示意图

为什么说夏朝是中国奴隶社会的开端

禹治水成功后，接替舜当选为部落联盟首领。禹曾选伯益为自己的继承人。但是，禹死后，他的儿子启夺取王位，并杀死伯益。从此，中国历史上的"禅让时代"结束，开始了王位世袭制，由"天下为公的大同世界"进入了"家天下"的奴隶社会。夏是我国历史上第一个王朝，共存在了400多年。

夏朝以前，人们生活在部落里，彼此平等；夏朝建立后，部落首领和富有的人压迫和剥削奴隶，并把原来公有的财产据为已有，并建立了国家、监狱和等级制度。因为夏朝社会这些特征符合奴隶社会的衡量标准，所以说夏朝是我国历史上奴隶社会的开端。

少康复国是怎么回事

夏王太康在位时(约公元前20世纪中期),终日田猎,不理民事,国力日衰。后被东夷有穷氏部族首领后羿乘虚夺取政权,后羿自立为王。不久,后羿也迷于田猎,被部属寒浞联合后羿家臣所杀,寒浞遂逼死其子而称王。

太康弟弟的儿子相逃往别处立国。寒浞派兵进攻并杀死了相。相的儿子少康长大后投奔有虞氏,并娶有虞氏二女成家;不断积蓄力量,积极准备复国。

后来,少康和夏朝遗臣伯靡联合发起复国之战,采取先除其羽翼,后击其首的方略,大败并灭掉寒浞,伯靡遂立少康为帝。少康回到夏初都阳翟,恢复了夏后氏的统治。

中国现存最早的一部历书是什么

《夏小正》是我国现存最早的科学文献之一,是现存最早采用夏时的历书,也是中国现存最早的一部记述天象和物候的著作。关于它的成书年代,学术界争论很大,但一般认为最迟成书在春秋时期。书中的一些内容可能反映了夏朝时候的天文学知识。

《夏小正》由"经"和"传"两部分组成,全文共400多字。它按一年十二个月,分别记载每月的物候、气象、星象和有关重大政事,特别是生产方面的大事。因为它的历法是与农业生产的季节变化密切相关的,所以人们就把夏历也叫做"农历"(俗称阴历),现在我们每年过的春节,就是夏历年的第一天。

谁领导商族灭了夏王朝

夏朝的最后一个国君桀骄侈淫逸,腐朽暴虐。夏朝百姓对桀的统治深恶痛绝,夏统治集团内部也分崩离析,矛盾重重。

面对夏桀的暴政,商族首领汤采取"宽以待民"的政治策略,笼络民心,扩大自己的影响。遇到哪个方国有灾有难,就主动救济,并积极网络人才收集有关夏桀政权的情报信息,为进一步消灭夏朝做积极的准备。在力量准备充足以后,商汤于公

元前1600年领导了灭夏战争。双方军队在鸣条进行了决战,商军获得全胜,桀狼狈出逃,据说后来死在了安徽巢县,夏王朝宣告灭亡。

商汤灭夏以后,建都于亳,自称武王,并进一步营建其奴隶制文明大国——商。

商代国家结构是怎么样的

商王国的辽阔疆域内,存在许许多多的聚落和按血缘关系组成的聚落群,每个聚落群以一个中心聚落为中心,结合周围的聚落构成了一个个的方国,商王国就是由这些众多的方国组成的。商王国对内实行"内外服"的国家结构形式,即商王通过各级官僚对王畿内实行初级的专制统治,对地方方国则凭借军事实力使其臣服,承认其相对的独立性,并保留其地方军队及政治上的自治,使其变为商王国的地方国家机构,通过对地方诸侯形式上的册封及使其在中央政府任职加强中央与地方的联系,实现对地方方国的间接统治。整个商王朝就是建筑在宗族之上的庞然大物。

伊尹流放太甲是怎么回事

伊尹是殷商初期著名的贤臣,从商汤开始,伊尹历事商朝五代君主,为商朝的建立立下了汗马功劳。在第五位商王太甲时期,伊尹以太甲不守规矩,坏了祖宗的法度为由,将其流放到了商汤的墓葬地桐宫。流放了太甲后,伊尹见朝中无主,就自己执政,直到太甲悔恨,改正了错误,伊尹才将太甲从桐宫接回来,把国家重新交给太甲。

为什么盘庚要迁殷

商王国建立伊始,王室内部的斗争就非常尖锐和剧烈。由于王位不能按照规定秩序继承,造成了王室内乱,削弱了商王国的统治力量。商王盘庚即位后,为了解决由于王位争夺而产生的王室内部的纠纷,同时削弱那些具有争夺王位资格的奴隶主贵族的政治地位和统治力量,强化自己的统治权力,力主迁都。

盘庚即位之初，国都位于奄（今山东曲阜）。盘庚力排众议，迁都于殷（今河南安阳西北）后，保证了王位由一个家族的父子世袭。一直到商末，从未出现过因争夺王位而引起的斗争。正是由于王室内部的政治纠纷得以解决，商王能够加强其内政武功方面的统治，盘庚以后的商王国才有了长足的发展。史载"百姓思盘庚"，这就是根本原因。

什么叫做"殷墟"

殷墟是商朝后期的都城遗址，位于河南省安阳市区西北小屯村一带，距今已有3 300多年的历史。因出土大量的甲骨文和青铜器而驰名中外。现已被列入《世界遗产名录》。

公元前14世纪，商朝第二十位国王盘庚将其都城从"奄"（今山东曲阜）搬迁到风景秀丽、土地肥沃的"殷"地，即现在的安阳小屯村一带。直至商朝灭亡，殷作为商之首都，共经历了八代十二王，历时273年。后人称这段历史为殷朝，此地也被称为殷都。殷都被西周废弃之后，逐渐沦为废墟，被人们冠之以"殷墟"的称谓而闻名于世。从考古发现看，殷当时是全国，乃至是东方的政治、经济、文化中心。

青铜器

"武丁中兴"是怎么回事

武丁是商朝君主，后世称为高宗，是盘庚弟弟小乙之子。他年幼时与平民一起劳作，了解民生之不易。即位后，他提拔傅说执政，还任用甘盘为大臣，"接天下之政，治天下之民"，力求巩固统治，增强国力，使商王朝得以大治。

武丁在位期间，不断进行大规模的征伐，据殷墟卜辞记载，其配偶妇好还亲自率兵征伐羌方。武丁的征伐战争，为商王朝形成广大疆域奠定了基础。由于武丁将商王朝推向极盛，被称作"武丁中兴"。

武丁在位59年，死后，由其子祖庚继承王位。

世界上最大的古青铜器是什么

司母戊鼎（又称后母戊大方鼎）是我国现存最大、最重的青铜器，它通高133厘米，器口长110厘米，宽78厘米，重875千克，鼎腹长方形，上竖两只直耳（发现时仅剩一耳，另一耳是后来据原耳复制补上的），下有

司母戊大方鼎

四根圆柱形鼎足，形制雄伟，整体古朴、庄重，工艺高超，又称司母戊大方鼎。

司母戊鼎是商代后期王室祭祀用的青铜方鼎，1939年在河南省安阳市一片农地中出土，因其鼎内部铸有"司母戊"（或释为"后母戊"）三字而得名，是商朝青铜器的代表作之一，现藏于中国国家博物馆。

占卜是怎么回事

最晚在新石器时代，占卜活动就已经开始在我国流行。商代是占卜活动极为盛行的时代，当时事无巨细，都要通过占卜来决定吉凶。正是这种占卜活动，加速了甲骨文的形成和发展。

甲骨占卜所用的材料非常讲究，主要是龟甲、兽骨。龟甲主要用龟腹甲，有时也用龟背甲；兽骨主要是牛的肩胛骨，也有其他动物如羊、猪的肩胛骨，还发现有鹿角等。

在占卜之前，要在甲骨片上钻凿小孔，占卜时在钻凿处灼烤，待发出爆裂后，便产生"卜"字兆纹，贞人根据兆纹来判断所问事物的成败与吉凶。之后，将其占卜的问题和结果契刻在甲骨的正面或反面，即"卜辞"。

你听说过纣王的淫乱和暴虐吗

商纣王名帝辛，是中国商朝末代君主。

《史记》记载，帝辛宠信妲己，建立酒池肉林；杀害忠臣义士，其叔父比干因敢于直言进谏而被剖心而死；囚禁异己，将西伯姬昌幽禁7年之久；为观察胎儿，他让人剖开孕妇的肚子；他想知道冬天光脚过河的农夫为什么不怕冷，竟叫人砍掉他的双脚。

传说纣王还从民间搜罗大量美女，供其淫乐。被强掠的九侯之女誓死不从，被纣王残忍杀害。九侯及其好友鄂侯悲痛地谴责纣王，纣王将他们一个剁成肉酱，一个割成碎块，烤成肉干。他还大兴土木，用7年时间建造鹿台，用于自己享乐。

纣王的暴虐，加速了商朝的灭亡。

你知道武王伐纣的历史吗

武王伐纣

因为商纣王的暴虐统治，西伯姬昌（周文王）积蓄力量，准备灭商。周文王在完成灭商大业前夕逝世，其子姬发继位，是为周武王。他遵循既定的战略方针，在孟津与诸侯结盟，准备伺机兴师。

当时，商纣王已感觉到周人对自己构成的严重威胁，决定对周用兵。然而为了平息东夷恰于此时的反叛，纣王调动部队倾全力进攻东夷，结果造成西线兵力的极大空虚。与此同时，商朝统治集团内部的矛盾呈现白炽化，武王、吕尚等遂把握这一有利战机，乘虚蹈隙，大举伐纣，牧野

之战中，纣王临时派出的奴隶大军临阵倒戈，周人一战而胜，结束了商王朝的统治。

甲骨文是怎样被发现的

甲骨文是中国已知的、被公认的、最古老的文字，它的发现过程却是非常富有戏剧性的。

清光绪二十五年（1899年），时任国子监祭酒的王懿荣得了疟疾，他发现中药店买回来的一味叫龙骨的药上面刻着弯弯曲曲的符号。这引起了他的好奇心。

对古代金石文字素有研究的他经过研究发现，这些像是古代文字的符号，是有人刻在上面的，但是与他所知又全不相合。他又收集了1 500多片龙骨，经过辨认，确定这是几千年前的兽骨，这些刻痕是当时的文字。他在上面找到了商朝的几位国王的名字，由此肯定了这是商朝时期的古文字。

王懿荣是真正对甲骨文进行研究的第一人。

甲骨文

姜太公为什么在渭水边钓鱼

据说商朝最后一个国君纣王非常暴虐，周文王姬昌决心推翻商朝的暴政。有位叫姜子牙的奇人想要帮助周文王建立功业，但他觉得自己半百之龄，又和文王没有交情，很难获得文王赏识。于是他在渭水河边垂钓。他的方法很特别，用的是直钩，并且从不放饵。他一边钓鱼，一边唱道："太公钓鱼，愿者上钩。"虽然几天也没有钓到一条鱼，但他仍然每天按时来到渭河边垂钓。

这件事情很快被传为奇闻，文王听说后特

意去见他，经过交谈，发现姜子牙是个大有用之才，于是招入帐下。后来姜子牙帮助文王和他的儿子推翻商纣统治，建立了周朝。

周公是如何辅佐成王的

周武王建立了周王朝以后，过了两年就病死了，其子周成王继位时才十三岁，王朝还不稳固，于是武王的弟弟周公旦辅助成王掌管国家大事，实际上是代理天子的职权。历史上称其周公。

周公尽心尽意辅助成王，管理国事，可是他的弟弟管叔、蔡叔却在外面造谣，说周公有野心，想要篡夺王位。纣王的儿子武庚和他们串通，制造了三监之乱。周公在取得成王信任后，亲率大军东征。经过三年，平定了叛乱。他又营建洛邑，迁殷顽民于此，称为东都，又叫成周。

周公辅助成王七年，巩固了周王朝的统治，他还制礼作乐，到成王满二十岁的时候，周公将政权归还于成王。

周成王是如何分封和治国的

公元前11世纪中期，周朝建立后，为巩固奴隶主国家政权，在地方实行"分土封侯"制，简称"分封制"。所封诸侯都在王畿以外，各建邦国。受封者有三种原因：一为周王的同姓（姬

西周分封示意图

姓）亲属，二为功臣，三为古帝王之后。《荀子·儒效篇》曰："周初立七十一国，姬姓独居五十三人。"诸侯对天子有隶属关系，有镇守疆土、捍卫王室、交纳贡税、朝觐述职的义务。诸侯在封国内是君主，初封时就是半独立状态，在封国内亦实行分封制。这样的层层分封，形成一座金字塔式的结构，巩固了西周的政权。

成王姬诵在位期间，政治清明，人民安居乐业，西周国势强盛。

你知道"成康之治"吗

西周初期周成王姬诵、周康王姬钊的统治清明，史家称"成康之际，天下安宁，刑措四十余年不用"。成王姬诵在位时期，分封诸侯，巩固统治，使得政治清明，人民安居乐业。康王姬钊在位时，不断攻伐东南各地的少数民族，掠夺奴隶和土地，分赏给诸侯、大夫。周成王、周康王相继在位的40余年间，形成了安定强盛的政治局面。成康时期，是周最为强盛的阶段，后世将这段时期的统治誉称为"成康之治"。

"不食周粟"是怎么回事

伯夷、叔齐是商末孤竹国君的儿子。后来二人不作国君，入周投靠文王。文王逝后，周武王继位而拥兵伐纣。武王进军时用车载着文王的牌位，伯夷、叔齐叩马进谏："父死不葬，爰及干戈，可谓孝乎？以臣弑君，可谓忠乎？"卫士想杀掉他们，姜太公曰："此义士也。"将他们请走了。

武王灭商后，伯夷、叔齐二人以食周粟为耻，便隐居于首阳山采薇而食。有妇人说："你们说不吃周朝的东西，但是这薇草也是周朝的啊！"二人羞愤难当，绝食而死，葬于首阳山。

后来司马迁撰《伯夷列传》，唐朝韩愈写《伯夷颂》等，将两位古人大加颂扬。

什么是"国人暴动"

在周代，所营筑的城邑通常有两层城墙，从内到外分别为城和郭，城内称"国人"，城外的称"野人"或者"鄙人"。

周厉王姬胡在位时，任用荣夷公为卿士，实行专利政策，周都镐京的国人怨声载道。周厉王又命令卫巫监谤，禁止国人谈论国事，违者杀戮。国人在高压政策下，"道路以目"。召公虎规谏厉王，但监谤更甚，国人忍无可忍，于公元前841年，举行暴动，攻入王宫，厉王仓皇逃奔彘，后来死于彘地。宗周无主，朝政由周定公、

召穆公共同执掌，史称"共和行政"。

"国人暴动"动摇了西周王朝的统治，导致周王室日趋衰微，逐步出现分崩离析的局面。

"烽火戏诸侯"是怎么回事

周幽王是西周最后一个天子，他宠爱的妃子褒姒是一个绝世的冷面美人，一年到头难得一笑。为了让褒姒笑出来，周幽王想尽了办法。

骊山烽火台

虢石父献计说："您可以点燃烽火台的烽火，让邻近的诸侯瞧见，出兵来救，叫诸侯们上个大当。娘娘见了这些兵马一会儿跑过来，一会儿跑过去，就会笑的。"

周幽王果然下令照做，各地诸侯一见烽烟大起，纷纷率兵奔赴京城，褒姒看到兵马混乱的场面，果然大笑，诸侯知道受了愚弄，愤愤而去。

后来犬戎进攻，周幽王以烽火征调诸侯解围，诸侯以为又遭戏弄，都按兵不动。最后周幽王被杀，西周灭亡。

"井田制"的理想与实际差多少

西周最有名的经济制度是"井田制"。根据孟子的说法，井田制就是把一大块地以横竖各两条线分成相等的九小块，周围八小块由农夫个人耕种，称作私田，收获归己；中间一块称为公田，由农夫集体耕种，收获归公家所有，以代替农夫的赋税。

孟子对这种制度的描述，理想的成分较多，历史上的西周井田制是比较复杂的。以耕种代赋税，明显不利于贵族，同样，所谓"什一税"，把每年收成中的十分之一上缴赋税，也不会得到贵族的完全赞同。所以，以农夫耕种土地的数量为基准而规定赋税的数额，更可能是土地占有者的愿望。

什么是"六艺"

"六艺"在古代有两种说法。一种是指图书类别之一，具体而言，就是指《诗》《书》《礼》《乐》《易》《春秋》这"六经"。西汉刘

歆所著《七略》中，将图书分成七种，"六艺略"就是其中之一。

另一种是中国古代儒家要求学生掌握的六种基本才能：礼、乐、射、御、书、数。《周礼·保氏》中说："养国子以道，乃教之六艺：一曰五礼，二曰六乐，三曰五射，四曰五驭，五曰六书，六曰九数。"这就是所说的"通五经贯六艺"的"六艺"。

为什么把夏商周称为"青铜器时代"

青铜时代（Bronze Age）是由丹麦考古学家汤姆森首先提出来的人类物质进化史上的分期概念。世界上所有的古老文明都经历了石器时代、铜石并用时代、青铜时代和铁器时代。中国的先民在青铜时代（距今约4 000年至2 200年）创造了为世界所赞叹的青铜器文化。

史学上所称的"青铜器时代"是指大量使用青铜工具及青铜礼器的时期。保守的估计，在中国这一时期主要从夏商周直至秦汉，时间跨度约为2 000年左右，这也是青铜器从发展、成熟乃至鼎盛的辉煌期。青铜器向人们揭示了先秦时期的铸造工艺，文化水平和历史源流，被称为"一部活生生的史书"。

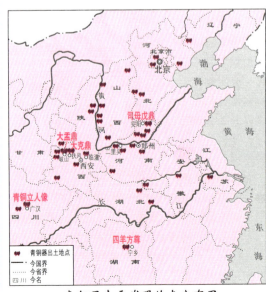

青铜器主要发现地点分布图

周朝为什么分为西周和东周

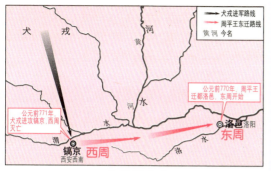

西周的灭亡

周武王讨伐商纣王成功后，建立了周朝，定都镐京。后来周公东征，平息了东边的叛乱之后，考虑到镐京地处西部，对东部各诸侯难以控制，于是周公下令在洛邑建东都。

公元前771年，犬戎兵占领了镐京并杀死了周幽王。公元前770年，继位的周平王姬宜臼由镐京迁都于洛邑，故史称东迁后之周王朝为东周。从此周王室威信扫地，各诸侯国纷纷起来称霸天下。就这样，周朝变成了强弱截然不同的两个阶段，再加上这两个阶段的都城一个在西边，一个在东边，因此，历史上将周朝分为西周和东周两个阶段，东周又分为春秋与战国两个时期。

什么叫"春秋"和"战国"时期

"春秋"因孔子修订鲁史《春秋》而得名。由于这部书所记历史事实的起止年代，大体上与一个客观的历史发展时期相当，历代史学家便把"春秋"作为该历史发展时期的名称，一般认为是从周平王元年（公元前770年）起，到周敬王四十三年（公元前477年）为止，基本上是东周的前半期，共295年。春秋时期周王的势力减弱，诸侯群雄纷争，出现了"春秋五霸"。

春秋以后，齐、楚、燕、韩、赵、魏、秦七大诸侯国连年战争，当时人们就称呼这七大诸侯国为"战国"。西汉刘向编辑《战国策》一书时，"战国"成为特定的历史时期名称。一般认为战国时期开始于周元王元年（公元前475年），止于秦王政二十六年（公元前221年），共255年。

"春秋五霸"是指哪几霸

春秋时期，经过连年兼并战争，剩下几个较大的诸侯国。此时，周天子早已失去往日的权威，需要依附于强大的诸侯。一些强大的诸侯国争做"挟天子以令诸侯"的霸主，先后称霸的五个诸侯被称为"春秋五霸"。

关于"春秋五霸"具体指哪几霸，历来有多种说法，其中影响较大的有以下几种：一说见于《史记》，谓"五霸"为齐桓公、宋襄公、晋文公、秦穆公和楚庄王；另说见于王褒的《四子讲德文》，谓"五霸"是齐桓公、晋文公、楚庄王、吴王阖闾和越王勾践。还有一说认为所谓"五霸"是虚指，并非实指五位国君。这些成就霸业的诸侯们，见证了春秋时期数百年的兴衰荣辱。

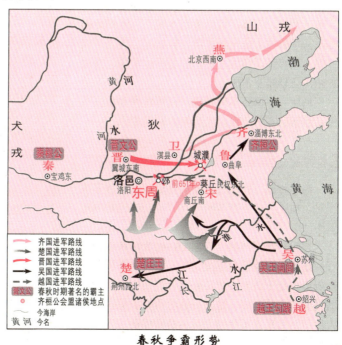

春秋争霸形势

为什么齐桓公能够取得霸主地位

齐桓公，春秋时齐国国君，被称为春秋首霸。

齐桓公纳大夫鲍叔牙之谏，与政敌管仲释怨，重用其为主政大夫。任用管仲改革，选贤任能，加强武备，发展生产。采纳管仲提出的先内后外，富国强兵，以实力求霸的方略，推行经济、政治、军事改革，增强战争潜力。同时，出兵攻灭近邻小国，多次与诸侯会盟，用"轻其币而重其礼"的外交手段控制诸侯。他号召"尊王攘夷"，以齐国强盛国力助燕败北戎，援救邢、卫，阻止狄族进攻中原。联合中原各国攻楚之盟国蔡，与楚在召陵会盟。又安定周朝王室内乱，多次会盟诸侯，成为春秋首霸。

齐桓公为什么重用宿敌管仲

公子小白（即后来的齐桓公）继位之前，与公子纠争夺国君之位，公子纠的谋臣管仲设欲置公子小白于死地，被小白机智避过。

齐桓公即位后，鲍叔牙用计杀公子纠，而管仲被带回齐国。之后鲍叔牙对齐桓公说："管仲已经回国了，您将得到一位足智多谋的好宰相。"齐桓公听后就咬牙切齿："管仲与我有不共戴天之仇，我怎么可以重用他呢。"鲍叔牙回答说："管仲为公子纠之臣，自然尽心为公子纠着想。他有经天纬地之才，您若不计前嫌，重用管仲，何愁霸业不成。"

最后，齐桓公不计前嫌，任用管仲为相。管仲果然帮助齐桓公在短短几年内称霸中原。

管仲以"鹿之谋"征楚是怎么回事

为了称霸，齐桓公决定攻打楚国，管仲坚决反对，他说："齐楚两国一旦开战，必定是两败俱伤。"

那时楚国盛产鹿，齐国却视鹿为珍稀动物。管仲派商人出高价到楚国买鹿，宣称为齐桓公赏玩所用。楚王认为齐桓公会因玩鹿而亡国，鼓励国民捕鹿卖给齐商。楚国百姓纷纷弃农捕鹿，无人种田，后来连军队的士兵也偷偷捕鹿。

一年之后，楚国有的是铜币，良田却荒芜了，百姓拿钱买不到粮食。这时，管仲又下令各诸侯不得和楚国经商，楚国上下一片混乱。管仲率领大军进攻，楚国无力应战，只好求和。从此，齐国便称霸天下。这种计谋后来被称为"鹿之谋"。

老子为什么著述《道德经》

老子是春秋时期著名的思想家。他看到周王朝越来越衰败，就离开故土，准备出函谷关去四处云游。

当时把守函谷关的长官尹喜很敬佩老子，听说老子来到函谷关，非常高兴。可是当他知道老子要出关去云游，又觉得很可惜，就想设法留住老子。于是，尹喜就对老子说："先生想出关也可以，但是得留下一部著作。"

几天后，老子交给尹喜一篇五千字左右的著作，然后就骑着大青牛走了。据说，这篇著作就是后来传世的《道德经》。

曹刿为什么能够战胜强大的齐军

齐国在齐桓公治理之下国力日强，于公元前648年进攻鲁国。鲁庄公任命曹刿为将军迎战。曹刿下令鲁军坚守阵地，不许出战。齐军擂战鼓进攻，鲁军未动，齐军担心有诈退回。齐军再次擂鼓，鲁军仍然不予反击。齐军以为鲁军害怕，再次擂鼓准备进攻，但却丧失了警惕，气势也大不如前。此时曹刿下令鲁军战鼓齐鸣，直扑齐军。结果齐军溃不成军，鲁军大获全胜。鲁庄公请教曹刿为何能战胜齐军，曹刿说："士气是决定战争胜负的主要因素。擂第一遍鼓时，士气最高，以后就逐渐衰弱；等到擂第三遍鼓时，士气最低。敌人士气低落时，我军才擂响战鼓向它进击，没有不胜的道理。"

为什么说"庆父不死，鲁难未已"

鲁庄公姬同有三个弟弟：庆父、叔牙、季友。庆父最为专横，一直蓄谋争夺君位，并与鲁庄公夫人哀姜私通。

鲁庄公死后，其庶子姬斑继位。庆父与哀姜

密谋，唆使养马人荦乘丧期打死姬斑，另由庆父立哀姜妹妹叔姜的生子姬开为鲁闵公。庆父重握大权后的野心越来越大，鲁闵公二年，又派人杀了闵公，自立为国君。季友趁乱领着鲁庄公的另一个儿子姬申逃到邾国，发出文告声讨庆父，要求国人杀庆父，立姬申。国人响应，庆父畏惧出逃。姬申得立为国君后，季友押回庆父将其处死。

庆父给鲁国带来了极大的灾难，齐国的仲孙湫到鲁国吊唁后，曾叹息：“不去庆父，鲁难未已。”

齐桓公会盟葵丘达成了哪些盟约

公元前655年，周王室内讧，齐桓公联合诸侯保住太子郑的地位。不久拥立太子郑为王，即周襄王。

周襄王元年（公元前651年）夏，齐桓公召集鲁、卫、宋、许、郑、曹各国诸侯和周王室的宰孔在葵丘（今河南兰考县东）相见，订立盟约。盟约的主要内容有：不能废嫡立庶，以妾为妻；杀不孝的人；要对贤士尊重，养育英才，对有德行的人表彰；要进行敬老爱幼，照顾宾客行旅；任人唯贤，国君不得专断独行；各国间要相互帮助渡过困难，不要禁止邻国采购粮食，不要堵塞河流，以邻为壑。这次会盟意在缓和局势，谋求合作，标志着齐桓公的霸业达到顶峰。

“退避三舍”是怎么回事

春秋时，晋献公之子重耳为避祸，在外流亡19年。

重耳来到楚国时，楚成王待他以上宾之礼。一天楚王问重耳：“你若有一天回晋国当上国君，该怎么报答我呢？”重耳说：“我愿与贵国友好。假如有一天交战的话，我一定命令军队先退避三舍（一舍等于三十里），如果退还不能得到您的原谅，我再与您交战。”

四年后，重耳果真回到晋国当了国君，是为晋文公，在他治理下，晋国日益强大。

公元前633年，楚国和晋国的军队在作战时相遇。晋文公下令军队后退九十里，驻扎在城濮。楚军以为对方害怕，马上追击。晋军利用楚军的

骄傲轻敌，大破楚军，取得了城濮之战的胜利。

你知道晏子舌战楚王的故事吗

春秋时齐国大臣晏婴才识超人，口若悬河，名气很大，人们尊称他为“晏子”。

一次晏子出使楚国，楚王想乘机捉弄晏子。晏子来到楚都郢城，守城卫士指着城墙上的一处洞口说：“国王有令，今天不准开城门，请大夫从这洞口进出。”晏子笑着说：“只有出使狗国才从这狗洞口进出，而我是出使楚国，怎能从狗洞口进出呢！”楚王听了传报，下令大开城门，迎接晏子。楚王见面后问：“难道齐国没有人了吗，怎么会派你来出使本国呢？”晏子答道：“我们齐国的规矩，访问上等之国，即派上等之人，访问下等之国，就派下等之人，像我这等人，在齐国来说，是最矮、最小、最没出息的，因此，国王就派我出访楚国来了！”楚王又讨个没趣。吃饭时，武士押着一个犯人从堂前经过，楚王故意问：“这犯人是何国人？犯了什么罪？”武士回答：“是齐国人，是个盗贼。”楚王看着晏子说：“齐国人怎么都善于做盗贼？”晏子从席上站起，厉声说：“大王，人们常说橘生淮南则为橘，橘生淮北则为枳，这不过是因为水土不同的缘故罢了。同样的道理，齐国人在齐国不做盗贼，到了楚国却偷了起来，这大概也是贵国的水土不同吧！”楚王没料到晏子这么厉害，只好暗暗认输，对晏子说：“我原想取笑大夫的，没想到反而被大夫取笑了！”

弦高是怎么救国的

公元前627年，秦国准备偷袭郑国，很快进入了必经之地滑国地带。郑国牛贩子弦高听说此事，让人报告国君，同时想办法先对付秦军。他买来官服，挑选12头肥壮的牛，来到滑国境内，迎上秦军大将说：“我国国君听说将军要率兵来敝国，特派臣送上肥牛，慰劳贵军！”秦将大惊，认为郑国肯定有所防备，只得说：“我们只是带兵来加强贵国的防卫力量。”弦高说：“郑国乃是小国，随时可能遭到侵犯，不过，我们一贯加强防守，随时准备

歼灭入侵之敌，请大将军放心吧！"弦高走后，秦军只得顺便灭了滑国，回去交差。弦高的大智大勇，受到人们的赞赏。

为什么楚庄王三年不鸣

春秋时楚庄王即位三年中，整天喝酒、打猎，不问政事。他还在宫门口挂上块大牌子，上面写着：谁敢劝谏，立即杀头！

一天大夫伍举来见楚庄王说："有人要我猜一个谜语，我猜不着，特地来向您请教：楚国京城，有只大鸟，五彩缤纷，整整三年，不飞不叫，满朝文武，莫明其妙。请您猜猜看，这究竟是只什么鸟？"楚庄王明白伍举的意思，笑着说："我猜到了。这只鸟啊，三年不飞，一飞冲天；三年不鸣，一鸣惊人。您等着看吧。"

后来楚庄王又接受了大夫苏从的直谏，整顿内政，起用人才，打败了晋国，终于一鸣惊人，称霸于诸侯。

为什么说"春秋无义战"

孟子说："春秋时代没有合乎义的战争。那一国或许比这一国要好一点，这样的情况倒是有的。所谓征，是指上讨伐下，同等级的国家之间是不能够相互讨伐的。"

儒家认为，"礼乐征伐自天子出"，这才是合乎义的，而春秋时代则是"礼崩乐坏"，"礼乐征伐自诸侯出"，春秋争霸战争是为了争夺土地、人口和对其他诸侯国的支配权，为了满足奴隶主贵族扩张和掠夺的私欲，所以没有合乎"义"的战争。争夺霸权的战争给人民带来了沉重灾难，所以说"春秋无义战"。

当然，以今天的观点来看，春秋时期的战争，不能一概而论，要具体情况具体分析。

"弭兵之会"是怎么回事

从春秋中期开始，晋楚为争霸连年厮杀，给人民带来了无穷的灾难。经数十年战争，两国都疲惫不堪，需要休整，各诸侯国更是普遍要求和平。在这样的形势下，宋国的向戌多方奔走，相

约晋楚两国，并会同各诸侯国召开了盛大的弭兵之会。"弭兵"即停止战争的意思。

公元前546年，弭兵之会在宋国举行。晋、楚、齐、秦、宋、鲁、郑、卫、陈、许、曹、邾、滕、蔡等14国参加了会议。会议决定：晋国和楚国共为盟主，各国共订盟约，不再打仗；除齐、秦外，各国都要向晋楚两国同样朝贡。

弭兵之会使得晋楚两国平分霸权，中原地区暂时进入了和平时期。

郑国子产"民主"治国的措施有哪些

公元前554年，子产任郑国卿后，实行一系列政治改革，承认私田的合法性，向土地私有者征收军赋，铸刑书于鼎，为我国最早的成文法律。他主张保留"乡校"、听取"国人"意见，善于因才任使，仁厚慈爱、轻财重德、爱民重民，执政期间在政治上颇多建树，采用"宽猛相济"的治国方略，将郑国治理得秩序井然。孔子对"子产不毁乡校"之举也大加赞赏，唐代文学家和政治家韩愈，专作《子产不毁乡校颂》一文以赞其事。子产被清朝的王源推许为"春秋第一人"。

为什么伍子胥的须发在一夜之间会全部变白

春秋时期，楚平王无理杀掉大臣伍奢，并全国通缉其子伍子胥。通缉令与伍子胥的图像都挂在楚国的每个关隘、渡口，上面写着："只要能捕获伍子胥献给楚王的，赏粟米五万石，让他当上大夫；只要窝藏、收留、放跑伍子胥的，全家都处斩！"

伍子胥在家里摆脱搜查的人，逃到了昭关，傍晚时，碰见了一位老医生东皋公。东皋公认了伍子胥，可他表示让他在自己的茅屋里面等他去找朋友相助通过昭关。他走后，伍子胥担心老人告发，既恐又愁，一夜之间，须发全白。当然，东皋公没有出卖伍子胥，而是找来了朋友，设巧计让伍子胥化装逃出了昭关。

鲁国实行"初税亩"带来了什么益处

春秋时期，由于铁农具和牛耕的普及和应用，农业生产力大大提高，旧有的征税方式不再适用，直接影响到统治者的财政来源，动摇了统治者的统治基础，对土地所有制形式变革的要求日益迫切。

在这种情况下，公元前594年，鲁宣公开始推行初税亩制度。具体方法是：对公田征收其收成的十分之一作为税赋，对公田之外的份田、私田同样根据其实际亩数，收取收成的十分之一作为赋税。

初税亩制度的实行增加了官府财政收入，使生产关系发生了变革，更加适应生产力的发展，促进和适应了新生的封建土地所有关系，是历史进步的表现。

勾践为什么能够报仇雪耻

公元前494年，吴越两国在太湖大战，吴国大败越军，越王勾践被迫去吴国做人质。在吴国期间，勾践忍辱偷生，3年后，勾践取得了吴王的信任而被放回了越国。

勾践回国后，一心渴望东山再起，血洗耻辱。他晚上睡在柴堆上，还在柴堆上面挂一个苦胆，每天早晨起来穿衣时，总要去舔一下苦胆，尝尝它的苦味，这就是著名的"卧薪尝胆"的故事。

勾践一面卧薪尝胆，一面发展生产，赢得民心，积蓄财富，训练军队。他还设计使夫差沉湎于美色之中，不理朝政。5年后，他亲率大军打败吴军主力；又过了4年，越军攻下了吴国的都城，杀死夫差，灭亡了吴国。

你知道《孙子兵法》吗

孙武是我国春秋时期著名的军事家。他熟悉战争，精于谋略，被吴王任命为将军。有一次，孙武组织两队宫女进行军事操

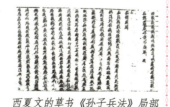
西夏文的草书《孙子兵法》局部

练，在操练中，宫女们乱哄哄地很不认真。孙武屡次训诫无效，下令将两名担任队长的吴王爱妃斩首。吴王急忙为爱妃说情，孙武说："将在军中，君命有所不受。"还是斩了两名妃子。宫女们吓坏了，一个个认真操练起来，再不敢违犯军令。从此，吴王知道孙武确实善于用兵了。

孙武著有《孙子兵法》十三篇。它系统地总结了古代战争的普遍规律，对现代战争也有一定的指导意义，被世界各国誉为"世界古代第一部兵法"，是军事学上的宝贵遗产。

为什么秦穆公能在韩原大战中取胜

秦穆公曾遣军护送逃亡避祸的晋国公子夷吾回国即位，即晋惠公。晋惠公即位后却食言背约，不划给秦河西之地。后来晋国发生饥荒，秦不计前嫌，赠予大批粮食。可第二年秦国遭灾，向晋求粮，晋国不但不给，反而借机"图谋攻打"秦国。秦穆公非常恼怒，决定发兵攻晋。

公元前645年秋，秦、晋两军决战于韩原。由于晋惠公君臣忘善背德，不得人心，所以士气不振，一交战就溃败；而秦军将士同仇敌忾，秦穆公决策正确，所以大获全胜，并俘虏了晋惠公。晋军失去主帅，全军溃败。

同年底，秦、晋媾和，盟于王城。晋割让河西之地予秦，秦释放惠公归国。

为什么燕昭王要筑黄金台

燕昭王是战国时期燕国的一位贤明君主，他即位后为了向齐国报仇雪耻，决定广招治国人才，振兴燕国。

燕国有一位名士叫郭隗，燕昭王亲自登门向其求教。郭隗讲了个古代国君用500金买千里马尸骨的故事，之后说："大王如果真心要招揽人才，不妨从我开始。人们看到我都受你的重用，那些更贤能的人，自然会来的。"燕昭王便把郭隗请到宫中，还专门为郭隗修建了一座宫殿，堆放黄金，供郭隗和招来的贤才使用。后来，人们就把这个地方叫做"黄金台"。

15

这件事很快就传开了，各国有才能的人争相而来。燕昭王依靠这些人才，将燕国发展成为雄踞一方的强国。

春秋有哪些名人名臣

春秋时期是我国一段光彩闪耀的历史时期，也是文化灿烂的时代，为后世所传的名人、名臣众多，简单列举如下：

狐偃、先轸、赵衰、胥臣、栾枝、冀缺、郤溱、霍伯、贾佗、阳子、魏犨、荀伯、士蔿、里克、勃鞮、杜原款、甸息、宁俞、寺人披、成得臣、赵穿、斗勃、斗宜申、成大心、贾华、贾季、贾佗、叔傀、季傀、孙叔敖、伍举、赵盾、巫臣、斗越椒、苗偾皇、养由基、祁奚、子产、孔子、曹刿、伍子胥、孙武、范蠡、文种、赵衰、晏婴、百里奚、蹇叔、鲍叔牙、管仲等。

《春秋》记载了哪些历史

《春秋》，又称《麟经》《麟史》，是鲁国的编年史。它记载了从鲁隐公元年（前722年）到鲁哀公十四年（前481年），共12个国君，合计242年的历史。是中国现存最早的一部编年体史书。

《春秋》虽是鲁国史的一部分，但它把鲁国以外的其他国家，以及当时天下大势的演变情况，也作了广泛的记载。因此，史学家就把这200多年的历史叫做"春秋"时期。

中国第一部诗歌总集是什么

《诗经》是我国第一部诗歌总集。它收集了西周初期（公元前11世纪）至春秋中期（公元前6世纪）大约500年间的诗歌305篇。《诗经》在先秦称为《诗》，有时也称为"诗三百"。到了汉代，《诗》被朝廷正式奉为经典之一，才出现《诗经》的名称，并沿用至今。

《诗经》原为乐歌，可配乐歌唱。按照不同乐曲分为风、雅、颂。"风"即国风，为周朝各诸侯国和地方的乐曲，大部分是民歌；"雅"者，正也。周人认为的"正声"，就是周王朝直接管辖区的雅乐。雅分大、小雅。二雅小部分为民歌，大部分为贵族士大夫的作品；"颂"是宗庙祭祀的舞曲歌辞。

中国从什么时候开始使用铁器

在中国，使用铁器的时间很早。在春秋早期，人们已开始使用铁器，只是当时铁器数量不是很多，而且大部分都是兵器。

铁农具

到了春秋战国，人们开始使用铁器进行社会生产，很多生活用具也出现了铁器，现代考古发现了很多当时人们使用过的铁锄、铁斧、铁锤等生产工具，说明当时人们已经普遍使用了铁器。铁器的广泛使用，使冶铁业迅速兴起，成为当时手工业生产的重要部门。现有资料表明，当时的冶铁工业基地分布很广，南到现在的湖南，北到现在的北京地区。

战国初期天下的形势是怎样的

一般认为，战国时期始于公元前453年。这一年，韩、魏、赵"三家分晋"，奠定了后来"战国七雄"大规模兼并战争的格局。

战国初期，共有七大强国，史称"战国七雄"。其中，齐国在东，秦国在西，楚国在南，赵国在北，燕国在东北，魏、韩两国在中间。这七大强国的争战目的，已与春秋时期有很大的不同。春秋时大国发动战争的主要目的，在于战败其他国家，取得周天子的承认，成为列国的霸主而多收取贡赋；战国时的七大强国，其目的已不是当周天子认可的霸主，而是如何保存自己，消灭敌人，攻城夺地，掠取人口，扩大领土，最后实现天下的统一。

"战国七雄"是指哪几个

"战国七雄"是对战国时期七个最强的诸侯国的统称。春秋时期无数次战争使诸侯国的数量大大减少。到战国时期，实力最强的七个诸侯国分别为燕、齐、楚、秦、赵、魏、韩，这七个国家被史学家称作"战国七雄"。七个诸侯国之中，除了秦国在崤山以西之外，其余的六国均在其东边。因此这六国又称"山东六国"。

春秋时期，大国主要有西方的秦，中原以北的晋，东方的齐、燕，南方的楚、越。后来晋国形成赵、魏、韩"三家分晋"的局面，齐国政权为田氏所篡夺，越国后来也为楚所败。到战国中期，齐、楚、燕、韩、赵、魏、秦七国争雄的格局逐渐形成。

战国形势

为什么说鲁班是木匠的"祖师"

鲁班，姓公输，名般。又称公输子、公输盘、班输、鲁般，鲁国人。他生活在春秋末期到战国初期，出身于世代工匠的家庭。鲁班是我国古代的一位出色的发明家，2 000多年以来，他的名字和有关他的故事，一直在广大人民群众中流传。

据说，今天木工师傅们用的手工工具，如锯、钻、刨子、铲子、曲尺，画线用的墨斗，都是鲁班发明的。传说他用竹木削成飞鹞，能在空中飞行很长时间；他能建造"宫室台榭""云梯""钩强"、木马车，还发明了磨、碾、锁等。由于成就突出，建筑工匠一直把他尊为"祖师"。

为什么墨子可以攻破鲁班的云梯

战国时期，楚惠王准备进攻宋国，他请公输盘（即鲁班）设计了一种叫云梯的攻城工具，积极准备向宋国进攻。

墨家学派的创始人墨子听到此事，赶到楚国拜见楚惠王，很诚恳地用语言动摇了楚惠王攻宋的决心。为了更有力地说服楚王，他又解下皮带围在地下当做城墙，拿几块小木板当做攻城的工具，叫公输盘来演习攻城。公输盘采用一种方法攻城，墨子就用一种方法守城。公输盘采用了九套攻法，把攻城的方法都使完了，墨子守城的高招还没有用完。楚惠王知道要打胜宋国没有希望，只好打消了进攻宋国的念头。这样，墨子通过自己的智慧，阻止了一场战争。

孔子为什么要周游列国

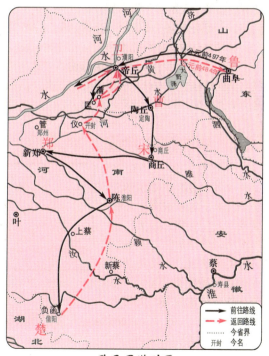
孔子周游列国

孔子名丘，字仲尼，春秋时期鲁国人。

孔子出生时，周室已衰，列国相争，贵族家臣作乱。孔子面对礼崩乐坏的时代问题，以重建一普遍秩序为己任。他认为留在鲁国不可能有什么作为，就领着一批学生周游列国。

孔子周游列国14年，先后到过卫、曹、宋、郑、陈、楚等国，希望有机会推行他的政治主张。可是，当时大国忙着争霸战争，小国都面临被吞并的危险，整个社会正发生变革。孔子宣传的恢复周朝初年礼乐制度的主张没有人接受，大家尊敬他却不重用他。他四处碰钉子，最后又回到鲁国。从此，他专心整理古籍和教授学生，直到去世。

孟母为什么三次搬家

孟子名轲，是我国历史上著名的思想家、教育家。他三岁丧父，由母亲抚养长大。

孟轲小时十分淘气，常常和村里孩童玩得忘记回家。孟母怕耽误他的学业，便决定搬到清静的环境。新搬的地方隔壁是个铁匠铺，小孟轲又学着玩起打铁来了。孟母再次搬家到郊外的荒野。但是清明节时有许多上坟扫墓的人，小孟轲就开始学着大人的样子用小树枝挂纸钱、烧香、磕头，孟母决定第三次搬家。这回她搬到学校边上。每月官员到文庙行礼跪拜，互相礼貌相待，小孟轲见了之后都学习记住。孟母说："这才是我儿子应该住的地方呀！"于是定居在此。这就是历史上著名的"孟母三迁"的故事。

老子为什么主张"无为而治"

"无为"思想是由老子在《道德经》中提出的。老子所处的春秋时代，诸侯混战，统治者强作妄为，贪求无厌，肆意放纵，造成民不聊生的状况。在这种情形下，老子提出了"无为"思想，呼吁统治者要"无为而治"。他说："我无为而民自化，我好静而民自正，我无事而民自富，我无欲而民自朴。""无为"是针对统治者的苛政提出的，"无欲"是针对统治者的贪欲提出的。老子认为，为政者应当做到"无为而治"，有管理而不干涉，有君主而不压迫。让人民自我发展，自我完善，人民就能够安平富足，社会自然能够和谐安稳。

老子

李悝的政治改革达到了什么目的

李悝是魏国人，子夏的弟子。魏文侯时，任用李悝进行改革。

在政治上，李悝实行了"食有劳而禄有功"和"夺淫民之禄以来四方之士"的政策，以实际的功劳决定官职任用，使国家活力大增。在经济上，他推行"尽地力之教"和"平籴法"。就是通过改进耕作方法，增加农田的产量；政府平衡调节丰年和荒年的粮食，平衡粮价，鼓励农民多种粮。李悝改革最大成就是在法律方面。他在总结前人成就的基础上，写下了《法经》六篇，给秦汉以后的历代法律确定了基本框架。李悝的改革不仅使魏国达到了富国强民的目的，也为接下来的各国的改革作了良好的开端。

"三家分晋"是怎么回事

春秋中期以来，晋国士大夫的势力越来越大，国君的权力越来越小。到了春秋后期逐渐形成了赵、韩、魏、智这几家权势最大的家族掌握朝政的局面，其中智家的势力最大。

智家的大夫智伯瑶想侵占赵、韩、魏三家的土地，韩、魏不敢得罪他，赵襄子却不答应。智伯令韩、魏两家一起发兵攻打赵家，三家人马围攻晋阳城两年多，智伯引晋水倒灌晋阳，逼赵襄子投降。

危急之中，赵襄子派人说服了韩、魏两家，反引水击败了智伯，将其土地由三家平分，形成了鼎足之势，之后三家分晋，消灭公室，后来周天子把三家正式封为诸侯，"战国七雄"的格局基本形成。

吴起变法为什么会失败

战国初期，楚国内忧外困，政治家吴起从魏国来到楚国。楚悼王开始任用吴起进行变法。

吴起改革的主要内容有：

取消世袭的封君、世袭的爵禄，用这些爵禄去奉养有功将士；

废除无用、无能的官职，剥夺王室贵族的威权，削减无用开支，以奖励真正为国出力报效的战士；

责令楚国一些与王室关系疏远的贵族到僻远

地方去开发新征伐的土地。

吴起变法使楚国更加强盛，让中原国家刮目相看。但由于触犯了楚国大贵族的利益，在楚悼王死后，吴起遭到群起而攻之，变法最后失败，但变法却给楚国的政治生活留下了深刻的影响。吴起变法促进了楚国贵族政治向官僚政治的转化。

你知道商鞅立杆和信赏必罚的事吗

战国时期，秦孝公发布命令，任何国家的人只要能想办法使秦国富强起来，就封他做大官。

卫国的商鞅到了秦国，得到秦孝公的信任，被任为左庶长，制定变法的命令。

商鞅

命令制定好后尚未公布，商鞅就叫人在国都南门外竖立了3丈长的一根木头，布告说：有谁能把这根木头移到北门去，就赏给他10两金子。百姓不信，无人来搬。商鞅加赏金到50两金子，这时有人抱着试试看的心理，把木头搬到北门，商鞅马上赏其50两金子，以示取信于民，之后便公布了新法。

后来秦国的太子反对新法，触犯法规，商鞅惩罚太子的师傅。之后，秦人莫不从令，变法取得了成功。

商鞅为什么被杀害

商鞅的变法使奴隶主贵族的利益受到沉重打击，其中包括在变法过程之中得罪的秦国太子，即后来的秦惠王。秦孝公死后，秦惠王即位，这些旧贵族乘机报复，诬告商鞅想谋反。商鞅外逃，但途中被抓，旧贵族用五马分尸的车裂酷刑杀害了他。商鞅死后，他推行的新法仍然在秦国继续实行。商鞅变法使新兴地主阶级得到迅速发展，增强了秦国的经济和军事实力，使秦国的封建制得到巩固和发展，秦国从此摆脱贫困落后的困扰，成为各诸侯国中最先进、最富强的国家之一，为秦始皇统一中国奠定了基础。

齐威王是如何整顿吏治的

齐威王在位初期，虽然任用颇有头脑的邹忌为相，但中下层官吏积弊已久，政令很难从上到下得到有效的贯彻执行。从左右亲信的口中，齐威王不断听到对即墨大夫的批评，对阿大夫的表扬。他决定对这两个地方的大夫进行调查。令人惊讶的是，齐威王亲自派人考察的结果，与平时从左右口中听到的评价完全不同。即墨地方安定，百姓生活富足，政府办事也很有效率，阿则是田野荒芜，民生凋敝，边境也经常受到骚扰。原来，阿大夫不断贿赂齐王的左右，而即墨大夫则只是专注于政务。于是，齐威王决定奖赏即墨大夫，烹杀阿大夫。从此，齐国吏治大为清明。

孙膑减灶灭庞涓是怎么回事

公元前342年，魏国攻打韩国。韩国向齐国求援。齐宣王派大将军田忌、军师孙膑率领大军去救韩国。孙膑没有去韩国助战，而是率领大军直接攻打魏国。魏国大将庞涓刚打进韩国，就接到国内报急，要他立即回国抵抗齐军。他急忙赶回魏国，发现齐军已在魏国边境

马陵之战

安营扎寨，一数，齐军做饭的炉灶，足够满足10万士兵吃饭之用，庞涓不敢轻举妄动。第二天，庞涓发现齐军炉灶只能供5万人；第三天只可供3万人。庞涓认为齐军临阵脱逃，麻痹轻敌，便孤军深入至马陵，遇齐军埋伏身死。原来这是孙膑设下的巧计，故意天天减灶使庞涓麻痹轻敌，进入埋伏，以击败魏军。

赵武灵王为什么要胡服骑射

公元前325年，赵武灵王即位。当时，赵国

常受到强国的欺侮，赵武灵王决心要使赵国强大起来。他在服装和打仗方法上加以改革，向胡人学习先进的军事经验，改穿胡服，学骑马射箭，增强军队的战斗力。不出一年，就训练出一支作战勇猛、战斗力强大的骑兵部队。赵武灵王首先发动了讨伐

胡服骑射的赵国士兵

中山国的战争，只用了四五年的工夫，便占领了中山国大部分领土。赵武灵王的军队继续推进，直打到距离中山国都城只有40千米的地方，吓得中山国国君赶忙逃到齐国去避难。赵国从此威名远扬，军威震慑天下。其他诸侯国，甚至强大的秦国也不得不对赵国另眼相看。

谁发起"五国相王"联合抗秦

公元前334年，魏惠王率领韩国和一些小国到徐州（今山东滕县东南）朝见齐威王，尊齐为王。齐威王不敢独自称王，于是也承认魏的王号，史称"徐州相王"。徐州相王引起了秦、齐、楚等大国的敌意，为了对抗秦、楚三个大国，周显王四十六年（公元前323年），魏将公孙衍，促使魏、韩、赵、燕、中山五国结成联盟，互相承认对方君主为王，以联合抗秦。其实这5国中，魏、韩已先称王，此次集会只是新尊赵、燕、中山3国为王，并且5国相互承认为王。魏国用发起相王、承认一些国家称王的办法来组织联合阵线，五国相王前后，所有重要的诸侯国都相继称王了。

廉颇为什么要负荆请罪

赵惠文王时，蔺相如机智灵活，打击了秦王的嚣张气焰，完璧归赵，为赵国立了大功，被封为相国。赵国大将廉颇心中不服出身卑微的蔺相如地位高过了自己，一心想当众羞辱他，蔺相如处处回避。蔺相如部下问："相国为什么害怕廉将军？"蔺相如笑着说："秦王我都不怕，我

会怕廉颇吗？今天秦国不敢入侵我国，是因为有我和廉颇在，一旦我们不和，就会削弱内部力量，秦国就会乘机入侵。所以我不与廉颇争高低，为的是国家稳定。"廉颇听说，非常惭愧，赤膊背负荆条，到蔺相如家里请罪。之后两人结成刎颈之交，共同抗敌，秦国就更不敢贸然进攻赵国了。

屈原为什么投江

屈原

战国末期，楚国和秦国交战，楚国屡战屡败，国力衰弱。屈原早年受楚怀王信任，任左徒、三闾大夫，常与怀王商议国事，参与法律的制定，主张彰明法度，举贤任能，改革政治，联齐抗秦。同时主持外交事务。主张楚国与齐国联合，共同抗衡秦国。在屈原的努力下，楚国国力有所增强，但由于自身性格耿直加之他人谗言与排挤，屈原逐渐被楚怀王疏远。

公元前305年，屈原反对楚怀王与秦国订立黄棘之盟，但楚国还是彻底投入了秦的怀抱，屈原亦被逐出郢都，流落汉北，开始文学创作。公元前278年，秦军攻破郢都，屈原在绝望和悲愤之下怀抱大石投汨罗江而死。

哪几人被称为"战国四公子"

战国后期，赵国的平原君、楚国的春申君、魏国的信陵君、齐国的孟尝君被称为"战国四公子"。

平原君赵胜是赵武灵王之子，赵惠文王之弟。司马迁称之为"翩翩浊世之佳公子"。他礼贤下士，门下宾客至数千人。历史上流传的著名事迹：毛遂自荐、守卫邯郸。

春申君黄歇博闻善辩，明智忠信，宽厚爱人，以礼贤下士、招致宾客、辅佐治国而闻于世。历史上流传的著名事迹：说秦退兵、助立考烈王。

信陵君魏无忌礼贤下士，广纳门客，据说有食客3 000人。历史上流传的著名事迹：窃

符救赵、击退秦军。

孟尝君田文广泛招纳宾客，达3 000余人。历史上流传的著名事迹：鸡鸣狗盗、狡兔三窟、任三国相。

信陵君为什么能"窃符救赵"

战国末年，秦、赵两国长平之战中，赵国40万大军被坑杀，秦军乘胜追击，直逼赵国，赵王派人向魏国求救。

魏王派将军晋鄙率10万人马援救赵国，但采取观望态度。魏国信陵君的姐姐是赵国平原君的夫人，赵国危难，信陵君焦虑万分。隐士侯嬴献计："现在魏王最宠爱如姬，你曾经为如姬的父亲报仇，只要恳请她帮忙盗出虎符，再夺取晋鄙的兵权，就可援救赵国。"

信陵君依计而行，找到如姬，如姬深明大义，盗取兵符交给信陵君。信陵君又在朱亥的帮助下打死晋鄙，夺取兵权，以精兵火速进军，与奋勇抵抗的赵军里外夹击，大败秦军，使邯郸转危为安。

"合纵连横"是怎么回事

战国中期，齐、秦两国最为强大，东西对峙，互相争取盟国，以图击败对方。其他五国与齐、秦两国时而对抗，时而联合，出现了合纵和连横的斗争。

合纵就是南北纵列的国家联合起来，共同对付强国，阻止齐、秦兼并弱国；连横就是秦或齐拉拢一些国家，共同进攻另外一些国家。公孙衍、张仪、苏秦等人游说于各个国家，合纵可以对齐，又可以对秦；连横可以联秦，也可以联齐。后来，因为秦国的势力不断强大起来，于是合纵成为六国合力抵抗强秦，连横则是六国分别与秦国联盟，以求苟安。秦国的连横活动，目的是为了破坏六国间的合纵，以便各个击破。

为什么田单能够复齐

公元前284年，秦、楚、魏、赵、韩、燕六国组成联军，由燕国大将乐毅率领讨伐齐国，以报30年前齐国趁燕国内乱出兵燕地之仇。短短半年间，齐国70多座城市纷纷陷落，只剩下莒城和即墨两座孤城。

齐人田单被推为首领保卫即墨城，他趁燕昭王去世之机，用离间计使得乐毅含冤被撤，燕军军心动摇。田单征集1 000多头牛，将牛角绑上尖刀，牛尾绑上芦苇，乘夜间风大，点燃牛尾上的芦苇，火牛疯狂奔向燕军，5 000齐国壮士紧随其后冲了出来。燕军被火牛阵冲得溃不成军，田单乘胜追击，一举收复了齐国全境。田单因复齐有功，后来被齐襄王封为安平君。

范雎的"远交近攻"之策是怎么回事

范雎是魏国人，因为冤狱逃到秦国，受到秦昭王赏识和重用，献上"远交近攻"的谋略。他认为魏、韩两国与秦国接壤，地处中原，有如天下之枢纽，应首先攻打，以除心腹之患。对齐、楚等距秦较远的国家，应该暂时与他们和好，稳住他们不干预秦国攻打邻近诸国之事。等打败魏、韩等国之后，北可慑赵、南能伐楚，最后再攻齐。这样由近及远，得一城是一城，逐步向外扩张，好比蚕食桑叶一样，必能统一天下。

于是，秦国由韩、魏开始，经过一系列征战，势力越来越强，各国无不为之震动。"远交近攻"策略，对秦国的发展起到了继往开来的推动作用。

秦国大将白起为什么自杀

长平之战中，秦国大将白起歼灭赵军达40多万人，本想灭掉赵国，但秦相范雎怕他功劳超过自己，说服秦王放弃灭赵计划。白起从此记恨范雎。

第二年，秦王想让白起接替王陵再次攻打赵国，白起却建议撤军。秦王再三下令，白起始终不肯前往，后来干脆称病不出。

这场战争后来秦军损失很大，白起对人说：

"秦王不听我的建议，今天如何呢！"秦王闻之大怒，要白起回朝，白起推病，秦王一怒，将其贬成士兵。之后几个月秦军接连败仗，秦王更加恼怒，将白起贬到远方。后来因白起有怨言传入秦王耳中，秦王赐剑给白起。白起终于明白秦王的意思，最终自杀身亡。

大商人吕不韦的奇货是什么

吕不韦出生于卫国濮阳，在韩国阳翟经商，"家累千金"。

吕不韦在赵国邯郸经商时，偶然结识秦国宗室交给赵国的人质赢异人，认为"奇货可居"，决定帮助赢异人返回秦国，又将赵姬送给赢异人，生下一子赢政，并资助赢异人千金，助其返秦。又以五百金购珍宝，献与华阳夫人，华阳夫人遂劝安国君立异人为嗣，改名子楚。

公元前251年，秦昭襄王赢稷薨，安国君继位为孝文王，立一年而卒，赢子楚继位即庄襄王，以吕不韦为丞相。三年后秦庄襄王病故，子赢政继位，即后之秦始皇。赢政年方13岁，尊吕不韦为"仲父"。

你知道荆轲刺秦王的故事吗

战国末年，燕国的太子丹留在秦国当人质，他见秦王政决心兼并列国，又夺去了燕国的土地，就偷偷地逃回燕国。

荆轲刺秦王(石画像局部)

他一心要替燕国报仇，把燕国的命运寄托在刺客身上。

他物色到了勇士荆轲，当作上宾厚待。公元前227年，荆轲和副手秦舞阳在易水边别过太子丹等，入秦行刺。

秦王在咸阳宫接见荆轲。荆轲献上地图，慢慢打开，到地图全都打开时，卷在地图里的匕首就露出来了。在两人追逐过程中，秦王砍伤了荆轲，荆轲苦笑道："我没有早下手，本来是想先逼你退还燕国的土地。"武士们随即结果了荆轲

和秦舞阳的性命，秦王吓得许久才定下神来。

为什么战国时期会形成百家争鸣的局面

春秋战国时期，诸侯纷立，战乱不已，新兴的地主阶级逐渐取代了奴隶主阶级，成为新的统治者。这种变动也在思想文化方面反映出来。代表不同利益集团的学派人物，都在认真思考和分析剧烈动荡的社会形势，努力做出自己的解释，提出治世的良方，批驳别人的思想和主张。各诸侯国君主信奉不同的学派，为各种学派的发展提供了社会基础。一时间，各种学派如雨后春笋，纷纷兴起。历史上把这种生动活泼的局面称为"百家争鸣"。各家之言，互相争辩，各有所用，形成了诸子百家争鸣的繁荣局面。

百家争鸣

中国最早的天文学著作是什么

春秋战国时期，我国天文学已经取得了相当高的成就。战国时期齐国天文学家甘德著的《天文星占》与魏国人石申著的《天文》是其中的代表作，后人将之合为一部，称作《甘石星经》。这是我国、也是世界上现存最早的一部天文学著作。

《甘石星经》记录了水、木、金、火、土五大行星的运行情况，以及它们的出没规律。书中还测定了121颗恒星的方位，记录了800颗恒星的名字。这是我国、也是世界上最早的恒星表。

甘德还用肉眼发现了木星的卫星，石申则发现日食、月食是天体相互掩盖的现象。

《甘石星经》在我国和世界天文学史上都占有重要地位。

中国最早的医学著作是什么

战国晚期出现了一部内容丰富的医学理论著作——《黄帝内经》，又称《内经》。这部医学经典并非出自一人之手，而是众多医学家长期积累的成果，是一个时代医学进步的总结性巨著。

《黄帝内经》包括《素问》和《灵枢》两部共18卷、162篇。全面系统地论述了人体生理学、病理学、病因学、诊断学等，介绍了内科、外科、儿科、妇科等311种病候，以及对这些疾病应采取的汤液、针灸、按摩等治疗方法。

《黄帝内经》作为一部科学名著，早已引起了国内外医学家和科学史家的重视，它的部分内容，相继被译成日、英、德、法等国家文字。

都江堰是如何建造的

战国时期秦国的李冰领导创建了目前世界上历史最悠久的水利工程——都江堰。在水利史上立下了千古奇功，恩泽万世。

李冰总结了前人治水的经验，在渠首工程的选点上作了

都江堰

深刻的科学研究。精心地选择在成都平原顶点的岷江上游出山口处作为工程地点，采用乘势利导、因时制宜的治水方略，修建了都江堰水利工程，使鱼嘴分水堤、宝瓶口、飞沙堰溢洪道三大主体工程各有其独特的功能和作用，其出色的设计方案令当今科学界赞叹不已。都江堰保证了流区千万亩农田和城市用水的需要，使其枯水不缺、洪水不淹、泥沙少淤、水旱从人，堪称"天然佳构"。

最早使用圆形方孔钱的是不是秦国

秦始皇统一中国后，废除布、刀、贝等币，统一了全国币制，圆形方孔成为我国铜钱的固定形式，沿用了2 000多年。然而，在战国时期，最早使用圆形方孔钱的并不是秦国，而是中原各国。

战国时期，中原三晋地区最早出现了圆形方孔的环钱。由于环钱形小易铸，加上具有便于穿索、携带等一系列优点，因而很快为诸侯各国所接受。战国中期，秦国与环币流通区域发生了密切接触，明显受到货币环钱趋向的影响。秦惠文王二年（公元前336年）开始铸"初行钱"，统一秦国货币，成为战国后期使用圆形钱最多的诸侯国，后来秦始皇在全国范围内积极加以推行。

中国首次记载哈雷彗星是在什么时候

中国古代对彗星的观测历史悠久，并作有详细记录。据《春秋》载，鲁文公十四年（公元前613年）"秋七月，有星孛（彗星）入于北斗"。这是世界上最早的关于哈雷彗星的记载，比西方早670多年。此后，从秦王政七年到清宣统二年的2 000多年间，哈雷彗星29次回归，中国都作了记录（有说共记录31次）。这些不间断的记录对现代研究哈雷彗星的轨迹变化提供了宝贵资料。

著名学者张钰哲先生则认为，我国关于哈雷彗星的最早记录为《淮南子·兵略训》中的："武王伐纣，东面而迎岁。……彗星出而授殷人其柄。"这次哈雷彗星出现的时间应该是在公元前1057年前后。

什么叫"诸子百家"

诸子百家是对春秋战国时期各种学术派别的总称。

春秋时代王室衰微，诸侯争霸，学者们便周游列国，为诸侯出谋划策，到战国时代形成了"百家争鸣"的局面。传统上关于百家的划分，最早源于司马迁的父亲司马谈。他在《论六家要旨》中，将百家首次划分为："阴阳、儒、墨、名、法、道"等六家。后来，刘歆在《七略》中，又在司马谈划分的基础上，增"纵横、杂、农、小说"等为十家。班固在《汉书·艺文志》中承袭刘歆，并认为："诸子十家，其可观者九家而已。"后来，人们除去"小说"家，将剩下的九家称为"九流"。

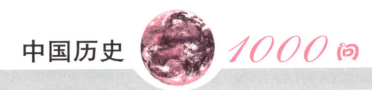

秦汉卷

　　秦汉时期是中国历史上第一个大一统时期，也是统一多民族国家的奠基时期。公元前221年秦灭六国，建立起中国历史上第一个中央集权制的秦朝。然而秦二世而亡。在经过短暂的分裂之后，汉承秦制，继之而起。汉朝分为西汉（公元前202-公元9年）与东汉（25-220年）两个历史时期。西汉为汉高祖刘邦所建立，建都长安；东汉为汉光武帝刘秀所建立，建都洛阳。其间曾有王莽代汉自立的短暂新朝（9-23年）。

秦始皇为什么能统一中国

秦始皇统一中国，是发生在战国末期的一件影响重大的事件。战国后期，各诸侯国为了争夺土地和人民，相互侵伐，战争不断。经济遭破坏，人民处于水深火热之中。所以，民众希望统一。随着战国时期经济的发展，各地间经济交流的愿望和要求越来越强

秦始皇

烈，而当时各国间度量衡不统一，货币不统一，关卡林立，捐税繁多，给经济交流带来极大不便。因此，经济的发展要求统一。统一已是大势所趋，人心所向。公元前221年，秦王嬴政结束了中国历史上长期分裂割据的局面，建立起了第一个统一的中央集权的封建帝国。

"皇帝"一词是怎么来的

秦始皇统一全国后，自认为是"德兼三皇，功高五帝"。三皇指天皇、地皇和人皇，是传说中的三个古代帝王；"帝"原来指宇宙万物至高无上的主宰者——五方上帝等。秦始皇将"皇""帝"两个人间最高的称呼结合起来，为自己的帝号，从此，天子称为"皇帝"。

秦始皇为什么被称为"千古第一帝"

秦王嬴政先后消灭了韩、魏、楚、燕、赵、齐等六个国家，建立了中国历史上第一个统一的中央集权国家。他觉得自己的功绩已高过古代传说中的"三皇五帝"，决定用一个比"王"更尊贵的称号，他将"皇"和"帝"的称号合并起来，采用"皇帝"的称号；因为是中国第一个皇帝，就自称是"始皇帝"，因此被后人称为"千古第一帝"。全国统一后，秦始皇决定废除分封制，改用郡县制，把全国分为36郡，郡下面再设县。还下令实行"车同轨""书同文"等措施，极大地巩固了秦朝的政治统治。

秦统一后采取了什么措施巩固统治

秦始皇统一中国后，采取了一系列措施，来巩固统一的中央集权国家：

政治上，建立起中央集权的政治体制：自称"始皇帝"，在中央设立"三公"，在地方推行郡县制，中央和郡县的主要官员都由皇帝任免，必须绝对服从皇帝的命令；

经济上，统一了货币、度量衡；大修驰道，统一车轨；

文化上，统一了文字，焚书坑儒，加强思想控制，给我国古代思想文化造成巨大损害；

军事上，派蒙恬北击匈奴，修万里长城，巩固边防，加强对越族地区的开发。

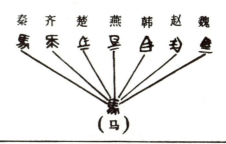

秦统一文字示意图

县作为地方行政区划是从什么时候开始的

郡县是我国古代的一种地方行政制度，在春秋战国时期，就有一些诸侯国陆续在新兼并的地区设郡县。秦统一后，统治区域空前扩大，经过朝廷的激烈辩论，秦始皇最终采纳李斯的建议，在全国实行郡县制。秦把全国分为36郡，由中央直接管辖，一郡之内又分若干县，通过郡县制，秦始皇加强了他的统治。郡县制和行省制一样，都是对我国产生了深远影响的地方行政制度。

秦统一后郡县制遂遍行于全国，汉承秦制，比秦更为严整。司马迁说秦始皇分天下为36郡，《晋书》以为统一后又有所增设，可达40郡之多。王国维等又认为有四十几郡，究竟多少郡，尚难确定。

秦朝的法律都有哪些

统一六国前夕，在法家思想的影响下，秦国法律令名目繁多，而且体例和内容已经相当完备。秦朝建立后，继续推行商鞅变法以来的法家思想和政策，又陆续制定颁布了许多新的法律令。其中韩非的以法治为中心，法、术、势相结合的思想，对秦始皇政权和法制活动影响极大，成为其指导思想。

1975年底在湖北云梦县睡虎地秦墓发现了大批竹简，其中的《秦律十八种》《秦律杂抄》《法律答问》《封诊式》是有关秦朝法律的内容。这些有对秦律某些条文、术语及律文的意图所作的解释；有关于审判原则及对案件进行调查、勘验、审讯、查封等方面的规定和文书程式等，使我们进一下了解了秦朝法律面貌。

秦始皇为什么要修筑万里长城

秦灭六国之后，即开始北筑长城。修建长城，是为了保护北部边境人民的生命财产的安全，其目的也是为了减少人民的负担。由于匈奴是游牧民族，其骑兵活动范围很大，没有长城的话，就要很多军队来防守，这会给人民增加很大的负担。原来各国之间都有一些长城，但北方的长城并不完整，秦始皇统一全国后，下令把原来的长城拆除，再把原秦、赵、燕三国北边的长城连接起来，以防止北方匈奴的南侵，给我们留下了一条举世闻名的万里长城。

秦长城示意图

秦始皇为什么要焚书坑儒

焚书坑儒是秦始皇统一全国后为统一人民的思想文化而采取的两项重大措施。

秦朝确立了专制主义中央集权的封建行政体制后，一些儒生和游士针对时政，引征《诗》《书》和诸子百家的话，以古非今。秦始皇三十四年（公元前213年），丞相李斯为杜绝"诸生不师今而学古，以非当世，惑乱黔首"的现象，提出"焚书"的建议，得到秦始皇的认可。

焚书的次年，又发生了坑儒事件。秦始皇因方士侯生、卢生逃亡，认为儒生多以妖言惑乱黔首，于是下令御史案问诸生。受株连的儒生达460余人，最后都被活埋于咸阳。

秦朝发动了哪些对外族的战争

秦朝建立之初，便北击匈奴，南下百越。

匈奴人分布在蒙古高原上，战国末年以来，常向南方侵犯。全国统一以后，秦始皇派蒙恬率军30万抗击匈奴。蒙恬于秦始皇三十二年（公元前215年）收复河套以南地区，即当时所谓"河南地"，第二年进一步斥逐匈奴。

中国境内的越人主要分布在华东、华南地区，分为闽越、南越、西瓯等部分。秦始皇在灭楚之后，很快降服了居住在浙江一带的越族，接着分别征服了东瓯和闽越。秦始皇命令尉屠睢指挥50万大军，征服了南越和西瓯的越族，建置了南海、桂林、象三郡。

你知道"灵渠"吗

灵渠在广西壮族自治区兴安县境内，是世界上最古老的人工运河之一，开凿于公元前214年。距今已2 200多年，至今仍然发挥着重要作用。

秦始皇统一六国后，为了进一步统一岭南，派大军南征。但湖南和广西交界处的道路崎岖，湘江和漓江又互不相连，给行军运粮带来极大的不便。为了解决运输问题，秦始皇命令史禄在湘江上源和漓江上源之间修筑一条运河，这就是灵渠。灵渠也称"湘桂运河"，又因在广西兴安县境内而称兴安运河，有"三分漓水七分湘"之说。灵渠长约30千米，宽约5米，设计巧妙，一年四季均可通航。灵渠联结了长江和珠江两大水系，对发展南北水路交通、促进南北经济文化交流起了很大作用。

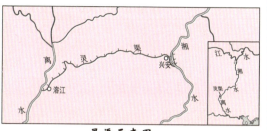

灵渠示意图

什么叫封禅

封禅，是指古代帝王在太平盛世或天降祥瑞之时祭祀天地的大型典礼。中国古代帝王的封禅活动多在泰山举行。封为"祭天"，即天子登上泰山筑坛祭天；禅为"祭地"即在泰山下的小丘除地祭地。

封禅最早出现于《管子·封禅篇》，后太史公在《史记·封禅书》中曾引用《管子·封禅篇》中的内容，并对其内容加以演绎，唐代张守节指出了封禅的目的是在泰山顶上筑圆坛以报天之功，在泰山脚下的小丘之上筑方坛以报地之功，即《史记·封禅书》中的"登封报天，降禅除地"。封禅活动实质上是强调君权神授的手段。秦始皇、汉武帝等都曾举行过封禅大典。

秦始皇巡游与封禅的目的是什么

封禅意味着"受命于天"，所以历代帝王都想通过泰山封禅来达到巩固统治的目的。秦始皇统一天下后，清楚地看到东方六国的残余势力对他的不利影响，为了巩固统治，加强对全国的控制。封禅总是与巡行相结合的。秦始皇在公元前224年～公元前210年曾六次巡游全国。在巡视中，他以封禅为旗号，于公元前219年首登泰山封禅。秦始皇东巡"登临泰山，周览东极"，举行封禅活动，这样既可震慑天下，又企图实现长生不老的渺茫愿望。同时，他东巡也隐含着寻根问祖的深刻含义。

秦始皇为什么要修建骊山陵

秦始皇即位后，即大肆征发徭役，大兴土木。为了使自己死后能继续享有豪华的生活，在骊山北麓（今陕西临潼县东南）为自己修建坟墓，这座坟墓即为骊山陵。据史料记载，骊山陵高50余丈，周四五里多，墓基很深，并用铜液进行灌注。墓中筑有各式各样的宫殿及百官位次。殿内陈列着各色珍奇珠宝，配以水银做成的百川、江河、大海，用明珠做成日月星辰，用人鱼膏做成蜡烛长期照明。为了防止后人挖掘坟墓，命令工匠装置了许多机弩。为了修建这座坟墓，秦始皇在征六国过程中，就征发人力物力，前后共征发全国刑徒及奴隶78万人。修筑时间长达38年，工程浩大、气魄宏伟，创历代封建统治者奢侈厚葬之先例。

为什么秦始皇陵兵马俑被称为"世界第八大奇迹"

20世纪70年代后期，我国考古工作者在陕西临潼县骊山秦始皇陵东边发掘出了大批陶质兵马俑。这些兵马俑塑造得与真人及

秦始皇陵兵马俑

真马真车一般大小，形象生动逼真，雕刻细致精巧，而且都是上了颜色的。这反映了2 000多年前中华民族高度发达的文化艺术水平。因此，国际上一些著名的历史和考古学家将秦始皇陵兵马俑与世界上公认的埃及金字塔等公元前3世纪的"七大奇迹"相提并论。

1978年9月，法国前总统希拉克参观后感慨地说："世界上有七大奇迹，秦兵马俑的发现可以说是八大奇迹了。不看金字塔，不算真正到过埃及；不看秦俑，不算真正到过中国。"于是，"世界第八大奇迹"的说法不胫而走，如今已成为秦兵马俑的代名词。

"指鹿为马"是怎么回事

公元前208年,赵高处死丞相李斯,自己当上了丞相,把持着朝廷大权,专横跋扈,官员们敢怒而不敢言。

一次,赵高乘胡亥正在上朝时,牵着一头鹿来到殿上,故意对胡亥说:"皇上,臣献给你一匹好马。"胡亥一见笑着说:"你错了,这是一头鹿,怎说是一匹马呢。"赵高把脸一沉,然后奸笑了一声说道:"皇上,这是一匹马,不信你问左右群臣!"赵高点出几个亲信来回答,都一致说是马。几个官员说了真话,之后都被赵高杀害了。从此以后,朝廷中再也没有人敢说实话了。

赵高指鹿为马,欺君欺臣,荒谬绝伦、飞扬跋扈到了极点。

李斯是被谁诬陷致死的

秦二世胡亥时,皇上本人深居宫中,行乐不止,政事都由郎中令赵高决定。对于赵高的独断专行,李斯有时会有不同看法,使他逐渐成为赵高的眼中钉。赵高向二世诬告李斯,李斯得知后,反斥赵高心术不正。后来,李斯又与丞相冯去疾、将军冯劫进谏二世,请求减轻赋役,停止修建阿房宫。但是,在赵高的怂恿之下,二世认为李斯等既不能禁绝外盗,又反对先帝的遗命,根本没有资格在位,就下令将三人下狱治罪。秦二世二年(公元前208年),二冯自杀,李斯则被腰斩于市,三族之人被杀。赵高被任命为中丞相,大权独揽,最终把秦王朝推向灭亡的边缘。

为什么称"揭竿而起"

秦二世时,赵高掌握大权,全国上下怨声载道,恨之入骨。

公元前209年,一批900多人的壮丁队伍被押送到渔阳(今北京密云西南)去戍守,队伍走到大泽乡(今安徽宿州东南)时,遇雨阻路,而按照秦律,不能如期赶到就要被杀头。屯长陈胜、吴广商量,决定举兵起义,他们利用大家迷信鬼神的特点,用"大楚兴,陈胜王"的计策使大家信服。

后来,陈胜、吴广杀死带队军官,带队起义,首先占领了大泽乡一带,附近老百姓也参加了起义军队伍,没有刀枪和旗子,他们就砍下树枝做刀枪,削了竹竿做旗杆,建立了一支强大的农民起义军。"揭竿而起"的成语就来自这一历史事件。

哪次战役摧毁了秦军主力

公元前209年,我国历史上爆发了陈胜、吴广领导的农民起义。陈胜、吴广牺牲后,刘邦和项羽率领的两支起义军逐渐壮大起来。公元前207年,项羽的起义军与秦将章邯率领的秦军主力部队在巨鹿(今河北邢台市)展开大战;项羽不畏强敌,引兵渡漳水。渡河后,项羽命令全军:"皆沉船,破釜甑,烧庐舍,持三日粮,以示士卒必死,无一还心。"项羽破釜沉舟的决心和勇气,对将士起了很大的鼓舞作用。项羽的军队把秦军队包围起来,个个士气振奋,越打越勇。最后活捉秦军首领王离,瓦解了围困巨鹿的秦军。

巨鹿一战,大破秦军,项羽威震诸侯。

秦朝为什么那么快灭亡

秦末农民战争形势

秦朝建立时强大无比，但短短十几年时间便土崩瓦解，帝国灰飞烟灭，留给后人不尽的慨叹与思考。关于秦迅速灭亡的原因，历来多有探讨，观点不一，举其要者，大略有下：

有认为秦以武立国，天下迅速统一，人民还没有完全接受大一统的思想。秦在统一六国之后，向南向北继续扩张，兵力分散，国家核心区域反而兵力不足，以至于要释放骊山之囚组成军队以抗项羽。

有认为秦基础建设投入过大导致民力疲惫，又运用苛法酷刑，兵役徭役苛税导致人民无以为生，终于激起民变。

有认为秦朝秦始皇死后统治集团内部混乱，奸臣当道也是重要原因。

为什么项羽又称西楚霸王

在秦末起义军中，项羽屡战屡胜，巨鹿一战大败秦军，自此声威大振，被各路起义军举荐为上将军，成了各路起义军首领。

这时，由刘邦率领的一支起义军已经占领了咸阳。刘邦考虑到自己的力量一定敌不过项羽，将咸阳拱手相让。项羽兵进咸阳以后，自立为西楚霸王。

关于其"西楚霸王"的称号，是因为项羽为楚国人，为楚国名将项燕之后，又一举平定楚国，因此本该做楚王。而项羽有九郡之地，以彭城为王都，"彭城为西楚。"而由于项羽武功绝伦，战无不胜，在王之前又加了个霸字，就成了西楚霸王了。应该说这个称呼与其自己的主观选择有很大的关系。

"四面楚歌"讲述的是什么史实

秦朝灭亡以后，两大起义首领项羽和刘邦约定以鸿沟东西边界作为界限，互不侵犯。后来刘邦听从建议，趁项羽衰弱的时候消灭他。最后他把项羽围困在垓下，为了快速取胜，从心理上打败项羽，他让官兵在项羽的营外唱楚地的民歌。夜里项羽听见楚歌从四面八方传来，非常吃惊："刘邦已经得到了楚地了吗？为什么他的部队里面楚人这么多呢？"他便和虞姬喝酒唱歌，唱完直掉眼泪。后来项羽骑上马，带着仅剩的800多名骑兵，向南突围逃走。项羽边逃边打，虽然非常

勇猛，但到了乌江之畔，只剩自己一人，觉得无颜面对家乡江东的父老，便自刎而死。

为什么刘邦要重用陈平

刘邦

秦朝末年，楚汉相争，英雄豪杰层出不穷。陈平就是在这种情况下涌现出来的，他为刘氏江山立下了汗马功劳。

陈平学识广博，才能出众，有治国平天下的抱负。他先投奔魏王咎，后投奔项羽，均得不到重用，后来他又离开了项羽，投奔刘邦。

他很快得到刘邦的重用，但刘邦手下大将不服，说陈平反复无常，又和嫂子有私情，不能重用。刘邦也有些动摇，问陈平为什么投奔自己。陈平回答说："我听说您胸怀大志，善于采纳别人的建议，所以我才投奔到您的旗下效力。"刘邦向陈平道歉，拜其为护军中尉。

从此，陈平为刘邦出谋划策，帮助他赢得了天下。

刘邦的"约法三章"起到了什么作用

楚怀王派项羽北上救赵的时候，又派刘邦带兵西进，攻打咸阳。并且约定：先打进咸阳并平定关中的就封他为王。刘邦的军队打到南阳郡时，刘邦引诱南阳郡守投降，并封他做了殷侯。从此，刘邦的军队所到之处，秦军纷纷投降。公元前207年，秦王子婴投降，刘邦带兵进入咸阳。刘邦占领咸阳后，废除了秦朝残酷的刑罚，和关中父老约法三章："第一，杀人的要偿命；第二，伤人的要被判罪；第三，偷东西的也要被判罪。"这三条规定得到了老百姓的欢迎，老百姓都希望刘邦永远留在关中做王。"约法三章"对刘邦在楚汉战争中取得胜利，起到了重要的作用。

刘邦是如何得天下的

刘邦有一次和大臣们饮宴，问大臣们为什么自己能得天下而项羽却自刎于乌江，大臣们你一

言我一语说了很多，其中高起、王陵认为刘邦派有才能的人攻占城池与战略要地，给立大功的人加官封爵，所以能成大事业。而项羽恰恰相反，有人不用，立功不授奖，贤人遭疑惑，所以他才失败。刘邦认为他们说的有道理，但是他认为自己成功还是在于用人得当。刘邦说："运筹帷幄，决胜千里，我不如子房；镇国家、抚百姓、给馈养、不绝粮道，我不如萧何；攻必克、战必胜，我不如韩信。"

刘邦能够一统天下，主要原因是会用人，用能人，懂得用人之道和用人的技巧。

为什么刘邦得到天下后先给仇人封爵

刘邦当上皇帝以后，面临按功封爵的难题。有功之臣数百人，如果都封官、封土地，把全国封遍也不够。如果不封，将军们疑心皇帝会用杀功臣的办法解决矛盾。将军们渐渐有阴谋反的苗头。

刘邦急忙找来张良商量对策。张良问："陛下平时与哪个将军有仇？"刘邦回答说："人所共知，是雍齿。"张良说："现在就封雍齿。诸将蓄谋造反，都是因为怕您借过去的过错去把他们杀掉。今天先封仇人，诸将情绪自然稳定，以后的事情就可以从容处理了！"于是，刘邦封雍齿为什方侯，诸将也不再担心了。

为何《大风歌》流露出凄凉悲哀的心情

公元前196年，刘邦平定淮南王英布叛乱后凯旋，途经故乡时作了著名的《大风歌》："大风起兮云飞扬，威加海内兮归故乡，安得猛士兮守四方。"全诗仅三句，却总结了刘邦一生的政治生涯和理想抱负。

历来都赞誉这首诗"恢弘磅礴"，但是如果我们反复吟诵，就可以触摸到刘邦无限感慨与凄凉悲壮的心情。

据《史记》记述，刘邦作歌时"慷慨伤怀，泣数行下"。他依靠众多大将打天下，后来诛杀了大量功臣。结果面对内外交困的危机，为没有将领去保卫他所开拓的辽阔疆土而感到深深的忧虑，那种若有所思的悲哀心情使他因伤感而落泪。

汉高祖是怎样削弱王国势力的

汉初70年的历史，是中央集权逐步战胜地方割据的历史。西汉初年，六国旧贵族仍然是强大的地方势力。汉高祖把这些旧贵族及其他"豪杰名家"十余万口，迁到长安附近。

汉高祖在战争年代为了合力击楚而分封了众多诸侯王，后来他采取了断然手段，先后消灭了韩信、彭越、英布等异姓诸王。这时，汉高祖既没有直接控制全国的力量，又认为秦朝不分封子弟招致速亡，所以在异姓王的旧地陆续分封自己的子弟为王，用以藩屏汉室，史称同姓诸侯王。为了控制诸侯王国，汉政府规定中央派太傅辅王，派丞相统王国众事，并重申无皇帝虎符不得发兵。但异姓王国虽然被刘邦削弱，却埋下了同姓王国势力较大的隐患。

"汉初三杰"指的是哪三个人

刘邦打天下时，手下文臣武将不计其数，其中萧何、张良、韩信居功至伟，被史学家称为"汉初三杰"。刘邦对"三杰"的评价精确而深刻，有一次他在酒席宴问群臣自己为什么能得到天下，而项羽比自己势力大得多却失去天下又是为何？群臣的对答都没有说到点子上。刘邦笑笑说："公知其一，未知其二。夫运筹策帷帐之中，决胜于千里之外，吾不如子房；镇国家，抚百姓，给馈饷，不绝粮道，吾不如萧何；连百万之军，战必胜，攻必取，吾不如韩信。此三者，皆人杰也，吾能用之，此吾所以取天下也。项羽有一范增而不能用，此其所以为我擒也。"

你知道"萧规曹随"的典故吗

曹参继萧何为相国以后，事事无所变更，全部遵循萧何所用旧法，他自己则日夜饮酒作乐。汉惠帝对曹参的做法很不满，曹参说："陛下觉得您与高祖谁圣明英武呢？"惠帝说："我怎能比得上先帝？"曹参又问："我与萧何谁更有才干呢？"惠帝说："我看你也不如萧何。"曹参说："对呀！高祖与萧何平定天下，各项法令全都制定好了，现在陛下承有天下，我等守臣子职位，遵守成法不使其有失不就行了吗？"曹参为汉相国三年，清静无为，不给百姓增加负担。他死以后，百姓唱道："萧何为法，若划一；曹参代之，守而勿失。载其清净，民以宁一。"

谁为刘邦制定了"汉仪"

刘邦当皇帝后，群臣的"战时脾气"仍然未改，刘邦非常头疼，他命令叔孙通负责拟定仪式礼节，并指示说，秦朝的礼仪太繁琐，你要弄简单一点。

于是叔孙通奉命征召了鲁地儒生30多人，加上皇帝左右有学问的侍从共有100多人，一起制订礼仪，并演练一个多月，刘邦视察后命令群臣都来学习。长乐宫建成时，各诸侯王及朝廷群臣都会来朝拜皇帝，参加岁首大典，刘邦便借此机会按新制礼仪行事。

从朝见到宴会的全部过程中，没有一个人敢大声说话和行动失当。大典之后，刘邦非常得意地说："我今天才知道当皇帝的尊贵啊。"

齐王田横和500多名士兵为什么自杀

刘邦建立汉朝之后，派韩信攻齐，齐王田横带上500多名残兵败将逃到一个海岛上。

刘邦派人送信说："倘若田横带500多名士兵回到汉朝来，可以封田横为王，否则马上派兵攻打。"田横不忍心士兵再遭无辜，就去求见刘邦。但他觉得很耻辱，在路上自杀了。刘邦为田横举行了葬礼，建了一座"齐王墓"。将田横的部下全部召回，准备妥善安排。

田横手下500多名士兵一到洛阳，就立即来到齐王墓前，用最隆重的齐国仪式祭奠了国王田横。接着，全体士兵唱起凄凉悲怆的哀歌，一个个拔出宝剑来自杀了，以死来表达对齐国和国王田横的无限忠义之情。

吕后是如何掌控政权的

吕后是汉高祖刘邦之妻，名雉，单父县人吕公之女，由父许配刘邦。刘邦称帝后，立吕雉为后。吕后为人有谋略，助刘邦杀韩信、彭越等异姓王，巩固统一的局面。刘邦死后，惠帝仁弱，实际由吕后掌政，公元前188年，惠帝崩，吕后临朝称制8年，后逐杀少帝，立常山王刘义为帝，先后掌权达16年，是中国历史上三大女性统治者（吕后、武则天、慈禧太后）的第一个。

吕后掌权期间，封诸吕为王，擅权用事，排斥老臣，拔擢亲信。但其称制的8年间，继续执行汉高祖以来与民休息的政策，奖励农耕，废除夷三族罪和妖言令等苛法。她死后，诸吕被迅速翦灭。

韩信死于何人之手

韩信是西汉开国名将，汉初三杰之一，留下许多著名战例和策略，为汉朝立下汗马功劳，历任大将军、左丞相、相国，封齐王、楚王、淮阴侯等，却也因其军事才能引起猜忌。汉高祖刘邦战胜主要对手项羽后，韩信的势力被一再削弱。公元前197年，陈豨谋反，刘邦亲自率兵前去征讨，韩信称病不随高祖出征，有人向吕后密告韩信要谋反。吕后与相国萧何商议，骗说陈豨已被杀死，诸侯群臣都前来进宫朝贺。韩信因为和萧何的友情，入朝进贺，吕后派武士把韩信捆缚起来，在长乐宫中的钟室里斩杀了他，并被诛灭三族。后世流传："生死一知己，存亡两妇人。"

为什么刘邦死后有诸吕之乱

公元前195年，刘邦驾崩，太子刘盈即位，即为汉惠帝。惠帝即位时只有17岁，加上生性仁弱，朝中大权被操纵在太后吕雉手中。

吕后慢慢培植亲信党羽，形成一股势力。公元前188年，惠帝病死无子，吕后立少帝，并临朝称制。4年后，吕后又废少帝。吕后企图削除刘家势力，培植吕家势力，吕台、吕产、吕禄及吕通都封了王，刘邦"非刘不王"的限制被打破。

吕后死后，诸吕欲诛功臣以绝后患，结果反

吕派的朱虚侯诛杀了南军首领吕产，并且遣人将诸吕不管男女老幼一并处死，从而把吕氏集团彻底消灭。

什么是"文景之治"

西汉初年，经济萧条，到处都是一片荒凉的景象。汉高祖及其后的汉文帝、汉景帝等，吸取秦灭亡的教训，减轻农民的徭役和劳役等负担，注重发展农业生产。到文景时期，出现了"文景之治"。

文景时期，重视"以德化民"，轻徭薄赋，休养生息，劝课农桑，随着生产日渐得到恢复并且迅速发展，出现了多年未有的稳定富裕的景象。史称："京师之钱累巨万，贯朽而不可校。太仓之粟陈陈相因，充溢露积于外，至腐败不可食。"人民的生活水平得到了很大程度的提升，同时汉王朝的物质基础大大增强，是中国皇权专制社会的第一个盛世。

汉朝对南越采取了什么政策

南越国是秦末汉初我国南方一个封建割据的地方政权，它历经西汉从高祖到武帝数代，传五世，延续近一个世纪。南越国的第一、二代王都僭越称帝，刘邦建汉后，迫于当时的社会形势，不得不承认南越政权的存在。而南越赵氏政权，也限于南越国国内的人力、物力，不可能与汉廷公开抗衡，采取表面向汉廷称臣、背后称帝的手法。从汉高祖到汉武帝，西汉政府根据当时实际情况，对南越国灵活地采取了安抚、册封或削平的不同政策，终于在汉武帝时期，铲除了这一割据政权，对巩固我国统一的多民族的封建国家起了重大作用。

为什么张释之被人们称为"天下名臣"

张释之是西汉时人，汉文帝时，他被任命为掌管律法的廷尉。他执法公允，严格按法规审理案件。

一次有人惊了文帝的马，张释之按律罚其四两金子。文帝认为应该杀掉，张释之回答说："如果不依照法律，滥加重刑，那怎么能使法律

取信于民呢？"

后来，又有人偷盗高祖刘邦宗庙座前的玉环，张释之按律判其死刑。文帝觉得应该诛其亲族，张释之说："那样是难以服众的。万一将来有人从高祖坟上抓走一把土，又该怎么处置呢！"

因为张释之执法公平，避免了许多冤案的发生，人们都称赞说："张释之做廷尉，天下就没有冤民。"并称他为"当今天下名臣"。

贾谊为什么一生不得志

贾谊是西汉前期杰出的政治家、思想家和文学家。他少年得志，才华横溢，在朝廷官员中最为年少。他年轻敢为，思想敏锐，每当朝廷商议国家大事，许多老臣往往无言对答，贾谊却对答如流。汉文帝赏识器重他，一年之中三次擢升。后因大臣嫉妒谗言，疏远了贾谊。此外，贾谊虽才华横溢，但不懂人情世故，不顾及权衡轻重，从统治者及权贵的利益出发。他迫不及待提出许多改革措施，文帝觉得他过于书生气，华而不实，后将贾谊贬为长沙王的太傅。几年之后贾谊被召回长安，为梁怀王太傅。梁怀王坠马而死后，贾谊深感歉疚，33岁就忧伤而死。

"七国之乱"是怎么回事

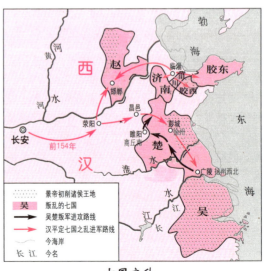

七国之乱

汉初，高祖刘邦大杀功臣，铲除异姓王，大

封同姓王，为诸王叛乱埋下祸根。文景时代，同姓诸侯日益强盛，对朝廷也渐渐骄恣跋扈。其中齐、楚、吴三封国几乎占天下之半，严重地威胁着汉王朝的中央政权。汉文帝采用温和手段来达到削减诸侯的目的。汉景帝采用晁错建议进行"削藩"，以减少诸王的封土，从而巩固中央政权，激起诸王强烈反对。汉景帝三年（公元前154年），吴、楚等七国以"诛晁错，清君侧"为名，发动武装叛乱，史称"七国之乱"。三个月后，被太尉周亚夫平定，汉景帝乘机收回诸侯政权。

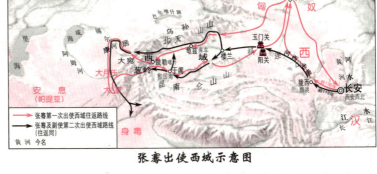

张骞出使西域示意图

为什么汉景帝要杀晁错

晁错是文景时期著名的政论家。他很得当时的太子刘启（后来的汉景帝）的赏识，被称为刘启的"智囊"。景帝即位后，任御史大夫，成为举足轻重的国家重臣。他主张削夺同姓诸侯王的封地，达到巩固中央集权的目的。景帝采纳了他的建议，并且要削夺吴王刘濞的封地。七国之乱爆发后，外戚窦婴等人原来就和晁错矛盾很深，此时乘机提议杀晁错来平息叛乱。景帝听信窦婴之言，将晁错腰斩于长安东市，他的父母、妻子、同族不分老少也都被杀。晁错死后，吴楚七国之乱并没有平息，最后景帝还是派名将周亚夫出征，才很快将叛乱平定。

西域与汉朝是如何进行经济交往的

西汉时期，随着东西方经济文化的交流传播，极大地促进了西域社会经济的进一步发展。西域的农作物胡麻、蚕豆、石榴、大蒜、葡萄、苜蓿及水果等相继传入内地，被誉作"天马"的大宛马、乌孙马、各种毛皮也通过"丝绸之路"源源不断地进入到中原地区。同时，中原地区的丝绸和丝织品也传入西域并经此西传欧洲。此外，伴随着屯田士兵而传入西域的还有先进的生

产工具和农业经验，如铁铧、铁锄等铁制农具及代田法，还有掘井技术和冶铁技术等。汉代新疆广泛流行汉朝的五铢钱、田马钱及安息银币等，说明了该地区蓬勃发展的商业水平。

张骞为什么要出使西域

西汉初期，中原经济尚未恢复，政权尚未巩固，因此对经常袭扰边境并威胁西汉王朝的匈奴，采取了妥协政策。汉武帝时，经济繁荣，国力强盛，于是决定武力反击匈奴，保卫北方边境安定。

公元前138年，汉武帝派张骞第一次出使西域，希望联合大月氏夹击匈奴，虽然没有达到预期的目的，但扩大了汉朝的影响，沟通了汉朝与西域各国的联系。

公元前119年，张骞再次出使西域，进一步密切了汉朝与西域各国的关系，并促使后来乌孙与汉联姻。

公元前114年，张骞病逝于长安。张骞出使西域，增进了汉朝对西域的了解，建立了汉朝与西域各国的联系，对中国历史的发展作出了杰出的贡献。

丝绸之路在哪里

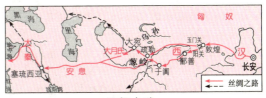

丝绸之路

丝绸之路是历史上横贯欧亚大陆的贸易交通

线，促进了欧亚非国家和中国的友好往来。中国是丝绸的故乡，在经由这条路线进行的贸易中，中国输出的商品以丝绸最具代表性。19世纪下半期，德国地理学家李希霍芬将这条陆上交通路线称为"丝绸之路"，此后中外史学家都赞成此说，沿用至今。

丝绸之路是亚欧大陆的交通动脉，是中国、印度、希腊三种主要文化交汇的桥梁。西汉时的丝绸之路，是以长安（今西安）为起点，经今甘肃、新疆，到中亚、西亚，并联结地中海各国的陆上通道，其基本走向定于两汉时期，包括南道、中道、北道三条路线。

西汉与匈奴的战争

汲黯为什么会失宠

西汉时汲黯为人倨傲严正，忠直敢谏，朝中上下皆感敬畏，是武帝朝中闻名遐迩的一流人物。他四次犯颜武帝，三次斥骂丞相公孙弘和御史大夫张汤，言辞都极为尖锐无情。

有一次武帝说："我欲振兴政治，效法尧舜，如何？"汲黯说："陛下内心私欲太重却又声称广施仁义，怎么能效法唐虞呢？"武帝十分生气，也无可奈何。

汲黯信仰黄老学说，崇尚无为清静之治，这和武帝崇尚儒学，重用酷吏，好大喜功的"多欲"政治相抵触。加上他多次直谏，廷争抗颜，公孙弘、张汤常在武帝面前说他的坏话，武帝对汲黯先施之以疏，后继之以贬，最终被贬为源阳太守，卒于任中。

汉武帝为什么要设置"五经博士"

公元前136年，汉武帝根据董仲舒的策略，设置"五经博士"，即研究《诗》《书》《礼》《义》和公羊《春秋》的学者。

从汉朝初年开始，黄老之学盛行。黄老之学的实质，并不是表面上所说的清静无为，而是为施行法家的政治措施开道，而法家思想不便公开言说。所以精明的汉武帝利用了董仲舒的策略，给那些喜欢批评时政的儒生创造做学问的条件，让他们一门心思地宣扬儒家主张。这样一来，既以荣誉和俸禄封住了他们的批评之口，也给自己立起崇尚仁义的形象。因此，所谓"五经博士"，在某种程度上是统治者推行法家思想的装饰。

汉王朝是如何打败匈奴的

汉朝前期，由于国力较弱，对匈奴一直忍让，希望以此换取边境安宁。汉武帝时期，国力达到鼎盛，开始了讨伐匈奴的战争。

汉朝讨伐匈奴的战争主要有三次。第一次是在公元前127年，大将军卫青击败匈奴白羊王、楼烦王，收复秦朝时的河南地，并建立了朔方郡。第二次是在公元前121年，骠骑将军霍去病斩获匈奴4万余人，控制了河西地区，开辟了通往西域的走廊。同年，匈奴浑邪王领数万人前来投降。第三次是在公元前119年，卫青、霍去病分道深入漠北，捕捉匈奴主力，大败匈奴。

经过这几次大战，虽然汉军损失也很严重，但汉朝胜利、匈奴失败的局面却基本奠定了。

谁是抗击匈奴的英雄

抗击匈奴的英雄有很多，其中最有代表性的要数卫青和霍去病。他们以杰出的军事才能和超常的勇敢，建功立业，名留史册。

卫青　　　　　霍去病

公元前129年春，汉武帝提拔卫青做车骑将军，抗击匈奴。卫青屡立战功，公元前127年收复河南地，公元前119年远征大漠，击败匈奴单于。

霍去病是卫青的姐姐与霍仲孺的私生子。18岁时，霍去病初试锋芒、崭露头角，因功冠全军，被封为"冠军侯"。公元前127年河西战役，霍去病将河西走廊控制在汉王朝的手中。公元前119年北征大漠，霍去病大败匈奴左贤王，俘7万余人。

卫青、霍去病在抗击匈奴的战斗中立下赫赫战功，也因此而显贵，并为后世传扬。

为什么把李广称为飞将军

李广是西汉名将，曾担任边域七郡太守，威震北方。汉武帝元光六年（公元前129年），李广出任骁骑将军，率领万余骑兵出雁门攻打匈奴，由于双方兵力悬殊受伤被俘。匈奴兵令他卧在网中，并将网拴在两马之间，想送交单于。李广装死，在途中乘隙跃起，夺军逃回。匈奴人以为李广是神，懂得飞天遁地，而李广的战略战术更让匈奴谈虎色变，他行动快，箭法精，忽来忽去，敌军总是摸不清他的打法，所以匈奴人称他为"飞将军"。

李广一生和匈奴70余战，以骁勇善射而著称。他带兵之道宽缓不苛，和士卒同饥渴，深得军心，为人爱戴。

汉武帝为何要施行"推恩令"

汉朝立国之初，部分沿用了周朝的封建制。到刘邦晚年，异姓封王已被各个击破消灭。景帝时，势力较大的同姓王也全部被铲除。但是，汉武帝还是担心这些王侯们联合起来对付皇帝，在汉武帝元朔二年（公元前127年），采纳中大夫主父偃的建议，开始施行"推恩令"。

"推恩令"规定，诸侯王除嫡长子继承王位外，其余诸子都要在原封国内受封为侯。新封的侯国不再受原王国管辖，而是直接受各地郡的管理。这个"推恩令"，看上去是把王国的恩泽推及更多的人，其实是化整为零，为全部消灭王侯作准备。王国的势力进一步被削弱。

你知道《史记》吗

《史记》的作者是司马迁（公元前145～公元前87年）。《史记》是一部伟大的史学著作，也是一部文学名著。它记述了上古至汉初3 000年来的政治、经济、文化多方面的历史情况，是中国第一部纪传体通史。

《史记》包括本纪、表、书、世家和列传，共130篇，52万余字。"本纪"叙述历代帝王的政绩；"表"是各个历史时期的简单大事记；"书"是个别事件始末的文献，分别叙述天文、历法、水利、经济、文化、艺术等方面的发展和现状，与后世的专门科学史相近；"世家"主要叙述贵族侯王的历史；"列传"则是各种不同类型、不同阶层人物的传记。

《史记》书影

司马迁为什么要忍辱著《史记》

司马迁的父亲司马谈是汉朝的太史令，在他继任太史令后，就开始着手写一部记录中国历史的巨著。但书未成，就得重病去世了，司马迁接替父亲做了太史令，开始着手写《史记》。但就在这时，由于他公开为不得已投降匈奴的李陵辩护，被汉武帝处以残酷的腐刑。司马迁多次想自杀。但是，他想到父亲临终时自己向父亲保证完成修史的事业，便忍辱负重地活了下来。他又从历史上许多发愤成就事业的例子中受到了鼓舞：屈原被放逐，才写了《离骚》，左丘明眼睛失明后，写成了《国语》；孙膑被砍了膝盖骨，写出了《兵法》，我为什么不能把这部史书写出来呢？司马迁辛辛苦苦十几年，终于完成了历史巨著《史记》，它详细地记述了从传说中的黄帝至汉武帝时期共计3 000多年的历史，史学价值极高。

中国和日本是什么时候开始交往的

中国在秦汉时期就和日本有来往，早在秦朝，秦始皇就派徐福和童男童女到蓬莱仙岛求取不死仙丹。按照日本的记载，徐福所到的就是日本的本州、四国、九州三岛。日本的文字史料中含糊不清，但是按照部分日本史学界人士的观点，徐福就是日本古代著名君主，第一位天皇——神武天皇，他登陆日本的地点，便在日本的关西平原。"神武东征"横扫日本的传说就是基于徐福登陆日本，南征北战的事迹演化来的。

东汉时中国和日本也有交往，有史记载，东汉初年日本有使臣入觐汉光武帝，汉赐日使者"汉委奴国王"印。

汉朝有大学吗

公元前124年，汉武帝创建了太学，标志着我国封建官立大学制度的确立。

汉朝太学有国子学、四门学、广文学、律学、书学、算学、格物学、医学、蓄学、大成诸馆。汉朝掌管文化教育的官员为太常，总负责太学的管理。皇帝也亲自到太学视察。太学的教授称博士，主要职责是教授学生。太学的学生称博士子弟，东汉时简称"太学生"，通常是太学直接挑选，各地方官员也可以选送条件优秀的人才。

汉武帝在长安建立的太学复原图

从西汉一直到清朝，太学（有时叫国子学）一直都是国家的最高学府。相当于今天的大学。

汉武帝为什么推出卖官鬻爵的政策

汉武帝元朔六年（公元前123年），为筹备军费，汉武帝推出了卖官鬻爵的政策。

汉武帝当政之后，连年出击匈奴，耗费巨大，国库空虚，军费供给出现严重问题。于是，武帝下诏，民众可以购买官爵、用钱赎罪。同时，又设置武功爵十一级，买至第七级"千夫"

爵时，还可以优先得到任用。这种措施的主要得益者，应该是有钱的商人。汉朝一方面采取重农抑商政策，同时又给予他们买官鬻爵的政策方便条件，这就迫使商人拿出钱来改变自己的地位和命运。这种做法，一方面败坏了国家政治的形象，另一方面使官员的来源复杂化，削弱了政府的职能。

中国有文字记载的第一部完整的历法是何时颁行的

《太初历》是西汉武帝太初元年（公元前104年）颁行的一部历法，是我国第一部有完整文字记载的完整的历法，它的编制是中国历法史上的第一次大改革。

西汉初年仍沿用秦朝的《颛顼历》，该历有一定误差。公元前104年，天文学家落下闳、邓平等人制订了《太初历》，在历史上一共行用了189年。《太初历》规定一年等于365.2502日，一月等于29.53086日；将原来以十月为岁首改为以正月为岁首；开始采用二十四节气；以没有中气的月份为闰月，调整了太阳周天与阴历纪日不相合的矛盾。《太初历》还得出135个月的日食周期。这是我国历法上划时代的进步。

什么叫"巫蛊之祸"

汉武帝征和二年（公元前91年），丞相公孙贺之子公孙敬声被人告发为巫蛊咒武帝，与阳石公主通奸，公孙贺父子下狱死，诸邑公主与阳石公主、卫青之子长平侯卫伉皆坐诛。武帝宠臣江充奉命查巫蛊案，用酷刑和栽赃迫使人认罪，大臣百姓惊恐之下胡乱指认他人犯罪，数万人因此而死。

江充趁机与韩说、苏文等人诬陷太子，皇后和太子刘据起兵反抗不果，相继自杀。壶关三老和田千秋等人上书讼太子冤，终于清醒过来的武帝于是夷灭江充三族，烧死苏文。又修建"思子宫"，于太子被害处作"归来望思之台"，以志哀思。此事件牵连者达数十万人，史称"巫蛊之祸"。在历史上具有重大影响。

汉武帝晚年为什么发布"罪己诏"

汉武帝是一位具有雄才大略的君主，但到晚年，他靡费巨资，封禅出游，通神求仙，并酿成"巫蛊之祸"。由于连年用兵和肆意挥霍，国库已经空虚，同时吏制腐败，农民起义接连爆发。

此时汉武帝开始对自己的所作所为颇有悔意。征和四年（公元前89年），汉武帝下诏反思自己，称"当今务，在禁苛暴，止擅赋，力本农。修马复令，以补缺，毋乏武备而已"。史称"轮台罪己诏"。

"轮台罪己诏"是中国历史上第一份内容丰富、保存完整的皇帝正式自我悔过的文件，使汉朝重新回到了与民休息、重视发展经济的轨道，从而避免了像秦朝那样迅速败亡的结局。

汉朝与哪个国家联合共击匈奴

由于武帝在位时的几次大规模攻击，到武帝末期，匈奴的势力已开始衰败，昭帝时匈奴总体上对汉朝已经采取守势，但匈奴还是对中原及西域的一些与汉朝通夫的国家不断侵扰。汉宣帝本始二年（公元前72年），乌孙王上书宣帝，愿与汉朝联合攻击匈奴。汉朝派田广明、赵充国等五将军，率兵15万，校尉常惠持节护乌孙兵，攻击匈奴。

第二年5月，汉军正式从长安出发。乌孙王会同丁零、乌桓国军队联合进攻，大破匈奴。匈奴势力自此大衰，以前归附匈奴的西域诸国，也宣告瓦解。自此以后，匈奴只好寻求与汉朝和亲，边境地区渐趋安宁。

汉朝为什么要设置都护府

匈奴遭受汉朝打击后，汉朝频频派人到西域，出现了"使者相望于道"的空前盛况。但这时匈奴在西域的统治还没有根本动摇，一些国家慑于匈奴的压力，故意刁难汉使。在这种情况下，汉发兵击姑师、楼兰、大宛等国取胜，自此"西域震恐，都遣使来贡献"，天山以南地区从此便在汉的控制下，匈奴虽然仍盘踞在天山以北，但已不能自安。汉宣帝神爵二年（公元前60年），匈奴西边日逐王率众投降，天山以北也归属于汉。汉设置西域都护府，成为当时汉朝管理西域36国的政治、经济、文化和军事中心，匈奴在西域的统治至此全面结束。

汉武帝有哪些功绩

汉武帝刘彻是一个非常有作为的皇帝。他即位以后，充分施展自己的才能，使西汉帝国空前强大。汉武帝在政治上加强中央集权，不断削弱地方诸侯王国的势力；在思想文化上推崇儒学；在经济上打击富商大贾。他还移民屯垦，修建水利工程，使黄河80多年没有发生大的灾害。汉武帝先后派大将卫青、霍去病等人与北方的游牧民族匈奴作战，多次打败匈奴，解除了边疆的隐患。他两次派张骞出使西域，开通了丝绸之路，密切了西汉与西域各民族的关系。汉武帝统治期间，统一多民族的中国得到巩固，并开始以一个文明和富强的国家闻名于世。

为什么王昭君要远嫁匈奴

汉宣帝时匈奴贵族争夺权力，五个单于分立，互相攻打不休，势渐衰落。其中呼韩邪单于被郅支单于打败。他决心跟汉朝和好，亲自朝见汉宣帝。

昭君出塞

公元前33年，呼韩邪单于要求和亲。汉元帝吩咐人到后宫去传话："谁愿意到匈奴去的，皇上就把她当公主看待。"王昭君虽然其相貌出众，但因不肯贿赂画工，致使元帝不知其美丽，一直没有召见。昭君自愿请求嫁于匈奴，直到昭君自请嫁匈奴临别时，元帝方知晓昭君美丽大方，使汉宫为之生色，悔恨不已，一气之下杀了画工毛延寿。

王昭君远嫁匈奴后，匈奴和汉朝和睦相处，有60多年没有发生战争，其为汉匈和平作出了巨大贡献。

ZHONGGUO LISHI

王莽是怎样篡位的

在汉哀帝、汉平帝两朝，王莽作为朝中举足轻重的大臣，不仅勤于政事，而且礼贤下士，颇具贤名，在朝野上下为自己积累了深厚的政治资本及社会声誉。6年，平帝驾崩，王莽觉得自己的地位已然稳固，于是立年仅2岁的孺子刘婴为太子，并得太皇太后（王莽嫡亲姑母）首肯，以摄政的身份开始逐步控制朝政。此后其党羽便以各种方式对其进行劝进。3年之后，王莽彻底抛下伪装，公然向其姑母索取传国玉玺，并改弦更张，废汉立新，成为中国封建王朝历史上外戚成功篡权的第一人。

王莽在哪些方面进行了变革

王莽篡位以后，为缓和当时土地兼并高度恶性发展、农民纷纷破产、大量沦为官私奴婢等社会矛盾，巩固统治，进行了一系列改革，史称"王莽改制"。

王莽改制的内容主要有：一、将全国的土地收归为"王田"，不准买卖。每家男子不到八人而土地超过九百亩者，分余田给九族、邻里、乡党；本无田者按制度受田，死后由国家收回。

二、将奴婢称为"私属"，不得买卖。并宣布解放奴隶。

三、币值改革。废除原来汉朝货币，发行新的货币。后又颁行"六筦""五均"等货币政策，企图缓和当时的经济矛盾。

但是，王莽改制有极大的不现实性，最后失败。

王莽改制为什么会失败

王莽的政治经济改革只是一些表面的文章，措施不明确，土地改制等没有什么人支持。在贵族、豪强的反对下，有些改革一开始就没法实行，即使他个人再用心良苦却仍使新法危机四伏，以致最后自己四面楚歌，国家乱上加乱。王莽还想借对外战争来缓和国内的矛盾，又引起

了匈奴、西域、西南各少数民族的反对。他又征用民夫，加重赋役和老百姓的刑罚，使得外患未除、内忧又起。绿林军起义后，王莽只能用军队镇压，后来农民起义军杀向洛阳和长安，攻破宣平门，王莽被一商人所杀，死无全尸。

王莽最大的失策是什么

历史学家大多认为，王莽改革的出发点是好的，但是为何最后失败呢？

钱穆先生认为，王莽改革失败主要有以下几点原因：第一，王莽改革没有任何新旧制度交替、缓冲的时间，一开始就既得不到统治阶级的支持也得不到被统治阶级的支持。第二，由于改革内容触及封建统治阶级的核心利益，无人拥护王莽的改制。第三，旧有制度不可能完全适用于后来的社会，王莽一味复古，没有与时俱进，最终的后果就是历史的倒退，王莽的失败是逆时代潮流的失败。

赤眉军将士的眉毛是红色的吗

赤眉军是中国新莽末年起事的军队之一，兴起于今山东东部，因将眉毛染红，示别于政府军，故称作赤眉军。

地皇三年（22年）王莽派出王匡、廉丹率约10万军队进攻赤眉军，惨遭挫败，赤眉军发展到10万人以上，势力扩及青州、徐州、兖州、豫州各地。更始皇帝刘玄即位后，赤眉军由樊崇和徐宣分别率领，进攻关中，并拥立汉宗室刘盆子为帝，随即攻入长安，杀死刘玄。

后来赤眉军被刘秀派将领邓禹击败，离开关中，27年在崤（今河南洛宁）和宜阳再被刘秀军打败，樊崇投降，最后被杀害。赤眉军被扑灭。

你知道东汉外戚与宦官之间的斗争吗

东汉前期，亦即光武帝、明帝、章帝时期，皇帝本人能够控制国家的政治权力。但进入东汉中期以后，从和帝开始，东汉政权内部出现了外戚、宦官轮流把持国家最高权力的局面。这种情况贯穿于整个东汉中后期的历史，成为东汉政治

史的一个重要特点。

东汉宦官、外戚间的斗争，大体可以分为两个阶段。从和帝到桓帝初是第一个阶段。在这一阶段，外戚占优势。桓帝到灵帝死，是第二阶段。这一阶段，宦官先占优势，但最后却是彻底失败。

为什么称梁冀为"跋扈将军"

125年，汉顺帝即位，外戚梁家掌权。梁皇后父亲梁商、兄弟梁冀先后做了大将军。梁冀十分骄横，他胡作非为，公开勒索，全不把皇帝放在眼里。汉顺帝死后，接替他的冲帝是个2岁的娃娃，过了半年也死了。梁冀就在皇族中找了一个8岁的孩子接替，就是汉质帝。汉质帝对梁冀的蛮横看不惯。有一次，他在朝堂上当着文武百官的面朝着梁冀说："真是个跋扈将军！"质帝次年即被他所毒杀，另立15岁的桓帝。此后他更加专擅朝政，结党营私，且大封梁氏一门为侯为官。

桓帝时梁冀被诛除，其财产数字可以减免天下一年租税的一半，全部没收充公。

是谁创立了"五斗米道"

五斗米道又称正一道、天师道、正一盟威之道，是道教最早的一个派别。据史书记载，在东汉顺帝时期，由张道陵在四川鹤鸣山（今成都市大邑县北）创立。据《后汉书》《三国志》记载，凡入道者须出五斗米，故得此名，因又称为"米巫""米贼""米道"。因教徒尊张道陵为天师，又称"天师道"。

当代学者任继愈主编的《中国道教史》和樊光春先生著的《陕西道教2000年》则认为，五斗米教实际上由张修在184年（东汉灵帝中平元年）之前创立于汉中。

东汉剧烈的土地兼并的产物是什么

在东汉后期，出现了一种特别的社会现象，就是土地的高度兼并。地主豪强勾结官府大量兼并农民的土地，引发了两个社会问题：

一、广大农民失去土地，一些人成为佃农、一些人沦为了豪强地主的家奴，广大劳动人民沦入了无尽无休的被剥削的社会状态中，他们生产了几乎所有的社会财富，但社会给予他们的是衣不暖身、食不果腹、卖儿卖女的苦难生活。

二、地主通过兼并土地等各种手段，大大提高了他们的社会地位，他们与地方官吏相勾结，拥有了一定的政治势力。由豪强发展成割据一方的政治集团势力，最终导致了东汉的灭亡。

"党锢之祸"是怎么回事

东汉中期以后，外戚与宦官的争权夺利愈演愈烈，政治腐败，经济凋敝，阶级矛盾日趋尖锐，使东汉政权处于摇摇欲坠之势。桓帝时期，以李膺、陈蕃为首的官僚集团，与以郭泰为首的太学生联合起来，结成朋党，猛烈抨击宦官的黑暗统治。宦官依靠皇权，两次向党人发动大规模的残酷迫害活动，史称"党锢之祸"。

"党锢之祸"前后共发生过两次。"党锢之祸"以宦官诛杀士大夫一党几尽而结束，当时的言论及日后的史学家多同情士大夫一党，并认为"党锢之祸"伤汉朝根本，为黄巾之乱和汉朝的最终灭亡埋下伏笔。

谁发动了黄巾大起义

东汉后期，阶级矛盾十分尖锐。广大农民不断起来进行反抗斗争，太平道领袖张角利用广大农民盲目崇拜宗教的心理，借助太平道发动和组织各地农民，并成为东汉末年农民起义的领袖。

张角借用一定的理论，以宗教形式，经过十几年的宣传，使信徒发展到几十万，遍及各地。在经过充分准备以后，184年2月，八州二十八郡诸方的信徒同时起义，张角自称"天公大将军"。因各地起义农民头裹黄巾，被称之为"黄巾军"。"旬日之间，天下响应，京师震动"，给当时的统治者以沉重的打击。

佛教传入中国后建造的第一座寺院是哪座寺院

东汉永平七年（公元64年），汉明帝刘庄梦到一个身高六丈，头顶放光的金人自西方而来，在殿庭飞绕。次日晨，汉明帝将此梦告诉给大臣们，博士傅毅启奏说"西方有神，称为佛，就像您梦到的那样"。汉明帝听完非常高兴，遂派人出使西域，拜求佛经、佛法。汉明帝派出的使臣在大月氏国（今阿富汗境至中亚一带），遇到印度高僧摄摩腾、竺法兰，见到了佛经和释迦牟尼佛白毡像，将其邀请到国都洛阳，汉明帝见到佛经、佛像，十分高兴，对二位高僧极为礼重，并敕令在洛阳西雍门外三里御道北兴建僧院，为纪念印度高僧用白马驮载佛经、佛像，取名"白马寺"，即为佛教传入中国后兴建的第一座官办寺院。

为什么说董卓是"乱世奸雄"

董卓，字仲颖，陇西临洮（今甘肃岷县）人，为东汉末年军阀和权臣，他利用汉末战乱和朝廷势弱占据京城，废立皇帝，东汉政权从此基本名存实亡。而且他生性凶残，犯下诸多罪行，导致全国其他割据军阀联合反抗，后来联军发生内讧，转而发展为各军阀互相公开争战的局面，董卓本人则被朝内大臣联合其部下设计诛杀，死后部下为了把持朝政互相火拼，皇帝与朝廷流离失所，各地军阀割据，完全脱离中央控制，最终开启了三国时代。

《三国志》作者陈寿评曰："董卓狼戾贼忍，暴虐不仁，自书契已来，殆未之有也。""乱世奸雄"可以说是对董卓比较合适的评价。

什么是"九卿"

夏朝时即设九卿，《礼记》记载："夏后氏官百，天子有三公、九卿、二十七大夫、八十一元士。"《周礼·冬官·考工记》中谈到建筑宫室规模时说："内有九室，九嫔居之；外有九室，九卿朝焉。九分其国，以为九分，九卿治之。"注云："六卿三孤为九卿。"此指天官冢宰、地官司徒、春官宗伯、夏官司马、秋官司寇、冬官司空及少师、少傅、少保，合为"九卿"。三代诸卿虽名号不同，然其官职相沿，与周不异。

秦九卿为：奉常、郎中令、卫尉、宗正、太仆、廷尉、典客、治粟内史、少府。

什么是"三公"

"三公"是中国古代最尊贵的三个官职的合称。周代已有此词，西汉今文经学家据《尚书大传》《礼记》等书，认为三公指司马、司徒、司空，古文经学家则据《周礼》，认为太傅、太师、太保为三公。秦不设三公，西汉初承秦制辅佐皇帝治国者主要是丞相和御史大夫。另有最高军事长官太尉，但不常置。从武帝时起，因受经学影响，丞相、御史大夫和太尉也被称为三公。东汉初仍设三公官，三公府当时简称为三府，三公中仍以太尉居首位。汉光武帝名义上仍设名位显贵的三公官，但实权渐归尚书台。"三公"制度对中国历史影响深远。

中国第一部字典叫什么

《说文解字》是中国第一部字典，由东汉学者许慎所作。

《说文解字》是中国第一部按部首编排的字典。全书共分540个部首，把部首相同的字排列在一起。每个字下面先解释含义，再分析字形，最后辨别读音。全书一共收录了9 353个字。在解释字义的时候，涉及天地、鬼神、山川、草木、鸟兽、昆虫、杂物、制度、礼仪、世间人事等各个方面的内容。

《说文解字》成书后，从三国就开始有人研究它，陆续有人为这本书作注，研究《说文解字》成了一门专门学问。

张衡对天文学有何贡献

张衡（78—139年）是我国东汉时期伟大的天文学家、文学家。他是东汉中期浑天说的代表人物之一；他指出月球本身并不发光，月光其实是日光的反射；他还正确地解释了月食的成因，并且认识到宇宙的无限性和行星运动的快慢与距离地球远近的关系。

他观测记录了2 500颗恒星，创制了世界上第一架能比较准确地表演天象的漏水转浑天仪。张衡的天文著作有《灵宪》和《灵宪图》等。

为了纪念张衡的功绩，人们将月球背面的一个环形山命名为"张衡环形山"，将小行星1802命名为"张衡小行星"。

三国两晋南北朝卷

　　三国两晋南北朝（220－589年），由220年曹丕强迫东汉汉献帝禅位，建立曹魏开始，到589年隋朝灭南朝陈而重新统一而结束，共369年，可分为三国时期、西晋时期(与东晋合称晋朝)、东晋与十六国时期、南北朝时期。

　　由于长期的封建割据和连绵不断的战争，使这一时期中国文化的发展受到特殊的影响。其突出表现则是玄学的兴起、佛教的发展、道教的勃兴及波斯、希腊文化的传入。上述诸多新的文化因素互相影响，交相渗透，使这一时期呈现出冲突与包容并行的局面。

汉末军阀割据知多少

汉末黄巾起义之后，群雄并起。纵观东汉一朝，大半是外戚、宦官的天下。外戚之兴，大都起于幼帝登基、女后执政；而宦官之起，多半是皇帝长大后与外戚夺权之故。然而这些，不过是造成东汉灭亡的导火索。大规模的内战始于宦官整肃，黄巾已平，董卓身故之后。

东汉的富庶不像西汉那样表现为国家总体的强盛，而是表现为地方豪门大族的兴起与国家的日益不能相控，表现为国家分裂割据的极大隐患与最终事实上的形成。袁绍、曹操、刘表、孙坚等割据军阀的突起不在汉当时的体系之内，但又是当时的体系成就了他们，更造成了汉朝本身的灭亡。

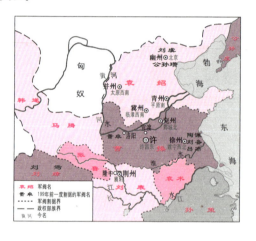

东汉末年形势

曹操献刀的目的何在

曹操，字孟德，小名阿瞒，谯(今安徽亳州)人。三国时政治家、军事家、诗人。

东汉末年，董卓专断朝政，率兵攻陷洛阳后，烧杀抢掠，无恶不作，朝廷中不少官员对他恨之入骨，千方百计想为民除害。

曹操早就想除掉董卓这个祸患，他假意投

曹操

靠董卓，骗取了董卓的信任。一天，曹操将一把七星宝刀藏在身边，来到相国府准备行刺，他鼓足勇气准备拔刀时，董卓从衣镜中看出曹操正在拔刀，急忙转过身来。曹操假装镇静，跪在地上不慌不忙地说："相国大人，臣有宝刀一把，想献给大人。"董卓信以为真，等他醒悟过来，曹操骏马奔驰，早已逃得无踪无影了。

官渡之战是如何以少胜多的

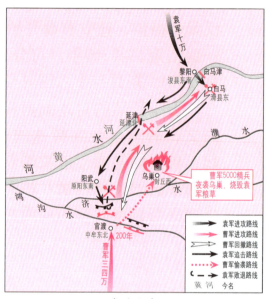

官渡之战

官渡之战是导致袁、曹双方力量转变，当时中国北部由分裂走向统一的一次关键性战役。对于三国历史的发展有着极其重要的影响，历来被称为以少胜多的战例。

曹操礼贤下士，审时度势，充分听取部下的意见。许攸和曹操原是好友，但在袁军做事。许攸曾力劝袁绍快速进攻，但袁绍疑他为奸细，不相信。许攸就来投奔曹操，并把袁军粮草驻地告诉曹操，并献计攻打袁军。曹军利用袁绍内部混乱之际，截断敌军粮车，焚烧粮草，使得袁绍军心大乱，纷纷投降曹操。曹操对于来降官兵非常热情，甚至行跪拜之礼。最后曹操打败袁绍，统一了北方。

为什么官渡之战袁绍会失败

官渡之战前夕，曹操的谋士郭嘉分析时指出："绍外宽内忌，所任唯亲戚，公外简内明，用人唯才，此度胜也。"也就是说，曹操知人善任，唯才是举，所用之人往往是依据其特色，发挥其长处；而袁绍用人，表面上看起来很宽容、很信任，实际内心深处时刻防着别人，所用之人往往凭着自己的喜好。袁绍身边人才提的很多正确意见，袁绍就是不听。大战之前，袁绍先害智谋之士，犯了兵家之大忌。而到了官渡之战的关键时段，袁绍派贪杯的淳于琼把守乌巢，结果被曹操火烧军粮。后他又听信谗言，逼得张郃投降曹操，这样一来，袁绍败局已定。

曹操推行"屯田制"给其带来了什么好处

屯田，指的是利用士兵和农民垦种荒地，以取得军队供养和税粮。屯田渊源于西汉，直到曹魏时才形成一套完整的制度，由曹操建立屯田制。曹魏屯田无论是从规模还是作用上，都为历代之最，有着深远的影响：首先，屯田制为当时提供了进行安全农垦的环境，兴修了水利工程，生产和铸造了一批农具；其次，屯田制保障了部分军粮的供应，安置了大批流民，强大了魏国的实力，为司马氏统一中国奠定了物质基础；最后，屯田制为后世开创了一种大规模的寓兵于农、兵农合一的先例，后来历代的封建统治者都进行了不同程度的仿效。

曹操的用人准则是什么

曹操最显著的特点是大开大阖，很有感召力、凝聚力和个人魅力，因而聚集了大批人才。曹操用人不唯德，不唯名，不唯出身，唯才是举，不拘一格。

曹操用人有几个准则：第一是任人唯贤，唯才所宜。任人唯贤首为知人，次为善任，而善任就要唯才所宜。《容斋漫笔》的作者洪迈，对于曹操的用人有这样一句评价："智效一官，权分一郡，无小无大，卓然皆称其职"。第二是推诚可信，用人无疑。

曹操能识人，会用人，把不同的人才放在适合的位置上，故而手下才能拥有大批的各式各样的人才。

曹操是如何统一中原的

官渡之战中，曹操击溃了最大的敌人袁绍，由他统一北方已是大势所趋。建安七年（202年），袁绍病死，袁绍的两个儿子袁谭、袁尚不和，发生火拼。袁谭不敌袁尚，向曹操乞降。建安十二年（207年），曹操为了肃清袁氏残余势力，也为了彻底解决三郡乌桓入塞为害问题，远征乌桓。曹军大获全胜，胡、汉降者20余万。曹操攻破三郡乌桓，也彻底肃清了袁氏势力。这样，曹操基本平定了北方。建安十三年（208年）六月，曹操废三公，恢复丞相制度，并自任汉朝丞相。

曹操割发代首是怎么回事

曹操征张绣时，正值麦子成熟季节，曹操下令："行军途中不得践踏百姓的麦子，违者斩首！"在他的严厉命令下，全军将士行军路过麦地时，都格外小心谨慎。突然从地里飞出一只野鸡，曹操的马受了惊，踏坏了一片麦子，曹操坚持按军法处置，让部下将其斩首。这时，全军将士都一齐跪下说道："大王！您是全军主帅，不能自杀啊！"

曹操见众将士跪在地上不肯起身，便"刷"地一剑，割下一把头发，扔在地上，以发代首。古人非常重视头发，割发与斩首无异。全军将士一个个都很佩服曹操执法严明，以身作则。

曹操是怎样交朋友的

说到曹操交友，有一个故事：三国时期，魏国的宗世林与曹操早年就相识，宗世林很有学问，但他看不起曹操，曹操多次主动与宗世林交朋友，都遭到拒绝。

后来，曹操做了丞相，掌握了朝政大权，

当他见到了宗世林后问道："你现在可以与我交朋友了吗?"宗世林回答说:"松柏之志犹存,既然我已得罪了你,得不到你的重用,现在你做了丞相,我也不想与你高攀,也不指望得到升迁!"

曹操听了宗世林的话,更加佩服他,常常派儿子曹丕和曹植前去登门拜访求教。兄弟二人每次来到宗世林家中,都恭恭敬敬地伏在床前,聆听宗世林的教诲,由此可见曹氏父子的爱贤敬贤之心。

为什么把曹操称为"枭雄"

孙盛在《异同杂语》中记载曹操未出道时曾去拜见名士许子将,曹操问道:"您看我是怎么样一个人?"许子将说:"子治世之能臣,乱世之奸雄。"曹操听罢大笑。

《世说新语·识鉴》记载曹操少时去见曾任三公的桥玄,桥玄对曹操说:"天下不久将要大乱,群雄争斗。能拨乱反正的人,看来非你莫属。然而你实是乱世之英雄,治世之奸贼。"据说三国时术士左慈也说曹操是"治世之能臣,乱世之枭雄。"《三国志·武帝纪》记陈寿为曹操作评语曰:"可谓非常之人,超世之杰矣。"可见曹操"枭雄"之称在时人已有所论。

华佗为什么被曹操杀害

《三国演义》中说,曹操青年时代留下的"头风症"常常发作,发作时,头部如裂开一样疼痛。谋士华歆向曹操举荐了名医华佗。华佗望闻问切一番后,认为曹操头痛病根在脑袋中,靠服一般汤药无法医治,需要先饮"麻肺汤",然后用利斧砍开脑袋,取出"风涎",才可能去掉病根。按照作者罗贯中的说法,

华佗

华佗的这一番话,使得曹操怀疑华佗可能是敌人的奸细,所以下令拘捕华佗下狱,将他杀害。

但按《三国志》中说法,华佗在给曹操治病过程中,请假回家,托辞妻子有病,一直不回。曹操一气之下,依照汉律,以"欺骗罪"和"不从征召罪"判处华佗死刑。这两种说法,哪种更符合历史真实,一直是后人探讨的焦点。

你知道"七步成诗"的故事吗

曹植是魏武帝曹操之子,魏文帝曹丕之弟,后人因他文学上的造诣而将他与曹操、曹丕合称为"三曹",南朝宋文学家谢灵运更有"天下才有一石,曹子建独占八斗"的评价。

曹操死后长子曹丕继位,曹丕唯恐曹植与其争位,命曹植在大殿之上走七步,然后以"兄弟"为题即兴吟诗一首,但诗中却不能出现"兄弟"二字,不成便要痛下杀手。曹植不假思索,立刻脱口而出:"煮豆持作羹,漉菽以为汁。其在釜下燃,豆在釜中泣。本自同根生,相煎何太急。"这便是赫赫有名的"七步成诗"的故事。曹丕听了以后潸然泪下,赦免了曹植,只是将其贬为安乡侯。

曹丕是怎样代汉的

220年8月,曹丕忠臣李伏等首先提出:"魏王布德四方,万国归服,人臣所向,魏当代汉。"10月,曹丕终于踏上通向皇位的最后道路。汉献帝刘协在文武百官的请求下,将皇帝的宝座禅让给曹丕。

曹丕在接受汉献帝的禅让之前曾三辞而诏不许,最后方才接受。听说皇帝要让位于他时,他"吓"得"五内惊震""肝胆战悸"。经过几次掩饰之后,220年10月,曹丕"终于答应"了汉献帝一而再,再而三的禅让要求,在繁阳城筑起受禅台,举行盛大的仪式,接受了象征皇位的玺绶,正式代汉。

"文姬归汉"描述的是哪一段历史故事

蔡文姬是东汉末年河南杞县人，她的父亲蔡邕是曹操的老师，是当时著名的大文学家。她12岁那年，被匈奴掠去献给了左贤王，饱尝了异乡异俗生活的痛苦。她为左贤王生下两个儿子，还学会了吹奏"胡笳"，学会了一些异族的语言。

曹操得知老师的女儿被掳掠到了匈奴后，他立即派周近做使者，携带黄金千两，白璧一双，把她赎了回来。蔡文姬回汉后，作了动人心魄的《胡笳十八拍》。

归汉后，蔡文姬把她记住的几百篇失传的文章都默写下来，送给曹操，这在保存古代文化方面是一件大事。历史上把"文姬归汉"传为美谈。

"建安七子"是指哪七个人

建安是东汉末年汉献帝的年号。建安文学，通常指从汉末到魏初这个时期的文学，但并非仅限于这期间。

建安时期，是我国文学史上光辉灿烂的时期，"俊才云集，作家辈出"，各种文体得到发展，是中国文学史上的黄金时代。东汉王朝处在大分裂、大动荡、军阀混战中，在文学上却放射出绚丽的异彩，这是与当时社会各方面的因素有关的。"建安七子"就是其中的代表。"建安七子"是指孔融（字文举）、王粲（字仲宣）、陈琳（字孔璋）、刘桢（字公干）、徐干（字伟长）、阮瑀（字元瑜）、应玚（字德琏）。

为什么把"三曹"称为建安文学的代表

"三曹"即汉、魏时期的诗人曹操与其子曹丕、曹植的合称。他们政治地位显赫，文学成就很高，成为当时文坛领袖，是集中体现"建安风骨"特点的代表。

曹操是建安文学新局面的开创者。他的诗具有强烈的现实主义精神，苍劲雄浑，开一代诗

风，至今传诵不绝，鲜明地体现了"建安风骨"的特色。

曹丕的诗多写男女恋情和游子思归的离愁别恨，缠绵悱恻，深切动人。在语言与表现方法上吸取了乐府的许多长处。

曹植是建安时期最负盛名的作家，古人称为"建安之杰"。曹植提高了诗歌创作的艺术技巧，对后世文学特别是五言诗的发展，有较大影响。

谁是"天下名巧"

马钧，字德衡，三国魏扶风（今陕西省兴平县）人，他精通机械原理，是三国时期一位杰出的发明家、机械制造家。

马钧

他改进织绫机，使得效率提高四五倍。他创制的提水机具"龙骨水车"（又称翻车），可以连续不断地提水，而且运转方便，"其巧百倍于常"。他曾受魏明帝之诏，创制"水转百戏"，有木偶伎乐人歌舞吹箫，变化百端，都靠水力转动机械来完成。

他还改进了诸葛亮发明的"连弩"为轮转式发石机，用转轮发射石块，可以连续发射，射程可达数百步，可以用作攻城武器。他利用差动齿轮的原理制造了一部指南车，不论车子转向何方，车上木人手指始终指向南方，"从是天下服其巧矣"，被称为"天下名巧"。

"身在曹营心在汉"这一典故是怎么来的

《三国演义》中说，曹操把关羽围困在屯土山上，在张辽极力劝说下，关羽和曹操订立了著名的"土山三约"，曹操最后答应了苛刻的条件，关羽才暂时归降曹操。身在曹营的关羽还几次提醒曹操，自己时刻没有忘记故主刘备，后来又斩颜良、诛文丑，解白马之围以报答曹操不杀

之恩。最后他得知刘备的消息，挂印封金，不辞而别，过五关斩六将，与刘备、张飞相聚。因而后人称关羽"身在曹营心在汉"。这是民间流传的俗语，在戏剧曲艺中都能听到。关羽忠于刘备，忠于桃园结义的拳拳之心，在小说中表现得淋漓尽致，其忠义形象在之后历朝历代备受追捧。

此语亦指徐庶，他曾说"纵使曹操相逼，庶亦终身不设一谋"，以示对刘备的忠诚。

刘备为什么要"三顾茅庐"

汉末黄巾起义之后，天下大乱，曹操坐据朝廷，孙权拥兵东吴，汉宗室豫州牧刘备听徐庶和司马徽说诸葛亮是难得的人才，就和关羽、张飞带着礼物到隆中卧龙岗去请诸葛亮出来辅佐他。恰巧诸葛亮这天出去了，刘备只得失望地转回去。不久，刘备又和关羽、张飞冒着大风雪第二次去请，不料诸葛亮又出外闲游去了。过了一些时候，刘备吃了三天素，第三次访诸葛亮。他到的时候，诸葛亮正在睡觉。刘备不敢惊动他，一直站到诸葛亮醒来，才彼此坐下谈话。

刘备

诸葛亮

诸葛亮见到刘备很有志向，而且诚恳地请他帮助，就出山全力辅佐刘备建立蜀汉政权。

三国是如何形成的

延康元年（220年）冬，曹丕篡汉称帝，定都洛阳，国号"魏"，史称"曹魏"。

黄初二年（221年）刘备为了延续汉朝、兴复汉室，于成都称帝，国号"汉"，史称"蜀汉"或"季汉"。刘备为报孙权夺荆州、杀关羽之仇，在称帝同年（221年），就率数万大军东

讨孙权，次年被陆逊败于夷陵，蜀汉元气大伤，之后数十年再也没恢复国力，成为三国中最弱小的一国。

孙权于建兴七年（229年）在武昌（今湖北鄂城）称帝，国号"吴"，改元黄龙元年，史称"东吴"或"孙吴"。后又迁都建业（今江苏南京），自此三国鼎立的局面正式形成。

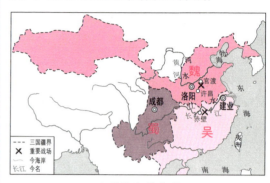

三国鼎立形势图

你知道关云长"水淹七军"的典故吗

219年，关羽留南郡太守糜芳守江陵，将军傅士仁守公安，并令他们随时做好后勤供应工作，之后亲自带着关平、周仓等将军，率领人马攻打樊城。

曹军只在城内坚守，蜀军也没法攻破城池。关羽经过观察，发现曹军营寨建在山谷里，又时逢八月雨季，决定采用水攻。关羽令将士们赶紧准备大小船只和木筏，并派人堵住上游水口。一天夜里，乘连下大雨，关羽令掘开事先堵住的河口。关羽领军乘船摇旗呐喊冲上，曹军溃不成军。关羽水淹曹军，震动了整个中原大地。

谁使吴蜀重修旧盟

刘备创业未半，饮恨白帝城而终，将风雨飘摇中的蜀国和懦弱无能的幼子托付给了诸葛亮。诸葛丞相独立支撑起蜀汉江山，这就为调整政策，重修东吴旧盟提供了可能。在诸

葛亮的政策之下吴蜀化干戈为玉帛，一洗前朝旧怨，从此断绝同曹魏的关系，重新贯彻了隆中策的外交路线。吴蜀重修旧盟令曹丕大惊，亲征伐吴，诸葛亮派赵云领兵协助东吴战胜魏军。

孙权称帝引起蜀汉朝臣不满。诸葛亮却派使者前往祝贺，并写下"绝盟好议"说服群臣认识此乃抗曹的需要，亦可免除蜀汉北伐时的东顾之忧。因此，在刘备死后的几十年里，蜀国和东吴一直保持着友好的盟邦关系。

"白帝托孤"是怎么回事

222年蜀军猇亭大败，使刘备遭受了巨大的精神打击，退回白帝城后，一病不起。他召诸葛亮来到白帝城，托付后事。

无才而年幼的太子刘禅，尚不稳定的蜀汉形势，都令刘备放心不下。他叮嘱诸葛亮：如果太子可以辅政，就辅佐太子，定能成就国家；如果太子实在不行，请其自代刘禅为帝，以拯救国家。诸葛亮动情地表示：要鞠躬尽瘁，死而后已。刘备逝后，刘禅即位，是为蜀后主，改元建兴，封丞相诸葛亮为武乡侯，领益州牧，政无巨细，皆出于诸葛亮。

白帝托孤，刘备深深信赖诸葛亮，日后辅政，诸葛亮不负先主。这确是历史上君臣相知的一段佳话。

蜀相诸葛亮为何要平定南中

蜀汉荆州一败，丧师失地，舟船、器械、水步、军资，一时略尽，元气大伤。刘备在战后的第二年去世，临终托孤于丞相诸葛亮，请他辅佐太子刘禅（即蜀汉后主），主持蜀国军政。当时蜀汉东失荆州屏障，北临强魏威胁，局促西南一隅，力量寡弱，南中（今四川大渡河以南及云南、贵州一带）一带的少数民族又起兵反叛，正是危急存亡之秋。诸葛亮面对严峻的形势，先遣使与吴通好，恢复联吴抗魏的国策，然后修明政治，严肃法令，劝课农桑，与民休息，很快稳定了蜀国的局面。局面稳定后，诸葛亮决定先平定南中叛乱，解决后顾之忧，然后北伐曹魏。

赤壁之战的意义是什么

曹操统一北方后，于208年秋，率军30万，南下追赶刘备，意在江东孙权。孙权、刘备决定联合抗曹，最后在赤壁之战中以火攻将曹军击退。

赤壁之战是三国时期以少胜多，以弱制强的经典战例。在当时，为三国鼎立奠定了基础；对后来，在军事史上具有重要研究价值。

赤壁之战以后，曹操受到了沉重打击，短时期内再也不敢进攻江东。孙权则通过赤壁之战，巩固了他在江东的势力，并把地盘扩大到今天的广东、广西一带。刘备设法占据了荆州的大部分地区。中国出现了曹、刘、孙三个政权鼎立的政治局面。

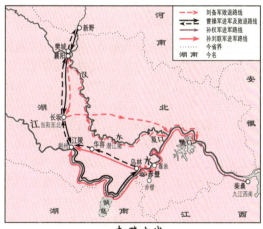

赤壁之战

你知道诸葛亮"七擒孟获"的故事吗

蜀汉刘禅继位不久，南蛮王孟获不断侵略蜀国边境。225年，诸葛亮亲自带领50万人马南下征讨。

诸葛亮接连打败孟获，见他不服，就又放了他。就这样捉了放，放了捉，到了第七次擒住孟获时，孟获对左右说："丞相待我可以说是仁至义尽了，我要是再不感谢丞相恩德，可就太没有羞耻了。"说完来到诸葛亮面前，跪倒说："丞相天威，南人永远不再反。"诸葛亮当场封孟获永远为南人洞主，蜀兵占领之地，全部退还，孟获及家人感恩不尽。

从此，诸葛亮专心北伐中原，没有了后顾之忧，这都是诸葛亮采取"攻心为上"的政策，对孟获"七擒七纵"的成果。

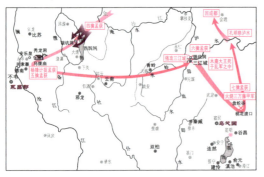

诸葛亮七擒孟获(四～七)

诸葛亮为何屯兵五丈原

在诸葛亮最后一次北伐的最后阶段，他屯兵五丈原，此举是否妥当，一直是后人讨论的焦点。

诸葛亮出武功后，直接威胁长安。司马懿向东援救长安，必然采取的一个步骤是令一部南渡渭河占据五丈原，截断诸葛亮的退路。如果那样就会发生一场司马懿与诸葛亮间的运动决战，地点就在长安以西、五丈原以东的渭河一带。

正因为如此，诸葛亮选择了一条稳妥的道路，一方面屯兵五丈原与司马懿隔河对峙，尽可能诱使魏军移动，另一方面在渭河南岸屯田，缓解后勤运输的困难，若司马懿执意不战，则借此在渭南站稳脚跟积蓄实力，以图来日进取，这可说是当时最稳妥的战略。

成语"乐不思蜀"是怎么来的

三国时期，刘备占据蜀地，建立蜀国。他死后，儿子刘禅继位，又称刘阿斗。刘禅昏庸无能，在有才能的大臣死后，于263年蜀国被魏所灭。刘禅投降后，魏王曹髦封他一个食俸禄无实权的"安乐公"称号，并将他迁居魏国京都洛阳居住。

其实魏王自己也无实权，此时掌握大权的是司马昭。在一次宴会上，司马昭当着刘禅的面故意安排表演蜀地的歌舞。刘禅随从人员想到灭亡的故国，都非常难过，刘禅却对司马昭说："此间乐，不思蜀。"表示他一点儿也不想念蜀国。

人们根据这个故事，引申出"乐不思蜀"这个成语。

诸葛亮为什么要北伐

蜀汉建兴六年（228年）至建兴十二年（234年），诸葛亮率军开始了北伐历程。

自蜀汉政权建立后至刘备伐吴之后，三国时期的战略优势由蜀国略占优转变为蜀国最弱。并且蜀汉始终面临着曹魏的威胁。三国鼎立局面形成之后，魏蜀吴三国之间的外交策略有着微妙的变化。此时的吴蜀关系在经历了赤壁之战前的战略联盟，到吴蜀失和再到吴蜀联盟，又逢蜀国平定南蛮之后的修身养息的调整，可以说是北伐曹魏的最好时机，也正能体现出孙刘联盟的价值。

钟会、邓艾因何罹难

魏景元五年（264年），魏灭蜀国后不久，魏将钟会、邓艾就因争夺战功，相继死于内讧。原来灭蜀后邓艾十分骄傲，要乘胜攻打吴国。司马昭却怀疑邓艾要谋反。而此时钟会非常忌妒邓艾，一方面设计邓艾、司马昭相互猜疑，另一方面诬告邓艾要反魏，使司马昭下令押邓艾回洛阳治罪。钟会在把邓艾打入囚车后，假传太后遗诏，准备在成都起兵谋反，但密谋被手下众将知道，他们将钟会杀死，迎邓艾回成都。但卫瓘认为邓艾回成都将对自己不利，于是派兵在绵竹将邓艾父子杀死。就这样，平蜀立有大功的两员大将钟会、邓艾相继死于内讧之中。

关公为什么被古人奉为偶像

关羽被称为"关公"，因其忠义事迹一直被人们供奉信仰。对关公的信仰始于南北朝时期。

光大年间(567年)当阳县玉泉山首建关公庙。统治阶级从封建道德的角度大肆宣扬关公的忠孝节义，使对关公的信仰迅速蓬勃发展，庙宇不断增多，达到数十万座，关公的封号也不断加多。

关公

隋朝时出现了大量有关关公的神仙故事，到了唐朝，关公庙增加，文人墨客诗文或碑帖中也常提及关公，并开始出现在家中悬挂关公神像。有的学者说，南北朝至唐朝是关帝信仰的形成期，宋元是发展期，明朝是盛行期，清朝是鼎盛期。对关公的信仰影响可与尊孔相比，毫不逊色。

你知道"木牛流马"吗

木牛流马，为三国时期蜀汉丞相诸葛亮发明的运输工具，分为木牛与流马。史载建兴九年至十二年（231—234年），诸葛亮在北伐时所使用，其载重量为"一岁粮"，大约四百斤以上，每日行程为"特行者数十里，群行二十里"，为蜀国10万大军提供粮草。

《三国志·诸葛亮传》记载："亮性长于巧思，损益连弩，木牛流马，皆出其意。"《三国志·后主传》记载："建兴九年，亮复出祁山，以木牛运，粮尽退军；十二年春，亮悉大众由斜谷出，以流马运，据武功五丈原，与司马宣王对于渭南。"

据说诸葛亮后约200年，南北朝时期的祖冲之造出了木牛流马。

"士别三日当刮目相待"是怎么来的

三国时期，东吴曾出过一员大将吕蒙，他随孙权南征北战，戎马倥偬，常以没有时间念书为借口，而不学习。这使孙权很不高兴，狠狠斥责也说"你再忙，还能比我忙吗？不念书怎么能治军呢？"吕蒙被触动，虚心听取孙权的意见，千方百计抽空念书。时间不久，其识见才干大增，好似换了个人似的，使鲁肃大为惊奇："卿今者才略，非复吴下阿蒙！"吕蒙曰："士别三日，即更刮目相待，大兄何见事之晚乎！"我们常说的"士别三日当刮目相待"的典故就出于此。

什么是"九品中正制"

九品中正制，又称九品官人法，是魏晋南北朝时期重要的选官制度，延康元年(220年)魏文帝曹丕为了拉拢士族而采纳吏部尚书陈群的意见所定。"中正"指的是有名望的推荐官，品级分上、中、下三等，每等又分上、中、下三级，共分成九级，朝廷根据品级的高低任命官职，大官多由品级高的人担任，品级低的人多担任小官。

此制至西晋渐趋完备，南北朝时又有所变化。它上承两汉察举制，下启隋唐之科举，在中国古代政治制度史上占有十分重要的地位，乃中国封建社会三大选官制度之一，从曹魏始至隋唐科举的确立，其间约存在了400年之久。

你知道东晋的士族吗

东晋政权是司马氏皇权和以王、庾、桓、谢诸大姓为代表的北方士族及处于非主流地位的江南吴姓士族的联合专政，这种政治格局一直延续到东晋末年，长达一个世纪之久。那时士族门阀的势力足以与皇权并立，甚至超越皇权，皇帝都要依赖士族的支持，门阀政治达到鼎盛。这一时期，士族在政治上高官厚禄，垄断政权，经济上封锢山泽，占有大片土地和劳动力，文化上崇尚清谈。这一时期士族在政治上拥有特权，经济上拥有田庄，文化上家学传承，社会上不与庶族通婚往来等。士族把持大权，却不愿涉身实务，在优容奢侈中腐朽衰落。

你知道三国时的"魏五铢"吗

曹操在初定北方并担任"汉丞相"（208年）后，开始罢用"董卓小五铢"，恢复铸造五铢钱，但此时被战乱摧垮的生产力并未得到有效恢复，物资短缺依旧严重，加之五铢钱久废不行，曹操此次恢复汉代币制，平抑物价的努力并未取得明显成效。

其后魏文帝曹丕在黄初二年（221年）下

ZHONGGUO LISHI

诏恢复使用五铢,同年10月即因其无法平抑物价,罢五铢钱。直到魏明帝曹睿太和元年(227年),司马芝等朝臣"复行五铢钱有利于国,又可减少贸易中的种种不便"提议获准。"魏五铢"再次开始在魏国被大规模铸造使用,直至其覆灭。

"高平陵事变"是怎么回事

曹魏中后期,司马懿的地位日益显要,到了魏明帝时官至太尉。明帝卒后,司马懿与魏宗室、大将军曹爽共执朝政,政治上矛盾日益尖锐。曹爽剥夺了司马懿的军政大权,又竭力排斥他在朝中的势力。司马懿装病不起,有意麻痹曹爽,暗中策划反击。正始十年(249年)正月,司马懿乘曹爽兄弟随魏帝祭扫明帝高平陵(在洛阳南)之机,发动政变。曹爽最终为求活命而同意交出大权。数日后,司马懿以谋反罪名族诛曹爽兄弟及亲信。自高平陵事变以后,曹魏政权实际落入司马氏集团手中。

哪一次战役被称为汉匈争雄300年的休止符

汉与匈奴之间长达上百年的战争,在金微山之战后,基本落下帷幕。

汉永元三年(91年),大将军窦宪见匈奴衰弱,派大军出居延,欲一举歼灭北匈奴。汉军出击后势如破竹,在金微山(今阿尔泰山)大败北匈奴单于,俘获其母亲、妻子,歼敌5 000余人,北单于远遁而走。此次汉军深入匈奴境内5 000余里,是历来出击匈奴行程最远的一次。这次战役后,北匈奴一部向西远徙,余部尽皆溃散,这也是汉匈最后一次大会战。此战后,北匈奴国家从此灭亡。因此金微山之战被称为汉匈争雄300年的休止符。

为什么说《玉树后庭花》是"亡国之音"

后庭花,本是一种生长在江南的花,其盛开之时使树冠如玉一样美丽,故又有"玉树后庭花"之称。《玉树后庭花》,以花为曲名,原是乐府民歌中一种情歌的曲子。陈朝后主陈叔宝为

之填上新词:"丽宇芳林对高阁,新妆艳质本倾城。映户凝娇乍不进,出帷含态笑相迎。妖姬脸似花含露,玉树流光照后庭。"

陈叔宝继位以后,排斥忠良,横征暴敛,刑罚苛重;生活上终日游宴,喜作艳词,沉湎声色,整日和宠妾、墨客吟唱《玉树后庭花》,直到北方隋军冲入宫殿时,他和两个妃子躲进一口井里,被隋军俘获。陈后主亡国之际的丑态成为千古笑料,他的《玉树后庭花》也成了亡国的代名词。后人便用《玉树后庭花》来警示人们,不要沉溺于靡靡之音。

南朝最著名的民歌是什么

南朝最著名的民歌是《孔雀东南飞》。它是我国文学史上的第一部长篇叙事诗,与南北朝的《木兰辞》并称"乐府双璧""叙事诗双璧"。后人又把《孔雀东南飞》《木兰诗》与唐代韦庄的《秦妇吟》并称为"乐府三绝"。《孔雀东南飞》相传是东汉献帝建安年间民间为纪念焦仲卿、刘兰芝的爱情悲剧而创作的,它以现实主义的表现方法,形象地把焦仲卿、刘兰芝两人殉情而死的家庭悲剧,深刻揭露了封建礼教的吃人本质,歌颂了焦仲卿、刘兰芝夫妇忠于爱情、反抗压迫的叛逆精神,成为历代传唱的佳作。

莫高窟的主要内容是什么

莫高窟俗称千佛洞,坐落在河西走廊西端的敦煌,开凿在鸣沙山东麓断崖上。南北长约1 600多米,上下排列五层,高低错落有致、鳞次栉比,形如蜂房鸽舍,壮观异常。它是我国现存规模最大,保存最好,内容最丰富的古典文化艺术宝库,被誉为"东方卢浮宫",是20世纪最有价值

敦煌莫高窟彩塑

的发现之一。

莫高窟以精美的壁画和塑像闻名于世。它始建于十六国的前秦时期，现有洞窟735个，壁画4.5万平方米、泥质彩塑2415尊，是世界上现存规模最大、内容最丰富的佛教艺术地。敦煌壁画的形象逼真，尤其是被唐朝人赞誉为"天衣飞扬，满壁风动"的"飞天"图案，更是敦煌壁画的象征。

书法史上的"二王"指哪两个人

东晋时的著名书法家王羲之、王献之父子在中国书法史上并称为"二王"。

王羲之，字逸少，琅琊临沂（今属山东省）人，因其曾任右军将军，所以又称其为"王右军"。王羲之初学书于卫夫人，后转益多师，博采众长，一变汉、魏以来质朴淳厚的书风，创造了平和自然，笔势委婉含蓄，遒美健秀的新风格，把书法推向全新的境界。《晋书·王羲之传》为唐太宗李世民亲自撰写，称其书法为古今之冠，而他的行草书最能表现雄逸流动的艺术美。论者称其笔势，以为"飘若浮云，矫若惊龙"。由于他在书法上的成就和贡献，被后世誉为"书圣"。

王献之，字子敬，是王羲之第七子。因官至中书令，故人称其"大令"。他幼时从父亲学书，后来取法张芝，其书法在继承张芝、王羲之书法风格的基础上，别创新体，自成一家，进一步改变了当时古拙的书风，时称"破体"。王献之的书法风格英俊豪迈，饶有气势，对后来影响很大。他与其父王羲之齐名，并称"二王"，成为中国书法史上令人仰望的高峰。

王羲之

《水经注》是怎样一本书

《水经注》是6世纪北魏郦道元所著，是我国古代较完整的一部以记载河道水系为主的综合性地理著作。全书30多万字，详细介绍了我国境内1000多条河流及与这些河流相关的郡县、城市、物产、风俗、传说、历史等。《水经注》以《水经》所记水道为纲，并大大完善了对水道的记录，而且还记录了许多碑刻墨迹和渔歌民谣。《水经注》文笔雄健俊美，既是古代地理名著，又是优秀的山水文学作品，是一部具有文学价值的地理著作，它在我国长期历史发展进程中有着深远影响，自明清以后不少学者从各方面对它进行了深入细致的研究，形成了一门内容广泛的"郦学"。

《水经注》书影

"洛阳纸贵"的成语是怎么来的

西晋太康年间，著名的文学家左思，曾做过一篇《三都赋》，在京城洛阳广为流传，人们称赞一时，竞相传抄，原来每刀千文的纸一下子涨到两千文、三千文，后来竟倾销一空，不少人只好到外地买纸，抄写这篇千古名赋。后来就用"洛阳纸贵"来形容作品为世所重，风行一时。

左思作赋的过程很艰辛。他身材矮小，貌不惊人，说话结巴，一副痴痴呆呆的样子，连父亲也瞧不起他。后来他决心学习班固和张衡，依据历史的发展，写一篇《三都赋》，把三国时魏都邺城、蜀都成都、吴都南京写入赋中。他收集了大量的历史、地理、物产、风俗人情的资料，闭门谢客，冥思苦想，反复推敲，经过10年终于写成。《三都赋》起初被很多文人贬低，后经文学家张华、皇甫谧作序推荐，名声大噪。由于都城洛阳权贵之家，皆争相传抄《三都赋》，遂使纸价上扬，为此而贵。

祖冲之有什么贡献

祖冲之（429—500年），字文远，他在多个领域成就卓越，是南北朝时期杰出的数学家、天文学家和机械制造家。

祖冲之从小接受家传的科学知识。青年时进入华林学省，从事

祖冲之

学术活动。天文学方面，祖冲之创制了《大明历》，首次引用岁差，完成我国历法史上的一次重大改革；他还对闰月的设置作了改进，采用了391年中设置144个闰月的新闰周，比古代发明的19年7闰的闰周更加精密。数学方面，祖冲之推算出圆周率的数值应该介于3.1415926和3.1415927之间，这比欧洲要早1 000多年。机械制造方面，他曾制造有铜铸指南车、利用水力舂米磨面的水碓磨、能日行百里的"千里船"和计时仪器漏壶、欹器等。此外，他对音乐也有研究。其著作有《释论语》《释孝经》《易义》《老子义》《庄子义》及小说《述异记》等，均已散佚。

为什么说陶侃"忠顺勤劳似孔明"

陶侃（259—334年），字士行，东晋鄱阳郡枭阳县（今都昌县）人，曾任东晋大司马。他任广州刺史期间，每天清早起床，把数百块砖搬到室外，傍晚又搬回室内，刮风下雨，严寒酷暑，从不间断。别人问他："为何要这样做"？他说："吾方致力于中原，过尔优逸，恐不堪事，故自劳尔。"后人称他为"运甓翁"。他驻守荆州期间，政务整肃，百姓安居乐业，道不拾遗，乡绅士民，莫不称庆。咸和二年（公元327年），他平定苏峻、祖约之乱，成帝称赞陶侃有再造晋室之功。陶侃为官40余载，忠顺勤谨，雄毅善断，珍时惜物，清廉爱民。梅陶曾有评论：

"陶公机神明鉴似魏武，忠顺勤劳似孔明，陆抗诸人不能及也。"

为什么陶渊明不为五斗米折腰

"不为五斗米折腰"成语出自《晋书·陶潜传》，潜叹曰："吾不能为五斗米折腰，拳拳事乡里小人邪！"

陶渊明（陶潜）是东晋后期的大诗人、文学家，生性淡泊名利，在家境贫寒、入不敷出的情况下依然坚持读书作

陶渊明

诗。他关心百姓疾苦，怀着"大济苍生"之愿，入仕13年。他任彭泽县令时，正遇浔阳郡督邮巡视，属吏说："当束带迎之。" 他叹道："我岂能为五斗米向乡里小儿折腰。"于是授印去职回家，一面读书为文，一面躬耕陇亩。他不为"五斗米折腰"的气节，勉励后人以天下苍生为重，以节义贞操为重，保持善良纯真的本性，不为世上任何名利浮华所改变。

顾恺之有哪"三绝"

《女史箴图》

东晋大画家顾恺之被人称为"三绝"：才绝、画绝、痴绝。顾恺之的诗赋、文章、书法都冠绝一时，故而被称为"才绝"；他不仅有高超的绘画技艺，而且有精深宏远的绘画理论，东晋著名宰相谢安曾称赞顾恺之的画："有苍生来所无"，故而被称"画绝"；这三绝之中尤以"痴绝"最甚。史载顾恺之"好谐谑，人多爱狎之"——顾恺之本人是个"嘻哈派"，他是经得起开玩笑的。他心胸开阔，率性天真，语言诙谐幽默，往往表现出一种憨傻气，故当时人们称他为"顾虎头""虎头将军"，由此得到"痴绝"的称号。

龙门、云冈石窟是什么时候修建的，为什么举世闻名

龙门石窟位于河南省洛阳市区南12千米处的伊水河畔，开凿于北魏时期，现存窟龛2 100多个，佛塔近40个，造像题记和碑碣3 600多块，造像10万多尊。龙门石窟是历代皇家贵族发愿造像最集中的地方，"皇窟"使它的地位举足轻重。

云冈第20窟主像

云冈石窟也修建于北魏时期，位于山西省大同市西16千米处，它以壮观的石刻闻名，"雕饰奇伟，冠于一世"是古人对云冈石窟的赞美。云冈石窟现存洞窟53个，东西绵延1 000米，洞内大小佛像5.1万多身，是中国最大的石刻艺术宝库。

谁继苻坚、拓跋焘之后再次统一黄河流域

北周建德六年（577年），北周武帝继苻坚、拓跋焘之后再次统一黄河流域。576年秋，周武帝亲率步骑14万多人，进军平阳（今山西临汾西南）。北齐守军向居于晋阳的后主高纬告急，高纬耽于射猎，致使平阳落入周军手中，之后周军主力8万人进至平阳城下，与北齐军决战，北齐后主弃军逃跑，主力溃败，周军乘胜攻占晋阳。后主高纬父子等被北周大将尉迟迥追及，均被俘虏。不久，北齐宗室集兵抗周的高潜、高绍义先后被北周军队击败，北齐残余势力被清除，北周灭北齐，黄河流域再次统一。

北周武帝进行了哪些改革

北周武帝宇文邕(543—578年)，汉化鲜卑人，小字弥罗突，560—578年在位。北周武帝即位以后，进行了一系列改革，主要措施有：政治上，加强中央集权，整顿吏治；经济上，释放奴婢，严惩隐瞒田地、户口的官僚大族；宗教上，推行灭佛政策，强制大批僧尼还俗从事农业生产；军事上，实行府兵制，扩大兵源。经过一系

列改革，北周很快强大起来，后来灭了北齐，统一了黄河流域。

齐宫内乱是怎么回事

北齐高氏靠军事起家，文治不足，造成了很多荒谬的事。北齐诸帝大多昏庸，荒淫无耻。朝廷出现一大批奸佞小人，专权弄事，加速了朝政的腐化。北齐佞臣之多，在历史上是一个很突出的现象，其中最出名的就是和士开。和士开自由出入北齐诸帝宫禁，与皇室亲狎，与胡太后淫乱。这引起了琅邪王高俨（后主高纬胞弟）的不满。武平二年（571年）七月，高俨设计传诏书杀了和士开，又企图杀高纬乳母陆令萱，高纬以出宫打猎为名杀掉高俨。而胡太后先是与和士开淫乱，和士开死后，便与沙门统昙献通奸。武平二年（571年），后主高纬将胡太后从晋阳（今山西）送回邺城（今河北磁县南），派宦官邓长将太后囚禁在北宫，并敕令不许内外诸亲与胡太后相见。

唐人谈到北齐之所以亡国时，都将北齐君主信用奸佞小人作为重要原因，认为北齐任用陆令萱、和士开等一班佞徒宰制天下，乱政害国，"齐运短祚，固其宜哉"。

陈霸先以什么方式取得帝位

陈高祖武皇帝陈霸先（503—559年），字兴国，小字法生，吴兴郡长城县（今浙江省湖州市长兴县）人，卓越的军事家、政治家。初仕梁，曾辅佐王僧辩讨平侯景之乱。天成元年（555年），杀僧辩，立敬帝，自为相国，封陈王。败北齐，排僧辩余党，受百姓所拥戴，后受禅称帝，国号陈，都建康。他在位3年，谥武皇帝，庙号高祖。陈霸先是南北朝时期陈朝的开国皇帝，志度弘远，恭俭勤劳，是一代英主。

突厥怎样崛起于漠北

突厥为匈奴别支（一说为平凉杂胡），姓阿史那氏，原居住在准格尔盆地以北，后迁移到吐鲁番盆地西北，受柔然汗国的征服，又迁到阿尔泰山的西南麓，以替柔然人锻铁生产武器为生。在柔然势力削弱后，突厥开始崭露头角。西魏大

统十一年（545年），宇文泰派遣使者至突厥，以示通好，次年（546年），突厥可汗阿史那土门率众破高车部，对柔然宣布突厥开始独立。西魏大统十八年（552年），突厥王阿史那土门出兵击败柔然，柔然主阿那环自杀，突厥开始在漠北崛起。

和尚为什么要吃素

在佛教初创时期，信徒不一定非要吃素。一直到南朝梁武帝时期，僧人们才开始只吃素食。梁武帝萧衍是一个虔诚的佛教徒，他认为食肉就是杀生，违背了佛教"不杀生"的戒条。于是他发誓断除酒肉，假如再喝酒吃荤，杀害生灵，甘愿受鬼神制裁，并将堕落到阿鼻地狱；他又规定宗庙祭祀用面粉替代牲畜。梁武帝严格遵守誓言，他头戴葛巾，身着布衣，脚穿草鞋，每天只吃豆羹粗饭。由于梁武帝的巨大影响力，全国僧人们在梁武帝的带动下，也严格吃素食，并以素食招待客人。时间一长，吃素就成了僧人们的习惯，而且逐渐成了寺院里的一种必须遵守的戒律。

北魏是怎样衰亡的

北魏曾经强盛一时，一统北方，之所以走向衰亡，原因很多。

北魏吏治腐败，造成农民逃亡，矛盾极其尖

北魏孝文帝

锐。延昌四年（515年）冀州僧人法庆领导的大乘教起义，北魏政府动员了10万军队才镇压下去。

迁都洛阳后，北方防务逐渐不被重视，镇将地位大大下降，升迁困难。镇兵的地位更是日趋低贱，往往与罪犯和俘虏为伍，受到镇将、豪强残酷的奴役和剥削，名为"府户"。塞外的少数民族强敌柔然不时进扰掠夺，也加深了士卒生活的困难。激烈的阶级斗争使北魏政权摇摇欲坠。边镇豪强集团利用当时的混乱局面，各自发展势力。534年，北魏分裂成由高欢控制的东魏和宇

文泰掌握的西魏，强盛一时的北魏王朝就此画上句号。

南北朝时期佛教兴盛的缘由是什么

东汉末年，战乱迭起，此后数百年间，中原板荡，生灵涂炭。而这个由"治"到"乱"的无序时代却恰恰成为佛教在中原扎根，继而大发展的最佳时期。这一时期，战乱和杀戮的血腥充斥着整个社会，普遍的痛苦和生存的危机使人们对"生"和"现实"产生了疑惧和厌恶，在一片黑暗之中，迫切需要新的思想来指引道路。而佛教正是探讨 "生"与"死"的问题，所宣扬的前世、现世、来世的人生观，查根究底的因果论和不生不灭、西方极乐世界的愿望为广大民众和统治阶级所接受，同时，大量通俗易懂的讲解也正促进了南北朝时期佛教的传播。

你知道北魏均田制的内容吗

北魏均田制是孝文帝改革的重要内容，是在北魏孝文帝太和九年（485年）颁令实施的：先立户口确定人数，按照人数授给田地，分为露田（种谷物之田）和桑田。露田的分法是15岁以上男子给40亩，女子20亩，奴婢也可以有露田，死后把田地还给政府，奴婢授田随奴婢的有无而还授；桑田分法是给男子每人20亩，作为自己的财产，不用还给政府，可以买卖。

为什么魏书又叫"秽史"

《魏书》是"二十四史"中第一部以少数民族统治者为中心的皇朝历史，也是中国封建社会历代正史中唯一一部得"秽史"之名而又流传至今的史书。《魏书》作者魏收，于北齐文宣帝天宝二年（551年）受诏撰修魏史，三年后修成《魏书》，共124卷。由于魏收滥用史官权力，任情褒贬，曲笔作史，"修史诸人，宗祖姻戚，多被录，饰以美言"，一方面在书中宣传宗教迷信思想，另一方面歪曲史实，为现政权服务，往往根据所载人物在世子孙的地位而决定对其的褒贬，同时

为了讨好当时权贵，魏收又不惜笔墨为高门大族树碑立传，故《魏书》被人称为"秽史"。

为什么说高允是一位情操高尚的史官

南北朝时北魏太武帝太平真君十一年（450年），曾经发生过一起残酷迫害史官的事件。

司徒崔浩领头修撰国史，却因"直笔之迹"触犯了朝廷忌讳。结果凡参加修史的，"秘书郎吏以下尽死"。中书侍郎高允也在应死之列，太子为高允开脱，太武帝问高允："'国书'都是崔浩写的吧？"高允回答说："崔浩因为政务忙，只是占个总裁位置罢了。至于注疏，我写的比崔浩多。"太子忙为高允打圆场，高允说："太子这样说，是因为臣是太子的老师，想请皇上您免了臣的死罪。臣不敢妄言迷惑皇上。"高允的不做违心之言，感动了皇帝，于是赦免了高允。

北魏太武帝为什么要灭佛

北魏太武帝的灭佛，是佛教发展史上的一次重大事件。

北魏太武帝灭佛，并非突然心血来潮，这一项重大措施的执行，具有深刻的社会政治、经济背景。社会政治方面，因为北魏崇尚佛教之人极多，佛教的过分发展，加深了北魏世俗地主阶层与佛教僧侣阶层之间的矛盾。在经济上，佛教寺院经济的发展，侵害了世俗统治者的利益。此外，大量修建的寺院佛塔，耗费庞大的人力和财力，使国家经济力量受到影响。北魏为了统一北方，巩固在中原的地位，以全民为兵。但是，出家僧侣历来可以免除租税、徭役，所以锐志武功的太武帝就在太延四年（438年）下诏，凡是50岁以下的沙门一律还俗服兵役。他还听信宰相崔浩的谗言劝谏，改信寇谦之的天师道，排斥佛教，并渐渐发展为灭佛的行动。

北魏孝文帝是如何改革的

北魏孝文帝改革涉及政治、经济、文化等各个领域，范围广泛，内容丰富。

一、推行均田制，三长制，租调制。均田制使农民分得了一定数量的土地，将农民牢牢束缚在土地上，成为国家的编户，保证了地主们的基本利益及土地私有制。租调制相对减轻了农民的租调负担，改善了农民的生产生活条件。二、实行官吏俸禄制，严惩贪污，整肃了官僚机构，巩固了封建统治。三、迁都洛阳。四、革除鲜卑旧俗，接受汉族先进文化，比如改官制、禁胡服、断北语、改复姓、定族姓、迁都洛阳等。北魏孝文帝改革促进了北魏政治、经济、文化的发展和民族交融的进程。

文明太后和北魏孝文帝改革有何关系

"太和"是北魏孝文帝的年号，历史上把这一时期的一系列改革称为"太和改制"。由于旧史记载，人们往往直称此次改革为"孝文帝改革"。其实，在此次改革中还有一位关键人物，就是冯太后。在太和十四年（490年）之前，冯太后一直临朝听政，作为北魏的实际执政者，她是"太和改制"真正的主持人。冯太后督促孝文帝实行政治改革，制定汉化政策，俸禄制、均田制、三长制等都是她临朝时颁行的。490年，冯太后驾崩，谥文明太后，24岁的孝文帝开始亲理朝政，将"太和改制"推向高潮。继文明太后之后，为使北魏统治长治久安，他继续推行改革措施，主要是通过汉化来巩固北魏的统治。

刘渊为什么要实行胡汉分治政策

胡汉分治是十六国时期少数民族统治者实行的民族分治政策，主要为了平衡胡汉双方不同的社会发展要求。西晋末年，匈奴贵族刘渊建立汉国，设单于左辅、右辅，专治理胡人，所谓胡人即泛指北方诸少数民族。刘渊之子刘聪继位后，进一步健全胡汉分治制度，其实质是依靠和利用匈奴及其他胡人贵族压迫汉人。后来羯族首领石勒建立后赵，也设内史专治理汉人，另置大单于镇抚百蛮。后赵抬高羯族地位，称为"国人"，严禁称"胡"，凡胡物都改名。虽然石勒严禁胡人欺凌汉族官僚地主，但实际并无收效，有时汉族高官也不能幸免。

中国古代妇女为什么要点额黄

额黄，又叫鸦黄，即在额间涂上黄色，南朝简文帝《美女篇》云："约黄能效月，裁金巧作星。"这里说的约黄效月，就是指额黄的化妆方式。它起源于南北朝，在唐朝盛行。据《中国历代妇女妆饰》中记载，这种妆饰的产生，与佛教的流行有一定关系。南北朝时，佛教兴盛，当时全国大兴寺院，塑佛身、开石窟蔚然成风。妇女们从涂金的佛像上受到启发，也将自己的额头染成黄色，久而久之便形成了染额黄的风气。据文献记载，妇女额部涂黄主要有两种方法，一种为染画，一种为粘贴。额黄到宋代时还在流行。

什么是士族

士族，又称门第、衣冠、世族、势族、世家、巨室、门阀等，指世代为官的名门望族。士族制度即门阀制度，是中国历史上从两汉到隋唐最为显著的选拔官员的制度。其基本内容是：政治上，按门第高低分享特权，世代担任重要官职（九品中正制是士族制度的政治保障）；经济上，士族占有大量土地和劳动力，建立起自给自足、实力雄厚的庄园经济（品官占田荫客制为士族制度提供经济保障）；社会生活方面，士族不与庶族通婚，甚至坐不同席；文化上，士族多崇尚清谈，占据高级文官职位。

什么是庶族

庶族又称寒门、寒族，是与"士族"相对的概念，魏晋南北朝时主要指无特权的地主和商人。东晋时期，门阀士族达到极盛阶段，南朝以后，虽然是寒门地主做皇帝，但门阀士族的特权仍不可小觑。由于士族长期拥有政治特权，生活奢侈腐化，逐渐失去了统治能力，庶族地主便以武职为升官阶梯，立了军功，掌握军权之后，进而取得了政权。在这个过程中，士族衰落，庶族兴起，魏晋及南朝的朝代更替即是士族与庶族势力消长的过程。庶族不甘心受到排挤，通过各种途径登上政治舞台。南朝

的开国皇帝，多数是通过领兵打仗、控制军权而上升起来的庶族地主。

是谁统一了北方，结束了十六国战乱的局面

439年，北魏太武帝拓跋焘统一北方，结束了十六国战乱局面，为社会经济发展及孝文帝的汉化改革创造了安定的环境。386年，鲜卑人拓跋珪建立北魏，定都平城，其子北魏明元帝拓跋嗣、孙北魏太武帝拓跋焘承其前业，拓跋焘先后13次出兵柔然，征服了漠北一带。427年，拓跋焘用3万骑兵攻破了坚不可摧的统万城，从此北魏统一北方的形势已经不可逆转。431年，拓跋焘灭夏，平山胡，西逐吐谷浑，又于436年灭北燕，439年灭北凉，使北方长期的分裂割据局面复归于统一，南北朝对峙局面正式形成。

谁揭开了南北朝的序幕

宋武帝刘裕建立与北魏隔河对峙的政权，揭开了南北朝的序幕。刘裕（363—422年），字德舆，小名寄奴，彭城县绥舆里（今江苏铜山）人，是卓越的政治家、改革家、军事家，南北朝时期刘宋王朝的开国皇帝。刘裕于隆安三年(399年)参军起义，在不到20年的时间里，对内平息战乱，先后平定了孙恩、卢循的海上起义，消灭了桓玄、刘毅等军事集团；对外致力于北伐，取巴蜀、伐南燕、灭后秦。刘裕称帝前后进行一系列的改革措施，改善了政治和社会状况，为后来的"元嘉之治"打下了坚实的基础。

"十六国"是怎么回事

十六国是中国历史上的一段大分裂时期，自304年李雄和刘渊分别在汉地巴蜀建立成国（成汉）、在中原建立汉赵（后称前赵）时起，至439年北魏拓跋焘（太武帝）灭北凉，统一北方为止。十六国指的是成汉、前赵、后赵、前凉、北凉、西凉、后凉、南凉、前燕、后燕、南燕、北燕、夏、前秦、西秦、后秦。这一时期北方各族的内徙促进民族大融合。

ZHONGGUO LISHI

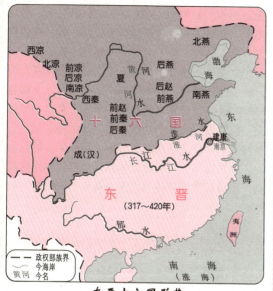

东晋十六国形势

"南朝、北朝"是指哪一段历史

"南朝、北朝"即南北朝时期。420年，东晋大臣刘裕篡夺了政权，建立宋国，后来在江南又相继建立了齐国、梁国、陈国。直到589年，陈国被隋所灭，从420年到589年，南方的这四个朝代被称作南朝。和南朝相对应的是北朝。439年北魏统一了北方地区，和南朝隔江对峙，后来北魏分裂为东魏、西魏。东魏大臣篡夺政权建立北齐，西魏同样被北周取代，最后北周大将杨坚在581年建立隋朝，统一了北方。北朝和南朝在时间上大体一致，所以这一时期被称为"南北朝"。

你知道北魏迁都的缘由吗

北魏迁都是在北魏孝文帝时期。在"太和改制"的过程中，为了便于推广汉族文化，消除鲜卑族与汉族之间的隔阂，进一步拉拢汉族地主士大夫，加强对中原地区的统治，巩固北魏政权，孝文帝决心把都城从平城（今山西大同）迁到洛阳。政治上，平城保守势力大，孝文帝改革会受阻，经济上，平城经济落后，粮食供应困难，军事上，都城平城受北方强敌柔然的侵扰，很不安全。而洛阳是中原古都，是历代帝王建功立业的场所，汉文化积

淀深，迁都洛阳也方便更好的吸收中原文化。孝文帝迁都，是北魏历史上的大事。

北魏迁都

哪一次战役为北魏入主中原奠定了基础

北魏始光元年（429年）五月，魏帝领军至漠南（今蒙古高原大沙漠以南地区），直逼栗水（今翁金河）击柔然。柔然无备，临战震怖，民畜惊骇奔散；大檀忙焚穹庐，绝迹西遁。十月，魏帝还平城，徙柔然、高车降附之民于漠南。

此战，北魏太武帝领军长途奔袭，以少胜多，出奇制胜，大破柔然，威服高丽，为稳定北方创造了有利条件。自此，柔然势力削弱。双方虽仍有交战，但以北魏远袭居多，柔然主动进攻较少，并时有和亲往来。

太武帝先后13次出兵伐柔然，其中胜利11次，另有两次由于柔然先遁逃而没有战果，以这一战果最为辉煌。

为什么魏晋贵族要将厕所装饰得特别豪华

汉魏以前，不管是贫民还是贵族，家中的厕所都很简陋，而且厕所都设在猪圈里。

汉以后，由于当时"斗富"成为了一种时尚，贵族为了抬高自己的地位争相攀比，魏晋贵族将厕所装饰的特别豪华。到了两晋，厕所之奢侈更令人吃惊。如《晋书·刘实传》中的记载：刘实官位很高，但生活俭朴，是少有的清廉官吏。有一次刘实在富豪石崇家上厕所，看到里面

的豪华，以为进了卧室，赶忙退出来，但石崇说，那就是厕所。其实，石崇家中伺候主人上厕所的婢女有几十个，主人每上一次厕所就要换一次新衣。

谢玄所部为什么称为北府兵

北府兵是东晋孝武帝初年谢玄组建训练的一支精锐军队。东晋太元二年（377年），朝廷因前秦强大，诏求文武良将镇御北方。其时谢安当国，以兄子谢玄应举。朝廷拜谢玄为建武将军、兖州刺史、领广陵相、监江北诸军事，镇广陵。徐、兖二州本是北来侨民的集中地，"人多劲悍"，富于战斗经验。谢玄招募劲勇，徐、兖人民纷纷应募入伍，彭城刘牢之、东海何谦等皆以骁勇应选。谢玄以刘牢之为参军，率领精锐部队为前锋，战无不捷，威震敌胆。太元四年（379年），谢玄加领徐州刺史，镇京口。东晋称京口为"北府"，所以称这支军队为"北府兵"。

晋简文帝的生平如何

晋简文帝司马昱（320—372年），幼时深得父亲钟爱。晋废帝司马奕被废，桓温迎立他为帝，改年号为"咸安"。

司马昱继位后，一切听命于桓温，形同傀儡。咸安二年（372年）七月，简文帝病危，宣布立子司马曜为太子，并请桓温入京辅政。桓温不理睬，司马昱只好写下遗诏，授权桓温可以依据周公辅助成王的故例摄政；如果太子不值得辅助，可以取而代之，自行称帝。郎中王坦之极力劝谏，司马昱令其重新起草遗诏，改成："家国大事都要一一禀告大司马（桓温），太子要像刘禅对待诸葛亮一样，敬重桓温。"

第二天，司马昱死于建康宫东堂，享年53岁，庙号为太宗，谥号为简文帝。

王猛辅政从哪里入手

王猛，是十六国时期前秦的丞相、大将军、著名的政治家、军事家。他辅佐苻坚扫平群雄，统一北方，被称作"功盖诸葛第一人"。王猛辅政，从整治豪强入手。当时前秦豪强横行霸道，

无恶不作。359年，王猛为侍中、中书令、领京兆尹，其时强太后之弟强德为长安一霸，恃强作恶，抢人财货，掠人妻女。王猛将他斩于市，同时惩办诛杀不法分子20多人。于是社会风气大为好转，路不拾遗，夜不闭户，风化大行。王猛自359年为相到375年（建元十一年）去世，为政公允，留意拔擢人才，劝课农桑，开山泽之利，公私均可享；设立学校，崇儒学，正民风；厉行法治，罪罚得当，人民得以休息，又缮兵甲，修武备，使得前秦国富民安兵强，奠定了一统北方的基础。

"木犹如此，人何以堪"的感慨从何而来

东晋穆帝永和十二年（356年）元月，羌酋姚襄占据许昌后，得陇望蜀，又想攻占洛阳，洛阳当时为晋朝叛将周成所踞，双方激战，一时胶着。356年7月，东晋朝廷拜桓温为征讨大都督、督司、冀二州诸军事，进讨姚襄，这是桓大将军的第二次北伐。夏日晴朗，桓温与众位僚属随从登上大船顶楼，北望中原，叹息道："遂使神州陆沉，百年丘墟，王夷甫（王衍）诸人不得不任其责！"对于王衍等人的清谈误国，桓温是深恶痛绝的。在经过金城时，桓温见到自己青年时代亲手栽植的柳树已茁壮长成，慨然道："木犹如此，人何以堪！"随即攀枝执条，泫然流涕。这就是"木犹如此，人何以堪"的典故由来。

庾翼违诏北伐的结局如何

庾翼（305—345年），字稚恭，颍川鄢陵（今河南鄢陵）人，是东晋将领、书法家，权臣庾亮之弟。庾翼少时即有北伐的大志，以平灭成汉和后赵为己任，但东晋朝臣在江南安居20多年，不愿北归，对庾氏兄弟的北伐，多持观望和反对态度。庾亮北伐不胜，忧愤而死，庾翼接替庾亮的职务，继续准备北伐。为了北伐，他不顾朝廷反对，更派使者联结前燕和前凉预备一起出兵。他违诏北行到夏口后再度上表，求镇襄阳。康帝和朝中大臣多派人阻止，庾翼都不听，朝廷最终加庾翼都督征讨诸军事，后更进庾翼为征西

将军，领南蛮校尉。

建元二年（344年），康帝和兄长庾冰先后逝世，庾翼回镇夏口并接管庾冰的部众，修缮兵器军备，积存粮食，准备之后举兵北伐，后又派兵讨伐成汉，在江阳击败成汉将领李桓。

庾翼在永和元年（345年）患上背疽，不久逝世，享年41岁。

什么是土断

土断即以土著为断，是两晋、南朝时重要的户籍政策之一。土断指以现居地为准，将人户著之于籍。西晋时已出现土断概念，晋初司空卫瓘主张恢复汉代乡举里选法，户籍都按住地编定，取消客籍户，选举由乡里评定，这是针对九品中正制的弊病提出的。土断政策的中心内容是整理户籍，居民不分侨旧，一律在所居郡县编入正式户籍，取消对侨人的优待，以便政府统一对编户齐民的剥削。土断结果使政府增加了收入和兵源，侨人则加入了负担徭役的行列，从此由北人变成了南人，客观上加速了南北人民的融合。

什么是侨置

侨置，是我国古代政权在战争状态下，政府对沦陷地区迁出的移民进行异地安置，为其重建州郡县，仍用其旧名的行政管理制度。侨置制度，最初实行于东汉之玄菟郡及所领高句丽、上殷台、西盖马三县，玄菟郡三县受高句丽威胁而沦陷，失土后内迁至辽东郡境内得以重建，仍用旧名。完全意义上的侨置，起码应具备如下三个要素：其一，原州郡县的沦没与侨置，而侨置应用原来的旧名；其二，侨人，即所谓"遗民南渡"者的存在；其三，"侨置牧司"亦即行政机构的初备。

石虎是如何揽权的

后赵太祖武皇帝石虎（295—349年），字季龙，羯族，是后赵开国君主石勒的侄子。333年，石勒驾崩，皇位由儿子石弘继承。石勒临终

前，石虎威迫太子石弘把曾劝石勒除掉自己的大臣程遐和徐光逮捕入狱。又命儿子石邃率兵入宿卫，使得文武百官害怕不已。翌年，石弘登基后被石虎所逼，封他为丞相、魏王、大单于，再封土地，他的三个儿子都掌握了拥有军权的职位。东晋咸和九年（334年），石虎废杀石弘，自称为居摄赵天王。337年，石虎自称天王，349年称帝，即后赵太祖武皇帝。

淝水之战引出了哪些成语

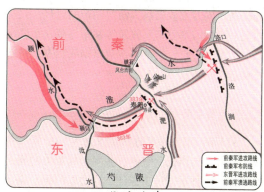

淝水之战

历史上有许多成语与重大历史事件相关，如与淝水之战相关的成语就有"投鞭断流""风声鹤唳""草木皆兵""功败垂成"等。383年，前秦皇帝苻坚进攻东晋之前，苻坚召群臣议伐晋事，自谓东晋"虽有长江，其能固乎！以吾之众旅，投鞭于江，足断其流。"自夸自己兵多。此为"投鞭断流"的来历。谁料到前锋同晋军首战便被打败，苻坚和弟弟苻融趁夜去前线视察，看到连晋军驻扎的八公山上的草木，也影影绰绰像是满山遍野的士兵，士气大受影响。此为"草木皆兵"的来历。在淝水之战中前秦军队被击溃，那些侥幸逃脱晋军追击的士兵，一路上听到呼呼的风声和鹤的鸣叫声，都以为晋军又追来了，不敢停下自己的脚步。此为"风声鹤唳"的来历。东晋谢玄乘胜追击，收复了北方的大片领土，但东晋皇帝却听信谗言令其收兵驻守淮阴，结果统一北方未遂，"功败垂成"的成语自此而传。

王敦反晋是怎么回事

王敦之乱是东晋初年发生的一场动乱，爆发于晋元帝永昌元年（322年），结束于明帝太宁二年（324年），由出身琅邪王氏的权臣王敦发动。王敦与王导都是东晋的开国功臣，但东晋建立后，晋元帝司马睿希望减弱王氏的影响力，于是提拔刘隗等其他士族人士，用以制衡王氏势力。王敦以诛刘隗为名进攻建康，后自任丞相，诛杀周顗等人，并在武昌遥控朝廷。晋元帝死后，明帝继位，王敦意图夺位，但明帝已准备反击王敦。同时王敦患病，面对明帝的讨伐，只得由兄长王含与部下将领钱凤等领军与朝廷军队接战，但最终失败，王敦亦在战事期间病逝，王敦之乱遂告结束。

"王与马共天下"说的是什么意思

313年，整个中原地区的北方名门望族和精英，以及政府机构、官员、甚至士族家中的佣人和鸡鸭牛马都被带过了长江。这次以门阀士族为主要力量的大迁徙共有90多万人，琅邪王氏是其中最重要的一支。这便是历史上著名的永嘉南渡。317年，司马睿在建康（南京）重建晋室，史称东晋，他就是晋元帝。由于东晋政权的建立倚重琅琊王氏的大力支持和艰苦经营，琅邪王氏被司马睿称为"第一望族"，并欲与之平分天下。事实上，王氏势力最大时，朝中官员四分之三以上是王家或者与王家相关的人，其势力相较于皇室有过之而无不及，当时百姓称之为"王与马，共天下"。

石勒为什么要设立君子营

后赵开国君主石勒是羯人，刚参加起义时其骨干力量也主要是羯人。自投奔刘渊后，他刻意发展自己的实力，注意网罗和重用汉族士人，在征战中礼贤下士。在攻打常山时他得到了谋士张宾，从此石勒如虎添翼。他把汉族士人集中起来，编为"君子营"，也就是智囊团，专门研究军事作战，并推行"汉夷分治、汉夷互尊"的政策，由张宾主持。加入"君子营"的多数是对晋朝腐朽政权失望至极的汉人，战斗韧性极强。不久又任命张宾为军功曹（大营人事官），专司人才选拔、任用。石勒还采用张宾建议，派将领张斯到并州劝匈奴、羯族人归附。张宾将"君子营"管理得井井有条，对作战起到了关键作用，所以，后来有人说成就石勒霸业的是张宾。

你知道石勒不计前嫌的故事吗

后赵王石勒请武乡有声望的老友前往襄国（今河北省邢台市），同他们一起欢会饮酒。当初，石勒出身贫贱，与李阳是邻居，多次为争夺沤麻池而相互殴打，所以只有李阳一个人不敢来。石勒说："李阳是个壮士，争沤麻池一事，那是我当平民百姓时结下的怨恨。我现在广纳人才，怎么能对一个普通百姓记恨呢？"于是急速传召李阳，同他一起饮酒，还拉着他的胳膊开玩笑说："我从前挨够你的拳头，你也遭到了我的痛打。"随后任命李阳做参军都尉。

什么是永嘉之乱

永嘉之乱是指311年，匈奴攻陷洛阳、掳走晋怀帝，最终使西晋灭亡的历史事件。晋初八王之乱历时16年之久，加以天灾连年，胡人遂乘机入侵。永兴元年（304年），匈奴贵族刘渊在国城（今山西离石）起兵，逐步控制并州部分地区，自称汉王。光熙元年（306年），晋惠帝死，司马炽嗣位，即晋怀帝，改元永嘉。刘渊遣石勒等大举南侵，屡破晋军，势力日益强大。永嘉二年，刘渊正式称帝，永嘉四年，刘渊死，其子刘聪继位。次年，刘聪遣石勒、王弥、刘曜等率军攻晋，在平城（今河南鹿邑西南）歼灭10万晋军，又杀太尉王衍及诸王公。之后他攻入京师洛阳，俘获晋怀帝，杀王公士民3万余人，西晋灭亡。这就是历史上的永嘉之乱。

东晋政权为何百般阻挠祖逖北伐

东晋建立之后，中原地区已沦丧于胡人之手。爱国将士每每以北伐中原、规复失土为己任，然而皇室及大多士族只想偏安江南，遂多方牵制。东晋王室害怕北伐将帅功高难制，故对他们多方限制、监督，不肯充分信任与支援。祖逖北伐曾受晋元帝之掣肘。其次，东晋的士族又多苟且偷安。当时皇室和南来之北方士族均把江南当作人间乐土，醉生梦死，贪图苟安，胸无大志。江南本地的望族受朝廷重用，也不希望皇室北还。南北士族对寒族出身的将领更是多方排斥、处处牵制。

嵇康死于何人之手

嵇康是三国时曹魏文学家。"竹林七贤"之一，早年丧父，家境贫困，但仍励志勤学，文学、玄学、音乐等无不博通。

司马昭曾想拉拢嵇康，但嵇康在当时的政治斗争中倾向于皇室一边，对于司马昭采取不合作态度，因此颇招忌恨。司马昭的心腹钟会想结交嵇康，受到冷遇，从此结下仇隙。嵇康的友人吕安被其兄诬以不孝，嵇康出面为吕安辩护，钟会即劝司马昭乘机除掉吕、嵇。当时太学生3 000人请求赦免嵇康，愿以康为师，司马昭不许。临刑，嵇康神色自若。奏《广陵散》一曲，从容赴死。

第一个西行求法的中国僧人是谁

朱士行（203—282年），三国时高僧，法号八戒，是中国佛教史上西行求法的第一人。

他少年时便胸怀远志，摆脱俗尘。出家之后，专务经典，以弘法为己任，常讲《道行般若》于洛阳。但此经由汉代末年竺佛朔所译，文句简略，义理不全，前后文理无法贯通，因此他立志孤身远游，寻求大本。魏甘露五年（260年），他从雍州（今西安北）出发西行。当时通往西域的旅途非常困难，他经过千辛万苦，度过流沙，克服种种困难，终于到达了于阗（今新疆和田），求得大本《般若》，共90章，60余万言。

门阀士族在西晋政治上的影响是什么

士族基本形成于西晋时期，但是源于汉魏。

东汉末年由于九品官人法的实行，地方上选人任用的决定权掌握在有势力的大族手中，他们可以随便地操控人员的任免，所以门荫成风，实际上不论政局的变化如何，基本上都没有撼动这些大族积累的政治资本，所以他们世代为官，享受荣华富贵。

西晋时期，虽然当政者意识到来自士族的威胁，但是除了对其掌握的军权有一定的限制外，其他措施都没有起到限制士族的作用。士族权力扩大，国家基本上无力对其进行有效的限制和控制，这也成为了西晋政权最后瓦解的深层原因之一。

你对西晋流民了解多少

西晋中期以来，世族官僚凭借官吏占田荫客制的特权，广置田产，在全国范围内出现了不可遏止的土地兼并狂潮。同时，上层统治者巨大的开支，沉重地压在人民的身上。元康以来，无年不旱，元康以后至永嘉年间，旱蝗灾害持续发生。天灾人祸，终于导致了西晋末年的流民大迁徙和流民大起义。当时陕甘地区流徙汉川者有10余万人，流徙鄂北、豫南者达四五万人，河北地区亦有四五万人流迁山东、兖州一带。四川地区有四五万人南奔湘、鄂，有一部分进入云南境内。全国流民总数达30万户，约占西晋全国总户数的1/12多。

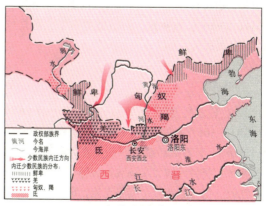

西晋少数民族内迁形势

竹林七贤指的是哪些人

竹林七贤指的是三国魏正始年间（240—249），嵇康、阮籍、山涛、向秀、刘伶、王戎及阮咸七人。据传因他们常在当时的山阳县（今河南辉县一带）竹林之下喝酒、纵歌、肆意酣畅，世谓七贤，后与地名竹林合称。竹林七贤的作品基本上继承了建安文学的精神，但由于当时的血腥统治，作家不能直抒胸臆，所以不得不采用比兴、象征、神话等手法，隐晦曲折地表达自己的思想感情。他们一直受人们敬重。

谁诛杀贾后谋取了帝位

西晋惠帝的皇后贾南风是著名的"乱国毒后"，赵王伦是司马懿的第九子，任右军将军，手握兵权，因为对贾南风屡加谄媚，很得贾后亲信。300年，赵王伦假传皇帝的诏令入宫，贾南风被赵王伦废为庶人，贾氏党羽被一网打尽。她先被幽禁在宫中，后又被囚禁于金墉城。几天后，赵王伦又假传皇帝的诏令赐给贾南风金屑酒。贾南风一生善用权谋，到头来却喝下了自酿的毒酒。贾南风死后，赵王伦大权在握，做起了当皇帝的美梦。永宁元年（301年）初的一天，他编造司马懿要他做皇帝的鬼话，逼迫痴呆的惠帝把皇位禅让给他。赵王伦废惠帝自立，党羽亲信大受封赏，由于封官太多，装饰官帽的貂尾不够用，只好用狗尾巴来补充，为后世留下了"狗尾续貂"的典故。

"八王之乱"乱了多少年

八王之乱是西晋时统治阶层历时16年（291—306年）之久的战乱。晋武帝太熙元年（290年），晋武帝临终时命弘农大姓出身的车骑将军、杨皇后的父亲杨骏为太傅、大都督，掌管朝政。继立的晋惠帝痴呆无能，即位后，皇后贾南风（即贾后）为了让自己的家族掌握政权，于元康元年（291年）与楚王司马玮合谋，发动禁卫军政变，杀死杨骏，而政权却落在汝南王司

马亮和元老卫瓘手中。贾后政治野心未能实现，当年6月，又使楚王司马玮杀汝南王司马亮，后反诬楚王司马玮假传皇帝诏令擅杀大臣，将司马玮处死。贾后遂执政，于元康九年废太子司马遹，次年杀之。300年，贾后被赵王伦杀死，次年赵王伦篡窃帝位，激起了齐王司马同的反感，他联合成都王颖、河间王颙起兵杀向京师洛阳。很快，洛阳郊外成为战场。自此，兵伐纷起，战乱相继，直到307年，东海王越立司马炽为帝，改元永嘉，史称晋怀帝，这场在历史上被称为"八王之乱"的宗室之间的交相拼杀才暂告一段落。

八王之乱

贾南风是如何一箭双雕铲除异己的

永平元年（291年）六月，贾南风诬告汝南王司马亮与卫瓘图谋不轨，让惠帝给楚王司马玮下诏，命他将汝南王司马亮与卫瓘等人免官。楚王司马玮接到密诏，也想借机发泄私怨，连夜派兵包围了二人的府第。结果，汝南王司马亮被一拥而上的士兵乱刀砍死。一日之间，两辅政老臣死于非命，朝野震动。贾南风顺水推舟，把罪名栽到楚王司马玮的头上。她向惠帝报告说："楚王司马玮拥兵作乱，罪大恶极，应杀之以谢天下。"惠帝难辨真假，听贾南风如此说法，就立即下诏将楚王司马玮捉拿归案，处以死刑。贾南风也由此达到了一箭双雕铲除异己的目的。

是谁帮司马炎下定了灭吴的决心

276年，大将羊祜在上书晋武帝司马炎时，曾痛心地说："蜀平之时，天下皆谓吴当并亡"，他建议司马炎发动灭吴之战。278年，羊祜病死，死前还念念不忘灭吴，他向司马炎推荐了杜预。杜预继承羊祜的遗志，积极筹措灭吴，司马炎也下定最后的决心，决定任用杜预灭吴，完成统一大业。280年，司马炎采用羊祜生前建议的"多路并进，水陆齐发，突然袭击，一举灭吴"的战略方针，兵分六路，20万大军揭开了灭吴战争的序幕。晋以强击弱，一举灭掉吴国，结束了南北分治的局面，统一中国。

晋武帝也曾统一全国吗

司马炎，字安世，"聪明神武，有超世之才"。他在265年，受禅而登帝位，国号为晋，是为晋武帝。

晋武帝登位后，所做的最大一件事是统一全国。当时，蜀国已亡，所谓统一全国，就是兴兵灭吴。针对吴国水军强大的特点，他继用父亲加强水军力量的方针，派得力将领王浚在巴蜀训练水军，定下水陆并进的策略。吴国在孙皓统治时期，政治腐败，人心离散。将领羊祜、杜预等人上书晋武帝，请求乘机伐吴。太康元年（280年），20万大军在东西千里的战线上，兵分六路，同时出击，直捣吴都建业。鼎立数十载的三国，至此成为司马氏的统一江山。

司马炎是怎么称帝的

司马炎，字安世，为晋王司马昭之长子。其父司马昭曾专擅国政，日谋代魏。未及行事，于265年夏暴病而卒，司马炎袭其爵，继相国、晋王位。

司马炎为晋王后，更加紧了称帝代魏的步伐，265年司马炎曾让魏帝曹奂下诏"禅让"，自己则假意推托，最后在亲信大臣一再"劝进"之下，终于登上了皇帝的宝座，是为西晋武帝，改魏为晋，改元泰始，建都洛阳。

从此，西晋门阀士族统治的王朝开始了，司马氏成为中原名正言顺的统治者。

为什么说"司马昭之心，路人皆知"

曹丕建立魏国时，得到大将司马懿的支持。曹丕死后，魏明帝曹睿即位，司马懿和他的儿子司马师、司马昭专权，篡位野心日益显露，魏高贵乡公曹髦曾气愤地对大臣说："司马昭之心，路人皆知。我不能坐等他来夺走皇位。"不久，曹髦策划除掉司马昭，结果事情败露，反被司马昭杀死，司马昭立曹奂为帝。从此，在曹魏政权中，再也没有人敢公开反对司马氏地统治了。最后司马昭之子司马炎篡位，建立了晋朝，成为了晋武帝。后来，人们用"司马昭之心，路人皆知"来说明阴谋家的野心非常明显，已为人所共知。

隋唐五代卷

　　隋唐五代时期存在于581-960年，为中国历史上第二个鼎盛期。开皇九年（589年）隋统一全国，从此统一思想深入人心、统一格局基本稳定。唐代疆域进一步扩展，超过秦汉。五代十国时期，社会再次短暂分裂。隋唐五代时期的中国气度之恢弘、风气之开放、格局之壮阔为历朝历代无法比拟，放眼四海，亦为当时世界最为文明先进、繁荣发达、富庶强大的国家。

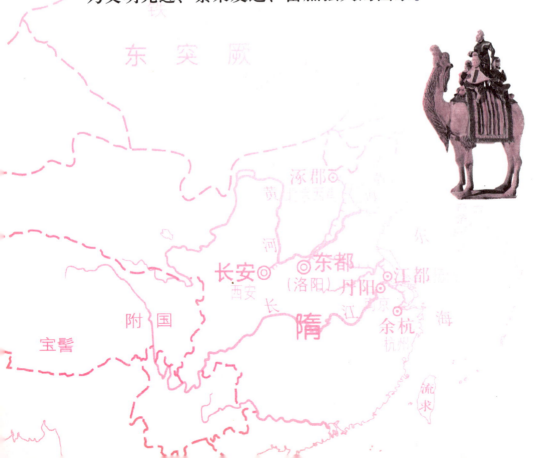

隋文帝杨坚是怎样登上皇位的

杨坚的父亲杨忠曾经跟随北周太祖在关西起义，因功赐姓普六茹氏，位至柱国、大司空、随国公。杨忠死后，杨坚承袭了父亲的爵位，又因为长女被封为后妃得以晋升为柱国大将军、大司马。宇文赟死后，年仅7岁的北周静帝即位，杨坚被任命为丞相，因而以外戚身份控制了北周朝政。他先将北周宗室赵王招、陈王纯、越王盛、代王达、滕王逌调到长安与雍州牧毕王贤一并杀掉，其后又任用韦孝宽出兵击败了政敌尉迟迥。581年，北周静帝下诏宣布禅让，杨坚三让而受天命，定国号为隋，改元开皇。

隋文帝

隋朝是怎样统一南北的

581年，隋朝建立，改元开皇。开皇七年（587年），隋朝灭掉了劲敌后梁。开皇八年（588年），隋文帝下诏伐陈。开皇九年（589年），杨坚派遣大军挥戈南下，一举灭亡了割据江南的陈朝。同年，琉球群岛宣布归降隋朝，突厥也表示愿为藩属永世归顺。隋朝的统一结束了中国自西晋末年以来300多年的分裂局面，为后世的大一统局面奠定了坚实的基础。

"大索貌阅"是什么

"大索貌阅"是隋朝开皇年间隋文帝杨坚为了推行均田制而下令配套实行的户口整顿措施。所谓"大索貌阅"，即根据人丁大概的相貌与户口进行对应，在此基础上编制出户口"定簿"，以此作为收取赋税的依据。隋文帝此项举措将依附于豪强的人口解放出来，使得在编户口人数大大增加，增加了国家的劳动力，极大地调动了贫苦农民的生产积极性。同时，国家所掌管的纳税人丁数量大大增加，税收得以提高。

隋文帝颁布的"均田令"主要包括什么内容

隋朝初年，隋文帝杨坚在北齐、北周均田制的基础上，继续实行均田制。均田令规定：丁男、中男受露田（种植五谷）80亩，永业田20亩，妇女受露田40亩。奴婢5口给田1亩。永业田不归还，露田在受田者死后归还。对一般农民，采取轻徭薄赋鼓励农桑的政策；对豪强贵族兼并土地的行为则给予打击，以保证农民的正常生产，从而提高农民劳动生产的积极性。均田制实行后，国家控制了更多的劳动力，赋税收入增加。

《开皇律》是怎样一部法典

隋朝建立伊始，隋文帝于开皇元年下令命高颎等人参考魏晋旧律制订《开皇律》。开皇三年（583年），隋文帝又命苏威、牛弘将《开皇律》中的宫刑（破坏生殖器）、车裂（五马分尸）、枭首（砍下头悬挂在旗杆上示众）等残酷刑法予以废除，并规定"灭族"一刑从此不再使用。

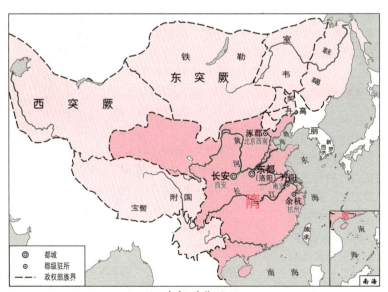

隋朝形势图

ZHONGGUO LISHI

此外，还削减了其中的死罪81条、流罪154条及"徒""杖"等罪千余条，仅保留《开皇律》原稿中的500条刑罚，分为死、流、徒、杖、笞五种。

《开皇律》的制定与修改基本上完成了自汉文帝刑制改革以来的刑罚制度演变历程，形成了封建五刑制，为唐朝基本继承，对我国后世律法制度的不断改革与完善起到了重要影响。

中国的科举制度最早是从什么时候开始的

隋朝建立以后，隋文帝废除了"九品中正制"，开始采用分科考试的方式选拔官员。隋炀帝时期，进士科于大业二年（606年）正式设立，这标志着我国科举制度的正式诞生。进士科以政论文章的考察为主，兼顾考生的个人品质。至607年，科举考试的科目已经扩展

隋代科举考试现场

为十科，录取人数也大大增加。

科举制度的创立是封建选官制度的一大进步，它把读书、考试和做官三者紧密联系起来，不仅扩大了官吏的来源、提高了官员的素质，更重要的是，把选拔人才和任命官吏的权力从地方豪门士族手里集中到中央政府手里，加强了中央集权。科举制度影响深远，被一直沿用至清末。

历史上的"独孤皇后"是怎样一个人

独孤皇后（552—602年）是北周大司马、河内公独孤信的女儿。独孤信见杨坚形貌奇伟，因而将时年14岁的女儿许配于他。杨坚与独孤氏非常相爱，杨坚曾发誓不与独孤氏以外的女子生子。早年的独孤氏恪守妇道，温柔恭顺。杨坚受禅称帝以后，独孤氏被立为皇后。隋文帝与独孤皇后在国家大事方面的意见比较一致，两人也常常进行讨论，宫中尊称为"二圣"。但是独孤皇后的嫉妒心非常强，后宫的妃嫔不敢私自侍奉皇帝，曾被杨坚一度宠爱的尉迟迥的孙女尉迟氏就

是被孤独皇后暗中处死的。

隋朝太子杨勇为什么被废

杨勇（566—604年）是隋文帝杨坚的长子。北周时期，因为祖父杨忠的军功封为博平侯。杨坚执掌北周政权后，杨勇被立为世子，官拜大将军、左司卫，封为长宁郡公。杨坚受禅称帝，杨勇被立为皇太子，参与处理隋朝的军国政事。杨勇为人好学且通晓辞赋，性格直率，曾因装饰铠甲而使得一贯节俭的杨坚非常不满。此外，杨勇姬妾众多也使得独孤皇后心怀不悦。这些细节被其弟晋王杨广得知后，杨广着意表现以取悦于隋文帝和独孤皇后。不仅如此，晋王杨广还与杨素等人一同谋划设计，终于使得杨广被立为太子，而杨勇被贬为庶人。杨坚死后，杨广伪造诏书赐死杨勇，追封为房陵王。

隋炀帝"三征高丽"是怎么回事

"三征高丽"指的是隋炀帝对朝鲜半岛地区的三次大规模征伐事件。大业八年（612年），隋炀帝募集百万军队攻打高句丽。军队人数之多使得高句丽为之举国震动。然而隋军战绩不佳，在辽东城和平壤城伤亡重大，惨败而归。次年（613年）隋炀帝再度发兵围攻辽东城，由于国内杨玄感兵变而不得不中途返回平息叛乱。大业十年（614年），隋炀帝第三次发兵进攻高句丽，此次高句丽王高元力竭不敌，兵败投降，隋炀帝班师回朝。

隋炀帝

隋炀帝发动的这三次大规模战役几乎耗尽国力，国内民怨沸腾，反抗情绪一触即发，间接导致了日后隋朝的灭亡。

为什么说隋朝京杭大运河是世界历史上最伟大的工程之一

随着隋朝南北政治、经济和文化的日益发展，先前所开凿的局部运河已经远远不能满足需

要，沟通南北水道已经成为社会经济交流的迫切要求。因此大业元年（605年），隋炀帝即位伊始便着手修建通济渠，同年又开展了改造邗沟的工程。大业四年（608年），隋炀帝下令开凿永济渠以供辽东之需，并于大业六年（610年）沟通了江南河。至此，开凿工程基本完成，前后共用6年时间。这些渠南北连通，就是历史上著名的隋朝京杭大运河。

大运河北起涿郡中经洛阳南抵余杭，蜿蜒约2 600千米，沟通了钱塘江、长江、淮河、黄河、海河五大水系，是世界历史上最伟大的工程之一，也是现在京杭大运河的前身。

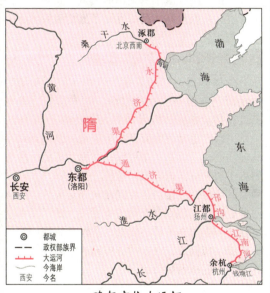

隋朝京杭大运河

隋炀帝杨广营建东都洛阳具有什么样的历史意义

隋炀帝在位期间所营建的洛阳城，南对伊阙、北倚邙山、东逾瀍河，洛水纵贯其间，从位置上不难看出其统治全国的战略性思考。此外，洛阳城规模宏大，布局合理，分为外郭城、宫城、皇堀、东城、含嘉仓城、园壁城和耀仪堀，其中宫城与皇城偏于郭城西北，一里见方的里坊整齐排列，此种模式在中国的都城建设史上具有极其重要的地位。隋炀帝修建的洛阳城曾经长期作为全国的经济文化中心，被一直沿用到五代、北宋时期。

隋炀帝是如何开疆拓土、畅通丝绸之路的

大业元年（605年），隋炀帝命韦云起率突厥兵大败契丹，阻止了契丹的崛起。大业四年（608年），隋炀帝派军消灭了吐谷浑。隋炀帝组织的这两次征伐开拓疆域数千里，东起青海湖东岸，西至塔里木盆地，北起库鲁克塔格山脉，南达昆仑山脉的广大土地归入隋朝的领土范围之内。大业五年（609年），隋炀帝亲率大军从长安（今西安）出发，自甘肃陇西，西上青海，横穿祁连山，经大斗拔谷北上，抵达位于河西走廊的张掖郡。隋炀帝到达张掖之后，西域27国君主与使臣纷纷前来朝见，表示臣服。各国商人也云集张掖进行贸易。隋炀帝此次亲自打通丝绸之路的功绩在我国历史上书写了浓墨重彩的一笔。

"黎阳兵变"是怎么回事

"黎阳兵变"又称"杨玄感兵变"，是隋将杨玄感于大业九年（613年）六月至八月在黎阳（今河南浚县东北）发动的一场反隋兵变。杨玄感是隋朝开国功臣杨素之子，为官正直，深受时人尊敬。大业九年六月初三，杨玄感诈称，为了镇压在东莱（今山东掖县）海口的右骁卫大将军来护儿谋反而领兵占据了黎阳，杀三牲誓师，起兵反隋。同年八月，杨玄感在今河南灵宝县西北列阵与隋军进行决战，杨玄感大败身亡，自知大势已去，起兵遂告失败。"黎阳兵变"虽然以失败告终，但是，极大地动摇了隋朝的统治，为日后隋朝的灭亡埋下了伏笔。

隋朝以前的台湾被称为什么

宝岛台湾在我国历史的演变过程中曾经拥有过很多的名称。台湾在秦朝时期被称为"瀛州"，在三国时期称为"夷洲"，隋代改称"流求"，宋朝又改称"毗舍耶"，元朝时称其为"琉球"，而明初则又被叫做"小琉球""东番"，此外还有"鸡笼""北港""笨港""台窝湾"等多种称谓。直到明代万历年间，宝岛才开始有了"台湾"之称。民族英雄郑成功率兵收

复台湾后，曾一度将其改名为"东郡"，其子郑经将其更名为"东宁"。清朝取代郑氏控制了宝岛之后将其更名为"台湾"，并在此设置了台湾府，隶属于福建省，这是今日"台湾"正式名称的由来。

赵州桥是什么时候修建的

位于河北省赵县的赵州桥又称安济桥，隋朝大业初年（605年左右）由李春设计建造，是我国古代石拱桥的

赵州桥

杰出代表。赵州桥是一座空腹式的圆弧形石拱桥，桥长50.85米，桥面宽约10米，跨径37.02米，拱圈矢高7.23米。值得称道的是，在赵州桥拱圈两肩各设有2个跨度不等的腹拱，这样既能节省材料、减轻桥身自重，又便于排洪、增加美观。像这样的敞肩拱桥比欧洲早了1 200多年，距今已有1 400多年了。赵州桥杰出的设计构思和精湛的建造工艺，在我国乃至全世界的桥梁建造史上都堪称一绝。赵州桥是第一批全国重点文物保护单位；1991年被选定为世界第十二处"国际土木工程历史古迹"。

为什么隋僧智永所在寺庙的门槛要包铁皮

生活在6世纪陈、隋之际的僧人智永，本姓王，名法极，是晋代书法大家王羲之的第七世孙。他早年出家为僧，曾云游到浙江省吴兴县善琏镇，在当地的永欣寺里住了整整30年。期间，智永深居简出，每日临摹王羲之的字帖从未间断。他把所有因练字而破损的笔头埋在坑里，数量之多最终竟然得以砌成了一个"坟冢"，称为"退笔冢"。经过长期坚持不懈地刻苦练习，智永终于成了著名的书法家。求他写字和题匾的人每日不断，以致寺内的木门槛竟被踏穿而不得不用铁皮将其包裹起来。后来这件事逐渐演变成为典故——"铁门限"。

什么是"瓦岗军"

"瓦岗军"是隋末的一支农民起义军，其战斗力在各农民起义军中最强。大业七年（611年），东郡韦城县（今河南滑县）人翟让因畏罪逃亡到瓦岗寨（今滑县南），继而聚众起义反隋。不久，同郡的王伯当、单雄信、徐世绩等人纷纷加入其中，势力渐强。大业十三年（617年），瓦岗军内部发生严重内讧，李密杀死翟让，并坚持在东都城外与隋军相对峙的错误战略。大业十四年（618年）三月，宇文化及引兵在洛阳城下与瓦岗军相遇，瓦岗军被宇文化的军队和王世充的军队前后夹击而大败。同年九月，李密引兵向西投降唐朝，瓦岗军最终溃散。

"十三棍僧助秦王"是怎么回事

少林僧兵，起初只是为维护寺院不受暴力侵扰而建立的一种武装组织。隋末唐初，隋将王世充拥兵称帝，国号为郑。唐武德三年（620年），唐高祖李渊命其子秦王李世民统领诸路军马前往征讨王世充。李世民初战失利，此时驻守柏谷庄的少林武僧志操、惠锡、昙宗等13人因不满少林寺封地被侵占，夜间攻入郑兵大营，生擒王世充之侄王仁则献于秦王李世民，此后又为唐王朝统一全国立下汗马功劳。李世民登基后对少林武僧大加犒赏，赐少林寺田地四十顷、水碾一具，十三棍僧俱受封赐。

"玄武门之变"是怎么回事

"玄武门之变"是武德九年六月初四庚申日（626年7月2日）由当时的秦王、唐高祖李渊的次子李世民在唐都长安城（今陕西省西安市）大内皇宫的北宫门——玄武门附近发动的一次流血政变。经过此次政变，李世民的长兄（当时的皇太子李建成）和四弟（当时的齐王李元吉）均被杀害，李世民则成为新任皇太子，并很快继承了皇位，是为唐太宗，年号贞观。唐高祖李渊被尊为太上皇。

唐太宗

为什么唐太宗把魏征比做一面镜子

魏征（580—643年），字玄成。巨鹿人（今河北邢台市巨鹿县人，一说河北晋州市或河北馆陶县人），唐朝政治家。曾任谏议大夫、左光禄大夫等职，封郑国公。辅佐唐太宗十七载，以"犯颜直谏"而闻名。史载，

魏征

魏征病逝家中，太宗亲临吊唁，痛哭失声并说："夫以铜为镜，可以正衣冠；以古为镜，可以知兴替；以人为镜，可以明得失。朕常保此三镜，以防己过。今魏征殂逝，遂亡一镜矣。"千百年来，魏征那种"上不负时主，下不阿权贵，中不侈亲戚，外不为朋党，不以逢时改节，不以图位卖忠"的精神一直受到后人赞扬和传诵。

什么是"租庸调制"

"租庸调制"是唐朝在隋朝赋税制度基础之上，以"轻徭薄赋"的思想为指导而实行的一种赋税制度。它以"均田制"的推行为基础，规定：凡是均田人户，不论其家授田多少，均按人交纳定额赋税并服一定的徭役。具体而言，"租"是指每人每年要向国家交纳粟二石；"调"是指交纳绢二丈、绵三两或布二丈五尺、麻三斤；"庸"是指每人每年服徭役20天，是为正役，国家若不需要其服役，则每人可按每天交纳绢三尺或布三尺七寸五分的标准，交足20天的数额以代役。"租庸调制"的施行使得唐前期人民生活安定，国家收入稳定。安史之乱以后，"租庸调制"由于不适应土地的兼并状况而被"两税制"取代。

什么是"贞观之治"

"贞观之治"是指唐太宗李世民在位期间任人唯贤，广开言路，虚心纳谏，重用诤臣；并且以农为本，休养生息；文教复兴，完善科举；平定外患，稳固边疆，因而社会出现了政治清明、百姓安乐的和谐局面。由于唐太宗当时所使用的年号为"贞观"（627—649年），因此历史上称

这段时期为"贞观之治"。这是唐王朝自建立以来的第一个治世，为其后的"开元盛世"奠定了坚实的基础。

"房谋杜断"是什么意思

房、杜指的是唐太宗在位时期的两位名臣——房玄龄、杜如晦。"房谋杜断"的意思是，房玄龄此人足智多谋，杜如晦则善于权衡利弊作出决断，二人合作，相得益彰，一时被传为美谈，成为史上佳话。这则典故出自《旧唐书·房玄龄杜如晦传论》："世传太宗尝与文昭图事，则曰：'非如晦莫能筹之。'及如晦至焉，竟从龄之策也。盖房知杜之能断大事，杜知房之善建嘉谋。"这一典故的出现与唐朝初年唐太宗知人善任、从善如流的政治局面是分不开的。

什么是"天可汗"

"天可汗"是唐代突厥等少数民族首领对唐太宗的尊称，所表达的意思是真心拥戴太宗皇帝成为当时天下的共主。值得一提的是，在唐朝历史上，除了太宗李世民以外，唐高宗和唐肃宗也曾被尊称为"天可汗"。这一名称的出现正是唐朝力量强盛、影响广泛的最佳体现。

什么是"府兵制"

"府兵制"是中国古代兵制之一，最重要的特点是兵农合一。府兵平时为耕种土地的农民，在务农的间隙进行军事训练，战事发生则集合起来整编作战。府兵参战的武器和马匹需自备，官方负责府兵选拔训练的折冲府分布全国。

"府兵制"最初由西魏权臣宇文泰建于大统年间（535—551年），历经北周、隋朝、唐初期的演变日趋完备，在唐太宗时期达到鼎盛，于唐玄宗天宝年间（742—755年）废除，在历史上存在了约200年。

"初唐四杰"指的是哪几个人

"初唐四杰"指的是唐代初期四位文学家——王勃、杨炯、卢照邻、骆宾王，简称"王

杨卢骆"。之所以被称为"四杰",是因为他们作为初唐文坛上新旧过渡时期的重要人物,对于扭转先前的诗文风气作出了尝试。王勃明确反对当时"上官体",这一主张得到了卢照邻等人的支持。卢、骆的七言歌行有辞赋化倾向,气势雄壮;王、杨的五言律绝开始规范化探索,音调铿锵。他们的诗文虽未脱齐梁以来绮丽余习,但已从宫廷走向整个社会,题材的选取更为广泛,风格也更显清俊,即使是创作骈文,他们也着意寓灵动之气于其中,为日后唐代诗文的兴盛作出了不可磨灭的贡献。

历史上的"唐僧"是怎样的一个人

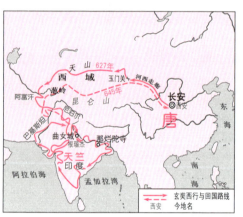

玄奘西行路线图

玄奘(602—664年),唐朝著名的三藏法师,汉传佛教史上最伟大的译经师之一,中国佛教法相唯识宗创始人。俗姓陈,名祎,生于河南洛阳缑氏县(今河南偃师)。出家后遍访佛教名师,贞观三年(629年),一说贞观元年(627年)历经艰难抵达天竺。起初在那烂陀寺跟从戒贤法师学习,后在天竺各地游学。贞观十九年(645年)回到长安。其所译佛经,笔法严谨,所撰《大唐西域记》成为研究印度及中亚等地古代历史地理的重要资料。玄奘的故事在历代民间广泛流传,如元代吴昌龄所著《唐三藏西天取经》和明代吴承恩所撰《西游记》等,都是由其人其事所衍生而成的文学作品。其中心人物唐僧的原型就是玄奘。

什么是"遣唐使"

"遣唐使"是唐代日本派赴中国使节团的历史称谓。从7世纪初至9世纪末约两个半世纪的时间里,日本为了学习中国文化,先后向唐派出了十多次遣唐使团。其次数之多、规模之大、时间之久、内容之丰富,可谓中日文化交流史上的空前盛举。此外,遣唐使的赠品和唐帝国的答礼,实际上也是两国之间互通有无的贸易。可以说,遣唐使对于推动日本社会的发展和促进中日友好交流作出了巨大贡献。

日本遣唐使船

松赞干布是怎样的一个人

松赞干布13岁即赞普("君长"之意)位,平息叛乱,统一各部,定都逻些(今拉萨),建立了吐蕃王朝。之后又先后降服周围部落,建立了以赞普为中心、高度集权的政治军事机构。他统治西藏地区期间,制定法律、税制,鼓励农牧业生产,并派出贵族到印度求学创制藏文。唐贞观八年(634年),松赞干布遣使赴唐建立友好联系。唐贞观十三年(639年),与泥婆罗(今尼泊尔)尺尊公主联姻后,遣使赴唐求婚。贞观十五年(641年),唐太宗将宗室女文成公主许配给他,唐蕃联姻,文成公主入藏。贞观二十三年(649年),松赞干布被唐高宗封为驸马都尉、西海郡王,后又晋封为賨王,高宗为其镌刻的石像列于太宗昭陵。永徽元年五月壬戌(二十四)日(650年6月28日),松赞干布病逝。

松赞干布

文成公主为什么要远嫁吐蕃

松赞干布迎接文成公主入吐蕃

文成公主（约623—680年），汉族，唐皇室远枝宗室任城王李道宗之女。汉名李雪雁，吐蕃名甲木萨汉公主，吐蕃赞普松赞干布的第二位皇后（第一位皇后尺尊公主来自今日的尼泊尔）。文成公主聪慧美丽，自幼受家庭熏陶，知书达理，并崇信佛教。唐贞观十四年（640年），松赞干布遣大相禄东赞至长安，献金5 000两，珍玩数百，向唐朝请婚。同年，文成公主奉唐太宗之命入藏和亲，为吐蕃的生产生活发展作出了巨大贡献。

"颜筋柳骨"是什么意思

"颜"指颜真卿，"柳"指柳公权，"颜筋柳骨"的意思是说他们二人的书法风格像筋、骨那样挺劲有力而又有所差异。

颜真卿（709—785年），字清臣，京兆万年（今陕西西安）人，出身

颜真卿《多宝塔碑》

名门，是著名学者颜师古的五世孙。颜真卿的楷书力道强劲，庄严厚重，唐、宋书坛均以之为冠冕。柳公权（778—865年），京兆华原（今陕西耀县）人，曾官拜太子少师，世称"柳少师"。他的书法初学王羲之并精研欧阳询、颜真卿笔法，后自成一家。所写楷书，骨力道健。颜、柳相较，柳字则稍清瘦，故有"颜筋柳骨"之称。

历史上哪位名医有"药王"的美誉

孙思邈（581—682年），生于北周时代，

享年102岁（另有考证享年141岁），是继张仲景之后中国第一个全面系统研究中医药的先驱，同时也是我国医德思想的创始人，位列世界三大医德名人之一。孙思邈一生淡泊名利，周宣帝、唐太宗、唐高宗曾予以高官厚禄，他一心致力于医学而固辞不受。孙思邈一生勤于著书，晚年隐居于陕西耀县五台山（药王山）专心立著，一生著书80多种，其中以《千金药方》《千金翼方》影响最大，合称为《千金方》，该书系统总结了唐代以前医药学的成就。是我国历史上第一部临床医学百科全书。被国外学者推崇为"人类之至宝"。唐太宗李世民曾称赞其为"百代之师"，宋徽宗敕封其为"妙应真人"，后世将其尊称为"药王"。

中国古代唯一的女皇是谁

武则天（624—705年），是中国历史上唯一的女皇帝，也是称帝年龄最大的皇帝——67岁即位，同时也是寿命最长的皇帝之一——享年82岁，是中国历史上杰出的女政治家和女诗人。唐高宗时为皇后（655—683年）；唐中宗和唐睿宗时为皇太后（683—690年）；后自立为武周皇帝（690—705年），改国号为"周"，定都洛阳，号称"神都"，史称"武周"或"南周"。武氏认为自己如同日、月一样高悬于天空之上，因而取名"武曌"。别名武则天、武媚娘。武氏称帝后尊号"圣神皇帝"，退位后被中宗上尊为"则天大圣皇帝"。

武则天

狄仁杰是怎样的一个人

狄仁杰（630—700年），字怀英，唐代并州（今山西省太原）人，唐（武周）时期杰出的政治家，是我国历史上以廉洁勤政著称的清官。武则天当政时期，作为宰相以不畏权贵著称，后人称之为"唐室砥柱"。曾担任国家最高司法职务，判决积案、疑案，纠正冤假错案，担任职掌

刑法的大理丞期间，判决了大量的积压案件，涉及1.7万人，其中没有一人再上诉申冤，其处事公正可见一斑。久视元年（700年），狄仁杰病故，朝野凄恻，武则天闻讯泣言之："朝堂空也！"武则天追封其为文昌右相，谥号"文惠"，唐中宗继位后追封其为司空，唐睿宗即位后又追封为梁国公。

《女则》是怎样一部书

《女则》是唐太宗的皇后长孙氏所编写并自为序的一本书，书中采集古代后妃的得失事迹并加以评论，用来教导自己如何做好一位称职皇后。贞观十年（636年），长孙皇后去世，宫女将此书上呈唐太宗，太宗看后恸哭并对近臣说："皇后此书，足可垂于后代。"并下令将其印刷发行。宋以后，因女子不得干政，《女则》这部唐朝的后妃教科书便失去了其应有的价值而最终失传，相关记载见于《旧唐书·长孙皇后传》和《新唐书·长孙皇后传》。

你知道"请君入瓮"的故事吗

"请君入瓮"这一典故见于唐代张鷟所撰《朝野佥载·周兴》和《资治通鉴·唐纪·则天皇后天授二年》，比喻以其人之道还治其人之身。武则天统治时期，文昌右丞周兴被人告发谋反，来俊臣受命审理此案。来俊臣请周兴到家里做客，对周兴说："对于再三审问都不肯认罪的囚犯，有什么办法使他们招供呢？"周兴说："这很容易，拿一个瓮用炭火在周围烧，然后让囚犯进到瓮里去，什么罪他敢不认？"来俊臣就按照周兴的办法用炭在周围烧一个大瓮并对周兴说："有人说你谋反，皇帝命令我审问你，请老兄自己钻进这个瓮里去吧！"周兴非常惊慌，当即磕头服罪。

武则天的墓碑上为什么没有字

"无字碑"位于陕西省咸阳市区西北50千米处的乾陵司马道的东侧，北靠土阙，南依翁仲，西与述圣纪碑相对，奇崛瑰丽，巍峨壮观。

"无字碑"是用一块完整的巨石雕琢而成，高7.53米，宽2.1米，厚1.49米，重量达98.9吨，碑额未题碑名，只在碑首雕刻了缠绕一起的八条螭龙，鳞甲分明，生气勃勃。

无字碑

关于武则天无字碑的传说主要有三种，第一种说法认为武则天自视功高德大非文字所能表达，因而不刻碑文；第二种说法认为武则天自知罪孽深重，认为还是不写碑文为好；第三种说法认为武则天生前豁达，功过是非任由后人评说，因而碑上不刻一字。

"韦后之乱"是怎么回事

韦氏，出生年不详，京兆万年（今陕西西安）人。弘道元年（683年）中宗即位，次年被立为皇后。同年中宗被武则天废黜，迁于房州（今湖北房县），韦氏随行。神龙元年（705年），中宗复位，韦氏再次成为皇后。此后朝中形成了一个以韦氏为首的专政集团，诬陷功臣，气焰滔天。据传，景龙四年（710年），安乐公主自立为皇太女，与韦氏合谋毒死中宗。之后韦后临朝摄政，立李重茂为帝，史称唐少帝。韦后还任用韦氏子弟统领南北衙军队，并欲效法武则天自居帝位。临淄王李隆基（后来的唐玄宗）与太平公主（武则天之女）发动禁军攻入宫城，杀死韦后、安乐公主，逼迫少帝让位，立相王李旦（李隆基之父）为帝，即唐睿宗，"韦后之乱"至此结束。

历史上的上官婉儿是怎样的一个人

上官婉儿又称上官昭容（664—710年），唐代女官、女诗人、唐中宗昭容，陕州陕县（今河南三门峡）人，名臣上官仪的孙女。上官仪获罪被杀后随母郑氏配入内庭为奴，14岁时因聪慧善文为武则天重用，掌管宫中制诰多年，有"巾帼宰相"之名。唐中宗时被封为昭容，权势更盛，在当时的政坛、文坛有着显要地位，她曾建议扩大书馆、增设学士，并主持风雅，代朝廷品评天下诗文，一时之间词臣们多聚其门下。710年，临淄王（即唐玄宗）起兵发动"唐隆政变"，上官婉儿与韦后同时被杀。

什么是"节度使"

节度使是中国唐朝时期开始设立的地方军政长官名称，意为持节全权调度。节度使成为固定职衔是从唐睿宗景云二年（711年）四月以贺拔延嗣为凉州都督充河西节度使开始的。安史之乱爆发后，唐王朝中央为了尽快平叛暴乱，在内地相继设置节镇，节度使渐渐离心于朝廷。唐末农民战争爆发后，朝廷进一步失去对地方的控制，节度使林立，拥兵自雄，互相兼并。宋朝时，中央吸取教训，使节度成为一种荣誉性的虚衔。至元代，节度使一职被彻底废除。

杨贵妃是怎样的一个人

杨贵妃（719—756年），即杨太真，小字玉环。原籍蒲州永乐（今山西芮城）。开元七年（719年）六月生于蜀州（今四川崇州）。开元二十三年（735年），17岁的杨氏被册为寿王妃（寿王李瑁，李隆基第十八子）。天宝四年（745年），27岁的杨氏被唐玄宗李隆基册为贵妃。安史之乱爆发后杨氏随李隆基流亡蜀中，于天宝十五年（756年）六月途经马嵬驿，禁军哗变，38岁的杨贵妃被缢死，香消玉损。杨贵妃善音律歌舞，天生丽质，体态丰腴，白居易称其"回眸一笑百媚生，六宫粉黛无颜色"。其名声之大此后千余年无出其右者。她与西施、昭君、貂蝉并称中国四大美女。但也正是由于她的得宠使得杨氏一门鸡犬升天、权倾朝野，因此她对唐后期的逐步衰亡也有着不可推卸的责任。

为什么要开凿乐山大佛

乐山大佛

乐山大佛又名凌云大佛，是世界上最大的石刻弥勒佛坐像，官方名称为"嘉州凌云寺大弥勒石像"。开凿乐山大佛的发起人是海通和尚。古代的乐山位于岷江、青衣江、大渡河三江汇流之处，水势凶猛，常常造成船毁人亡的悲剧。海通和尚见此惨剧立志凭崖开凿弥勒佛大像，希望仰仗其无边法力以挽救众生。于是海通禅师遍行大江南北、江淮两湖一带以募化修造大佛的款项。为了摒除恶势力以使佛像顺利修造，海通禅师甚至自剜双目以表决心。佛像于唐玄宗开元初年（713年）前后开始动工，至唐德宗贞元十九年（803年），前后历经90年才完工。《嘉州凌云寺大弥勒石像记》记录了开凿大佛这一壮举的始末，此碑尚存，立于大佛右侧临江峭壁上。

"唐蕃会盟碑"有何寓意

唐穆宗长庆元年（821年），唐朝和吐蕃双方派使节，先在大唐都城长安盟誓，次年又在吐蕃逻些（拉萨）重盟；823年，双方将盟文刻石立碑，汉藏两种文字对照，树于拉萨大昭寺门前，即历史上有名的"甥舅和盟碑"，又称"唐蕃会盟碑"或"长庆会盟碑"。

"唐蕃会盟碑"的西面（碑阳）依据王尧所撰《唐蕃会盟碑疏释》一文录入，东面（碑阴）碑文则全部为藏文。千余年来，"唐蕃会盟碑"在拉萨大昭寺前巍然矗立，受到人民的景仰，是汉、藏两族人民团结友好的历史见证。

我国现存最早的一部行政法典是什么

《唐六典》全称《大唐六典》，全书共30卷，近30万字，于唐玄宗开元十年（722年）开始编修，至开元二十六年（738年）完成。"六典"之名出自周礼，原指治典、教典、礼典、政典、刑典、事典，唐玄宗李隆基参考上述分类为之亲自制定了理、教、礼、政、刑、事六条编写纲目。《唐六典》主要记载的是唐代国家机构的设置、官员的编制、品级及职责、官员的选拔、任用、考核、监督、奖惩、俸禄、退休等制度和规定，所载官制源流自唐初始至开元止，是我国现存最早的一部行政法典。

世界上第一个测量子午线的人是谁

僧一行（683—727年），本名张遂，法号一行，邢州巨鹿（今河北省邢台市）人，另有其为魏州昌乐（今河南）人，唐代著名的数学家、天文学家。717年，一行来到京城长安成为唐玄宗的顾问。他把数学和天文学结合起来，推算出了"历千古而无误差"的"开元大衍历"，对历法科学作出了重要的贡献，可惜著作全部失散。开元十二年（724年），一行发起和组织了一次大规模的天文测量活动。根据测量数据，一行计算出：北极高度差一度，南北两地相隔三百五十一里八十步，合现代的长度是151.07千米。这个数据实质上就是地球子午线（经线）上一度的长，虽然不十分精确，却是世界上大规模测量子午线的开端。

"开元盛世"是怎么回事

"开元盛世"又称"开元之治"，是指唐玄宗李隆基统治前期社会出现的盛世之景。在唐玄宗统治前期（即开元年间）的29年里，他任用贤能，政治清明；经济繁荣，国力强盛，人口增长；文教发展，天下大治，唐王朝进入了全盛时期，成为当时世界上最强盛的国家。历史上称这段辉煌的时期为"开元盛世"。

杨国忠是谁

杨国忠，本名杨钊，生年不详，唐玄宗赐名"国忠"，祖籍蒲州永乐（今山西芮城）人，杨

唐玄宗

贵妃同曾祖父（另一说同祖父）的堂兄，张易之（武则天时期的"二张"之一）的外甥。杨玉环得宠于唐玄宗之后，其族兄杨国忠飞黄腾达，升任宰相并身兼四十余职，掌权期间权倾朝野、气焰滔天，对于唐中、后期的逐步衰落有着不可推卸的责任。他与安禄山的矛盾最终导致了"安史之乱"，其与太子李亨的矛盾则最终招致了杀身之祸，卒于唐玄宗天宝十五年（756年）六月。

唐代历史上谁被称为"灭蝗宰相"

姚崇（649—721年），本名元崇，陕州人，曾担任夏官侍郎、春官尚书、紫微令、中书令、宰相等职。开元三年（715年）六月，山东出现严重蝗灾，姚崇不主张拜神的做法，下令采用驱赶、扑打、焚烧、挖沟、土埋等多种办法消灭蝗虫，取得了良好的效果。开元四年（716年），山东、河南、河北发生了更为严重的蝗灾，百姓纷纷烧香祷告，不敢捕杀，致使河南、河北的农作物皆尽被毁。面对如此严重的蝗灾，姚崇仍主张采用驱、扑、焚、埋的办法加以整治，认为只要上下齐心协力，一定能战胜蝗灾。在姚崇的领导下，御史被指派为捕蝗使分道杀蝗，全国累计捕蝗900万担，蝗灾因此止息。姚崇因此获得了"灭蝗宰相"的称号。

"口蜜腹剑"这则成语所讽刺的是谁

李林甫（683—752年），唐宗室，小字哥奴，通晓音律，为人会机变、善钻营。开元年间升任御史中丞、吏部侍郎。与唐玄宗的宠妃武惠妃及宫中宦官有很深的结交，深谙圣意，每次上奏都能令唐玄宗满意。开元二十二年（734年），官拜宰相，为礼部尚书、同中书门下三品。开元二十四年（736年）取代张九龄为中书令，从此大权独揽。李林甫为人忌刻阴险，居相

位19年，专政自恣，杜绝言路，对于才名高的官员必设法排斥，时人称他"口有蜜，腹有剑"，即表面甜言蜜语，背后却阴谋暗害，同时为相的张九龄、裴耀卿、李适之等皆遭排挤。天宝十一年（752年），李林甫抱病而终，死后遭杨国忠诬陷，当时尚未下葬即被削去官爵，改以小棺如庶人礼葬，其家产被抄没，子孙流放岭南。

"张九龄罢相"是怎么一回事

张九龄（678—740年），字子寿，一名博物，韶州曲江（今广东韶关市）人，唐代著名政治家、文学家。为相期间忠耿尽职，秉公守则，直言敢谏，选贤任能，为"开元之治"作出了积极贡献。开元二十四年（736年），唐玄宗为李林甫谗言所惑，迁张九龄为尚书右丞相，罢知政事。罢相后不久，玄宗又因他荐举的监察御史周子谅弹劾牛仙客一事大怒，便以"举非其人"为由贬为荆州长史。作为诗人，张九龄诗风清淡，著有《曲江集》传世后人。

南诏国成立于什么时候

南诏（738—902年）是中国唐朝时期西南部的古代王国，疆域包括今云南全境及贵州、四川、西藏、越南、缅甸的部分土地。由蒙舍诏首领皮罗阁在738年建立，902年被汉人权臣郑买嗣所灭。唐代在西洱河（今洱海）地区居住的乌蛮共分为六大部落，号称"六诏"，即蒙嶲诏、越析诏、浪穹诏、邆赕诏、施浪诏和蒙舍诏。其中，蒙舍诏因位置偏南而又被称为南诏，在六大部落中实力最强，家族姓蒙氏。开元二十六年（738年），蒙舍诏首领皮罗阁在唐王朝的支持下兼并了其他五诏，晋爵云南王，以西洱河地区为基地建立政权，次年迁都太和城（今大理）。

"鉴真东渡"是怎么一回事

鉴真法师俗姓淳于，14岁时在扬州出家为僧，由于刻苦好学，中年以后便学有所成，名声渐起。724年，他应日本僧人的邀请，先后6次东渡，历尽了千辛万苦，终于在754年第六次东渡抵达日本。鉴真法师留居日本10年，带去了大量书籍和文物，并坚持不懈地传播大唐佛法及各种文化。他将自己平生所学在日本广泛传播。此外，鉴真还根据中国唐代寺院建筑的式样提出了其精心打造的唐招提寺设计方案。两年以后，唐招提寺建成，被誉为日本佛教建筑中的杰作。

鉴真第六次东渡路线

什么是"安史之乱"

"安史之乱"是中国历史上的一次重要事件，是唐王朝由盛而衰的转折点。"安"指安禄山（也指安庆绪），"史"指史思明（也指史朝义），"安史之乱"指的是由他们起兵反对唐王朝的叛乱。安史之乱自唐玄宗天宝十四年（755年）开始至唐代宗宝应元年（762年）结束，历时8年之久。此次事件的起因比较复杂，是各种社会矛盾的集中反映，包括统治阶级和人民的矛盾，统治者内部的矛盾，民族矛盾及中央和地方割据势力的矛盾等。长期的战乱严重破坏了唐朝广大人民的正常生产和生活，沉重打击了唐王朝，盛世局面由此终结而逐步走向衰落。

郭子仪对唐朝有哪些贡献

郭子仪（697—781年），中唐名将，华州郑县（今陕西华县）人，祖籍山西汾阳。以武举入仕从军，累迁至九原太守、朔方节度右兵马使等。"安史之乱"爆发后，天宝十四年（755

年）担任朔方节度使，率军收复洛阳、长安两京，战功居平乱诸将之首，官拜中书令，晋封汾阳郡王。唐代宗时期，郭子仪又平定了仆固怀恩叛乱，并说服回纥酋长与之共破吐蕃。

郭子仪戎马一生，屡建奇功，大唐因他获得的安宁长达20余年，世人称赞他"权倾天下而朝不忌，功盖一代而主不疑"。他一生享有崇高的威望和声誉，享年85岁，赐谥号"忠武"，配飨代宗庙廷。

什么是"元和中兴"

唐王朝中期以后，国势衰落，藩镇割据林立，其中以河朔三镇尤为跋扈，严重削弱了唐中央的统治。元和年间，由于唐宪宗治国有方，政府的财政情况有所好转，且此时吐蕃势衰，各地藩镇在长期战乱之中实力也有所削减。因此唐宪宗决心"以法度裁制藩镇"，着意用兵对付强藩，使得陷于强藩多年的河南、山东、河北等地重归中央管辖，国家政局一度回归正轨，这大好形势被视为中兴之局，史称"元和中兴"。

"二王八司马事件"是怎么回事

"二王"指的是王伾和王叔文，"八司马"是指韦执谊、韩泰、陈谏、柳宗元、刘禹锡、韩晔、凌准、程异，他们是在唐顺宗时期主张打击宦官势力、革新政治的官僚士大夫，改革失败后均被贬为州司马，故名。

在唐顺宗的支持下，王叔文集团开始掌权，在146天之内颁布了一系列明赏罚、停苛征、除弊害的政令，史称"永贞革新"。此次改革针对的主要问题之一便是抑制宦官集团的专横，因而宦官俱文珍、刘光琦等串通剑南西川（今四川成都）节度使韦皋、荆南（今湖北江陵）节度使裴钧、河东（今山西太原南）节度使严绶等人阴谋反对，在策划了"永贞内禅"事件之后，王伾被贬为开州司马，不久病死；王叔文被贬为渝州司户，次年赐死；韩泰、陈谏、柳宗元、刘禹锡、韩晔、凌准、程异及韦执谊八人先后被贬为边远八州司马。

什么是"甘露之变"

"甘露之变"指的是唐文宗于大和九年（835年）谋诛宦官失败的一次事变。大和九年（835年）11月21日，时年27岁的唐文宗在大明宫紫宸殿与李训等人商讨诛灭宦官的计策以夺回长期受到阉党挟制的皇权。他们以观露为名，欲将仇士良骗至禁卫军的后院加以行刺，但在执行过程中遇到了突发事件，一场意外冲突使得整个计划彻底失败。结果李训、王涯、舒元舆、王璠、郭行余、罗立言、李孝本、韩约等朝廷命官均被宦官杀死，其家人也受到了牵连而遭灭门，株连甚众，达1 000余人，史称"甘露之变"。

唐武宗灭佛是怎么回事

唐代后期，土地不课税、僧侣免赋役的佛教寺院经济过分扩张，严重损害了国库收入，致使政府财政状况窘迫。崇信道教的唐武宗对此深恶痛绝，在道士赵归真和宰相李德裕的鼓动支持之下，唐武宗于会昌五年（845年）四月下令清查天下寺院及僧侣人数。同年五月下令：长安、洛阳左右街各留二寺，每寺僧侣三十人，天下诸郡各留一寺，寺分三等，上寺二十人，中寺十人，下寺五人。八月，又命天下诸寺限期拆毁，没收寺产、良田、奴婢，僧尼迫令还俗，释放供寺院役使的良人。由唐武宗发起的这场规模浩大的废佛运动被佛教徒称之为"会昌法难"，唐政府从中得到了大量财物、土地和纳税户。第二年，唐武宗去世，宣宗即位，下令复兴佛教。

"黄巢起义"是怎么回事

"黄巢起义"是唐代历史上规模最大的一场农民起义，直接打击了唐政府的腐朽统治，加速了唐王朝的灭亡。乾符二年（875年），王仙芝、尚让等在长垣（今河南长垣东北）起兵反唐，随后，黄巢在冤句（今山东菏泽市西南）与子侄黄揆和黄恩邺等八人起兵响应王仙芝。中和元年（881年），黄巢引军进入长安。中和元年十一月（881年11月），黄巢于含元殿称帝即位，建立大齐政权，年号金统。由于黄巢建立政权以后并未立即派出大军追击唐僖宗，使得唐军得到了喘息的机会。中和四年（884年）六月，黄巢战败退至泰山，起义军将领林言将其斩杀，黄巢起义遂告失败。

什么是"古文运动"

"古文运动"是指唐代中期及北宋时期提倡古文、反对骈文的一次文风、文体、文学语言的革新运动。其内容主要是复兴儒学。因同时涉及文学的思想内容，因而可以说兼有思想运动和社会运动的性质。"古文"这一概念最早由韩愈提出，他把六朝以来讲求声律及辞藻、排偶的骈文视为俗下文字，认为自己的散文继承了先秦两汉文章的传统，所以称"古文"。韩愈提倡"古文"的目的在于恢复古代的儒学道统，在提倡古文的同时进一步强调要以文明道，从而将改革文风与复兴儒学融为一体。除了唐代的韩愈、柳宗元外，宋代的欧阳修、王安石、曾巩、苏洵、苏轼、苏辙等人也是其中的代表性人物，他们被后人合称为"唐宋八大家"。

"诗仙"指的是谁

李白（701—762年），字太白，号青莲居士，盛唐时期杰出的诗人，也是我国文学史上继屈原之后又一位伟大的浪漫主义诗人。祖籍陇西郡成纪县（今甘肃平凉市静宁县南）。存世诗文千余篇，代表作有《蜀道难》

李白

《行路难》《梦游天姥吟留别》《将进酒》等，有《李太白集》传世。762年，病逝于安徽当涂，享年61岁。李白的诗，艺术成就极高，风格雄奇奔放，抒情色彩十分浓烈，感情的表达

具有一种排山倒海、一泻千里的气势，被贺知章称为"诗仙"。

"诗圣"指的是谁

杜甫（712—770年），字子美，自号少陵野老，巩县（今河南巩义）人，盛唐时期伟大的现实主义诗人。他的诗以古体、律诗见长，风格多样而以沉郁为主。

杜甫

杜甫生活在唐代由盛转衰的历史变革时期，其诗多涉笔社会动荡、政治黑暗和人民疾苦等内容，反映出当时社会矛盾之激烈和广大人民的困苦，表达了崇高的儒家仁爱精神和强烈的忧患意识，因而被誉为"诗史"。杜甫诗艺精湛，且在中国古典诗歌中影响深远，被后世尊为"诗圣"，与李白合称"李杜"。

白居易的诗有什么特点

白居易（772—846年），字乐天，号香山居士，河南新郑（今郑州新郑）人，官至翰

白居易

林学士、左赞善大夫，唐代伟大的现实主义诗人，在中国文学史上负有盛名且影响深远。他的诗歌题材广泛，形式多样，语言通俗平易，有《白氏长庆集》传世，代表诗作有《长恨歌》《卖炭翁》《琵琶行》等。白居易是新乐府运动的倡导者，主张"文章合为时而著，歌诗合为事而作"。非常值得一提的是，白居

易的诗在当时流传极其广泛,上自宫廷,下至民间,其声名甚至远播至朝鲜和日本,被尊为"诗魔""诗王"。

你了解"唐三彩"吗

唐三彩是一种低温铅釉陶器,由于在色釉中加入了不同的金属氧化物,因而焙烧过程中便形成了浅黄、赭黄、浅绿、深绿、天蓝、褐红、茄紫等多种颜色,但主要以黄、赭、绿三色为主,色釉

唐三彩

浓淡变化、互相浸润、斑驳淋漓、色彩协调、花纹流畅,是一种具有中国独特风格的传统工艺品。

唐三彩主要分布在长安和洛阳两地,以长安的西窑和洛阳的东窑为最。唐三彩器型繁多,包括人物、动物、碗盘、水器、酒器、文具、家具、房屋,甚至还有装放骨灰的壶坛等。从功用上讲,唐三彩主要被作为冥器用于随葬,因此胎质松脆,防水性能不佳,质地远不如当时已经出现的青瓷和白瓷。

阎立本的人物画有什么特色

步辇图

阎立本(约601—673年),中国唐代著名画家、工程学家,雍州万年(今陕西省西安临潼

县)人,出身贵族。阎立本于贞观年间担任主爵郎中、刑部侍郎、将作少监等职,显庆初年升任工部尚书,后被加封右丞相。阎立本善画人物、车马、台阁,尤其擅长历史人物画。他的画,线条刚劲有力,色彩古雅沉着,笔触较顾恺之更为细致,人物神态刻画传神,其作品备受当世推崇,被时人称为"神品"。曾为唐太宗画《秦府十八学士》《凌烟阁功臣二十四人图》,为当时所称誉。其主要传世作品有《步辇图》《历代帝王图》《职贡图》《萧翼赚兰亭图》等。

吴道子为什么被称为"画圣"

吴道子(约680—759年),又名道玄,汉族,阳翟(今河南禹州)人。画界尊称其为"吴生",唐朝著名画家,被后世誉为"画圣",也被民间画工尊为"祖师"。唐开元年间以善画之故被召入宫廷,历任供奉、内教博士等职。擅画佛道、神鬼、人物、山水、鸟兽、草木、楼阁等,尤其精通佛道人物,以壁画创作见长。吴道子的绘画独具风格,作为中国山水画的鼻祖,吴道子创造了意境深远的山水"疏体",使得山水成为了独立的画种,结束了山水只能作为人物画背景的附庸地位。而其人物画创作也是独具匠心,线条遒劲,衣褶飘举,具有天衣飞扬、满壁风动的效果和"吴带当风"的美誉。此外,他还于焦墨线条中略施淡彩,世称"吴装"。

陆羽为什么被人们尊称为"茶圣"

陆羽(733—804年),字鸿渐,唐朝复州竟陵(今湖北天门市)人,一名疾,字季疵,号竟陵子、桑苎翁、东冈子,又号"茶山御史"。陆羽善写诗,但其诗作存世不多。他擅长品茗,对茶叶有着浓厚的兴趣,长期实施调查研究,熟悉茶树栽培、育种和加工等多种技术。陆羽一生嗜茶,精于茶道,对中国茶业和世界茶业发展作出了卓越贡献,被誉为"茶仙",尊为"茶圣",祀为"茶神"。唐代上元初年(760年),陆羽隐居江南，撰《茶经》三卷，成为世界上第一部茶叶专著，从此名闻天下。

《茶经》书影

什么是"五代十国"

五代十国（907—979年）一般是指介于唐代末年至宋朝初年的一段历史时期。黄巢起义后，唐王朝名存实亡，藩镇割据的形势愈演愈烈。907年，朱温拥兵自立，建立后梁，由此开始了五代十国时期。

"五代"是指后梁、后唐、后晋、后汉、后周五个次第更迭的中原王朝政权；"十国"是指前蜀、后蜀、吴、南唐、吴越、闽、楚、南汉、南平（荆南）、北汉等十几个地方割据政权。"十国"所指乃是地方割据政权中势力较雄厚者，事实上还存在着很多实力较弱的割据势力。960年，赵匡胤取代后周建立了北宋政权，开始了一统天下的征战。979年，北宋灭掉北汉，自此始于晚唐以来的五代十国分裂割据局面宣告终结。

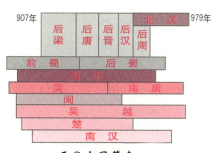

五代十国简表

石敬瑭为什么自称为"儿皇帝"

石敬瑭（892—942年），太原沙陀族人，五代十国时期后晋王朝的建立者，即后晋高祖，936～942年在位。为了称帝，石敬瑭曾向契丹求援，自愿称臣，拜契丹为父，并承诺称帝以后将北部的燕云十六州割让给契丹。契丹君主耶律德光见此情形大喜，发兵援助，石敬瑭因而得以大败后唐张敬达进而推翻了后唐政权。同年（936年）十一月，契丹君主耶律德光册封石敬瑭为大晋皇帝，改元天福，国号为晋。石敬瑭称帝后立即兑现承诺，割燕云十六州给契丹，称每年给契丹布帛30万匹。石敬瑭对契丹百依百顺，非常谨慎，每次书信都用"表"的形式以表明自己"臣下"的身份，并称耶律德光为"父皇帝"，自称"臣"，为"儿皇帝"。作为天然屏障的燕云十六州被割让给契丹之后，中原大地完全暴露在北方少数民族政权的铁蹄之下，成为日后辽南下掠夺中原的基地，使北方社会经济遭到长期的战乱破坏，贻害长达400年之久。

历史上的长孙无忌是谁

长孙无忌，出生年限不详，字辅机，河南洛阳人，唐太宗长孙皇后之兄，唐初名臣。武德九年（626年）参与发动玄武门之变，帮助李世民夺取帝位。历任尚书右仆射、司空、司徒等职，封赵国公。贞观二十三年（649年），受命辅立高宗，高宗即位后历任太尉、同中书门下三品。曾奉命与房玄龄等人修订《武德律》，与律学之士对唐律进行解释，成《唐律疏议》，为中国现存最早最完备的法典。后因反对高宗册立武氏为皇后，被放逐于黔州，自缢身亡。

颉利可汗是唐代哪个少数民族部落首领

颉利可汗，出生年限不详，名咄苾，东突厥可汗。620—630年在位期间，由于委任西域诸胡、疏远宗族且由于对所控制各部剥削过于沉重而引起内部分裂。武德九年（626年），颉利可汗联合突利可汗发兵40万攻唐，兵逼渭水桥北。三年后，被唐与薛延陀部联军击败，并于次年被俘押送长安，东突厥灭亡。

"薛延陀"是什么意思

薛延陀，古部落名，铁勒部之一，由薛部与延陀部合并而成。初属东突厥，贞观三年（629年）首领夷男被唐太宗封为真珠毗伽可汗。薛延陀部曾帮助唐王朝消灭东突厥政权。贞观二十年（646年），薛延陀部于内乱之时为唐所攻破。次年，唐王朝在此地设立州府，隶属燕然都护府。

历史上与唐王朝关系密切的吐蕃政权共存在了多少年

吐蕃政权是藏族于7世纪至9世纪在青藏高原地区所建立的政权，共历九主，存在时间200余年。其经济以农牧业为主，与唐王朝通使频繁，经济文化联系甚为密切。8世纪后半叶，吐蕃政权进入了其统治的巅峰时期，不仅辖有青藏高原诸部，而且将势力延伸到了西域河陇地区。9世纪中叶以后，由于统治集团内部的分裂，加之奴隶、属民起义不断，吐蕃政权最终瓦解。

"安西都护府"是怎样的一个机构

"安西都护府"为唐王朝所设六大都护府之一。贞观十四年（640年），唐政府在高昌（后移至龟兹）设置安西都护府以加强对西突厥地区的管理，管辖天山以南直至葱岭以西、阿姆河流域的广阔地区。不仅如此，安西都护府还掌管着"安西四镇"的重兵。安西都护府的设立对于巩固边防、加强唐中央政府对西域的统治及保证东西商路的通畅具有重要意义。

"安西四镇"指的是哪四个军事重镇

"安西四镇"指的是唐政府于西域地区的龟兹、于阗、疏勒、碎叶四处所建立的军镇。四镇均为唐王朝位于西北疆域的军事重镇，在维护边疆稳定、保障陆路、商路通畅等方面具有无可比拟的重要意义。

《大唐西域记》是怎样一部著作

《大唐西域记》成书于贞观二十年（646年），是由唐代高僧玄奘口述，辩机编撰的地理史籍，共12卷。本书记载了我国新疆及中亚地区、阿富汗、印度、巴基斯坦、尼泊尔、孟加拉及斯里兰卡境内的140多个古国的山川、物产、风俗、宗教和政治、经济情况。作为一部宝贵文献，《大唐西域记》为研究上述地区和国家七世纪中叶历史状况提供了重要资料。

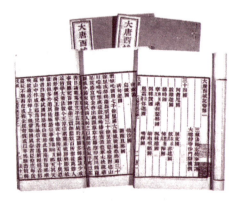

《大唐西域记》书影

"折冲府"是怎样的一个机构

"折冲府"为唐代府兵制军府的总称，由隋代"鹰扬府"演变而来，全国各主要州均有设立。折冲府共分为三等，上府有兵1 200人，中府1 000人，下府800人。其编制有团、旅、队、火，分别由校尉、旅帅、队正、火长率领。唐玄宗天宝年间以后，折冲府名存实亡。

"景教"是怎样一种宗教

"景教"为唐代传入中国的基督教聂斯脱里派，曾流行于波斯。贞观九年（635年），景教教士阿罗本自波斯来到长安。贞观十二年（638年），唐太宗下令在长安修筑景教寺庙一所，自此逐渐发展至各地。景教寺庙先称波斯寺，后改称大秦寺。德宗建中二年（781年）立"大秦景教流行中国碑"。唐武宗于会昌五年（845年）下诏"灭佛"，景教遭受牵连，不久即在中原地区销声匿迹。

历史上的太平公主是怎样的一个人

太平公主，唐高宗李治之女，为武则天所生，初嫁薛绍，后改嫁武则天之侄武攸暨。神龙元年（705年），张柬之等入宫逼迫武则天退位，太平公主参与其中。韦后鸩杀唐中宗，专擅朝政，太平公主又于唐隆元年（710年）与李隆基发动政变，杀韦后与安乐公主，并支持李隆基之父称帝，是为睿宗。睿宗在位时期，太平公主把持朝政，宰相多处于其门下，朝臣依附者甚众。玄宗即位后，太平公主因图谋指挥羽林军入宫而被赐死。

《史通》的作者是谁

刘知几（661—721年），字子玄，彭城（今徐州）人，唐代史学家。永隆年间举进士，历任著作佐郎、左史、凤阁舍人、左散骑常侍等，后被贬为安州都护府驾。刘知几生平专攻史学，遍览史著，分析利弊得失。他认为史学家应具备"才、学、识"三才，尤其以"史识"最为重要。就著史而言，刘知几强调要秉笔直书，不掩恶、不虚美，此外还认为作史者应具有刚正不阿、不畏权贵的史德，所撰《史通》为我国第一部史学评论的专门著作。

历史上的高力士是怎样一个人

高力士（684—762年），高州良德（今广东高州）人，唐代名宦。本姓冯，武则天时期入宫，被宦官高延福收为养子，遂改姓高。玄宗时期，高力士掌管内侍省事务并晋封渤海郡公，备受恩宠，四方奏事均经其进呈，小事有权自行决断。玄宗朝将相李林甫、杨国忠、安禄山、高仙芝等都由他推荐而得以官居高位。唐肃宗为太子之时，以兄长之礼待之。安史之乱爆发后，高力士随玄宗出逃四川避难。上元元年（760年）被宦官李辅国诬陷，放逐巫州，两年后敕回，得知玄宗、肃宗已死哀恸而亡。

历史上的大祚荣是谁

大祚荣，渤海国王。原为粟末靺鞨首领，居营州（今辽宁朝阳）。武则天万岁通天二年（697年）重创唐军，后征聚高句丽移民，率众东奔至今牡丹江上游一带，统一各部，建立政权。次年自称震国王，遣使东突厥。先天二年（713年），唐玄宗封其为渤海郡王，加授渤海都督府都督，后又进封渤海国王。从此，其政权即以渤海为号。

什么是"神策军"

"神策军"，唐代兵制。唐玄宗天宝十三年（754年），陇右节度使哥舒翰在临洮以西设立神策军，以成如璆为军使。安史之乱爆发，成如璆令卫伯玉将兵千人屯驻陕州。后神策军原驻地沦陷，因此令卫伯玉所领之军以神策军为号、卫伯玉为神策军节度使，派宦官鱼朝恩为监军。其后，卫伯玉改任羽林军统率，鱼朝恩于是专职统领神策军，成为与皇帝最为亲近的禁卫军。唐代宗长期任用宦官统率此军，遂形成制度，驻扎于宫禁之中，其势力远在其他诸禁卫军之上，唐亡始废。

ZHONGGUO LISHI

"回纥"是今天哪一民族的祖先

"回纥",中国古代民族名,也称"回鹘",今维吾尔族祖先。曾隶属于匈奴、突厥,称高车、韦纥,唐朝时叛离突厥,始称回纥。唐天宝三年(744年),回纥灭东突厥余部,于今鄂尔浑河流域建立政权,地居今内蒙古和蒙古国一代,曾助唐平定安史之乱。贞元四年(788年),自请更名为"回鹘"。开成五年(840年),回鹘政权国内大乱,部属分三支西迁,散居于今新疆东南部。

什么是"两税法"

"两税法",是唐中期制定施行的一种赋税制度。唐王朝统治中期,均田制已遭到严重破坏,与之配套作为主要税收来源的租庸调已不足以维持国用。德宗元年(780年),宰相杨炎建议施行两税法,主要内容是:中央根据财政支出定出总税额,各地依照中央分配的数目向本地人户征收;土著户和客居户都编入现居州县户籍,依据丁壮和财产定出户等,依据户等纳钱,依据田亩纳米粟;分夏、秋两次征收赋税;租庸调和一切杂役、杂税全部取消,但丁额不废。两税法自唐后期开始实行,一直被沿用至明朝中期,是中国古代历史上的重要赋税制度之一,"一条鞭法"出现以后才逐渐被废。

什么是"牛李党争"

"牛李党争"是唐穆宗至唐宣宗时期朝臣之间的一场朋党之争。牛党以牛僧孺、李宗闵为首,均系寒门科举出身;李党以李德裕为首,为门荫入仕。唐穆宗时期,牛僧孺曾一度为相,李德裕被贬斥为浙西观察使。唐武宗时期,李德裕为相,李宗闵被贬谪死,牛僧孺被罢黜。唐宣宗时期,牛党重新执掌朝政,李党全面遭到罢黜,李德裕被贬崖州而死。不久,牛僧孺还朝后病死。牛、李两党各有宦官支持,斗争持续40年。

什么是"南衙北司之争"

"南衙北司之争"指的是唐朝后期朝官集团与宦官集团的一场旷日持久的夺权斗争。南衙,即宫禁以南的宰相官署;北司,即宫禁北部宦官所在之内侍省。唐代后期,宦官擅权。大和九年(835年),宰相李训、舒元舆等谋诛宦官仇士良等不成,反遭杀害。大中八年(854年),唐宣宗与宰相令狐绹策划尽诛宦官,亦未成功。南衙与北司的斗争一直持续至唐末。

什么是"飞钱"

"飞钱"亦称"便换",唐朝时期的一种兑换方式。唐宪宗以后,商业发达,钱币携带不便,加之钱币铸造不敷需要,诸道、州府往往禁止现金出境。因此各地在京商人将货款交给本道驻京的进奏院及诸军、诸使、富户,取得凭证,回到本地,合券取钱。此种文券即被称为"飞钱"或"便换"。

出现于唐代的"柜坊"是什么性质的店铺

"柜坊"是唐宋都市中代客保管金银财物的商铺。唐代商业繁荣,交易频繁,为了减少支付钱币和搬运货物的麻烦,唐后期的大城市中就出现了柜坊。商人将钱币货物存放在柜坊中,需用时,可出帖或信物向其支领,柜坊收取一定的保管费用,柜即柜坊的保管柜。到了宋代,柜坊成为游手好闲之徒销熔铜钱和赌博的场所,官府常常加以取缔,柜坊业务日趋冷淡,至元代完全消失。

世界上最早的雕版印刷品是什么

唐咸通九年(868年)印刷的《金刚经》木

刻本是目前世界上有年代可考的最早的雕版印刷品。这表明我国刻板印刷技术在唐后期就已经相当成熟，此刻本原藏敦煌千佛洞，1899年被发现，1907年被英国人斯坦因盗走，现藏于大英博物馆。

《金刚经》

什么是"净土宗"

"净土宗"亦称"莲宗"，中国佛教派别之一，以东晋慧远为初祖，实际创立者为唐代善导。此宗依据《无量寿经》《观无量寿经》《阿弥陀经》和《往生论》，专念"阿弥陀佛"名号，宣传"若一念阿弥陀佛即能除去80亿劫生死之罪"，以期"往生"西方"净土"，故名。因为法简易行，中唐以后曾一度成为民间最为流行的宗教。9世纪传入日本。

"翰林院"是什么性质的机构

"翰林院"是官署名称。唐玄宗设置翰林待诏，撰拟文词。开元末年，玄宗另设学士院，供职者称翰林学士，性质为皇帝顾问。宋代设翰林学士院，主要负责在内朝起草诏旨。元代此机构改称翰林兼国史院。明代以后，翰林院职权扩大，兼负责修史、著作、图书等事务，并正式成为外朝官署。清代沿袭明朝制度，执掌修国史、撰起居注及草拟册立、制诰等文书。

《元和郡县图志》是怎样一部著作

《元和郡县图志》为唐宪宗在位时期宰相李吉甫所撰，共40卷。全书分10道、47镇，记述了各州的户口、物产、州县沿革、古籍史事等，每镇皆有图。现图已散佚，文字尚存。《元和郡县图志》是我国现存最古的一部舆地总志，具有极高的史料价值。

《海内华夷图》是怎样一幅地图

《海内华夷图》是我国保存至今的最早的地图，为唐德宗年间宰相贾耽制作。地图长三丈三尺、宽三丈，图上一寸代表实际100里。此图虽早已亡佚，但因

《华夷图》拓片

1137年被缩绘《华夷图》和《禹迹图》刻于石上，现存于西安碑林，其中所绘我国山川、平面地形轮廓与今天地图大致相近。

"大足石刻"开凿于何时

"大足石刻"位于重庆市大足区境内，中国著名石窟之一，为唐、五代时期所开凿，明、清两代亦续有凿刻。大足石刻分布于该区西南、西北和东北山区，大小共23处。石窟内以佛教造像为主，也有少量道教造像，内容纷繁、层次重叠、布局严密。这些石刻从世俗到宗教，鲜明地反映了中国这一时期的日常社会生活，充分证明了这一时期佛教、道教和儒家思想的和谐相处局面。在中国古代雕刻史上亦属罕见。1999年被列入《世界遗产名录》。

什么是"变文"

"变文"为唐代说唱体文学作品之一。原为佛教俗讲话本，由于其形式活泼、为百姓所喜闻乐见，因此其内容很快从最初的讲唱佛经发展到包括历史故事、民间传说及当代人物传记等的世俗文学作品。作为当时一种新兴文学体裁，"变

文"对于唐代的传奇小说及宋代的话本和民间弹词说唱的发展都产生了巨大影响。

"燕云十六州"具体指哪些地区

"燕云十六州"亦称"幽云十六州",是指五代时期后晋皇帝石敬瑭为取得契丹支持而割让的中原北部十六州。"燕"指燕京(今北京),"云"指云州。十六州分别为幽州、蓟州、瀛州、莫州、涿州、檀州、顺州、新州、妫州、儒州、武州、云州、应州、寰州、朔州、蔚州,大概位置:东至河北遵化,北迄长城,西至山西神池,南至天津市海河以北、河北河间、保定市及山西繁峙、宁武一线以北。

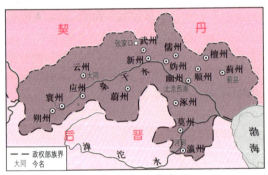

燕云十六州示意图

五代后梁太祖是谁

朱温(852—912年),梁太祖,五代梁王朝创立者。少为乡里流痞,后参加黄巢起义。中和二年(882年)降唐,被任命为左金吾卫大将军,赐名全忠。次年,晋封为宣武节度使。因参加镇压黄巢起义有功,历任检校司徒、同中书门下平章事等职,并于天复元年(901年)进封梁王。朱温相继灭掉秦宗全、朱瑄、朱瑾等割据势力,击败李茂贞,尽诛宦官,杀死唐昭宗,立李柷为帝。907年,朱温自立为帝,改名朱晃,国号梁,史称后梁。

"周世宗改革"是怎么一回事

"周世宗改革"是五代后周世宗柴荣所实行的一场改革。954年,柴荣称帝后立即着手整顿吏治,他用法严峻,独掌大权,采取了一系列改革措施:整顿禁军,加强军纪;限制宗教,减少僧尼人数,拆除多余寺院;改革税制,均平田租,并令人制作《均田图》。周世宗所进行的改革革除了五代以来的弊政,加强了中央集权,为日后北宋的统一奠定了坚实基础。

什么是"白甲军"

"白甲军"是五代时期淮南农民起义军的名称。南唐以茶、盐摊派给农民而强行征收粟帛,称为"博征",又在淮南设营田以加强剥削,农民困苦不堪。956年,后周军队进占淮南,大肆抢掠,农民被迫相聚山泽、建立城堡以进行反抗。他们以农具为兵器,积纸为甲,因此称"白甲军",曾多次击败后周军的进攻。

宋代卷

　　宋代（960-1279年），根据都城的位移与疆域的变迁，可分为北宋与南宋，合称两宋。宋自开国以来，吸取前代藩镇割据、宦官乱政的教训，政治上重文抑武、外交上重内轻外，致使冗官冗费问题日益严重，不敌北部强敌而对外求和。但这却为宋代内部赢得了宝贵的安定局面，使之少有内乱，而经济发展、文教繁盛。宋代上承五代、下启元明，是中国历史上民族性格形成的一段重要时期。

什么是"陈桥兵变"

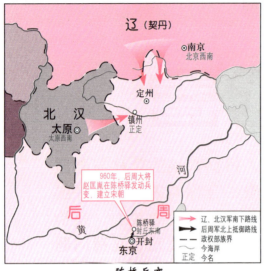

陈桥兵变

"陈桥兵变"是赵匡胤发动的取代后周、建立宋朝的一次兵变事件。959年,周世宗柴荣去世,年仅7岁的北周恭帝即位。殿前都点检、归德军节度使赵匡胤,与禁军高级将领石守信、王审琦等结义兄弟掌握了北周军权。翌年(960年)正月初,宰相范质等听到契丹兵将南下攻周的传闻,情急之下未辨真伪便急遣赵匡胤统率诸军北上御敌。北周军行至陈桥驿,赵匡义(赵匡胤之弟)和赵普等密谋策划发动兵变,众将以黄袍披在赵匡胤身上,拥立他为皇帝。随后,赵匡胤率军回师开封,胁迫北周恭帝禅位。赵匡胤称帝后,改国号为宋,仍定都开封,史称"陈桥兵变"。

宋代是如何统一南北的

赵匡胤建立北宋以后,在赵普的谋划之下首先击溃了北周残余势力李筠、李重进等人的反抗。之后采取"先南后北""各个击破"的统一策略,先后攻灭了南平、后蜀、南汉、南

宋太祖

唐等割据政权,与此同时又加强了对北方契丹的防御。974年,南唐后主李煜派徐铉到汴京向宋求和,宋太祖直截了当地说:"卧榻之侧岂容他人鼾睡。"此事后来演变为一则典故,鼾也写作"酣",常比喻自己的势力范围或利益不容别人侵占。

"半部《论语》治天下"这句话出自谁之口

"半部《论语》治天下"语出北宋名臣赵普之口,这一典故见于宋代罗大经所撰《鹤林玉露》。赵普(922—992年),字则平,北宋初期的杰出政治家,中国历史上著名的谋士。赵普15岁随父亲迁居洛阳,自幼学习吏治,是赵匡胤"黄袍加身"的预谋者、"杯酒释兵权"的导演者,三度为相,为一代名臣,从政50年,终年71岁。赵普足智多谋,但不喜读书,在赵匡胤的劝告下开始读《论语》,有"半部《论语》治天下"之说。此语后来演变为典故,多用来强调学习儒家经典的重要性。

为什么宋代官员的帽翅特别长

宋代官员长翅帽的发明者是宋太祖赵匡胤。传说赵匡胤称帝以后非常讨厌文武大臣在朝堂之中交头接耳来评论朝政,因此想出办法,即传旨在官员幞头纱帽后面分别加上长翅。长翅用铁片、竹篾做骨架,在官帽侧各伸展出一尺多长(以后越来越长)。这种帽子除了在上朝和官场正式活动时戴,一般场合是不戴的,因为戴上它,即使是在街上行走都极不方便。从此以后,官员只能面对面交谈,很难再在朝堂之上交头接耳了。

"杯酒释兵权"是怎么回事

"杯酒释兵权"是宋太祖赵匡胤为了加强君主专制中央集权,避免下属将领也被"黄袍加身",的情况出现,通过酒宴的方式,威逼利诱高级将领交出兵权的历史事件。北宋初

期，赵匡胤为了防止重新出现分裂割据的局面和"黄袍加身"的情况，通过一次酒宴，以高官厚禄为条件，以威胁利诱的和平方式迫使手握重兵的功臣良将交出兵权，史称"杯酒释兵权"。此后，"杯酒释兵权"逐渐演变成为一则成语，泛指轻而易举地解除了将领的兵权。

什么是市舶司

市舶司是中国古代的官署名，为管理对外贸易的机关，始于唐，盛于宋，至明末逐渐萎缩，清代海关的设立使得市舶司彻底废除。唐玄宗开元年间（713—741年），广州已经开始设立市舶使，职掌检查进出船舶蓄货、征榷、抽解、贸易等事项，此为市舶司的前身。宋代重视海外贸易，开宝四年（971年）在广州设市舶司，掌海上贸易。宋徽宗崇宁元年（1102年）七月又在杭州、明州（今宁波）、密州（今山东胶县）、秀州（今上海淞江县）等地设市舶司，负责检查进出船只商货、收购专卖品、管理外商。元同宋制。明代于沿海各处置市舶提举司，嘉靖后仅留广东一处。清初实行闭关政策，对外通商口岸仅限澳门一地。康熙二十二年（1683年）弛禁，开广州、漳州、宁波、云台山（今连云港）四口贸易。乾隆时仅留广州一口通商。鸦片战争后设税务司、总税务司管理海关诸事，大权落入洋人之手，市舶司彻底退出了历史舞台。

历史上是否确有花蕊夫人其人

花蕊夫人历史上确有其人，初被其父徐国璋献给后蜀君主孟昶为妃，随即成为孟昶最为宠爱的妃嫔。相传其最爱芙蓉花和牡丹花，于是孟昶命官民在后蜀都城成都大量种植芙蓉、牡丹，成都"芙蓉城"的别称由此而来。孟昶沉迷于酒色，以致国事日非。后蜀于广政三十年（965年）为北宋攻破，孟昶投降赵宋。花蕊夫人后来被赵匡胤收入后宫为妃。传说花蕊夫人在一次打猎时，被日后的宋太宗赵光义一箭射死。另说见于北宋人蔡绦所撰《铁围山丛谈》，但被《十国春秋》斥为无稽之谈。因此，关于花蕊夫人的身世和死因至今仍有很多解不开的谜团。

"雍熙北伐"是怎么回事

雍熙（984—987年）是宋太宗所使用过的第二个年号。"雍熙北伐"指的是北宋于雍熙年间为收复北部十六州而对辽发动的一次大规模北伐。但这场战役最终以失败而告终。其中，岐沟关之战是此次北伐中宋、辽两国之间的一次重要战役。北宋雍熙三年（辽统和四年，986年），宋举兵三路攻辽，被辽军各个击破，在岐沟关（今河北涿州西南）全线溃败。史书上称："岐沟之蹶，终宋不振。"从此，北宋对辽失去了战略进攻的能力而被迫转入战略防御。

"先天下之忧而忧，后天下之乐而乐"是谁的名言

范仲淹（989—1052年），字希文，苏州吴县（今属江苏）人，唐宰相范履冰之后，北宋著名政治家、思想家、军事家和文学家，去世后赐谥"文正"，因此又被世人称为"范文正公"。他为政清廉，体恤民情，刚直不阿，力主改革，却屡遭奸佞诬谤以致数度被贬。皇佐四年（1052年）五月二十日病逝于徐州，终年64岁，追封为楚国公、魏国公，有《范文正公集》传世。范仲淹的文学成就很高，撰有著名的《岳阳楼记》，其中"先天下之忧而忧，后天下之乐而乐"成为千古名句，为后世所传颂。

苏东坡的文学成就如何

苏轼（1037—1101年），字子瞻，又字和仲，号东坡居士，故称苏东坡。眉州眉山（今属四川）人。北宋著名政治家、文学家、书画家，与其父苏洵，弟苏辙合称"三苏"。苏东坡文学艺术造诣颇高，有《东坡七集》《东坡乐府》等诗词集和文章

苏东坡

传世。与欧阳修并称"欧苏",为"唐宋八大家之一";其诗与黄庭坚并称"苏黄";其词与辛弃疾并称"苏辛";其书法擅长行书、楷书,与黄庭坚、米芾、蔡襄并称"宋四家";其画亦匠心独运,(喜作枯木怪石,主张神似)开创了湖州画派。

"宋体字"是谁的创举

宋体,或称明体,是为了适应印刷而出现的一种汉字字体。在宋代,通常所使用木版印刷,木板一般具有横向木纹,刻字的横向线条和木纹一致,比较结实,但刻字的竖向线条与木纹交叉容易断裂,此外横向线条的端点也容易磨损。因此产生了竖粗横细,横线端点有一粗点的宋体字形。宋体字在宋代已经产生,但并不成熟。到了明代,占据版面较小、节省纸张的宋体逐渐流行。由于这种字体缺少艺术性,曾被明代文人诟为"匠体字"。宋体字后向东传至日本,被日本称作"明朝体",而今天则成为了汉字文化圈最为主流的印刷字体之一。

什么是"交子"

"交子"是世界上最早使用的纸币,发行于北宋前期(1023年)的成都。北宋初年,四川成都出现了"交子"铺户,主要为不便携带巨款的商人经营保管现金。存款人把现金交付给铺户,铺户把存款数额填写在用楮纸制作的纸卷上交还存款人并收取一定保管费。这种临时填写存款金额的楮纸券被称为"交子"。宋神宗时,政府不仅正式承认了"交子"的合法性并且规定伪造交子等同于伪造官方文书。然而,宋代政府未能有效地控制"交子"的发行量,造成通货膨

北宋交子

胀,使得"交子"丧失了信用,形同废纸。

"三苏"都指的是谁

"三苏"指北宋散文家苏洵和他的儿子苏轼、苏辙。宋仁宗嘉定初年,苏洵和苏轼、苏辙父子三人都到了东京(今河南开封市)。由于欧阳修的赏识和推誉,他们的文章很快闻名于世,士大夫争相传诵,一时学者竞相仿效。苏氏父子三人与唐代的韩愈、柳宗元和宋代的欧阳修、王安石、曾巩同为散文大家,被尊为"唐宋八大家"。

什么是"占城稻"

"占城稻"又称早禾或占禾,属于早籼稻,以其原产地——位于今越南中南部的占城而得名,北宋初年首先传入我国福建地区。根据我国古书记载,占城稻主要有三大优点:一是耐旱;二是适应性强,不择地而生;三是生长期短,自种至收仅50余日。1011年,宋真宗因江淮、两浙地区遇旱少水,遣使到福建地区考察占城稻的生长情况,后下令推广,从此占城稻得以在长江、淮河及两浙地区广泛种植。

"溜须宰相"指的是谁

丁谓(966—1037年),字谓之,后更字公言,江苏长洲县(今苏州)人。宋真宗大中祥符五年至九年(1012—1016年)任参知政事(次相),天禧三年至乾兴元年(1019—1022年)再任参知政事、枢密使、同中书门下平章事(正相),在相位前后共7年。丁谓担任副宰相期间,宰相是寇准,相传,一次二人一同吃饭,寇准的胡须沾上了一些饭粒,丁谓赶忙卑恭地凑上前去,伸出手轻轻地为寇准溜胡须,还向大家称赞寇准的胡须漂亮,寇准大笑道:"难道世间还有替人溜须的宰相吗?"丁谓自此得到了"溜须宰相"的称号,"溜须"也就成为了"谄媚"的代名词。

景德镇是怎样得名的

景德镇所在地在春秋时期隶属于楚国，秦代属九江郡辖地，汉代隶属于豫章郡鄱阳县，东晋时被称为新平镇。唐武德四年（621年）时设立新平县，镇隶属于县，由于其位置在昌江以南，因此称为昌南镇。唐武德八年（625年）新平县被撤销，开元四年（716年）又被重新恢复，改称新昌县。天宝元年（742年）改名浮梁镇，先后隶于新昌县、浮梁县。宋真宗景德元年（1004年）因该镇生产的青白瓷质地优良，因此赐以皇帝年号"景德"为名，故称景德镇，并沿用至今。

"澶渊之盟"是怎么回事

"澶渊之盟"指的是北宋与辽代（契丹）之间所订立的一项和约。宋真宗景德元年（1004年），辽萧太后与辽圣宗耶律隆绪以收复瓦桥关（今河北雄县旧南关）为名，亲率大军深入宋境，不久抵达黄河附近的澶州，直接威胁到了北宋都城汴京。寇准等朝臣力主抗敌，并劝说宋真宗驾临澶州城亲自督战，宋军士气大振，宋、辽两军相持不下。次年初，双方订立停战和约，规定：宋每年给辽银10万两、绢20万匹，即"岁币"，辽圣宗称宋真宗为兄，宋真宗称辽圣宗为弟，真宗称萧太后为叔母，互约为兄弟之国。此后，宋、辽之间百余年间不曾出现大规模战争，礼尚往来，通使殷勤，双方互使共达380次之多。因澶州又名澶渊，因此历史上将此次和约称为"澶渊之盟"。

历史上的狄青是怎样的一个人

狄青（1008—1057年），字汉臣，北宋汾州西河（今山西汾阳市）人。面有刺字，善骑射，出身贫寒。宋仁宗宝元元年（1038年）担任延州指挥使。在宋夏战争中，他每次作战均披头散发，戴铜面具冲锋陷阵，立下累累战功，并凭借战功升至枢密副使。尹洙、韩琦、范仲淹等朝廷重臣都曾与他有密切交往。范仲淹曾送他《左氏春秋》，狄青从此勤奋读书，进而精通兵法。狄青平生历经25次大战，其中皇佑四年（1052年）正月十五日夜袭昆仑关一战使其名扬天下。嘉祐二年（1057年），狄青去世，五年后被赐谥号"武襄"，后人称之为"狄武襄公"。

东京保卫战中哪一方获得了胜利

东京保卫战是两宋之际以宗泽等主战派将领为首的宋朝军民抗击金军侵略、保卫都城东京（今开封）的重要战争。起初，宋军曾多次打退金军的进攻。建炎二年（1128年）七月宗泽去世，宋高宗派杜充继任东京留守，他的所作所为与宗泽完全相反，宗泽招抚的抗金义军纷纷离之而去。再加上宋朝廷内部以高宗为首的妥协投降派不积极抗战，且屡屡打击抗战派将领，宋军最终未能将敌军赶往黄河以北，东京陷落。

宋代官职"通判"具有什么样的职权

"通判"号称"监州"，是北宋中央政府为了加强对地方的控制而置于各州、府的一种官职。

"通判"的职责在于辅佐知州或知府处理政务，同时拥有监察官吏的权力，兵民、钱谷、户口、赋役、狱讼等州府公事都需要"通判"的签字才能正式生效。到了南宋，通判的职权范围有所扩大，可以直接向皇帝奏报州郡内的一切官员的情况。所以，"通判"一职既是州郡官处理公务的副职，又起到了监察地方长官的作用。值得强调的是，"通判"一职的级别并不高，多数仅为从八品，与权知军、州事的二、三品相差悬殊，之所以这样安排正是为了达到"通判"与地方官员两者"小大"之间互相牵制的效果。

包拯为什么被称为"包青天"

包拯（999—1062年），字希仁，庐州合肥（今安徽合肥）人，天圣朝进士，累迁监察御史，建议练兵选将、充实边备。奉使契丹还，历任三司户部判官，京东、陕西、河北路转运使。曾授龙图阁直学士、河北都转运使，移知瀛、扬诸州，再召入朝，历权知开封府、权御史中丞、三司使等职。嘉裕六年（1061年），任枢密副使。去世后谥号"孝肃"。

包拯为官以断狱英明、刚直不阿而著称于世。他执法不避亲党，多次论劾权幸大臣，开官府正门，使讼者得以直至堂前自诉曲直，杜绝奸吏；立朝刚毅，贵戚、宦官为之敛手。京师曾有"关节不到，有阎罗包老"的说法，后世将其奉为清官的化身。

什么是"庆历新政"

宋仁宗庆历三年（1043年），宋朝对夏的战争惨败，王朝内部的动荡已是山雨欲来之势。范仲淹等人综合多年以来的为政经验，于九月将《答手诏条陈十事》（即《十事疏》）上呈仁宗，作为基本方案建议推行改革。宋仁宗表示赞同，将其颁发至全国。

由于《十事疏》中所强调的改革内容对官吏和商人构成了一定的威胁，且守旧派朝臣习于苟安，他们纷纷反对新政。在新政推行了一年零四个月后，范仲淹被贬，"庆历新政"最终失败。

为什么鲁宗道被称为"鱼头参政"

鲁宗道（966—1029年）字贯之，亳州人。举进士后，为濠州定远尉，继任海盐县令、歙州军事判官司、迁秘书丞。天禧元年（1017年），为右正言谏章，后升任户部员外郎，直龙图阁。仁宗即位后迁户部郎中兼判史部流内铨。他在任期间，敢于向真宗提出意见和建议，并制定出一套官吏考核的标准。真宗为此大受感动，在金殿的墙上大书"鲁直"二字，让众臣向他学习。也正是由于其直言敢谏，众人取"鲁"字的上半部送给他"鱼头参政"绰号。

历史上有高俅这个人吗

高俅，宋徽宗的宠臣，北宋新党领袖之一。在《水浒传》中，高俅作为主要反派人物

而广为人知。高俅是开封府人，父亲名高敦复，有两个兄弟，四个儿子，其事迹可见于《挥麈录》。根据此书记载，高俅起初是苏轼的小史（书童），后来跟随枢密都承旨王诜，因善于蹴鞠，获宠于端王赵佶（即徽宗）。他曾随刘仲武立下军功，然后又随林摅出使辽国，因而被擢为三衙管军，官拜太尉。高俅在任期间，北宋军政废弛。宋徽宗退位后，高俅失势，于靖康初年病死。

"榷场"是做什么用的

"榷"指专利、专卖，"榷场"指中国辽、宋、西夏、金政权在国土交界地区所设置的互市市场。从根本上讲，榷场贸易是因各地区经济交流的需要而产生的，但对于各政权统治者来说，它还有控制边境贸易、提供经济利益、安边绥远的作用。所以榷场的设置，常因上述几方政治关系的变化而兴废无常。

北宋、西夏"庆历和议"是怎么回事

北宋仁宗庆历年间，宋夏交兵，宋在三川口、好水川、定川砦三次战役中接连失败，西夏虽获胜，但战争的损耗使得榷场停止、经济受损、民怨四起，因此双方均有议和的诉求。于是，宋夏双方达成和议规定：西夏向宋称臣，宋册封李元昊为夏国主；宋每年赐绢13万匹、银5万两、茶2万斤，节日再另行赏赐，两国重开沿边榷场贸易，恢复民间商贩往来。和议发生在北宋庆历年间，因此被称为"庆历和议"。此次和议换来了宋夏20余年的和平相处，促进了双方的经济文化交流和发展。

"唐宋八大家"都包括哪些人

"唐宋八大家"是唐宋时期八位著名散文作家的合称，即唐代的韩愈、柳宗元和宋代的苏洵、苏轼、苏辙、欧阳修、王安石、曾巩，也

分称为"唐二家""宋六家"。明朝初年，朱右最初将韩愈、柳宗元、苏洵、苏轼、苏辙、欧阳修、王安石、曾巩八位名家散文作品合编为《八先生文集》，其后唐顺之在《文编》一书中也选录了这八位散文名家的作品。明朝中期，古文家茅坤在前人基础上加以进一步整理和编选，形成了《八大家文钞》，共160卷，"唐宋八大家"由此得名。

司马光为什么要编写《资治通鉴》

《资治通鉴》草稿

《资治通鉴》是北宋著名史学家、政治家司马光（1019—1086年）和他的助手刘攽、刘恕、范祖禹、司马康等人历时19年编纂的一部规模空前的编年体通史巨著。该著作记载了从战国到五代共1 362年的历史，全书共294卷，约300多万字，另有《考异》《目录》各30卷。司马光希望通过这一著作使皇帝得以"鉴于往事，资于治道"，即以历史的得失作为鉴诫来加强统治，因此取名《资治通鉴》。

《梦溪笔谈》是一本什么样的书

《梦溪笔谈》是北宋科学家沈括的笔记体著作，大约成书于1086年至1093年，收录了沈括一生的所见所闻及其思考，包括《笔谈》《补笔谈》《续笔谈》三部分，内容涉及天文、数学、物理、化学、生物、地质、地理、气象、医药、农学、工程技术、文学、史事、音乐和美术等方面，被西方学者誉为"中国古代的百科全书"。从内容上

《梦溪笔谈》书影

讲，《梦溪笔谈》一书用多于1/3的篇幅记述并阐发自然科学知识，基本上反映了北宋的科学发展水平和沈括自己的研究心得，因而被英国学者李约瑟赞为"中国科学史上的坐标"。

《清明上河图》具有怎样的价值

《清明上河图》（局部）

《清明上河图》为北宋风俗画作品，宽24.8厘米，长528.7厘米，是中国古代十大传世名画之一。该画卷是北宋画家张择端存世仅见的一幅精品，属国宝级文物，现存于北京故宫博物院。作品以长卷形式，采用散点透视的构图法，生动地记录了中国12世纪城市生活的面貌，其中共绘制了各色人物550多个，牛、马、骡、驴等牲畜60多匹，车、轿20多辆，大小船只20多艘，树木170多棵。此外，画中的房屋、桥梁、城楼等也别具风格，充分体现出宋代建筑的特征。可以说，《清明上河图》在中国乃至世界绘画史上都是独一无二的，具有极高的历史价值和艺术水平。

北宋的"四大书院"包括哪几个

中国自宋代以来就有"四大书院"的说法，但具体哪四所书院可称得上"四大"这一问题则存有不同见解。历史上，第一个提出"四大书院"说法的是南宋著名诗人、参知政事范成大，他把山东徂徕书院、江苏金山书院、湖南石鼓书院和岳麓书院并称为天下四大书院。不久，理学家吕祖谦也提出了"四大书院"的说法，他所列出的"四大"分别是河南嵩阳书院、湖南岳麓书院、河南应天书院和江西白鹿洞书院。综上可知，只有岳麓书院是二者共识，因此后人把岳

麓书院称为"四大书院之首",更有甚者称之为"天下书院之首"。

"苏门六君子"指的是哪几个人

"苏门六君子"又称"苏门六学士",指的是与苏洵、苏轼、苏辙父子三人关系密切的六位学者,分别是黄庭坚、秦观、晁补之、张耒、陈师道和李廌。其中黄庭坚、秦观、晁补之、张耒又合称为"四学士"。

"回河之争"是怎么回事

"回河之争"是北宋神宗、哲宗两朝对疏导黄河"东流"、抑止"北流"所引发的一场争议,因统治者强行引导黄河回到故道,因此称为"回河"。宋仁宗庆历八年(1048年),黄河在澶州商胡埽(今河南濮阳东北)决口,泛滥大名府、恩、冀等州,至乾宁军(今河北青县)东北入海,是为北流(原入海处在今山东利津附近)。为此,朝廷就引黄河归故道东流还是安于新道北流的问题进行了多次争执,并曾于宋神宗熙宁二年(1069年)和宋哲宗绍圣元年(1094年)封闭北流,试图迫使黄河东流,但均以决口淤塞而失败。从此黄河北流入海,而回河之争也逐渐平息。

"王安石变法"是怎么回事

"熙宁变法"因主要由王安石发动,因而亦称"王安石变法",指的是北宋时期王安石所发动的针对北宋积弊的一场改革。宋神宗熙宁二年(1069年)二月,王安石任参知政事,开始酝酿施行新法。四月,王安石派遣刘彝、谢卿材、侯叔献、程颢、卢秉、王汝翼、曾伉、王广廉八人对各地农田、水利、赋役等情况进行考察。同年七月,"均输""青苗""保马"等变法措施开始正式推行,内容涉及农业、工商、行政、科举、军事等多个方面。王安石的变法对于革除北宋冗费冗官、积贫积弱的弊端,增强国家实力有着积极的作用。但由于新法推行过急,利弊互见,遭到许多守旧官员反对,且王安石又自视过高,操之过急,用人不当,致使新法的优点并未得到预期的发挥而最终失败。

宋徽宗的艺术造诣如何

宋徽宗书法

宋徽宗,名赵佶(1082—1135年),为宋神宗第十一子,宋哲宗之弟。哲宗去世后,立为帝,是为徽宗,在位25年,"靖康之难"后被俘受折磨而死,终年54岁。宋徽宗博学多才,艺术成就颇高。宋徽宗在位时曾广泛收集古物和书画,扩充翰林图画院,并命文臣编辑《宣和书谱》《宣和画谱》《宣和博古图》等书,推动了绘画艺术的发展,宋徽宗在吹弹、书画、声歌、词赋方面也无不精擅。他平生著作极多,但大都散佚无存,有词集《宋徽宗词》、画迹《芙蓉锦鸡》《池塘秋晚》《四禽》《雪江归棹》等存世。宋徽宗创造的"瘦金书"颇得书法界重视。此外,他还喜欢在自己偏爱的书画上题诗作跋,后人将这种画称为"御题画"。

是谁发起了"元祐更化"

元丰八年(1085年)三月,支持王安石等人变法改革的宋神宗病逝,其子赵煦即位,是为宋哲宗。哲宗年幼,宣仁太后垂帘听政,司马光等守旧派重臣又得以重新掌政。同年,司马光打出"以母改子"的旗号,攻击王安石"不达政体,专用私见,变乱旧章,误先帝任使",将王安石变法措施废

司马光

除殆尽——"凡熙宁以来政事弗便者，次第罢之"，改革派人士如蔡确、章惇、吕惠卿、曾布等人均遭贬黜，史称"元祐更化"。其中，蔡确被贬至岭南（今广东），最后死于新州，开启了北宋贬官至岭南的先例。

历史上是否有李师师其人

李师师，北宋末年色艺双绝的名伎，其事迹多见于野史、笔记小说。据传其父名李寅，在汴京城内经营染房。三岁时父亲曾将她寄名佛寺，老僧人认为她很像佛门弟子，便取名李师师（佛门弟子当时普遍被称为"师"）。一年后，其父因罪死于狱中，她被迫流落街头，后为妓院收养。李师师早年艳满京城，才情容貌出众，在仕子官宦中颇有声名，曾深受宋徽宗喜爱，并得到著名词人周邦彦的垂青，更传说曾与宋江有染，其事迹颇具传奇色彩。其与宋徽宗的故事一时被传为佳话，而随着北宋的灭亡、宋徽宗的被掳，李师师的下落也最终成为了千古之谜。

"教主道君皇帝"指的是谁

宋徽宗赵佶（1082—1135年），宋神宗第十一子，早年封宁国公，哲宗即位，改封遂宁郡王，绍圣三年（1096年）进封端王。哲宗去世后即位，年号"建中靖国""崇宁""大观""政和""重和""宣和"。在位期间，宠信时称"六贼"的蔡京、童贯、王黼、梁师成、朱勔、李彦等奸臣。宋徽宗崇信道教，热衷于延揽道士，访求仙经，兴宫观，筑艮岳，并自称"教主道君皇帝"。

"花石纲"指的是什么

"花石纲"指的是中国历史上专门运送奇花异石以满足皇帝喜好的特殊交通运输名称。"纲"指一个运输团队，往往是10艘船称一"纲"。宋徽宗时期，指挥花石纲的有杭州"造

作局"、苏州"应奉局"等，均奉皇上之命对东南地区的珍奇进行搜刮。由于花石船队所经之处的百姓要供应钱谷和民役，有些地方甚至为了让船队通过还须拆毁桥梁、凿坏城郭，江南百姓苦不堪言。《宋史》记载花石纲之役前后延续长达20余年，而以政和年间（1111—1117年）为最盛。"花石纲"的存在使得官吏得以乘机敲诈勒索，大发横财，给东南人民造成了极大的灾难，同时也成为北宋末年方腊起义的重要原因之一。

什么是"八字军"

南宋建炎元年至绍兴三年（1127—1133年），金军占领地区的民间抗金义军纷纷兴起。建炎元年九月，王彦引7 000人北渡黄河，收复新乡（今属河南）后，遭数万金军围攻，因寡不敌众，率部众突围至共城（今河南辉县），联合太行山区两河（今山西与河北中南部一带）义军坚持抗金。为表抗金决心，王彦所部将士均面刺"赤心报国，誓杀金贼"八个字，故称"八字军"。八字军初为义军，转战河南、川陕等地进行抗金活动，后转隶为官军，也曾多次击败金军，是南宋初期战功卓著的一支抗金军队。

临终连声呼喊"过河"的抗金名将是谁

宗泽（1060—1128年），北宋末、南宋初抗金名臣，字汝霖，浙江义乌人。他刚直豪爽，沉毅知兵，有《宗忠简公集》传世。东京保卫战是两宋之际宋朝军民以宗泽等抗战派将领为首的抗击金军侵略、保卫都城东京（今开封）的重要战争。在任留守东京期间，他曾20多次上书宋高宗赵构力主还都东京，并制定了收复中原的方略，可惜均未被采纳。壮志难酬，忧愤成疾，宗泽于建炎二年七月癸巳（十二）日（1128年7月29日）病逝。临终前，他不停地念诵杜甫名句"出师未捷身先死，长使英雄泪满襟"，直至断气，没有提及任何家事，只是连呼"过河！过河！过

河！"而逝。后追封观文殿学士、通议大夫，赐谥"忠简"。

"靖康之变"指的是什么历史事件

"靖康之变"，又称靖康之乱、靖康之难、靖康之祸、靖康之耻，是指1126年，来自北方的女真族攻占当时北宋都城汴京（今河南省开封），并掳走北宋皇帝宋徽宗、宋钦宗和几乎所有皇族、后妃、官吏及超过十万都城平民的重大战争灾难。由于事件发生于宋钦宗靖康年间，因而得名。

你知道梁红玉其人其事吗

梁红玉（1102—1135年），中国南宋抗金女英雄。史书中不见其名，只称梁氏，各类野史、话本中称其"红玉"，最早出现于明朝张四维所撰写的传奇《双烈记》。相传梁红玉因家贫战乱流离京口为营妓，后结识韩世忠。韩世忠为其赎身纳为妾，原配白氏死后成为正妻。建炎三年（1129年），梁红玉在平定苗傅叛乱中立下战功，被封为安国夫人、杨国夫人，后多次随夫出征。在建炎四年（1130年）的长江阻击战中，梁红玉亲自擂鼓助威，与韩世忠共同指挥作战，将入侵的金军阻击在长江南岸长达48天之久，从此名震天下。在其后的战役中遇金军围攻，力竭落马而死，终年33岁。1151年，韩世忠病逝，夫妇合葬于苏州灵岩山下。

韩世忠在什么地方大败金军

韩世忠（1089—1151年），陕西省绥德县人，字良臣，南宋抗金名将。身材魁伟，勇猛过人，出身贫寒，18岁应募从军。英勇善战，胸怀韬略，在抗击西夏和金的战争中为南宋立下汗马功劳，在平定各地叛乱的斗争中也作出了重大贡献。建炎四年（1130年），韩世忠以8 000兵大战10万金兵，大战黄天荡48天，使兀术军无法夺路北归，从此史册留名。韩世忠为官正派，不肯依附丞相秦桧，曾为遭陷害的岳飞鸣不平。死后

被拜为太师，追封通义郡王，孝宗时，又追封蕲王，谥号"忠武"，配飨高宗庙廷。

钟相、杨幺起义是怎么回事

钟相、杨幺起义指的是南宋建炎四年至绍兴五年（1130—1135年），湖南义军首领钟相、杨幺等率众于洞庭湖区连年抗击南宋官军围剿的战争。南宋绍兴五年（1135年）二月，高宗调集20万大军，命张俊为诸路兵马都督，岳飞为荆湖南北路置制使，引军至洞庭湖地区进行围剿。至此，前后相继六年之久的湖南农民起义遭到镇压。

岳飞被谁陷害致死

秦桧（1090—1155年），字会之，宋朝江宁府（今江苏南京）人。宋徽宗政和五年（1115年），补密州（今山东诸城）教授，任太学学正。北宋末年任御史中丞，与宋徽宗、钦宗一起被金人俘获。南归后，任礼部尚书，两任宰相，前后掌政19年。因以"莫须有"的罪名害死忠臣岳飞而遗臭万年，800多年来一直是人们加以深谴的对象，位列中国历史十大奸臣之一（庆父、赵高、梁冀、董卓、来俊臣、李林甫、秦桧、严嵩、魏忠贤、和珅）。

岳飞

你知道陆游吗

陆游（1125—1210年），字务观，号放翁，越州山阴（今浙江绍兴）人。少年时受家庭爱国思想的熏陶，高宗时应礼部试，为秦桧所黜，孝宗时赐进士出身。中年入蜀，投身军旅生活，官至宝章阁待制。晚年退居家乡，但始终不忘收复中原。诗歌作品很多，有《剑南诗稿》《渭

《剑南诗稿》书影

南文集》《南唐书》《老学庵笔记》等传世。现存9 000余首，主要内容是抒发政治抱负、反映人民疾苦，风格雄浑豪放，其中也不乏抒写日常生活的清新之作。其词作量不如诗篇巨大，但同样贯穿了气吞残虏的爱国主义精神。杨慎称赞其词"纤丽处似秦观，雄慨处似苏轼"。

"绍兴和议"的具体内容是什么

"绍兴和议"是南宋与金所订立的一项和约，因发生于宋高宗绍兴年间，因而得名。南宋初，在宋军抗金取得一定胜利时，宋高宗解除了韩世忠、张俊、岳飞三大将的兵权，并与宰相秦桧共同制造了岳飞冤狱，进而向金求和。绍兴十一年（1141年），双方达成和约，规定：宋向金称臣，金册封宋康王赵构为皇帝；双方划定疆界，东至淮河中流，西至大散关（陕西宝鸡西南），以南属宋，以北属金；宋割唐（今河南唐河）、邓（今河南邓州）二州及商（今陕西商县）、秦（今甘肃天水）二州之大半予金；宋每年向金纳贡银、绢各25万两、匹，自绍兴十二年开始，每年春季搬送至泗州交纳。绍兴和议结束了宋金之间长达10余年的战争状态，确定了双方政治上的不平等关系，历史上长期的南北对峙局面由此开始。

你知道朱熹吗

朱熹（1130—1200年），字元晦，又字仲晦，号晦庵、晦翁、考亭先生、云谷老人、沧洲病叟、逆翁，南宋江南东路徽州府婺源县（今江西省婺源）人。19岁进士及第，曾任荆湖南路安抚使，仕至宝文阁待制。为政期间政绩赫然，申诉敕令，惩戒奸吏。同时也是南宋著名的理学家、思想家、哲学家、教育家、诗人、闽学派的代表人物，儒学集大成者，世尊称为朱子，是继孔、孟以来最杰出的儒学大师。

朱熹

"鹅湖之会"是怎么回事

鹅湖寺，面积不大，位于今江西省铅山县，只因南宋时著名理学家朱熹曾寓居于此且发生了中国哲学史上著名的"鹅湖之会"而名扬天下。"鹅湖之会"是指南宋淳熙二年（1175年）在鹅湖寺举行的一次著名的哲学辩论会。经过演变已成为一则成语，比喻具有开创性的辩论会。此次辩论会由吕祖谦组织，意图在于调和朱熹和陆九渊两派长期存在的哲学争执——朱的客观唯心主义和陆的主观唯心主义之争。"鹅湖之会"首开书院会讲之先河，是中国哲学史上一次堪称典范的学术讨论会。

你知道辛弃疾吗

辛弃疾（1140—1207年），原字坦夫，改字幼安，别号稼轩，历城（今山东济南）人。出生时，中原已为金兵所占。21岁参加抗金义军，不久归南宋。历任湖北、江西、湖南、福建、浙东安抚使等职。他一生力主抗金，曾上呈《美芹十论》与《九议》，条陈战守之策，其卓越军事才能与爱国热忱，却未被采纳。作为豪放派词人的杰出代表，辛弃疾的词题材广阔又善用前人典故，风格沉雄豪迈又不乏细腻柔媚，其中所涉及的内容多为力图恢复国家统一的爱国热情、倾诉壮志难酬的悲愤及对执政者屈辱求和的谴责，其中也包括不少吟咏祖国河山的作品。有《稼轩长短句》传世，今人辑为《辛稼轩诗文钞存》。

"开禧北伐"是怎么回事

"开禧北伐"指的是南宋宁宗开禧年间由韩侂胄主持的一次失败的伐金战争。南宋宁宗朝执掌大权的韩侂胄力主抗金，得到了不满于南宋屈辱地位的宋宁宗及辛弃疾、陆游、叶适等主战派的支持。开禧二年（1206年），身任平章军国事的韩侂胄在未做好充分准备的情况下贸然北伐，致使宋军的进攻皆以失败而告终。面对不利局势，韩侂胄向金求和未果。开禧三年（1207年），宋廷内主和派开始积极活动，礼部侍郎史弥远与杨皇后、杨次山等联合，杀死韩侂胄，宋、金遂达成罢兵和议。嘉定元年（1208年），宋、金两国订立和约，史称"嘉定和议"。

"二程"指的是谁

"二程"是北宋时期思想家、教育家程颢（1032—1085年）、程颐（1033—1107年）的合称。二人为嫡亲兄弟，河南洛阳人，出生于黄州黄陂县（今属湖北省武汉市黄陂区）。程颢字伯淳，又称明道先生，官至监察御史里行。程颐字正叔，又称伊川先生，曾任国子监教授和崇政殿说书等职。兄弟二人均曾就学于周敦颐，并同为宋明理学的奠基者，被世人尊称为"二程"。"二程"的理学思想对后世产生巨大影响，其主要学说见于《遗书》《文集》和《经说》等著作，均被收入《二程集》。

程颢

程颐

贾似道为什么被称为"蟋蟀宰相"

贾似道（1213—1275年），字师宪，号悦生、秋壑，贾涉之子，南宋理宗时期权臣，中国历史上著名奸臣之一。德佑元年（1275年）遭罢官、贬逐，被监送官郑虎臣杀于漳州。曾位居宰相的贾似道为官颇具特色，虽不通于政务，但精于逗蟋蟀，还专门著有《促织经》，世人称之为"贾虫""蟋蟀宰相"。

《过零丁洋》是谁的作品

文天祥（1236—1283年），吉州庐陵（今江西青原区）人，诗人、南宋名臣，以忠烈之名垂范后世。初名云孙，字天祥，选中贡士后，换以天祥为名，改字履善。南宋末年，蒙古大军压境，兵败受俘期间，元世祖曾以高官厚禄劝降，文天祥赋诗一首

文天祥

以表心迹，即留芳千古的《过零丁洋》。其中"人生自古谁无死，留取丹心照汗青"一句成为千古传诵的名句。文天祥宁死不屈的生平事迹为后世历代所称许，其与陆秀夫、张世杰一同被称为"宋末三杰"。

什么是"理学"

理学又称道学，作为一种哲学思潮，产生于北宋，盛行于南宋、元、明，清中期以后逐渐衰落，其影响一直延续到近代。广义的理学，泛指以讨论天道性命问题为中心的整个哲学思潮，包括多种不同学派。狭义的理学则专指"程朱理学"。理学是北宋以后社会经济政治发展的理论表现，是中国古代哲学长期发展的结果，特别是批判佛、道哲学的直接产物。它持续的时间很长，社会影响很大，其所讨论的问题十分广泛，在中国哲学史上占有非常重要的地位。

"功罪石"是什么

"功罪石"是在广东省江门市新会区崖山附近海中耸立着的一块刻有字迹的大礁石。1268年，蒙古军发起了对南宋的进攻，1279年，南宋降将张弘范在崖山附近全歼宋军余部。南宋丞相陆秀夫见大势已去，身背年纪尚幼的南宋末帝投海殉国，地点就在礁石附近。而得意忘形、恬不知耻的张弘范则在礁石上刻下"镇国大将军张弘范灭宋于此"，给后人留下了千古难泯的罪证。1962年，田汉在此题下了"宋少帝与丞相陆秀夫殉国于此"十三个大字，从此这块巨石成了名副其实的"功罪石"。

身背南宋最后一位皇帝投海自尽的是谁

陆秀夫（1236—1279年），字君实，楚州盐城（今江苏省建湖县）人，宋末政治家，南宋抗元名臣。与文天祥、张世杰并称"宋末三杰"，有《陆忠烈集》传世。宋恭帝德佑元年（1275年），元兵沿江东下，扬州形势紧张，僚属大多逃散，陆秀夫等数人坚守本职。德佑二年（1276年），陆秀夫与陈宜中、张世杰等在福州拥立益王赵昰为帝，年号"景炎"，重建宋廷。景炎三

年（1278年）初，端宗赵昰死，年仅10岁。陆秀夫勉励群臣与张世杰共同拥立7岁的广王赵昺为皇帝，年号"祥兴"。杨太后垂帘听政，陆秀夫任左丞相，与张世杰共执朝政。1279年，元军攻至崖山，宋军大败，陆秀夫毅然背少帝投海殉国。

宋代五大名窑指的是哪几个

宋代的瓷器以汝、官、哥、钧、定五个窑口的产品最为有名，后人统称其为"宋代五大名窑"。

哥窑鱼耳瓷炉

汝窑以生产青瓷为主，质感如玉石，釉层较厚，釉面开片很细。官窑以烧制青釉瓷器著称，主要器型为瓶、尊、洗、盘、碗，也有仿周、汉时期青铜器的

定窑孩儿瓷枕

鼎、炉、觚、彝等式样，带有雍容典雅的宫廷风格。哥窑的确切窑场至今尚未发现，据历史传说章生一、章生二兄弟在两浙路处州、龙泉县各建一窑，哥哥建的窑称为"哥窑"，弟弟建的窑称为"弟窑"。钧窑分为官钧窑、民钧窑。钧窑瓷器以千变万化的釉色为一绝，红、蓝、青、白、紫交相融汇，灿若云霞，宋代诗人曾以"夕阳紫翠忽成岚"赞美之。定窑为民窑，以烧制白瓷为主，瓷质细腻，质薄光有，釉色温润如玉。

中国最早的法医学著作是什么

《洗冤录》又称《洗冤集录》，为北宋宋慈所著，是世界上第一部系统的法医学著作，比意大利人菲德里的著作要早350多年。《洗冤录》内容非常丰富，涉及尸体检验、现场勘察、死伤原因鉴定等多个方面。其中记载的区别自缢与假自缢、自刑与杀伤、火死与假火死等方法至今还在应用。

值得一提的是，《洗冤录》中所记载的洗尸法、人工呼吸法、迎日隔伞验伤法及银针验毒法等都非常合乎现代科学。依靠多年实践经验并勤于向书本和同行讨教的宋慈所完成的这部"洗冤泽物""起死回生"的《洗冤录》，总结了历代法医的宝贵经验，从13世纪到19世纪被沿用了600余年，成为刑事工作者们必读的经典著作。

"话本"是什么

流行于宋、金、元、明时代的话本是一种特殊的叙事体裁，最初为宋代"说话"（说书）人的底本，因此也被称为"话文"或简称"话"。此后含义范围逐渐扩大，既包括傀儡戏、皮影戏及各种讲唱艺术的底本，又包括讲唱艺人口头创作成果的记录整理本，同时还包括按照讲唱艺术格式编写的通俗读物。话本多以历史故事和当时社会生活为题材，语言形式以通俗文字为主，融合部分文言并穿插一些古典诗词。现存话本有《清平山堂话本》《全相平话五种》等。作为一种新的文学体裁，话本的出现对后代的通俗文学和戏剧、曲艺等产生了非常重要的影响。

什么是"南戏"

"南戏"是北宋末年至元末明初时期（12—14世纪）在中国南方最早兴起的戏曲剧种，是中国戏剧的最早成熟形式之一。南戏有多种名称，南方称之为"戏文"，又有"温州杂剧""永嘉杂剧""鹘伶声嗽""南曲戏文"等名称，明清时期又称为"传奇"。就音乐角度来说，"南曲"是一种重要的戏曲声腔系统，为其后的许多声腔剧种如海盐腔、余姚腔、昆山腔、弋阳腔的兴起和发展奠定了基础。"南戏"的存在和发展为明清以来多种地方戏的繁荣提供了丰富的营养，在中国戏曲艺术发展史上具有非常重要的地位。

宋代最著名的女词人是谁

李清照（1084—1155年），号易安居士，今山东省济南章丘人，宋代女词人，婉约派代表人物。早期生活优裕，与夫赵明诚共同致力于书画金石的搜集整理。金兵入据中原时，流寓南方，境遇孤苦。依其身世遭遇，李清照的作品前期多描写其悠闲生活，后期多哀叹其苦悲命运，情调感伤，也流露出对中原的怀念。李清照在词作形式上善于运用白描手法，独辟蹊径，语言清丽。此外，她在词论上也有所建树，强调协律，崇尚典雅，提出词"别是一家"之说，反对以作诗文之法作词。有《易安居士文集》《易安词》，均已散佚，后人辑有《漱玉词》传世。

"活字印刷"是怎么回事

"活字印刷"作为中国古代"四大发明"之一，早在11世纪就已经出现了。北宋庆历年间，平民毕升（？—约1051年）在总结了历代雕版印刷的实践经验基础之上，经过反复试验，发明了"泥活字"，标志着"活字印刷"的诞生。

毕升

"活字印刷"用可以移动的金属或胶泥字块取代了传统的抄写和无法重复使用的雕版。其操作方法是：先制成单字的阳文反文字模，然后按照稿件把单字挑选出来，排列在字盘内，涂墨印刷，印完后再将字模拆出，留待下次排印时再次使用。"活字印刷"的发明是人类印刷史上一次伟大的技术革命，对于世界文明进程产生了巨大的推动作用。

宋代的"火箭"是做什么用的

宋代早期的火箭非常简单，用纸将火药包裹成筒状或球状绑缚在靠近箭镞的箭杆上，使用时先点燃引线，然后用弓弩发射出去。后来人们在实践中逐渐发现，火药点燃后会产生一股向后喷射的气体，可借助这一反向推动力将火箭射出。

根据这一原理研制出的新式火箭可以不依靠弓弩的弹射力，直接借助火药燃烧时的推进力射向敌人。早期的火箭在古代许多重要战役中曾大显神威。"火药鞭箭"就是典型例子之一，曾被应用于975年宋与南唐的战争中。此外，1083年宋军抗击西夏的兰州战役、1126年东京保卫战及1161年宋军袭击胶州湾陈家岛金水军根据地的战役均大量使用了这种火箭。

宋代大理政权是谁建立的

段思平，（893—944年）。大理喜睑（今喜洲）人，由于累积军功而升任为大义宁通海节度使，因被大义宁国皇帝杨干贞潽有帝王之相而遭其追杀。937年，段思平灭大义宁国，建立大理国，建元文德。定都羊苴咩城（今大理）。大理政权统治集团内部通用汉字，崇信佛教，农业、手工业、畜牧业发达，尤以冶铁著名，曾向宋王朝纳贡，与内地交易。1117年，宋正式封大理政权首领为云南使、大理王。1253年，忽必烈率军攻大理，次年大理灭国，云南行省成立。

中国古代"四大发明"包括哪些

"四大发明"指中国古代劳动人民所发明的造纸术、印刷术、指南针和火药。指南针发明很早，战国时期已经发现磁石的指南特性。造纸术发明于汉代。唐后期的雕版印刷术已较为成熟，北宋时期，毕升发明活字印刷术。11世纪，火药已经出现并被应用于战争。"四大发明"相继传入欧洲及世界各地，加速了欧洲的近代化历程，促进了人类的整体进步。

罗盘

什么是"十二气历"

"十二气历"是我国古代历法，为北宋沈括以二十四节气为依据所创制。以节气定月份，十二气为一年，立春为元旦，大月三十一日，小月三十日，一般大小月相间，不管月球的朔望，完全除去为了协调阴阳历而设置闰月的方式，彻底施行阳历。这种历法对于按节气安排农业生产活动十分有利，"十二气历"是我国古代在历法制度中的一项独特创造。

"海上之盟"是哪两方之间订立的盟约

"海上之盟"为宋、金之间所订立的盟约。宋政和五年（1115年），女真建立大金政权，多次击败辽军。北宋政府企图借金之力收复燕云诸州。重合元年（1118年），宋徽宗派马植自山东渡海，与金太祖策划联军攻辽。宣和二年（1120年），徽宗又派赵良嗣等与金约定：长城以外过中京大定府由金军负责攻取，长城以南的南京析津府由宋军负责攻取；上诉任务完成后，燕云诸州归北宋，北宋将此前每年送予辽国之岁币转送金国。此为"海上之盟"。结果宋军攻辽失败，金兵攻占燕京。宋几经交涉，金同意归还燕京及其附近蓟、景、涿、顺、檀、易六州，宋给金岁币30万匹绢、20万两银及燕京代税钱100万贯。金兵撤离之时，将上述地区的金帛子女官绅富户席卷而去，仅留给宋几座空城。

西辽是哪个民族建立的政权

西辽（1131—1211年）为宋代契丹族所建立的政权。1124年，辽宗室耶律大石自立为王，率部西迁，于1132年称帝，建都于虎斯斡耳朵（位于今吉尔吉斯斯坦境内托克马克以东楚河南岸）。疆域包括今新疆及其以西的广大地区。1211年，西辽政权被乃蛮王屈出律夺取，仍沿用西辽国号，后为蒙古所灭。

造作局设立于何时

造作局为宋徽宗时期所设立的专门职掌供应朝廷所需珍巧器物制造的官署。崇宁元年（1102年），宋徽宗命童贯在苏州、杭州设置造作局，集中东南地区能工巧匠数千人，制造象牙犀角金玉竹藤及雕刻织绣的各种工艺，所用珍稀原材料皆取自东南，东南人民备受荼毒。

西城括田所具有什么样的职权

西城括田所为北宋官署，设立于政和元年（1111年），主要负责将因天荒或死绝原因而逃亡户的土地没收为公田。西城括田所常常以此为借口强占肥沃土地，逼迫原业主充当佃户向政府交纳租税。此法最初施行于京西汝州一地，后来被推广至京西全路及淮南、浙西等地，成为激起宋江起义等农民起义的重要原因之一。

"方腊起义"是怎么回事

"方腊起义"为北宋末年的一场声势浩大的农民起义。北宋末年政治腐败，统治者对内疯狂剥削，对外屈辱求和，人民终岁劳作而不得温饱。不仅如此，江浙地区还饱受"花石纲"的掠夺。方腊出身雇工，利用宗教组织群众，得到广大农民的拥护。宣和二年（1120年）秋，方腊聚众发动起义，自称"圣公"称帝，年号"永乐"。各地教徒纷纷响应，共占领6州52县，聚众百万，东南震动。宋徽宗派童贯率军15万前往镇压，起义军战斗不利，频频败退，于宣和四年（1122年）最终失败。

"宋江起义"是怎么回事

"宋江起义"是北宋末年的一次民变。宋徽宗宣和元年（1119年），宋江联合36人聚众起义，曾广泛活动于河北、山东等地，相传曾驻兵于梁山泊（位于今山东省阳谷、梁山、郓城间）。起义军采取流动作战，宋军难以抗拒。宣和三年（1121年），为沂州（今山东临沂）知州蒋园所败。后南下进军，在沭阳（位于今江苏省）为县尉王师心所败。进攻海州，中知州张叔夜伏兵袭击，遂投降。一说宋江投降后复起，众说纷纭，有待考证。

"岳家军"是怎样一支军队

"岳家军"为南宋初年岳飞所领导的著名

抗金军队。"岳家军"以牛皋、董先各部义军为主要力量,又陆续收编了杨幺等农民军,且吸收"忠义巡社"所率部众,汇成大军。"岳家军"以军纪严明著称,号称"冻死不拆屋,饿死不掳掠",训练有素,作战英勇,在抗金斗争中多次取得重大胜利,金人有"撼山易,撼岳家军难"之说。

什么是"忠义巡社"

"忠义巡社"为宋代各地乡村居民抗金的武装组织。金兵南下之时,河东(今山西)、河北坊郭乡村居民为"保守乡井"而建立,后推行各地。他们与五马山寨的抗金义军相互声援,共计10万余人,多次击败金军。南宋政府颁布"忠义巡社法"将其编入官方军队,后又恐惧民间武装势力过分膨胀而将其解散。

"郾城之战"是怎样的一场战役

郾城大战

"郾城之战"为南宋初年一场重要抗金战役。绍兴十年(1140年),金军四路进军,南下伐宋。岳飞自德安府(今湖北安陆)大举北伐,

先后收复蔡州、颍昌、淮宁、郑州等地,又派梁兴返回太行山区领导各地义军于金兵后开展斗争,自己率领轻骑驻守河南郾城。金将兀术率领韩常、龙虎大王、盖天大王等部精兵1.5万余骑抵达郾城,以重铠严装的"铁塔兵"列于阵前,两侧配合以"拐子马"。岳飞命将士各持刀斧,上砍敌人,下斩马足,大败金军。"郾城之战"歼灭了大批南犯金军,对金造成了重大打击,为收复中原创造了有利条件。

陆九渊是谁

陆九渊(1139—1193年),字子静,号存斋、象山,南宋哲学家、教育学家。其学说与其兄九韶、九龄并称"三陆子之学"。在哲学思想上,他将禅宗与儒家"思孟学派"的主观唯心主义思想结成"心学"思想体系,完全否认客观实践。与朱熹一样,陆九渊也认为宇宙的本源为"理",但他反对"无极而太极"的说法,认为"太极"之"理"是实实在在存在的。他与朱熹进行了长期辩论,其学说由明代王守仁(王阳明)所继承和发展,合称为"陆王心学",形成"陆王学派"。其著作为后人整理为《象山先生全集》。

《通志》是怎样一部著作

《通志》为南宋郑樵所撰,成书于宋高宗绍兴三十一年(1161年),是一部以人物为中心的纪传体中国通史。

全书共200卷:帝纪18卷,年谱4卷,二十略52卷,世家3卷,宗室8卷,列传115卷,载记8卷。纪传部分多抄录旧史。总序和二十略为郑樵用功之作,概括了古代文化的各个方面,为全书精华之所在。

《通志》与《通典》《文献通考》被后世并称为"三通"。《通志》现存最早的刻本为元至治元年(1321年)摹印元大德本。商务印书馆的百衲本文库本为流行的版本。二十略有单行本。

辽金元卷

辽、金、元是我国历史上三个举足轻重的少数民族政权，分别为契丹、女真和蒙古三个民族所建立。三个政权存在之时均大力寻求汉化，努力学习中原先进文明，同时不失自身民族特色——"南北称制""猛安谋克""行省制度"等均为上述民族之政治杰作，且能征善战。1279年，元统一全国，所辖疆域空前广阔，包括了今天的新疆、西藏、云南、东北、台湾及南海诸岛。

耶律阿保机是怎样建立辽政权的

901年，耶律阿保机被立为契丹迭剌部军事首领，不久被选为酋长，随后以武力征服了契丹附近的地区；907年，被选为部落联盟首领并连任九年；915年，出征室韦得胜回国后遭遇事变被迫让出汗位，后伏杀了敌人，统一了契丹各部。916年，耶律阿保机登基称帝，国号"契丹"，建立"大契丹国"（947年，辽太宗耶律德光改国号为"大辽"），年号"神册"。建国后，耶律阿保机继续进攻周围的民族政权，先后消灭了渤海国、室韦和奚。926年，耶律阿保机于扶余城去世，享年55岁。

耶律阿保机统治时期采取了哪些新举措

916年，耶律阿保机建立了"大契丹国"。建国后，他着手制定新制度：参照汉族的政治模式，对遥辇氏二十部进行改造，建立起新的国家机构；确立皇位世袭制，立长子为皇太子，彻底废除了部落世选制；创立"斡鲁朵"（宫卫）制，建成特殊的皇权侍卫组织；健全法制，制订出契丹第一部法典《决狱法》；组织人才创制契丹文字。值得称道的是，耶律阿保机通汉语，任用韩知古、韩延徽、康默记等有才学的汉人为谋士；置州县，立城郭，定赋税，并在朝中专设"汉儿司"专司其事；此外还积极吸收汉文化，仿照唐代长安修建皇都，即后来的辽上京，并兴建孔庙、佛寺、道观等。在阿保机的努力之下，契丹政权得以迅速发展。

"投下州、县"是用来做什么的

"投下州、县"是契丹贵族为实现对所掠汉人、渤海人进行统治而设置的私人州县，从实质上讲是契丹贵族奴役外族人的据点。作为契丹贵族领地，"投下州、县"的军事大权归中央政府所有，契丹贵族领主拥有行政权，有权委任官吏对州、县加以治理，但刺史一职的人选则需上报中央政府批准。

辽政权的"一国两制"是怎么回事

辽政权疆域辽阔，居民有突厥人、女真人及汉人等。为此，辽太宗本着"因俗而治"的原则创立并施行"南北面官制度"来治理这样一个人口成分复杂的国家："兼制中国、官分南北，以国制治契丹，以汉制待汉人。"从宏观来看，"南面官"的地位略低于"北面官"，权力更是远远不及。"北面官"制设置的机构分别相当于汉制的兵、吏、户、刑、工、礼部等六部之制，职掌"治宫帐、部族、属国之政"。"南面官"制设置则仿照唐代或晋代相关制度，主要管理辽国南面从事农耕的汉族。此外，南、北面官的选拔也有不同，"北面官"均为契丹贵族担任，不世袭，因才而举。"南面官"仍沿用汉人习俗，以考试方法选拔士人担任。

"察割政变"是怎么回事

"察割政变"是发生于辽前期宫廷内部争夺皇权的一场军事政变。耶律察割是辽太祖弟耶律安端之子，瞎了一只眼睛，不受伯父耶律阿保机的喜爱。应历元年（951年），辽世宗耶律阮亲统率辽军南下中原攻周，九月行至归化州（今河北宣化）祥古山暂驻。担任宿卫的耶律察割乘机发动政变，攻入辽世宗大帐，杀死了辽世宗，自立为帝。右皮室军详稳耶律屋质领兵杀死了耶律察割，拥立寿安王（辽太宗之子）即位，是为穆宗。

历史上的萧太后是怎样的一个人

萧太后（953—1009年），名绰，小字燕燕，是辽景宗耶律贤的皇后，辽代历史上著名的女政治家、军事家和改革家。萧绰出身显赫，其父曾为辽朝宰相，权倾一时，其母燕国公主为辽太宗的长女。乾亨四年（982年），辽景宗驾崩，辽圣宗即位，萧绰被尊为皇太后。统和元年（983年），辽圣宗率群臣为萧绰上尊号为"承天皇太后"。萧绰以"承天皇太后"的身份统摄

102

军国大政，辽代历史上著名的"承天后摄政"时期由此开始。萧绰摄政期间，励精图治，选用汉人，开科取士，改善契丹族与汉族之间的关系，劝农桑，薄赋徭，内政修明，军备严整，纲纪确立，上下和睦，与宋讲和，坐收岁币之力，经济文化高度发展，使辽朝进入鼎盛时期。统和二十四年（1006年），辽圣宗率群臣为萧绰上尊号为"睿德神略应运启化法道洪仁圣武开统承天皇太后"。统和二十七年（1009年），萧绰因病崩于行宫，享年57岁。

历史上的"海陵王"指的是谁

完颜亮（1122—1161年）即金废帝，女真名迪古乃，汉名亮，字元功，金太祖完颜阿骨打之庶长孙，金政权第四位皇帝，杰出的改革家、政治家、文学家。完颜亮于皇统九年（1149）弑熙宗而称帝，在位12年。自幼聪敏好学，精通汉文化，兼具文韬武略，且善于听取臣下建议，迁都燕京，加速汉化，严肃吏治，加强集权，使得金政权的统治得以进一步巩固。但另一方面，完颜亮为人残暴，杀人无数，大肆兴建，极尽奢华，贪恋女色。1161年，完颜亮在南宋境内的瓜州渡江作战时死于内乱，时年40岁。大定二年（1162年），金世宗将其降封为海陵郡王，谥号炀，史称"海陵王""海陵炀王"。大定二十一年（1181年）再被降为庶人。

"辽阳政变"是怎么回事

金世宗（1123—1189年）名完颜雍，金太祖完颜阿骨打之孙，睿宗完颜宗辅之子，在位29年，是金政权在位时间最长的皇帝。曾任东京（辽阳）留守兼府尹，掌握地方军政大权。正隆六年（1161年），完颜雍乘海陵王攻打南宋之机，以召集众官至清安禅寺（今辽阳白塔公园附近）议事为名，诱杀了海陵王派来监视他的副留守高存福等人。完颜雍拥兵即位于宣政殿，改元"大定"，是为金世宗。同年11月，海陵王南侵兵败，被哗变的士兵杀死。12月，金世宗移据中都（今北京），君临天下。金世宗即位后重新整顿了统治秩序，罢去海陵弊政，深得民心，史称"大定之治"。

金朝时用什么方式防止考场舞弊

金朝时考场纪律十分严苛，朝廷为了防止作弊现象的发生，规定考生进入考场前必须经过严格的搜身检查，甚至需要打开发结、脱去衣服。金世宗称帝后觉得搜身检查的方式很不礼貌，于是便规定在开科取士之前令考生褪去衣服到浴池沐浴，之后穿上统一的考生礼服，后由贡院差役带领进入考场参加考试。这样，既防止了考生作弊，又不会对考生失礼。金世宗所采用的这种方法，得到当时全国文人雅士的一致拥护，并深受后世赞扬。

历史上在位时间最短的皇帝是谁

完颜承麟，金代最后一位皇帝，是中国历史，甚至是世界历史上在位时间最短的皇帝。完颜承麟是完颜宗室的后代，相貌出众，身材魁伟，有将略，善骑射，深得金哀宗赏识。天兴元年（1232年）蒙古大军挥师南下，汴京危急，完颜承麟护送金哀宗到蔡州重新组建了朝廷。天兴三年（1234年），蔡州城陷于蒙古大军及宋兵数万人的包围之中，金哀宗自知末日来临，下诏让位于完颜承麟，将玉玺交给完颜承麟后便到幽兰轩自缢而死。大军已攻到子城之下。金末帝完颜承麟突围未成，死于乱军之中。据史学家推测其在位时间不足一个时辰。

《札撒大典》是怎样一部传世著作

《札撒大典》是蒙古族的第一部成文法典。在蒙古社会中，大汗、合罕是最高统治者，享有至高无上的权威，大汗的言论、命令就是法律。成吉思汗颁布的"大札撒"记录的就是成吉思汗的命令，他的"训言"也被称为"大法令"。据记载，1219年，成吉思汗出征花剌子模前曾召集会议，对自己的领导规则、律令和古代习俗重新作了规定，并记在奏帙上，也就是所谓的《札撒大典》。每逢新汗登基、大军调动或诸王集会共商国是的时候，蒙古政权领袖就会将这些卷帙拿出来，依照上面的话行事。如今，《札撒大典》已经失传，但在中外史籍中仍可依稀寻找到其中的部分条款。

蒙古政权曾发动了哪几次影响深远的对外战争

蒙古建国后，于1219—1260年的40余年时间，先后进行了三次大规模西征，建立起庞大的帝国。1219—1225年，成吉思汗发动第一次西征，以战争手段严惩中亚大帝国花剌子模国，此次西征远抵里海与黑海以北、伊拉克、伊朗、印度等地。1235—1242年，成吉思汗的孙子拔都再次西征，远至钦察、俄罗斯、匈牙利、波兰等国家和地区，并且建立了第一个元朝西北宗藩国——钦察汗国。1252—1260年，成吉思汗的孙子旭烈兀进行第三次西征，远至叙利亚、埃及、伊拉克等国家或地区，并在波斯地区建立了又一个元朝西北宗藩国——伊利汗国。三次西征令成吉思汗及其子孙被世人称为世界的"征服者"。蒙古政权的三次大规模西征，促进了东西方的经济、文化交流，对世界历史的影响深远。

蒙古文字是谁发明的

蒙古族原来没有文字，只靠结草刻木记事。铁木真（即日后的成吉思汗）在讨伐乃蛮部的战争中捉住一个名叫塔塔统阿的畏兀儿人，他是乃蛮部太阳汗的掌印官。铁木真让塔塔统阿用畏兀儿文字母拼写蒙古语，并教蒙古太子及诸王学习，这就是历史上的"畏兀字书"。其后，虽然忽必烈曾让国师八思巴创制"蒙古新

蒙古文

字"，但元朝退出中原后基本不再使用，而"畏兀字书"经过14世纪初的改革更趋完善，被一直沿用到今天。"畏兀字书"在蒙古汗国历史上是一个创举，正是由于有了这种文字，成吉思汗才得以颁布

成文法和青册。第一部蒙古民族的古代史——《蒙古秘史》也是用这种文字写成的。

完颜阿骨打是如何建立金朝的

完颜阿骨打（1068—1123年），金政权的建立者。辽代中后期，以完颜部为代表的女真族逐渐崛起，势力日益强大。1114年，女真族酋长完颜阿骨打率部揭竿而起，开始了奋起反抗并推翻辽王朝残酷统治的民族战争。1115年，完颜阿骨打在会宁（今黑龙江阿城南白城）称帝，国号"金"，年号"收国"。金天辅四年（1120年），金军攻陷辽上京临潢府（今内蒙古巴林左旗南），两年后又攻取辽中京（今内蒙古宁城西），

完颜阿骨打

于同年底攻陷燕京（今北京）。金天辅七年（1123年），完颜阿骨打病死于返回金上京（今黑龙江省阿城附近）途中。完颜阿骨打一生驰骋疆场，完成了建国与破辽两件大事，为女真族的统一与发展建立了不朽功勋。

"猛安谋克"是什么意思

"猛安"又译"萌眼"，"谋克"又译"毛毛可""毛克"，旧说"猛安"为部落单位，"谋克"为氏族单位。按女真语义进行解释，"猛安"本意为千，即千户长；"谋克"本意为族、族长，在女真诸部由血缘组织向地域组织转化后，又有乡里、邑长之意，再引申为百户长。"猛安谋克"是金代女真社会的基本组织，产生于女真原始社会的末期，是脱胎于原始氏族制下的集体狩猎组织。金世祖时，已成为一种常设的军事组织。但此时，作为军事首领的谋克还常由部长或族长一人担任。1114年，完颜阿骨打下令确定三百户为一"谋克"，十谋克为一"猛安"。此后大批"猛安谋克"户迁居中原各地，其便成为了兼军事、行政、生产三种功能的基层组织。

历史上的木华黎是怎样的一个人

木华黎（1170—1223年），又作木合里、摩和赍等，蒙古札剌儿部人，蒙古国名将、攻金统帅、开国功臣。他以沉毅多智、雄勇善战著称，追随铁木真（即成吉思汗）40年，无役不从，曾辅佐成吉思汗统一蒙古诸部，战功卓著，被誉为"四杰"之一。成吉思汗曾对木华黎说："我之与汝犹车之有辕，身之有臂也。"成吉思汗元年（1206年）因屡建战功被封为左军万户长，后加封为征金大元帅、太师、国王，赐九斿白纛代成吉思汗施行恩威。在征服了金朝大部疆域后，木华黎于1223年在班师归途中病逝于山西闻喜县。

什么是"怯薛制度"

"怯薛"即护卫的意思。成吉思汗建立蒙古国后，正式建立"怯薛制度"，创建起一只人数1万的大汗护卫军。这支军队服务于大汗，平日为警卫，战时为先锋，此外还负责大汗的衣食住行等事。蒙元进入中原以后，"怯薛"的军事职能由侍卫亲军所取代，而其行政职能则由三省（中书省、尚书省、御史台）来代替。"怯薛"成了荣誉职位，但作为大汗的亲信，对政务还是具有相当的影响。"怯薛"一般由皇室宗亲、勋贵大臣及各附属汗国的王室子弟组成，世家子弟可以通过担任"怯薛"取得大汗的赏识后得到高官厚禄。因此，从实质上讲，元朝建立以后的"怯薛"组织就是一个蒙古政权上层人物的特权集团。

元太宗为什么"认错"

契丹人耶律楚材是蒙古帝国（元朝的前身）的经国重臣，元太宗窝阔台时期的中书令（宰相）。他通晓经史，很有才干，曾为成吉思汗黄金家族立下汗马功劳。有一次朝廷内发生一桩案件，涉及大臣杨惟忠，耶律楚材果断将其抓捕。

杨惟忠是元太宗窝阔台的宠臣，太宗一怒之下将耶律楚材捆绑了起来，可转念一想又怕挫伤了有功之臣，便令松绑。耶律楚材不肯，他一定要元太宗窝阔台说出松绑的理由。元太宗没有办法只好认错，耶律楚材这才松了绑。

耶律楚材是怎样一个人

耶律楚材（1190—1244年），字晋卿，号玉泉老人，法号湛然居士，契丹人，辽太祖耶律阿保机九世孙。他自幼学习汉籍，精通汉文。初仕金，成吉思汗十年（1215年），随成吉思汗征战，备受器重。窝阔台汗即位后，耶律楚材更加受到重用，在政治、经济、文化等各方面殚精竭虑，创举颇多，被誉为"社稷之臣"。在耶律楚材的努力之下，蒙古贵族开始逐渐采用汉族以儒家为中心的传统思想和制度来治理中原，战争不断的乱世转变为和平盛世，为其后忽必烈建立元朝奠定了基础。此外，耶律楚材还曾主持修订《大明历》，有《湛然居士文集》传世。

耶律楚材墓在什么地方

元太宗窝阔台病逝后，乃马真后临朝称制，当政期间，朝政混乱。耶律楚材身为中书令，力争不得。1244年，耶律楚材悲愤以终，因病去世，享年55岁。中统二年（1261年），元世祖忽必烈遵耶律楚材的遗愿，将他的遗骸移葬于其故乡玉泉以东的瓮山，即今北京颐和园的万寿山。至顺元年（1330年），元文宗追赠之以经国议制寅亮佐运功臣、太师、上柱国，追封广宁王，谥号文正。耶律楚材墓在明朝时曾被毁，清乾隆时得以修复并改建为祠。耶律楚材祠在颐和园昆明湖东岸，文昌阁之北，内有乾隆皇帝御诗墓碑，巨冢是耶律楚材及夫人合葬的坟墓。

忽必烈何时建立元朝

忽必烈

孛儿只斤·忽必烈（1215—1294年），蒙古帝国成吉思汗孛儿只斤·铁木真之孙，监国孛儿只斤·拖雷第四子，孛儿只斤·蒙哥弟，元朝首位皇帝。1260年，忽必烈自称蒙古帝国可汗，汗号"薛禅可汗"，但未获普遍承认。1271年，忽必烈建立元朝，庙号世祖，谥号"圣德神功文武皇帝"。忽必烈青年时代便"思大有为于天下"，他一生征战，一统天下，建立了幅员辽阔的统一多民族国家——元。他在位期间，建立行省制，加强中央集权，使得社会经济逐渐恢复和发展。同其祖父成吉思汗一样，他是蒙古族卓越的政治家、军事家，是蒙古族光辉历史的缔造者。

元朝全盛时期的疆域有多大

元朝的疆域是中国历代王朝中最大的，包括众多分封汗国和藩属国，可以说整个亚洲的东部都有它的影子。1279年元世祖忽必烈灭亡南宋时，元朝的疆域范围大致是：北到西伯利亚南部，越过贝加尔湖，南到南海，西南包括今西藏、云南，西北至今新疆东部，东北至外兴安岭、鄂霍次克海、日本海，包括库页岛，总面积超过1 200万平方千米。公元1310年元武宗时期，元攻灭窝阔台汗国取得了其东部的部分领土。1330年元文宗时期，元的领土面积达1 372万平方千米。元的藩属国众多，北有漠北诸部、南有南洋诸国、西有四大汗国，包括高丽、缅甸、安南、占城、爪哇及钦察汗国、察合台汗国、与伊利汗国等。其中高丽王朝与缅甸蒲甘王朝为直属的藩属国，元朝在两处分别建立了征东行省和缅中行省。

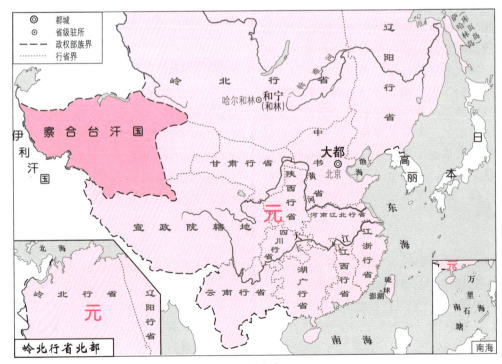

元朝疆域图

忽必烈两征日本是怎么回事

元朝建立以后，忽必烈曾要求日本向其效忠，日本镰仓幕府八代执权北条时宗（1268—1284年执政）曾于1268年和1271年两次拒绝。为此，忽必烈于1274年派出由150艘船只组成的舰队在下关附近九州岛上的博多（吕崎）湾登陆，但由于草原骑兵不习惯于海上远征而被迫退回船上。1276年，忽必烈重申要日本效忠的要求，再次遭到北条时宗的拒绝。1281年，忽必烈派出更大的船队进攻日本，一支45 000人的蒙古军队、120 000名汉族及高丽人组成的军队，分别在九州博多（吕崎）湾及肥前省的鹰岛和平卢登陆。同年八月，一场可怕的飓风驱散并摧毁了蒙古舰队，征讨行动再次被迫停止。

中国的省级建制是从什么时候开始存在的

中国南宋、金时期已有行省之称，《金史·百官志》中的"行台尚书省"即行省的雏形。元朝建立后，其中央由中书省掌管全国的行政事务，在进入中原之初将其派出机构——行中书省分置各地，统管军民事务，此后行省逐渐成为地方最高一级行政区划名称。元中统、至元年间，除了吐蕃、畏兀儿地区和中书省的直接管辖区外，全国分置河南江北、江浙、江西、湖广、陕西、四川、辽阳、甘肃、岭北、云南10处行中书省，简称行省，设置丞相、平章、右丞、左丞、参知政事等官，总管钱粮、兵甲、屯种、漕运，以及一切军国大事，权力很大，与中书省相表里。

元朝科举制度有什么特点

元朝科举制度有两个显著特点。其一：优待"国族"，压抑"汉人"和"南人"。人口较少的蒙古人、色目人在录取名额上与人口众多的"汉人""南人"相等，科举中选的几率远远高于后者。其二："程朱理学"被正式列入科考取士的出题范围。元代以前，"程朱理学"仅为科举考试所允许采纳的诸家学说之一，元朝所颁布的科举制度规定将其定为一尊，即"四书"和《诗经》须采用朱熹的注解，其他儒家经典一概以"程朱理学"的阐发附会为准。

元大都城的空间结构大致如何

元大都，或称大都，突厥语称之为"汗八里"，意为"大汗之居处"，于元世祖忽必烈至元四年（1267年）至元顺帝至正二十八年（1368年）为元朝国都。元大都城在营建之初首先在全城的几何中心位置建造"中心之阁"，然后以此为基准向四面拓勘城址，这在中国城市建筑史上尚属首创。大都城的平面呈长方形，周长28.6千米，面积约50平方千米，道路整齐、经纬分明。按照方位，元大都城被条条街道分为50坊。考古发掘证实，元大都中轴线上的大街宽度为28米，其他主要街道宽度为25米，小街的宽度为大街的一半，火巷（即胡同）的宽度大致为小街的一半。轮廓方整、街道砥直、布局合理的元大都城在当时格外雄伟壮丽，世界闻名。

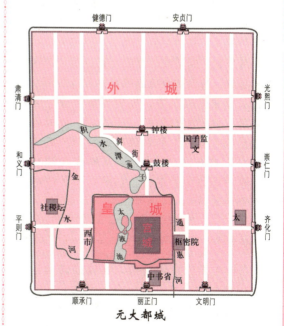

元大都城

元朝把各族人分为哪四个等级

历史上的"四等人"制度来源于金朝，元朝继承并发展了这一民族分化政策，将全国人口分为蒙古人、色目人、汉人、南人四个等级。其中，位居第一等的"蒙古人"包括两部分，一是与成吉思汗皇族（属奇颜氏）同出于尼伦的蒙古人，二是被称为迭儿勒勤的蒙古人。根据《元典章》中的记载，除汉、高丽、蛮子外的人全部属于第二等级"色目人"。"汉人"的含义有两种，其一概指淮河以北原金朝境内的汉族和契丹、女真等民族，其二指云南、四川两省的人民，这是较早被蒙古统治者征服的地区。"南人"又称"蛮子""囊加歹""新附人"，即元朝江浙、江西、湖广三行省和河南行省南部的各族人民，他们是最后被元朝征服的南宋遗民。四个等级的人在政治待遇及社会地位方面非常不平等，这使得元朝的民族矛盾较之于其他朝代显得格外尖锐。

什么是"驱口"

"驱口"一词始见于金朝，原意为"被俘获驱使之人"，即在战争中被俘强逼为奴、供人驱使的人。蒙古灭金过程中，掠民为奴的现象非常严重。据记载，窝阔台灭金后，贵族所得"驱口"约为原金统治区残存人口的一半。蒙古灭南宋的战争中，掠民现象尽管程度有所减轻，但仍相当普遍。元朝统一全国后，以战俘为"驱口"的现象显著减少。后来，"驱口"成为奴婢的通称。直至明代初期还有个别"驱口"的记载，但此后不久便逐渐消失了。

元朝为什么要修造京杭大运河

自隋唐至宋，作为南北运输线的大运河一直以洛阳为中心，它是今天京杭大运河的前身。元朝建立以后，全国的政治中心移到了北京，为了缩短从北京到杭州绕道洛阳的航线，解决南粮北调的运输问题，1283年至1293年，元朝政府先后开通了从北京到通县的通惠河、山东临清到东平的会通河及东平到济宁的济州河。元朝将运河改成纵贯南北的直线后，较之于隋朝京杭运河的航程缩短

了900多千米。

马可·波罗何时来到中国

马可·波罗（1254—1324年），意大利人，世界著名旅行家、商人。17岁时跟随父亲和叔叔经中东历时四年之久到达蒙古帝国，并于1275年到达元朝首都。马可·波罗在中国游历了17年，与大汗忽必烈建立了友谊，曾访问了当时的许多古城，还曾到过中国西南和东南地区。回到威尼斯之后，他写下了著名的《马可·波罗游记》（又名《马可·波罗行纪》《东方见闻录》），记述了他在东方的见闻，激起了欧洲人对东方的狂热向往，也推动了日后新航路的开辟。

为什么说《马可·波罗游记》是一部影响深远的著作

马可·波罗游历回到威尼斯之后，在一次威尼斯与热那亚之间的海战中被俘入狱。他在狱中口述其旅行经历，由鲁斯蒂谦执笔，于1299年写成《马可·波罗游记》。这是欧洲人撰写的第一部详细描述中国历史、文化和艺术的著作。1324年马可·波罗逝世前，《马可·波罗游记》已被翻译成多种文字在欧洲广为流传，书中所描绘的东方之富庶激起了欧洲人对东方的狂热向往，加速了新航路的开辟和人文科学的广泛复兴，对于世界近代化的开启具有非凡的意义。

"元亡于吏"的说法是什么意思

"元亡于吏"此语出自明太祖朱元璋之口。根据《明通鉴》的记载，称帝后的朱元璋非常注重官吏的廉洁对国家兴亡的影响，所以经常以此告诫臣下：人民的贫困根源于"徭役之重及吏民因缘为奸"，并明确指出"吏贪则民贫""吏诈则政蠹""政蠹则民病"的道理。

"南坡之变"是怎么回事

元朝建立以后，朝政混乱，宗室内乱、宫

廷政变、后妃干政、权臣用事等接连不断。元英宗即位后决意改革，但因朝政被宰相铁木迭儿及其党羽把持而难以推行。至治二年（1322年），铁木迭儿死，元英宗起用太常礼仪院使拜住为中书右丞相，开始推行新政，同时处死铁木迭儿之子八思吉思，并追查其党羽。以御史大夫铁失为首的铁木迭儿余党非常惶恐，密谋政变。至治三年（1323年），元英宗与拜柱自上都（今内蒙古正蓝旗东）南返大都（今北京），途经南坡店驻营。当日夜晚，铁失与铁木迭儿之子锁南、知枢密院事也先帖木儿、大司农失秃儿等16人发动政变，以阿速卫军为外应，杀死元英宗和拜柱。随后，迎立晋王也孙铁木耳（泰定帝）即位，史称"南坡之变"。

什么是"天历之变"

孛儿只斤·图帖睦尔（1304—1332年），蒙古帝国可汗，汗号"札牙笃可汗"，元朝第八位皇帝，曾两度在位。致和元年（1328年），泰定帝死，知枢密院事燕铁木儿在大都发动政变，谋立武宗子图帖睦尔为帝，遣使至江陵迎接入都。八月，梁王王禅、丞相倒剌沙等拥立泰定帝子阿速吉八于上都，发兵进攻大都。九月，图帖睦尔接帝位于大都，改元天历。他在燕铁木儿及其所属钦察军团和一部分武宗旧部的支持下，击败王禅、倒剌沙等，夺取上都，接着又调兵平定了四川、云南的反对集团。天历二年（1329年），武宗长子和世㻋在和林北即帝位，是为明宗。当明宗南行至上都附近的旺忽察都（在今河北张北县北）时，名义上已逊位的图帖睦尔与燕铁木儿前往迎接，伺机毒死明宗。图帖睦尔再次即位于上都，是为文宗，次年改元天历，史称"天历之变"。

元文宗在文化建设方面有哪些贡献

孛儿只斤·图帖睦尔（1304—1332年），蒙古帝国可汗，汗号"札牙笃可汗"。元朝第八位皇帝，庙号文宗，谥号圣明元孝皇帝。元文宗在文化建设方面作出了很大贡献。他重视文治，在位期间创建奎章阁，编修《经世大典》，为后世元朝历史的研究提供了宝贵史料。元文宗崇尚佛教，并走向极端，过分推崇"帝师"，致使其干预朝政，滥做佛事，耗资巨大，并创立广教总管府以掌管僧尼之政。

"鲁班天子"指的是谁

元顺帝妥欢帖睦尔（1320—1370年），元朝末代皇帝。13岁即位，在位36年，为政腐败，水旱频仍。至正十一年（1351年），红巾军大起义爆发。至正二十八年（1368年），朱元璋派徐达率军攻入元大都，元朝灭亡。元顺帝北逃应昌，两年后死，庙号惠宗，明朝为之加号顺帝。元顺帝有巧思，善于设计制作，曾自制龙船，还曾自制宫漏。宫漏高六七尺，藏诸壶于其中，运水上下，造木为匮，匮上设西方三圣殿，遇子、午时有飞仙降临，报时准确，精妙绝伦，因此，元顺帝被称为"鲁班天子"。

"红巾军"是怎样一支军队

"红巾军"又称红军，是元末农民大起义中最主要的军事力量。起初与明教、弥勒教、白莲教等民间宗教相结合，因起义时高举红旗、头扎红巾，故称"红巾"或"红军"，又因焚香聚众也被称作"香军"。"红巾军"最初起于北方，以韩山童、刘福通等为首领，宣传弥勒下世、明王出世等教义，在河南一带发展繁盛。其他地方如徐州的芝麻李、濠州的郭子兴等及长江流域各地也纷纷打着红巾军的旗号举行起义。至元十七年（1357年）前后，北方元军将领开始对红巾军进行镇压，红巾军内部也发生了争执分裂。1363年，北方红巾军在安丰之役中败给新兴并降元的张士诚，刘福通战死，韩林儿投奔朱元璋随即被杀，南方红巾军将领陈友谅则于1360年杀徐寿辉自代之。此后各路群雄相互争战，红巾军逐渐失去了原本的性质。

"元曲"是什么

"元曲"源自所谓的"蕃曲""胡乐"，包

括散曲，杂剧和南戏等。首先在民间流传，被称为"街市小令"或"村坊小调"。随着元朝的建立，它先后在以大都（今北京）和临安（今杭州）为中心的南北广袤地区普遍流传开来。元曲有严密的格律，每一曲牌的句式、字数、平仄等都有固定的要求。元朝是元曲的鼎盛时期。一般来说，元杂剧和散曲合称为元曲，二者都采用北曲为演唱形式。元曲是中华民族灿烂文化宝库中的一朵奇葩，在思想内容和艺术成就上充分体现了独有的魅力，与唐诗、宋词鼎足并举，成为我国文学史上三座重要的里程碑。

"元曲四大家"指的是谁

关于"元曲四大家"的说法有很多种，元代的《中原音韵》《录魂簿》，明代的《太和正音谱》《四友斋丛说》，清代的《曲谈》以及近代王国维的《宋元戏曲史》均对这一问题有所阐释。历史上影响较大的观点有两种：一种认为"元曲四大家"指的是关汉卿、白朴、马致远、郑光祖四位杂剧作家；也有人认为"元曲四大家"应该是关汉卿、王实甫、马致远和白朴。就争论的结果来看，前一观点所列四人能够代表元朝不同时期不同流派元杂剧创作的成就，被称为"元曲四大家"已成为历史公认的事实。

关汉卿的主要作品有哪些

关汉卿，号已斋，亦作一斋，字汉卿，元代著名戏剧大师。生平事迹不详，根据零散资料来看，其为金末元初人，活跃于约1210年至约1300年间，主要在大都（今北京）附近活动，也曾到过汴梁、临安（今杭州）等地。《录鬼簿》中称关汉卿为"驱梨园领袖、总编修师首、捻杂剧班头"，

苏联于1958年发行的纪念关汉卿的邮票

可见其在元代剧坛的地位。据文献资料记载，关汉卿一生共编杂剧67

部，现存18部，代表作有《窦娥冤》《救风尘》《望江亭》《拜月亭》《鲁斋郎》《单刀会》《调风月》等。

"元杂剧"是什么

元杂剧又称北杂剧、北曲，成型于宋末，繁盛于元大德年间（13世纪后半期—14世纪），是在金院本和诸宫调的直接影响之下融合各种表演艺术形式而成的一种完整的戏剧形式。作为一种较成熟的戏剧，元杂剧在唐宋以来话本、词曲、讲唱文学的基础上创造出了完整的文学剧本，在内容上不仅采纳了久在民间传唱的故事，而且生动地反映了社会现实，是当时广大人民群众最喜爱的文艺形式之一。

画坛"元四家"指的是谁

画坛"元四家"是元代四位山水画家的合称，主要有两种说法：其一，明代王世贞在《艺苑卮言·附录》中指出"元四家"指的是赵孟頫、吴镇、黄公望、王蒙四人；其二，明代董其昌在《容台别集·画旨》中谈到"元四家"应该是指黄公望、王蒙、倪瓒、吴镇四人。其中，第二种说法流行较广。上述四人画风虽各具特点，但均主要由五代董源、北宋巨然的基础之上发展而来，且受到赵孟頫的影响，都擅长水墨山水并兼工竹石，重笔墨，尚意趣，使中国山水画的笔墨技巧达到了高峰，对明清两代影响巨大。

郭守敬所修的历法叫做什么

郭守敬（1231—1316年），中国元朝天文学家、数学家、水利专家和仪器制造专家。字若思，汉族，顺德邢台（今河北邢台）人。1276年，郭守敬主持修订新历法，历经4年，经忽必烈亲自定名为《授时历》。《授时历》自修订成之时起通行使用了360余年，是当时世界上最

先进的历法。1981年，为纪念郭守敬诞辰750周年，国际天文学会将月球上的一座环形山以他的名字命名。

女纺织家黄道婆作出了什么贡献

黄道婆

黄道婆（1245—1330年）又名黄婆、黄母，松江府乌泥泾镇（今上海市华泾镇）人，宋末元初著名女棉纺织家，技术改革家。出身贫苦，少年时期受到封建家庭压迫流落崖州（今海南岛），曾以道观为家，劳动、生活在黎族姐妹中，并师从黎族人学会了运用制棉工具和崖州被的织造工艺。元朝元贞年间（1295—1296年）黄道婆重返故乡，在松江府以东的乌泥泾镇教人制棉，传授和推广"捍"（搅车，即轧棉机）、"弹"（弹棉弓）、"纺"（纺车）、"织"（织机）等工具和"错纱配色""综线挈花"等织造技术。乌泥泾和松江一带人民迅速掌握了先进的织造技艺，一时间"乌泥泾被"的名声不胫而走，美誉传遍大江南北。黄道婆去世后，松江布也曾获得"衣被天下"的美称，松江府也曾一度成为全国最大的棉纺织中心。

元朝的三大农书指的是哪三本书

元朝三大农书指的是《农书》《农桑辑要》和《农桑衣食撮要》。王祯的《农书》于皇庆二年（1313年）撰成，共37卷，全书分为《农桑通诀》《百谷谱》《农器图谱》三部分，对当时全国的农业作了全面系统的研究。书后附有《造活字印书法》，是中国最早系统地介绍活字印刷术的文献。《农桑辑要》为元大司农司编纂，成书于至元十年（1273年），共7卷，反映了6世纪到13世纪末中国植物栽培的进展，系统总结了中国13世纪以前的农业生产经验，保留了大量已经失传的古农书资料。鲁明善所撰《农桑衣食撮要》简称为《农桑撮要》，又名《养民月宜》，是一部具有农家历书性质的著作。

历史上的元昊是谁

元昊（1003—1048年），党项族，又名赵元昊、李元昊，西夏国皇帝，1032～1048年在位。承袭父位后，实行改革，废除唐、宋赐姓，派兵击败吐蕃，进攻回鹘，占领瓜州、沙洲和肃州（三者均位于今甘肃省境内），占领河西走廊。他仿照宋制建立官署，创制西夏文字。1038年元昊称帝，国号大夏。他曾屡次攻宋，1041年大败宋军于好水川，1044年与宋订立合约。同年攻辽，于贺兰山大败辽军，不久双方议和。由此，辽、宋、夏三方鼎立之势形成。1048年，元昊死于内乱。

什么是"勃极烈"

"勃极烈"为金政权建立初年所设立的官职名称。金于乌古迺（1021—1074年）时期开始设官，官长均称为勃极烈，女真语，即治理众人的意思。最高总官称都勃极烈，类似汉族官制中的冢宰；其次为谙版勃极烈；以下为国伦勃极烈，等同于国相。此外还有胡鲁勃极烈、移赉勃极烈、阿买勃极烈、乙室勃极烈、扎失哈勃极烈、昃勃极烈等，分别具有不同职掌。金熙宗时期，勃极烈官制被废除。

历史上的"西夏"政权是哪个民族建立的

"西夏"是北宋时期党项羌所建立的政权，本名大夏，宋人称之西夏。1038年，元昊称帝，定都兴庆府（今宁夏银川东南）。西夏最盛时期辖22州，范围包括今宁夏、陕北、甘肃西北部、青海东北部和内蒙古部分地区，与宋、辽、金先后成鼎峙之势。西夏境内有党项羌、汉、藏、回鹘等多民族居民，生产以农牧业为主。西夏与宋经济文化联系密切，茶、马、盐、铁交易频繁。部分政治制度模仿宋制，有自己的文字，但也通用汉文。西夏与宋、辽、金多次发生战争，1227年为蒙古所灭。

什么是"达鲁花赤"

"达鲁花赤"为蒙古帝国和元朝官职名称，蒙古语语意为镇压者、制裁者、盖印者，职权范围相当于总辖官。元朝多数行政机关及各路、府、州、县均设此官，以掌管并督查辖区行政，主要由蒙古人担任，亦常任用色目人，汉人不能担任此职。

"探马赤军"是怎样一支军队

"探马赤军"是蒙古帝国和元朝军队的一种，是蒙古在进攻金国时组建而成的，成员以蒙古人为主，也包括部分色目人、汉人。战时上阵，平时屯聚牧养，为镇戍兵的一种。

元朝第一任帝师是谁

八思巴（1235—1280年），西藏喇嘛教萨迦派首领，元朝第一任帝师。1253年，元朝军队征服大理，忽必烈召见八思巴并奉其为尚师。中统元年（1260年），忽必烈即位，八思巴被封为国师。至元元年（1264年），忽必烈设总制院（后更名宣政院），命其掌管全国佛教事务和藏族地区的军政事宜。八思巴以国师兼领院事，称为西藏地方第一任政教合一首领。至元七年（1270年），八思巴被进封为"帝师""大宝法王"。在职期间，八思巴协助元统治者在西藏建立地方行政机构，调查户口，规定赋税，设立驿站，创制文字等，对元代中央政府加强地方行政建制和汉藏两族的文化

交流起到了重要作用。

"宣政院"是元朝负责哪方面事务的行政机关

"宣政院"，元朝官署名称，负责掌管全国佛教事务及藏族地区军政事务。至元元年（1264年），元朝政府设立宣政院（初名总制院），由帝师兼领，并设院使、同知、副使等官，下辖藏族地区各级官吏。官吏由宣政院进行选拔或由帝师推荐，僧俗并用，兼管军事、民政。一旦地方出现紧急情况，由宣政院驻当地机构进行处理，如果是重大军事事件，则由宣政院与枢密院共同议处。

什么是"匠户"

"匠户"是中国古代被编入特种户籍的工匠人户。元朝开始将征服异族和灭宋后所获得的工匠编为匠户，世袭永充。其中，部分被称为"系官匠户"，归官府、军队所有，此外还有一部分被赐给王公贵族。明朝有军、民、匠三种户籍，匠户以轮班匠、住坐匠和存留匠三种形式赋役，世袭不变，不能脱籍。清顺治二年（1645年）废除匠籍，手工业者从此获得身份自由。

成吉思汗的陵墓在哪里

对于成吉思汗墓地的具体位置，多年来大致有四种说法：一是位于蒙古国境内的肯特山南、克鲁伦河以北的地方；二是位于内蒙古鄂尔多斯市鄂托克旗境内；三是位于新疆北部阿勒泰山；四是位于宁夏境内的六盘山。近800年来，一直没有找到成吉思汗陵的主要原因是蒙古贵族实行的是密葬制度，即帝王陵墓的埋葬地点不立标志、不公布、不记录在案。据说在成吉思汗下葬时，为保密起见，曾经以上万匹战马在下葬处踏实土地，为了便于日后能够找到墓地，在成吉思汗下葬处，当着一峰母骆

驼的面，杀死其亲生的一峰小骆驼，将鲜血撒于墓地之上。等到第二年春天绿草发芽后，墓地已经与其它地方无任何异样。后人想要祭祀成吉思汗时，便牵着那峰母骆驼前往。母骆驼来到墓地后便会因想起被杀的小骆驼而哀鸣不已。祭祀者便在母骆驼哀鸣处进行隆重的祭奠。等到那峰母骆驼死后，就再也没人能够找到成吉思汗的墓葬了。

什么是"斡脱钱"

"斡脱钱"是盛行于蒙元时期官商发放的一种高利贷。斡脱，是蒙元时期经营高利贷商业的官吏，即由有蒙元贵族提供本银，委托商人经营，发放高利贷，从中收取高利贷息，即"斡脱钱"。"斡脱钱"当年本利相等，第二年本利合起来翻番。为了管理斡脱钱的发放，元政府于至元九年（1272年）设置了"斡脱所"，后扩展成为"斡脱总管府"，实质为榨取人民血汗的营利机构。

什么是"羊羔儿息"

"羊羔儿息"，又称"羊羔息""羊羔利"，是中国古代一种高利贷名称，盛行于元朝。与"斡脱钱"的放贷原理相同，当年本利相等，第二年本利合起来生息。此种高利贷数目翻倍速度惊人，例如本银一锭，十年后本息将高达千锭。

《文献通考》的作者是谁

马端临（1254—1323年），南宋右相马廷鸾之子，宋元之际著名史学家。南宋时以恩荫补承事郎，宋亡后隐居不仕。马端临主持慈湖、柯山两书院，以20余年精力著成《文献通考》348卷。此书记述历代典章制度，收采很多宋时士大夫议论之事，此外，马端临对于宋末统治集团的腐朽极为愤慨，书中也有所揭露。

历史上的"白莲教"是怎么回事

"白莲教"亦称"白莲社"，是中国古代民间秘密组织之一。它起源于宋朝，元朝开始盛行。元朝政府曾于1308年对其禁止，但参加者仍不断增加。白莲教教义崇尚光明，认为光明终能战胜黑暗。元、明、清三代，白莲教常被农民利用以组织反政府起义，如元末韩山童起义、明朝徐鸿儒起义及清朝川楚白莲教大起义等。

"澎湖巡检司"负责哪方面的事务

"澎湖巡检司"为元朝官署名称。至正二十年（1360年），元朝政府在澎湖地区设立澎湖巡检司，以管辖澎湖和琉球（今台湾）。这是中央政府在台湾地区正式建立的第一个行政权力机构。

什么是"诸宫调"

"诸宫调"为宋、金、元说唱艺术的一种。它是将不同的曲调编缀在一起，用以铺叙一个长篇故事。"诸宫调"乐谱的音节变化多端，以韵文和散文相间使用形成文字底本。现存诸宫调作品有《刘知远》残篇、董解元所作《西厢记》及王伯成《天宝遗事》残本。"诸宫调"体制宏大，曲调丰富，对元杂剧的形成曾发挥了重要作用。

明代卷

　　存在于1368-1644年的明王朝为明太祖朱元璋所建立，历12世17朝，是中国历史上最后一个由汉族建立的封建王朝，因皇帝姓朱，故又称"朱明"。明王朝经济极度繁荣，传统科技发展达到顶峰，且恰逢西方文艺复兴、地理大发现之时，大批传教士来华，东西方文化交融。明后期宦官擅权，吏治败坏，社会矛盾急剧尖锐，最终被农民起义军推翻。

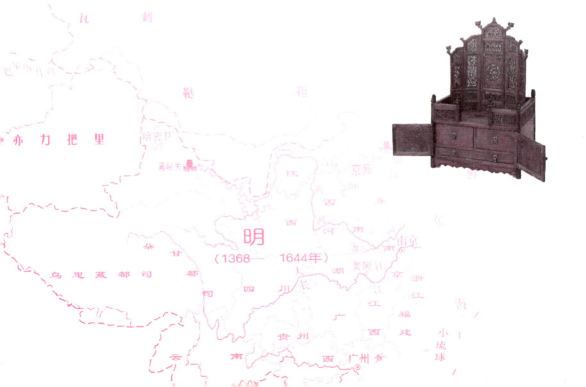

明
（1368— 1644年）

谁为朱元璋制定了"缓称王"的战略

"高筑墙，广积粮，缓称王"是《明史·朱升传》中的一段话。1363年秋，朱元璋率领水军与陈友谅在鄱阳湖进行了一场规模空前的大水战。陈友谅利用鄱阳湖易守难攻的地理条件和兵力优势使朱元璋久攻不下，战事陷入僵持状态。正当朱元璋苦思良策之际，谋士刘基为之推荐了具有经天纬地之才的朱升。朱升为朱元璋所制定的以上九字方略不但助其平定江南，一统天下，同时也铸造出明王朝内敛的政治性格。

朱元璋曾经当过和尚吗

朱元璋（1328—1398年），明开国皇帝。原名朱重八（也称朱八八、朱兴宗），后取名朱国瑞，出生于濠州钟离（今安徽省凤阳县东）太平乡的一个贫苦农民家庭。他自幼贫寒，孤苦无依，父母兄长死于瘟疫后入皇觉寺（位于凤阳城西门外）为小沙弥。入寺不到两个月，因荒年寺租难收，寺主封仓遣散众僧，朱重八只得离乡成为游方僧，后又回到皇觉寺。25岁时因朋友的一封信参加郭子兴领导的红巾军，反抗蒙元暴政，率兵出征，并改名"朱元璋"，意为诛（朱）灭蒙元的璋（璋，古代的一种玉器）。

朱元璋

你知道历史上的马皇后吗

马皇后（1332—1382年），本名不详，归惠府宿州人，因聪慧贤良被郭子兴收为养女，被郭子兴许配给朱元璋后，在其平定天下、创建帝业的岁月里，马皇后与朱元璋患难与共，曾亲手缝衣做鞋，团结将士、稳定军心，为朱元璋取得最终胜利发挥了重要作用。朱元璋称帝后对马皇后一直非常尊重和感激，对她的建议也往往认真听取和采纳。马皇后为人慈惠，人际关系处理得好，与其他妃子和宫人能和睦相处。马皇后的

所作所为赢得了丈夫的尊敬与爱护，朱元璋将她比之于历史上的长孙皇后以赞其贤德。洪武十五年（1382年），马皇后去世，享年51岁。此后，朱元璋不再册立皇后，以表示对她的敬重和怀念。

《大明律》是怎样一部法典

《大明律》是《大明律集解附例》的简称，完成于明洪武年间，由明太祖朱元璋总结历代法律施行的经验和教训详细制定而成。《大明律》共30卷、460条，名例1卷、吏律2卷、户律7卷、礼律2卷、兵律5卷、刑律11卷、工律2卷。《大明律》适应形势的发展，变通了体例，调整了刑名，肯定了明初人身地位的变化，注重了经济立法，在体例上表现了各部门法的相对独立性，并扩大了民法的范围，同时在"礼"与"法"的结合方面呈现出新的特点。《大明律》是明代以前中国古代法律编纂的历史总结，且下启清代立法活动的发展，同时也为中国近现代的法制建设提供了宝贵借鉴。

高启因何被处以腰斩之刑

高启（1336—1373年），元末明初诗人，字季迪，长洲（今江苏苏州）人，自号青丘子，"吴中四杰"之一。其诗雄健有力，富有才情，有诗集《高太史大全集》、文集《凫藻集》、词集《扣舷集》。高启为人孤高耿介，厌倦朝政，不羡功名利禄。明初受诏入朝撰写《元史》，授翰林院编修。洪武三年（1370年）朱元璋委任他为户部右侍郎，他固辞不赴，被赐金放还，但朱元璋怀疑他作诗讽刺自己而心生忌恨。高启返青丘后，以教书治田自给。苏州知府魏观修复府治旧基，高启为之撰写了《上梁文》。因府治旧基原为张士诚宫址，有人诬告魏观有反心使遭诛杀，高启也受到牵连被腰斩于南京城。

蓝玉因何获罪

蓝玉，凤阳府定远县（今属安徽）人，开平王常遇春内弟。蓝玉胸怀谋略，作战英勇，屡立战功，朱元璋对其宠遇甚隆，将其比之为汉代卫青、唐代李靖，封凉国公。蓝玉居功自傲，日益骄横跋扈，引起朱元璋不满。洪武二十六年（1393年），锦衣卫指挥告发蓝玉谋反，朱元璋将其族诛。

"司礼监"是一个什么样的机构

"司礼监"为官署名，明朝时设置，内有提督、掌印、秉笔、随堂等太监，居明朝内廷管理宦官与宫内事务的"十二监"之首。自明宣宗开始，凡皇帝口述命令，按例由秉笔太监用朱笔记录，再交内阁撰拟诏谕并由六部校对颁发。从实质上讲，这主要是为了利用宦官的力量来牵制内阁权利的过度膨胀。但明中叶以后，皇帝多深居后宫，嬉游享乐，不理国政，常由司礼监秉笔太监代行"批红"大权，在事实上攫取了宰相之权。典型事例，如明武宗时期宦官刘瑾专权，"司礼监"批阅奏章、专掌机密，其实权已远在内阁首辅之上。其后，明熹宗时期的魏忠贤则更是大权独揽，一手遮天。

什么是"锦衣卫"

"锦衣卫"是明朝时期皇帝的专有军事特务机构。其全名为"锦衣亲军都指挥使司"，其前身为明太祖朱元璋所创立的"御用拱卫司""仪鸾司"和"大内亲军都督府"。他们均直接听

"锦衣卫"印

命于皇帝，可以逮捕包括皇亲国戚在内的任何人，并有权进行不公开审讯，其职能相当于现代的宪兵、国家安全局等，同时也负责参与收集军情、策反敌将的工作。锦衣卫于明初两代曾受到重用，直至1661年南明永历帝的锦衣卫指挥使被杀，才正式退出历史舞台，存在时间长达290年之久。

"靖难之役"是怎么回事

"靖难之役"是明朝开国皇帝朱元璋死后不久爆发的一场皇室内部争夺帝位的战争。"靖"指平息、扫除；"靖难"是平定祸乱、平息战乱、扫平奸臣的意思。明太祖朱元璋将儿孙分封到各地为藩王，藩王势力日益膨胀。朱元璋之孙建文帝即位后采取了一系列削藩措施，严重威胁到众藩王的利益。燕王朱棣以"清君侧"之名率先起兵反抗，挥师南下，史称"靖难之役"。1402年，朱棣攻破都城南京，战乱中建文帝下落不明。同年，朱棣即位，是为明成祖，第二年，改元永乐。

"三杨"指的是哪三个人

"三杨"，指明代"台阁体"诗文的代表人物杨士奇（1365—1444年）、杨荣（1371—1440年）、杨溥（1372—1446年）。三人均历事永乐、洪熙、宣德、正统四朝，先后位至台阁重臣，正统时以大学士辅政，因此人称"三杨"。时人称杨士奇有学行、杨荣有才识、杨溥有雅操，又以其居所位置，称杨士奇为"西杨"、杨荣为"东杨"，杨溥为南郡人，因而被称为"南杨"。以"三杨"为代表的台阁体诗文，内容多歌功颂德、粉饰现实，艺术上追求雅正、流于平庸。从永乐至成化年间，明代文坛几乎为台阁体所垄断。

今天的故宫最初营建于何时

故宫位于今北京城中心，旧称"紫禁城"，是明、清两代王朝的皇宫，曾居住过24位皇帝，中华人民共和国成立后被辟为"故宫博物院"。明成祖朱棣在夺取帝位后决意迁都北京，开始营造紫禁城。明永乐十八年（1420年），宫殿落成，占地约72万平方米，建筑面积约15万平方米，共有殿宇8 707间，均为砖木结构、黄琉璃瓦顶、青白石底座并饰以精美彩绘。作为世界上现存规模最大、保存最完整的古代皇家建筑群，故宫可称得上是古代建筑中无与伦比的杰作。

明成祖在巩固中央集权方面都采取了哪些举措

明成祖朱棣（1360—1424年），明朝第三位皇帝，1402年至1424年在位，明太祖朱元璋第四子。朱棣早年受封燕王，后发动"靖难之役"夺位登基，死后原庙号"太宗"，百多年后由明世宗朱厚熜改为"成祖"。明成祖在位期间完善政治制度，强化君主专制，继续削藩，徙富民以控制豪强，设置内阁，加强监察，发展经济，开拓疆域，迁都北京，编修《永乐大典》，派遣郑和下西洋，使明朝经济繁荣，国力强盛，社会发展到顶峰。明成祖年号"永乐"，因而其统治时期被称为"永乐盛世"，明成祖本人亦被后世赞为"永乐大帝"。

《永乐大典》是一部什么样的书

《永乐大典》是中国古代最大的一部类书，编纂于明朝永乐年间。全书共计22 937卷（其中包括目录60卷），分为11 095册，约3.7亿字。作为百科全书式的文献集，《永乐大典》汇集了古今图书七八千种，保存了14世纪以前中国历史、地理、文学、艺术、哲学、宗教、科技等多方面的成果，其规模远远超过了前代编纂的类书。《大英百科全书》称之为"世界有史以来最大的百科全书"。《永乐大典》自成书以后屡遭浩劫，大多失于战火，今存不到800卷，为后世留下了许多故事和难解之谜。

什么是"奴儿干都司"

"奴儿干都指挥使司"简称"奴儿干都司"，明朝官署名。设立于明成祖永乐七年（1409年），是明朝在东北黑龙江出海口一带（今俄罗斯境内）设立的地方军政机构。治所位于黑龙江下游东岸特林，管辖卫、所400余个，并屯驻军队于其中，是管理当地的军政机构。辖区范围广大：东至海，西至斡难河（鄂嫩河），南接图们江，北抵外兴安岭，包括库页岛。到万历年间（1573—1620年），奴儿干都司辖区内增加到卫384、所24、地面7、站

7、寨1，通称384卫。16世纪末至17世纪初，以努尔哈赤为首的建州女真逐渐取代了明朝对黑龙江地区的统治，"奴儿干都司"最终淡出历史舞台。

建文帝下落如何

明惠帝朱允炆，明朝第二位皇帝，年号"建文"，庙号神宗，后世因其年号也称之为建文帝。建文帝在位仅仅四年，"靖难之役"后下落不明。关于他的去处，目前有多种说法：其一"隐居说"（有待考证），据湖北麻城龟山族谱记载，朱允炆改名为何必华，字汝川，终年87岁。其二"自焚说"，永乐年间的《实录》和《明史稿》均持此说。其三"削发为僧说"，《明史·姚广孝传》和《胡濙传》里记载，建文帝逃脱后一直藏在江苏吴县普洛寺内，永乐二十一年（1423年）死于江苏吴县穹窿山，终年46岁。此外，还有传说红崖天书是他当年写下的。朱棣即位后曾下令搜寻建文帝的下落，此为历史事实，但他的真实用心及建文帝的确切下落至今仍是历史之谜，留待解答。

"三保太监"指的是谁

郑和，原名马三宝，出生于明洪武四年（1371年）。洪武十四年（1381年）冬，明朝军队进攻云南，年仅10岁的马三保被掳入明营阉割成为太监，后进入朱棣的燕王府当差。"靖难之役"中，马三保在河北郑州（今河北任丘以北）立下战功。永乐二年（1404年），明成祖朱棣认为"马"姓不妥，在南京御书"郑"字赐马三保郑姓，改名为和，封为内官监太监，官至四品，地位仅次于司礼监。宣德六年（1431年），郑和被钦封为"三保太监"。郑和在航海、外交、军事、建筑等诸多领域都具有非凡的才识，一生七下西洋的壮举将其卓越的智慧发挥得淋漓尽致，对中外经济、文化交往起到了积极作用。

明成祖为什么要抓捕全国的尼姑和女道士

永乐十八年（1420年），北京、山东的尼

姑、女道士曾一度被统统逮捕。事情起因于一场发生在山东境内由唐赛儿（女）领导的农民起义运动。据《明史》及清代有关野史杂抄记载，唐赛儿于永乐十八年（1420年）二月在家乡蒲台（今山东滨州）聚集数千白莲教徒，以红白旗为号，揭竿而起，对抗朝廷。同年七月，朱棣命段明为山东左参政，搜索唐赛儿下落。段明为了完成任务，不仅把山东、北京的尼姑逐一搜查，全部逮捕，甚至还在全国其他范围捉拿了数万名出家妇女。但直至朱棣病逝，"赛儿卒不获，不知所终"，这场规模浩大的抓捕行动最终以失败而结束。

"郑和下西洋"是怎么回事

明永乐三年（1405年），明成祖命郑和率领240多艘海船、27 400名士兵和船员组成的远洋船队，由刘家港出发，进行穿越马六甲海峡、横渡印度洋的史无前例的远航。从此直到明宣德八年（1433年），郑和一共远航了七次。最后一次，宣德八年（1433年）四月回程途经古里国时，郑和因劳累过度在船上过世。1405—1433年，郑和及其远航船队曾到达过爪哇、苏门答腊、苏禄、彭亨、真腊、古里、暹罗、阿丹、天方、佐法儿、忽鲁谟斯、木骨都束等30多个国家，最远曾抵达非洲东海岸、红海、麦加，并有可能到过今天的澳大利亚。即使是今

天，东西方学者和专家们也不得不承认，就当时的世界而言，郑和率领的舰队所创造的奇迹，从规模到实力都是无可比拟的历史神话。

宗喀巴改革喇嘛教是怎么回事

宗喀巴（1357—1419年），青海湟中县人，佛教理论家、藏传佛教格鲁派（黄教）的创立者。格鲁派由宗喀巴大师创立于明永乐年间，是藏传佛教中创立最晚、影响最大的一个教派。藏语"格鲁"，意为"善规"，该派以倡导僧人严守戒律而得名。另说格鲁派为"甘丹寺派"的藏语音转，或称"新噶丹派"。据记载，10世纪末，卢梅从安多返回西藏，临行前喇勤·贡巴饶赛将自己戴过的一顶黄帽赠送给他并叮嘱："汝戴此帽，常保正念。"宗喀巴创立格鲁派，也用黄颜色的帽子作为戒法重兴的象征，并将其作为本派标志。因此，格鲁派又俗称"黄帽派"或"黄教"。同时因格鲁派的创立时间最晚，它也被称为"萨玛巴"，意为"新派"。

天安门最初是由谁设计的

天安门的设计者为明朝工匠蒯祥。蒯祥生于明朝初年江苏吴县一个木匠家庭。明永乐十五年（1417年），明成祖调集全国能工巧匠到北京兴建宫殿，蒯祥中选入京，成为皇宫工程的建筑师之一。他与另外几位著名匠师对宫殿工程进行规划设计，其中包括天安门。天安门建筑完工后受到京城上下一致称赞，人们称蒯祥为"蒯鲁班"，甚至还将蒯祥画在当时的一张北京宫殿详图上面以表彰其成就。蒯祥定居北京后，担任建筑宫室的官吏，官至工部左侍郎。在职期间，蒯祥先后完成了不少大型建筑工程，如明英宗正统年间大三殿的重建及明景宗天顺年间裕陵的兴建等。

郑和下西洋路线图

郑和七次下西洋路线
麦加　今名

王振的垮台起因于什么

王振，明朝宦官，起初本为教书先生，后自阉进宫，侍奉太子即日后的明英宗，被英宗称为先生。英宗即位后，王振勾结内外官僚擅作威福，在京城以东大兴土木，建造豪华府第，并陷害残杀朝廷官员。正统十四年（1449年），瓦剌大举南侵。王振为了建立所谓的丰功伟绩，怂恿皇帝御驾亲征，且在后备供给不足的情况下孤军深入。大军行至土木堡（今河北怀来东）被瓦剌兵包围，全军覆没，英宗被俘，王振被明将樊忠锤杀。

"土木之变"使谁做了俘虏

明英宗朱祁镇（1427—1464年），明宣宗长子，9岁即位，明朝第六位皇帝。起初仰仗累朝元老杨士奇、杨荣、杨溥主持政务，大事均由皇太后张氏裁夺。张氏死后，"三杨"去位，英宗宠信太监王振，明代宦官专权之局面由此展开。正统十四年（1449年），瓦剌入犯，英宗听从王振之言御驾亲征，在土木堡兵败被俘，史称"土木之变"或"土木堡之变"。成王朱祁钰被拥立称帝，改元景泰。景泰元年（1450年），英宗被释回京，尊为太上皇软禁于南宫。景泰八年（1457年），英宗发动"夺门之变"重新称帝，改元天顺。

"北京保卫战"是由谁主要领导的

于谦（1398—1457年），字廷益，号节庵，官至少保，世称"于少保"，汉族，明代名臣，有《于忠肃集》传世，与岳飞、张煌言并称"西湖三杰"。永乐十九年（1421年）举进士，正统十四年（1449年）官升兵部左侍郎。"土木之变"发生后，郕王朱祁钰监国，于谦又被擢升为兵部尚书。瓦剌南侵之际，于谦力排南迁之议，决策死守京师，与诸大臣拥立明英宗弟郕王朱祁钰即位，是为景帝。瓦剌兵锋近逼京师，于谦亲自督战退敌，于是被论功加封为少保，总督军务。"夺门之变"后，英宗于天顺

元年（1457年）以"谋逆"罪将于谦冤杀。弘治年间赐于谦谥号"肃愍"，万历年间改赐谥号"忠肃"。

"夺门之变"是怎么回事

"夺门之变"又名"南宫复辟"，是明代将领石亨、太监曹吉祥等于景泰八年（1457年）拥立明英宗朱祁镇复位的一次政变。因石亨等攻破南宫门奉英宗升奉天殿复辟，因而得名。正统十四年（1449年）八月，明英宗在土木之变被瓦剌军俘房。同年九月，兵部尚书于谦、吏部尚书王文等拥立英宗弟郕王朱祁钰为帝（即明代宗景泰帝），遥尊英宗为太上皇。次年，英宗被释归，幽禁于南宫。景泰八年正月，景泰帝病重，不能临朝，石亨即与都督张軏、太监曹吉祥等密谋发动政变，拥英宗复辟。景泰帝被废后仍为郕王，软禁于西苑。

明景泰帝是有病而终的吗

明代宗朱祁钰（1428—1457年），明宣宗次子，明英宗弟，明朝第七位皇帝，1449年至1457年在位，年号景泰，因此又被称为景泰帝或景帝。明英宗即位后被封为郕王。1449年，明英宗在土木堡为瓦剌军所俘，郕王被拥立为帝，年号景泰，遥尊英宗为太上皇，封英宗子朱见深为太子。朱祁钰即位后，任用于谦为兵部尚书，粉碎了瓦剌对北京的进攻，迫使瓦剌释放英宗。景泰八年（1457年），"夺门之变"爆发，英宗复辟，代宗被降为郕王，软禁在西苑，一个多月后去世，享年30岁。景帝死因不明，有病死、谋杀等诸多说法，至今仍为不解之谜。

为什么小皇子朱祐樘要男扮女装

明孝宗朱祐樘（1470—1505年），宪宗皇帝第三子，明朝第九位皇帝，生母孝穆纪太后，是明代中期的一位仁君。他的童年生活非常不幸，

生母纪氏怀孕后,当时宫中最为受宠的万贵妃命太监张敏逼纪氏服药堕胎但未成功,朱祐樘侥幸存活。纪氏在冷宫中平安生下皇子朱祐樘后将其男扮女装偷偷抚养,由于长期幽禁,一直没有剪过胎发,长长的头发披散到地上。在太监张敏的坦白之下,宪宗终于发现了自己那个已经6岁的儿子。1475年,朱祐樘被册立为太子,但紧接着纪氏暴亡,太监张敏也吞金自尽。

“弘治中兴”是怎么回事

明孝宗朱祐樘(1470—1505年),明朝第九位皇帝。其在位期间吏治清明,任用贤能,抑制宦官,勤于政务,倡导节约,与民休息,是明代历史上少有的经济繁荣、人民安居乐业的和平时期。孝宗年号弘治,因而其统治时期被史家称为“弘治中兴”。值得称道的是,孝宗宽厚仁和、勤于政事,不仅早朝每天必到,而且开设午朝,且又重开经筵侍讲、文华殿议政,君臣共同切磋治国之道。此外还大力兴修水利,发展农业,并对宦官严加管束,东厂、西厂、锦衣卫再不敢任意行事。“弘治中兴”是明朝一个短暂难得的“治世”,孝宗本人也被后世称赞为“恭俭有制,勤政爱民”。

明代的家具为什么又被称为“苏氏家具”

“苏式家具”是指以苏州为中心的长江中下游地区所生产的家具。“苏式家具”风格成型较早,于明代早已举世闻名,是明式家具的典型代表。它以造型优美、线条流畅、用料节省、结构合理、尺寸合适等优点及格调朴素大方博得了世人的赞赏。

清代中叶以后,“清式”家具盛行一时,但“苏式家具”始终遵循着“明式”的优良传统,保持着“明式”的一贯做法和风格。因此,人们往往将“苏式”称作“明式”。“苏式家具”于明清两代最为鼎盛,时至今日在家具市场的名声依旧响亮。

明代为什么要大修长城

“明长城”是明朝政府在北部地区修筑的军事防御工程,亦称边墙,区别于由秦皇时期所修筑的万里长城,即为今天我们所能见到的大部分长城。它西起甘肃嘉峪关,东至辽东虎山,全长8 851.8千米。明朝建立以来,退回漠北草原的蒙古贵族鞑靼、瓦剌诸部不断南下侵扰,明中叶以后,兴起于东北地区的女真族也不断威胁边境的安全。为了巩固北部边防,明代一朝几乎没有停止过对长城的修筑。自洪武至万历年间,“明长城”共经历了20次大规模修建,大体可分为三个阶段:明前期的长城修建主要集中在北魏、北齐、隋长城的基础上增建烟墩、烽燧、戍堡、壕堑,局部地段将土垣改成石墙;“土木之变”后,明代政府着力增建墩堡,百余年间建成无数长城重镇;万历年间,李成梁、熊廷弼分别主持了“明长城”大规模修缮建堡工程。

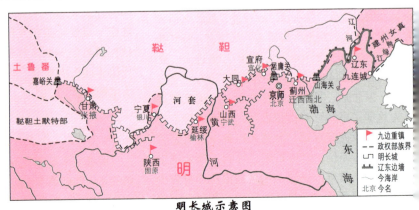

明长城示意图

什么是景泰蓝

"景泰蓝"又称"铜胎掐丝珐琅"，俗名"珐蓝"，又称"嵌珐琅"。其制作工艺是在铜质的胎型上用柔软的扁铜丝掐成各种花纹焊上，然后把珐琅质的色釉填充在花纹内烧制而成。因其在明朝景泰年间盛行，且使用的珐琅釉多以蓝色为主，故而得名"景泰蓝"。"景泰蓝"距今已有600多年的历史，是最具北京特色的传统手工艺品之一，采用金银铜及多种天然矿物质为原材料，集美术、工艺、雕刻、镶嵌、玻璃熔炼、冶金等专业技艺为一体，具有极高的收藏、欣赏价值。

明代受千刀万剐之刑而死的宦官是谁

刘瑾（1451—1510年），陕西兴平人，明武宗时太监，明代最为臭名昭著的权宦之一。刘瑾本姓谈，6岁时被太监刘顺收养，后净身入宫成为太监，遂改姓刘。于明孝宗时曾犯死罪，侥幸得免。后侍奉太子朱厚照，即后来的明武宗。明武宗即位后，刘瑾操纵朝政，一手遮天。正德元年至五年期间，他与马永成、高凤、罗祥、魏彬、丘聚、谷大用、张永被人称为"八虎"，恣意妄为，残害忠良，后以谋逆罪名被告发。正德五年（1510年）八月，刘瑾被处以"凌迟"，即千刀万剐之刑，行刑三天，之前深受其害的人家纷纷买下刘瑾身上已被割成细条的肉块吃下，以解心头之恨。

"宸濠之乱"是怎么回事

明正德九年（1514年），宁王朱宸濠通过贿赂太监刘瑾等人，恢复了亲兵护卫，并大肆蓄养死士，日夜密谋起兵推翻明武宗，此后又企图以己子入嗣明武宗，以取得皇位。正德十四年（1519年），宁王于六月十四日在南昌兴兵起事，杀江西巡抚孙燧和江西按察副使许逵，革正德年号，集结兵力号称10万人，并发檄各地指斥朝廷。同年七月初，宁王率水军攻打安庆，图谋攻占旧都金陵（南京）以称帝。赣南巡抚金都

御史王守仁（王阳明）得知此事，立即通知周围诸郡，举兵擒王。宁王朱宸濠一门及同党皆尽被擒。八月，王守仁传捷报于燕京。次年十二月，宁王朱宸濠在通州被处死。

明代皇帝朱厚照为什么禁止百姓养猪

据《武宗实录》记载，明武宗朱厚照曾下令禁止民间养猪。朱厚照禁止养猪的理由有二：其一，"猪"与皇帝"朱"姓同音，要避讳；其二，朱厚照生于辛亥年，恰逢猪年。基于上述原因，朱厚照认为养猪、杀猪等同于将矛头指向皇帝。明武宗的这一禁令几乎使全国的猪断种，致使次年清明时节要用猪来祭祀时竟无法找到。后经大臣们的婉言劝谏，才最终废除了这道令人哭笑不得的禁令。

明朝哪位皇帝曾经用宫女当做"药引子"

嘉靖皇帝朱厚熜渴求长生不老，曾命方士利用十三四岁宫女的处女月信来炼制丹药。为了保持身体的洁净，宫女们不得进食，只能吃桑叶、饮露水。被征召的宫女苦不堪言，她们以杨金英为首决定趁嘉靖帝熟睡之时用麻绳将其勒毙，谁知慌乱之中，宫女们竟将麻绳打成死结，结果只是将嘉靖帝吓昏而未杀死，幸亏皇后及时赶到，制服了宫女并下令斩首。由于此事发生于嘉靖壬寅年（嘉靖二十一年，1542年），因此后世史家称之为"壬寅宫变"。

皇帝为猫立碑是怎么回事

明世宗朱厚熜渴求长寿，崇信道教，一心修玄，对各种祥瑞之物也极为喜爱。有"九命"传说的猫被明世宗视为"寿福"的象征，他在自己居住的西苑永寿宫中饲有两只漂亮的猫——"雪眉"和"狮猫"。世宗对它们的喜爱几乎到了同吃、同玩、同睡的程度，竟20多年不理朝政，一切事务交由严嵩执掌。他还曾以帝王身份举行仪式，庄重地封"雪眉"为"虬龙"。后来，"虬龙"死了，世宗将其葬于万寿山，并立碑撰文，题名"虬龙墓"。"狮猫"死后，世宗命人用黄

金铸造棺材，将它敛入其中，并举行了隆重的葬礼。此外，为了超度"狮猫"，他还命令朝中文武大臣为之撰写祭文。然而，猫并没有帮他达成长寿的心愿，世宗因服丹药过量于1567年暴亡宫中，享年60岁。

谁被百姓称为"海青天"

海瑞（1515—1587年），字汝贤、国开，自号刚峰，明代著名清官。早年从教时被称为"海笔架"，为官后被誉为"海青天"，与宋代包拯齐名。海瑞为官深得民心，屡次平反冤假错案，打击贪官污吏。隆庆三年（1569年）升任右佥都御史后，海瑞疏浚河道，修筑水利工程，推行一条鞭法，并一如既往惩治贪官，打击豪强，强令贪官污吏退田还民，被百姓称为"海青天"。后曾被排挤，海瑞被革职闲居长达16年之久，万历十三年（1585年）重新被起用，先后任南京吏部右侍郎、南京右都御史等职，仍力主严惩贪官污吏，禁止循私受贿。后病死于南京。

丁汝夔因何为严嵩所害

丁汝夔，明中期大臣。嘉靖二十八年（1549年）十月，丁汝夔升任兵部尚书。当时严嵩擅权，受贿成风，边疆军务废弛。第二年（1550年）"庚戌之变"爆发，蒙古俺答汗大军南侵，京师兵力空虚，仅有禁军四五万，且老弱掺半不敢应战，武库兵器也未能按时分发。蒙古兵一路抢掠，迫近京师，丁汝夔欲率众将抵抗，严嵩却"告诫"他不要出战，理由在于：若在边塞打了败仗尚且可以掩饰，若在京师附近打了败仗就难以掩饰了，不如听任蒙古掳掠，他们抢掠满足了自会撤军。蒙古军得以在京城周边抢掠八日，民间皆归罪于丁汝夔，严嵩更将罪名推到他身上，嘉靖帝以御寇无策、守备不严将丁汝夔斩首，其临刑时大呼"严嵩误我"。

"三一教"是什么样的一种宗教

"三一教"由福建省兴化府莆田县（今属莆田市荔城区）林兆恩于明世宗嘉靖三十年（1551年）创立。林兆恩（1517—1598年），字懋勋，号龙江，道号子谷子、心隐子、常明先生、混虚氏、无始氏等，门徒尊称其为三教先生、林三教、三一教主，又称"夏午尼氏道统中一三教度世大宗师"，享年82岁。所谓"三一教"，就是儒、道、释三教合一，是中国历史上一种地方性民间宗教，全盛时期曾流行于福建、江西、浙江、湖北、安徽、南京、北京、河南、陕西、山东等地。近代随着海外移民的足迹，流行于东南亚及我国台湾省，并辗转传入欧美。

历史上的"青词宰相"指的是谁

严嵩（1480—1567年），字惟中，号勉庵、介溪、分宜等，江西新余市分宜县人，擅权揽政长达20年之久，累进吏部尚书，谨身殿大学士、少傅兼太子太师，少师、华盖殿大学士等，为中国历史上著名权臣之一。严嵩为官趋炎媚上，善于揣测皇帝的心思。世宗朱厚熜崇道修玄，许多文人为之撰写青词（道教仪式中向上天祷告的词文）一步登天位居高层，严嵩就是其中的代表人物。严嵩由于善写青词而入阁成为宰相，因此民间称之为"青词宰相"。严嵩在职期间窃权罔利，一手遮天，大力排除异己，并侵吞军饷，致使边防废弛，此外还招权纳贿，肆行贪污，大大激化了当时的社会矛盾。严嵩晚年为明世宗所疏远，被抄家去职，两年之后去世。

谭纶是怎样的一个人

谭纶（1520—1577年），字子理，号二华，江西省宜黄县谭坊人，明代抗倭名将、杰出的军事家、戏曲活动家。官至兵部尚书、太子少保。谭纶自幼饱览诗书，思维敏锐，智力过人，性格沉稳，有雄才大略，且饱览兵书。他通过平时观察蜘蛛结网、蟋蟀相斗等现象，经过认真思考并与实战经验相联系，撰有兵书《说物寓武》20篇传世。

什么是"一条鞭法"

"一条鞭法",明代中叶以后政府在赋役方面的一项重要改革措施。明自中叶以来,土地兼并剧烈,地权高度集中,加之以官绅包揽、大户诡寄、徭役日重、农民逃徙等现象普遍存在,这使得主要依据人丁征收赋税的政府财政收入大为减少。针对上述问题,张居正主张进行改革,总括一县之赋役悉并为一条。具体而言,即先将赋和役分别合并,再通将一省丁银均一省徭役,每粮一石编银若干,每丁审银若干,最后将役银与赋银合并征收。"一条鞭法"反映出16世纪明代管理者试图使纳税人通过支付白银来履行对国家义务的愿望,是中国历史上一次伟大的改革与尝试。

张居正改革是怎么回事

张居正改革是明神宗万历年间政治家张居正为挽救明王朝统治危机而采取的一系列改革。张居正(1525—1582年),字叔大,号太岳,湖北江陵人。明穆宗隆庆六年(1572年),张居正得到大太监冯保的支持,取代高拱,

张居正

于明神宗万历年间连续10年担任内阁首辅(宰相)。为挽救明王朝的统治危机并试图扭转自嘉靖、隆庆年间以来政治腐败、边防松弛、民穷财竭的局面,张居正从军事、政治、经济等方面着手进行整顿,尤其重于经济改革,取得了一定效果,为后世所称道。

张居正为什么会死后蒙冤

张居正的改革措施虽然旨在解决明王朝200余年发展中所遗留下来的各种问题以巩固政权,然而却不免触动了相当数量的官僚、缙绅等人的既得利益,因此很自然地遭遇到了改革反对派的激烈对抗。由于明王朝的统治历史积弊太深,已是积重难返,张居正积劳成疾也无力回天,于万历十年(1582年)病死。反对派立即群起攻讦,他们污蔑张居正改革"务为烦碎",清丈土地是"增税害民",实行"一条鞭法"乱了"祖制"。在他们的群起攻击之下,张居正去世时受到的官爵和封号均被撤销,进而家产也遭查抄。张居正的长子被逼自杀,其他家属也惨遭迫害。张居正的改革成果虽然有所保留,但大部分已经被废,刚刚呈现一点起色的明朝政治又开始走下坡路。

第一个来华传播天主教的人是谁

利玛窦(Matteo Ricci,1552—1610年),意大利天主教耶稣会传教士、学者。明神宗万历十一年(1583年)来中国居住,"利玛窦"是他的中文名,号"西泰""清泰""西江",又被中国士大夫

利玛窦画像

尊称为"泰西儒士"。作为首位在中国传播天主教的耶稣会士,利玛窦也是第一位阅读中国文学并对中国典籍进行钻研的西方学者,除了传播天主教教义以外,他还广交中国官员和社会名流,传播西方天文、数学、地理等科学技术知识。他的著述不仅对中西交流作出了重要贡献,对日本和朝鲜半岛上的国家认识西方文明也产生了重要影响。

"戚家军"指的是什么

"戚家军"又称义乌兵,浙军,因戚继光而得名,为明朝一支著名军队,于嘉靖三十八年(1559年)成军于浙江义乌,总兵力4 000人,主干力量为义乌东阳的农民和矿工。戚家军以严明的军纪、职业化的训练和东亚最先进的装备而闻名遐迩,是中国历史上第一支火枪骑兵队。自成军之日起,"戚家军"历经大小数百战而未有败绩。嘉靖四十二年(1563年),戚家军于福建荡平倭寇,又于广东剿灭勾结倭寇的海盗吴平。隆庆元年(1567年),戚继光及其部下3 000人被调往京师,督阵蓟辽。"戚家军"自嘉靖三十八年(1559年)成军到万历十一年

（1583年）戚继光去职，累计击败敌军十五万余，战绩赫赫，在我国军事发展史上留下了浓墨重彩的一笔。

万历年间进行了哪三次大规模军事征伐

明神宗万历二十年至二十八年（1592—1600年）分别在西北、东北、西南边疆接连展开了三次大规模军事征讨，史称"万历三大征"，为平定哱拜叛乱的宁夏之役（又称明平哱拜叛乱）、平定日本丰臣秀吉入侵的朝鲜之役（又称朝鲜壬辰卫国战争）及平定苗疆土司杨应龙叛乱的播州之役。三战皆胜，巩固了统治，但也使明朝的国力遭到巨大损耗。明代茅瑞征的《万历三大征考》及瞿九思的《万历武功录》十四卷中包含了相关记载。

苏州市民暴动是怎么回事

"苏州市民暴动"指明末天启六年（1626年）三月，苏州市民反抗阉党的一场斗争。明朝末年，宦官魏忠贤专权，阉党当政。他们网罗党羽，排斥异己，杀戮大臣，欺压人民，暴虐无道。以江南士大夫为首的东林党人多次上疏弹劾魏忠贤，阉党对东林党人进行残酷迫害，双方斗争非常激烈。天启六年（1626年），魏忠贤派爪牙到苏州逮捕对东林党人倍加礼遇的周顺昌，苏州市民群情激愤，奋起反抗，发生暴动。事后阉党大范围搜捕暴动市民。次年，崇祯皇帝即位后罢黜魏忠贤，魏畏罪自缢，阉党失败，周顺昌得以昭雪。张溥于崇祯元年（1628年）所作的《五人墓碑记》对这场正义斗争进行了记录，并对牺牲的志士进行了高度褒扬。

"国本之争"是怎么回事

福王之前"国本之争"又称"争国本"，得名于中国古代"太子者，国之根本"的说法，是因明神宗册立太子问题而引起的一场旷日持久的争论。众大臣按照明朝册立长子的原则拥戴皇长子朱常洛为太子，然而神宗不喜欢宫女所生的朱常洛而有意立加倍宠爱的郑贵妃之子朱常洵为太

子，受到大臣与慈圣皇太后的极力反对。为此，明神宗迟迟不立太子并长期荒废朝政以示抗议。群臣忧心如焚，朝中上下因此分为两派，明神宗与群臣争论长达15年之久。万历二十九年（1601年），神宗终于让步，封朱常洛为太子，封朱常洵为福王。但直至"梃击案"发生后舆论对其母郑贵妃极为不利，福王才离京就藩，朱常洛的太子地位至此才得以稳固。

福王朱常洵为什么迟迟不赴藩国

朱常洵（1586—1641年），明神宗第三子。朱常洵是明神宗最宠爱的妃子郑贵妃于万历十四年（1586年）所生。明神宗想废长立幼，立朱常洵为太子，遭到众大臣的极力反对，神宗因此荒废朝政以示抗议，历时多年的"国本之争"由此开始。万历二十九年（1601年），神宗终于让步，立皇长子朱常洛为太子，封朱常洵为福王。朱常洵长期滞留京城，直到"梃击案"发生后，舆论对其母郑贵妃非常不利之时，福王才离京就藩。万历四十二年（1614年）三月，福王全家迁居洛阳府邸，至崇祯十四年（1641年）李自成攻克洛阳被杀，福王共在洛阳生活了28年。崇祯皇帝赐谥号曰"忠"。

魏忠贤是什么人

魏忠贤（1568—1627年），原名魏四，进宫后改名李进忠，后又改回原姓魏，皇帝赐名忠贤，明朝末期宦官。魏忠贤出身于市井无赖之家，为赌债所逼遂自阉入宫。在宫中，魏忠贤结交到太子宫太监王安，后又成为皇长孙奶妈客氏"对食"，因而得以接近皇长孙朱由校并极尽谄媚之事。泰昌

魏忠贤

元年（1620年），朱由校即位，是为熹宗，魏忠贤升任司礼监秉笔太监。魏忠贤总是乘"木匠天才"明熹宗做木工做得全神贯注之时拿重要的奏

章去请他批阅，熹宗因厌烦总是让他自行定夺，魏忠贤因此得以逐渐把持朝政。魏忠贤被称为"九千岁"，专断国政，排除异己，一时厂卫之毒流满天下，世人"只知有忠贤，而不知有皇上"，中国历史进入了最昏暗的宦官专权时期。崇祯皇帝即位后立即着手惩治阉党，治魏忠贤十大罪。魏忠贤畏罪自缢而亡，其余党亦被迅速彻底肃清。

"晚明三大疑案"指的是什么

"晚明三大疑案"是明朝末期发生于宫廷中的"梃击案""红丸案"和"移宫案"的总称。事实上，上述每件事件本身并不是很重要，但它们的发生标志着明末各种纷乱的总爆发及其衰亡征兆的初现，故有"三大案"之称。

梃击案是怎么回事

梃击案发生于万历四十三年（1615年）五月初四，一位名叫张差的男子手持木棍闯入皇太子居住的慈庆宫并打伤守门宦官李鉴，后被捕。刑部主事秘密审讯了张差，结果发现郑贵妃与此案确有密切关系。郑贵妃哀求皇太子，皇太子也请求皇帝快速结案。郑贵妃为明神宗宠妃，因此除了张差遭到处决外，此案最终不了了之，而一些主张继续追查的官员事后则都受了轻重不等的处分。

移宫案是怎么回事

明万历四十八年（1620年）七月，明光宗朱常洛即位，年号泰昌，宠妃李选侍以照顾皇长子朱由校的理由迁入乾清宫。不到一个月后，明光宗死于红丸案。李氏与太监魏忠贤密谋，意欲霸居乾清宫挟皇长子以自重。都给事中杨涟、御史左光斗等为预防后宫干政的局面出现，逼迫李选侍移居到仁寿殿哕鸾宫。此案史称"移宫案"，与万历朝的"梃击案"、泰昌朝的"红丸案"并称"晚明三大疑案"。

红丸案是怎么回事

明光宗于即位五天后得腹泻之疾，服用太监崔文升所进药物后病情反而加剧。后鸿胪寺丞李可灼献上红丸一颗，光宗服后获得暂时的舒适。光宗至黄昏后又服一颗，竟于半夜去世。此即为"红丸案"。结果朝中谣言四起，太监崔文升发遣南京，李可灼遣戍。与泰昌朝的"移宫案"、万历朝的"梃击案"并称"晚明三大疑案"。

东林党是怎么样的一个团体

"东林党"是明代晚期以江南士大夫为主的官僚阶级政治集团。万历三十二年（1604年），被革职还乡的顾宪成修复宋代杨时讲学的东林书院，与高攀龙、钱一本、薛敷教、史孟麟、于孔兼及其弟顾允成等人讲学其中，且"讲习之余，往往讽议朝政，裁量人物"，其言论被称为"清议"。这种政治性讲学活动，形成了广泛的社会影响，"三吴士绅"、在朝在野的各种政治代表人物、东南城市势力、某些地方实力派等一时都聚集在以东林书院为中心的东林派周围，时人称之为"东林党"。明末党争中，东林党的主要对立面是齐楚浙党。万历后期，双方以"争国本"为首，以"三大案"为余波，相互攻讦。天启帝时期，宦官魏忠贤专政，形成明代势力最大的阉党集团，对东林党人实行血腥镇压。天启七年（1627年），明思宗朱由检即位后铲除阉党流毒，对东林党人的迫害才告停止，但东林党与阉党的斗争一直延续到南明时期。

明代哪个皇帝喜欢做木匠活

明熹宗朱由校（1605—1627年），明光宗朱常洛长子，年号天启，又称天启帝。他心灵手巧，对制造木器有着极其浓厚的兴趣，其所制作的漆器、床、梳匣等，均装饰五彩，精巧绝伦，出人意料。不仅如此，明熹宗还非常善于雕琢玉石，常雕刻各种印章赐给大臣、宫监等人。熹宗时，明代宦官专权达到了顶峰。宦官魏忠贤就是抓住了明熹宗这一喜好，专门在其热衷于木工时上奏政事，熹宗因厌烦而将政事全权交其处理，魏忠贤由此得以专擅朝政。

"天下兴亡，匹夫有责"是谁首先提出来的

顾炎武（1613—1682年），思想家、史学家、语言学家，与黄宗羲、王夫之并称为"明末清初三大儒"。顾炎武青年时曾参加昆山抗清义军，失败后漫游南北。其学以"博学于文""行己有耻"为主，合学与行、治学与经世为一，于国家典制、郡邑掌故、天文仪象、河漕、兵农及经史百家、音韵训诂之学都有研究。

顾炎武

顾炎武晚年治学重考证，开清代朴学之风，有《天下郡国利病书》《肇域志》《日知录》《音学五书》《亭林诗文集》等传世。顾炎武曾大胆怀疑君权，在《日知录》中提出"保国者，其君其臣肉食者谋之；保天下者，匹夫之贱与有责焉耳矣"。后经梁启超整理为"天下兴亡，匹夫有责"，成为激励中华儿女持续奋进的不竭精神动力。

是谁在宁远大败努尔哈赤

袁崇焕（1584—1630年），字元素，号自如，广州府东莞县石碣镇水南乡（今广东省东莞市）人，于万历四十七年（1619年）举进士，明末著名政治人物。供职兵部期间，守卫山海关及辽东，指挥了宁远之战、宁锦之战，大败努尔哈赤。后遭到魏忠贤余党弹劾，因诛杀毛文龙、己巳之变护卫不力及擅自与后金议和等罪名被崇祯皇帝以凌迟之刑正法。从此明王朝的统治愈加江河日下，呈现亡国之势。

崇祯皇帝为什么要颁布禁烟令

明思宗朱由检（1611—1644年），俗称崇祯皇帝，是中国历史上第一位提出禁止吸食烟草的皇帝。崇祯年间烟草不但已经存在，而且已成为商品在市场流通。明王朝岌岌可危的统治现状

使得崇祯皇帝常常疑神疑鬼，此时有谣言称：百姓到处都在喊"吃烟"，这"吃燕"就是要吃掉"燕京"（当时北京的别称）。崇祯帝为此痛恶不已，于1639年下诏令全国禁烟，如有犯者处以死刑。次年（1640年），一个赴京参加会试不知此令的举人因在京城出售烟草在西市被杀，自此，烟草吸食者与经营量开始大幅减少。崇祯帝自1639年开始禁烟到1642年开禁，其间不到4年的时间，这便是中国历史上的第一次禁烟。

明末是谁自称"闯王"率众起义

李自成（1606—1645年），明末农民起义领袖，原名鸿基，曾为银川驿卒。崇祯元年（1628年）高迎祥率众起义，自称"闯王"，李自成为部将，勇猛有识略。崇祯九年（1636年）高迎祥战死，李自成遂被推举为"闯王"。崇祯十六年（1643年），李自成在河南汝州（今临汝）歼灭明陕西总督孙传庭的主力，旋乘胜进占西安。1644年正月，李自成建立大顺政权，年号永昌，并于同年三月攻克北京，推翻明王朝。四月，李自成在山海关内外被明总兵吴三桂与多尔衮所率八旗军合兵击败。清顺治二年（1645年），李自成在湖北九宫山考察地形神秘消失（一说战死，另有出家之说等）。

"复社"是由谁创立的

"复社"，明末以江南士大夫为核心的政治、文学团体，崇祯六年（1633年）成立于苏州虎丘，领袖人物为张溥、张采，时人称之为"娄东二张"。崇祯年间，朝政腐败，社会矛盾趋于激烈，一些江南士人以东林党为继为己任，组织社团，主张改良。"二张"等合并江南几十个社团，成立复社，其成员多是青年士子，先后共计2 000多人，声势遍及海内。他们大都怀着饱满的政治热情，以宗经复古、切实尚用相号召，切磋学问，砥砺品行，反对空谈，密切关注社会人生，并实际参加政治斗争。其作品注重反映社会现实，揭露权奸宦官，同情民生疾苦，讴歌抗清

伟业，抒发报国豪情，富有感染力量，标志着明末文风的重大转向。陈子龙、吴伟业为诗歌代表，张溥是散文代表。复社成员后来或被魏忠贤余党迫害致死，或抗清殉难，或入仕清朝，或削发为僧。清顺治九年（1652年），"复社"为清政府所取缔。

谁建立了大西政权

张献忠（1606—1647年），字秉忠，号敬轩，明末农民起义军领袖，与李自成齐名，曾建立大西政权。其人多有奇闻轶事流传，如入川屠蜀、江中沉宝等，对此史学界也一直存在争议。清顺治四年（1647年），大西国皇帝张献忠与清亲王豪格相遇，两军激战之中，张献忠中箭身亡。

崇祯皇帝在何处自缢身亡

明思宗朱由检（1610—1644年），明光宗第五子，明熹宗异母弟，明朝第十六位皇帝，年号崇祯，1627—1644年在位，共17年。明崇祯十七年（1644年），李自成率军攻破北京，于煤山（今景山）自缢身亡，终年35岁，葬于思陵。与太监王承恩登上煤山寿皇亭后，崇祯帝卸下皇袍，在衣襟上愤然写下："朕凉德藐躬，上干天咎，致逆贼直逼京师，皆诸臣误朕。朕死，无面目见祖宗，自去冠冕，以发覆面。任贼分裂，无伤百姓一人。"依其所言，崇祯皇帝与王承恩相对而缢。同年四月，大顺政权派人将崇祯帝与周皇后草草葬入思陵（昌平地区田贵妃墓穴）之中。

"冲冠一怒为红颜"有什么典故

"恸哭六军俱缟素，冲冠一怒为红颜"出自明末清初诗人吴梅村的《圆圆曲》。"红颜"为吴三桂爱妾陈圆圆，因其被李自成掠走（一说为大顺政权将领刘宗敏所霸占），吴三桂一怒之下引清兵入关，清王朝得以击败农民起义军入主中原——由此看来，陈圆圆无疑成为了改朝换代的关键人物。但根据现玉田县南部窝洛沽镇仍完整保留着的《吴氏家谱》的记

载，吴三桂引清兵入关的真实原因在于：李自成逼迫吴三桂投降未获成功，于是将其在京家人百余口屠杀殆尽，家仇所使，吴三桂一怒之下引清兵入关。上述说法孰是孰非，至今史学界仍有争论。

什么是"八股文"

"八股文"又称"时文""制义""八比文"，明清科举考试制度所规定使用的文体。八股文每篇由破题、承题、起讲、入手、起股、中股、后股、束股几部分组成。起、中、后、束四部分为正文，其中各有两段排比对偶的文字，合为八股，称为八股文。八股文的题目主要摘自四书、五经中的文句，所论内容也要根据宋代朱熹《四书集注》中的观点加以适当发挥，不允许考生自由发挥，严重束缚了读书人的思想。

明代"卫所"是怎样的制度

明代京师和各地均设立卫所，一府设所，数府设卫。一卫大约5 600人，1 120人称千户所，112人称百户所，百户所设二总旗（50人为一总旗）、十小旗（10人为一小旗）。大小连比，合成一军。卫长官称指挥使，千户所、百户所长官称千户、百户。各卫所分统于各省都指挥使司，由五军都督府分别管辖。明中叶以后募兵制开始实行，卫所逐渐失去其功用。

明代"五军都督府"具体负责哪些事务

明太祖朱元璋初设大都督府，洪武十三年（1380年）改大都督府为中、左、右、前、后五军都督府，分别统辖京师和外地的都司、卫所。五军都督府长官称左、右都督。此后，明政府又设立南京五军都督府，统领南京卫所。

"胡惟庸案"是怎么回事

胡惟庸，定远（今安徽定远）人。1355

年，胡惟庸在和州投奔朱元璋，被授予元帅奏差一职，后历任主薄、太常少卿等职。洪武三年（1370年），胡惟庸官拜中书省参知政事，为右丞，三年后晋升左丞相。胡惟庸在职期间专权树党，权势日盛，曾毒杀御史中丞刘基。洪武十三年（1380年），明太祖以"谋不轨"之罪将其处死。胡惟庸党羽甚众，因此案株连被杀者多达3万余人。"胡惟庸案"是朱元璋为扫除君主集权障碍而对元勋宿将实施的一次重大打击，与"蓝玉案"并称"胡蓝党案"。

什么是"黄册"

"黄册"又称"赋役黄册"，是明清政府为征派赋役所编造的户口薄册，因以黄纸为封面，故名黄册。洪武十四年（1381年），明政府下令各州县分"里"（110户）编造以户为主，详列丁口、田产及应负赋役的簿册，一式四份，分存于各级政府，作为征收赋役的根据。每十年重新造册一次。清康熙七年（1668年），因每五年造送丁口增减册，黄册无需再造，因此下令停止。

"鱼鳞册"是做什么用的

《鱼鳞册》书影

"鱼鳞册"全称"鱼鳞图册"，是明清政府为征派赋役而编造的土地簿册。洪武二十年（1387年），明政府下令各州县分区编造鱼鳞册（按"随粮定区"原则，以税粮万石为一编造单位，称一区）。每区土地经丈量后绘成图册，因图上田亩挨次排列如鱼鳞，故得名。鱼鳞册上标明所有田亩方圆、四周界至、土地沃瘠、业主姓名等信息，在承认和保护土地所有权的基础上要求田主按亩纳税。凡图册上登记的土地，买卖须向政府办理田赋过割手续。后官吏因"鱼鳞册"

妨碍其私自营利而屡加破坏，历时多年后遂与实际渐不相符，因此，自明中叶至清朝常加修订。

"关津制"是怎样一种制度

"关津制"是明代政府针对人口随意迁徙问题而实行的一种制度。即在全国各交通要冲分设巡检司对行人进行盘查，没有政府颁发的"路引"不得放行，越渡者以逃民罪论处。明朝政府通过"里甲制"和"关津制"将人民束缚在了土地上，将其牢牢控制。

"里甲制"是怎样一种制度

"里甲制"为明代的户役制度，洪武三年（1370年）创行于江南，洪武十四年（1381年）推行全国。以邻近的110户为一"里"，从中推选丁多田多的十户轮流担任"里长"，其余100户分为十"甲"，轮流充当甲首。每年由里长一人率领十甲的甲首服役，称"当年"，十年轮流一次，称"排年"。轮流期满以后，按照各户人丁和田亩增减状况重新编排。里甲人户均载于"黄册"，遇有差役，凭册派定。鳏、寡、孤、独和无田产不服役的人户列于黄册之后，称"畸零"。里甲内人户都要互相知保，不得隐匿户口，不得任意流徙。

明代"内阁"具有怎样的地位

"内阁"为中国明清两代官署名称。明代初年，丞相一职被废，六部尚书分任全国事务，直接隶属于皇帝。与之配套，明成祖设立内阁于宫廷，以大学士担任皇帝顾问。后内阁地位逐渐上升，高于六部之上，内阁大学士中掌握实权的人物其权利相当于丞相。明代内阁制度为清代所沿用，内阁权利仍居一切官署之首，但权力逐渐分散。雍正皇帝设立军机处以后，内阁已无实权。

明代"建州卫"是如何建立的

"建州卫"是明政府为加强对东北地区的控制而在女真地区设立的卫所。洪武八年

（1375年），明政府设立辽东指挥使司，诏谕女真各部。永乐元年（1403年），在建州女真的居住地区设立建州卫，任命女真部族首领阿哈出任卫所指挥使。永乐十年（1412年），又设立建州左卫，任命猛哥帖木儿为指挥使。正统年间，两卫部众分别迁居浑河、苏子河上游（今辽宁新宾县境内）。正统七年（1442年），明政府又从建州左卫中分置建州右卫，任命凡察为指挥使。至此，"建州三卫"建立完成。

"永宁寺碑"记录了什么重要历史事件

明代自永乐七年（1409年）至宣德七年（1432年），太监亦失哈以钦差大臣身份先后10次巡视东北奴儿干地区，并在奴儿干都司治所特林修建了永宁寺。亦失哈先后在寺中树立了《敕修永宁寺记》碑和《重建永宁寺记》碑，碑文记载了奴儿干都司的创建经过和钦差亦失哈、都指挥康旺等人对奴儿干地区"宣谕镇抚"的简要经过。永宁寺碑是黑龙江流域、乌苏里江流域及库页岛等地划归明政府管辖的重要历史见证。

什么是"金花银"

"金花银"是明代折征的一种田赋银。正统元年（1436年），随着商品经济的不断发展，明政府将江南诸省的田赋大部分折合成银两征收，称之为"金花银"，规定米、麦四石折银一两。至成化年间，折银比率已大大改变，粮一石即征银一两，农民负担增加为原先的三倍。

"鞑靼"是怎样一个民族

"鞑靼"为中国古代民族名称，最早见于唐代记载，为突厥统治之下的一个部落。突厥灭亡以后，鞑靼逐渐强盛。两宋、辽、金时期，分别称漠南、漠北蒙古部落为白、黑鞑靼。后鞑靼部为蒙古所灭，但西方通常将蒙古泛称为鞑靼。明代将东部蒙古成吉思汗后裔各部称为鞑靼。此外

值得一提的是，从广义上讲，中国北方各少数民族有时被统称为鞑靼。

什么是"阉党"

明中叶以后宦官专权，依附于宦官的官僚结成党羽，被称为"阉党"。明英宗时期的王振、明宪宗时期的汪直均有党羽，但并未形成较大规模。明武宗时期刘瑾专权，内阁大臣焦芳等依附之，宦官的权威开始凌驾于内阁之上。明熹宗时期魏忠贤专权，内外官僚结成党羽，他们自称魏忠贤儿孙，为之建造生祠，帮助他铲除异己，迫害东林党人，明朝政治被推至崩溃的边缘。明思宗崇祯皇帝即位后，大力打击阉党，但其余孽一直存在至明亡。

"二十四衙门"是负责什么事务的机构

"二十四衙门"为明代宫廷内侍奉皇帝及其家族成员的机构总称，包括：司礼、内官、御用、司设、御马、神宫、尚膳、尚宝、印绶、直殿、尚衣、都知等十二监；惜薪、钟鼓、宝钞、混堂四司；兵仗、银作、浣衣、巾帽、针工、内织染、酒醋面、司苑八局。

什么是西厂

西厂是明代官署，为明宪宗于成化十三年（1477年）设立。太监汪直任提督，其人员、权力远远超过东厂，活动范围自京师遍及各地。后因遭到反对而被迫撤销。明武宗时期宦官刘瑾专权，曾一度恢复西厂，刘瑾被诛后废除。

"大礼仪"是怎么回事

"大礼仪"为明代宫廷中由世宗本生父尊号所引发的一场争议。正德十六年（1521年），明武宗去世，身后无子，明世宗以藩王身份继承帝位。即位后，世宗命朝臣议定其本生父兴献王朱祐杬的尊号。群臣分为两派，一派认为应尊称之为"皇考"，另一派主张尊明武宗父孝宗为"皇

考"、兴献王为"皇叔考"。这场争议历时三年，终于追尊兴献王为"皇考恭穆献皇帝"。反对者认为不合礼法，于朝堂之上痛苦力争，为此下狱者多达134人，廷杖致死者10余人，此外还有谪戍及致仕而去者若干人。

"庚戌之变"是怎么回事

"庚戌之变"为明世宗嘉靖时期鞑靼军南下进攻直逼京师的一次事件。嘉靖二十七年（1548年），鞑靼土默特部首领俺答汗乘黄河结冰之机进入河套地区。嘉靖二十九年（1550年），俺答汗率军南下大举进攻。当时严嵩于明廷掌权，战备废弛。同年六月，俺答汗进攻大同，大同总兵仇鸾重金贿赂俺答汗使其绕过大同继续南下。八月，俺答汗攻下通州，直逼京师。严嵩恐怕战败无法掩饰，因而不准众将士出击，等待鞑靼军抢掠之后自行撤退。事后，严嵩包庇其党羽仇鸾，兵部尚书丁汝夔遭陷害引咎问斩。此事发生于庚戌年，因而得名。

潘季驯曾为明代作出了什么贡献

潘季驯（1521—1595年），字时良，号印川，明代官员，水利学家。嘉靖年间进士，擢为御史，巡按广东，推行均平里甲法。嘉靖四十四年（1565年），升任右佥都御史，负责河道工程，由此至万历十九年（1591年）的27年间，共四次奉命治理河道。潘季驯有其治理黄河的独到方式：筑堤防溢，建坝减水，以堤束水，以水攻沙。潘季驯反对另开新河，主张疏浚河道、借黄通运。有《两河管见》《宸断大工录》（《四库全书》改名为《两河经略》《河防一览》）等传世。

明代"九边"指的是哪些军事重镇

"九边"为明代九个军事重镇的合称。明王朝为防御北部游牧民族南下侵扰，先后设立了辽东、宣府、大同、延绥（榆林）、宁夏、甘肃、蓟州七个军事重镇，连同太原、固原近边两镇，合称"九边"。

《本草纲目》是怎样一部著作

李时珍

《本草纲目》为明代医学家李时珍所撰写的一部伟大的药物学著作。全书共52卷，分为16部，每部包含若干类，共60类。全书共收药物1 892种，其中包括李时珍总结民间经验而增加的300多种。此外，书中还附有处方11 096种，插图1 000余幅。书中对于每种在册药物的名称、性能、用途、制作等都有详细说明，订正了前代医药著作中的很多错误。《本草纲目》的问世将我国古代药物学的研究水平提到了一个新的高度，总结了我国16世纪以前医药学的丰富经验，是我国医药宝库中一份珍贵遗产，被沿用至今。现已译成多种文字，流传于世界各地。

名将邓子龙牺牲于哪场战役

邓子龙，字武桥，明朝将领，历任广东把总、副总兵等职。他曾参加镇压嘉靖时期江西农民起义和万历时期湖广、贵州、云南少数民族反抗。万历二十六年（1598年），明朝军队援助朝鲜参加抗击倭寇的战争。倭寇大败，渡海逃逸，邓子龙与朝鲜名将李舜臣督水师前往击杀，英勇奋战，杀敌无数。后因战船起火，日军趁势抢扑，邓子龙战死。

历史上的徐光启是谁

徐光启（1562—1633年），字子先，号玄扈，松江府上海县人，明代著名科学家、政治家。万历朝进士，师从意大利天主教士利玛窦学习天文、历算、火器等，译著有《几何原本》《泰西水法》《测量法义》《测量异同》《勾股义》

徐光启

等。曾提出"富国必以本业"的口号。崇祯元年（1628年），他被擢升为礼部尚书。崇祯五年（1632年），徐光启兼任东阁大学士。后又与李之藻、李天经、汤若望等人编修《崇祯历书》，为我国历法参用西法之始。徐光启是我国学习西方先进科学的伟大先驱，有《徐光启集》传世。

《天工开物》是怎样一部著作

《天工开物》冶铁插图

《天工开物》为明代杰出科学家宋应星所撰，是一部有关明代工农业生产技术的总结性著作。全书共三卷28篇。上卷著录衣食、生产之技术和经验，中卷主要记载各种日用品的生产技术经验，下卷包括五金采冶、兵器制造、制曲酿酒、珍珠宝玉采琢等技术经验。书中对每种手工业从原料到制成品的全部生产工序都有详细说明，此外对于一些应用化学内容还进行了原理分析，并附有精巧图例。《天工开物》反映出明代农业、手工业的普遍水平，是我国古代一部重要的科技名著。

徐霞客曾作出过什么贡献

徐霞客（1586—1641年），名宏祖，字振之，号霞客，明代旅行家、地理学家。22岁起即放弃科举，开始有计划地进行考察旅行，28年中足迹遍布今江苏、浙江、安徽、福建、山东、河北、山西、陕西、河南、湖北、湖南、四川、江西、广东、广西、贵州、云南等地，考察山水之奇异，探寻形成之原委。每次旅行，均按日记录，积累成书，是为《徐霞客游记》，书中涉及地理、地貌、水文、地质、植物等多方面科学。其中关于广西、贵州、云南、四川石灰岩地貌（即喀斯特地貌）的记述，早于欧洲近300年。徐霞客经过实地考察，肯定了金沙江为长江源头的说法，纠正了岷江为江源的谬误。此外，书中对于农业、手工业、矿产、交通运输等方面也有所记录，为研究我国历史、地理提供了珍贵资料。

"荥阳大会"是怎么回事

"荥阳大会"是明末各路农民起义军商讨联合作战的一次会议。崇祯七年（1634年），明政府以洪承畴为总督，调集南北兵力72 000余人、饷银百余万两，围攻农民起义军。为了打破官军的包围，起义军13家72营首领于崇祯八年（1635年）聚会河南荥阳，共同商讨作战方略。会上闯王高迎祥部将李自成提出争取主动的分兵定向战略得到了各部首领的采纳，将十几家起义军的兵力合并，分为五路，在西、南、北三面实行防御，而以主力部队向官军力量薄弱的东面猛攻突围。另有一路机动往来，协助各路作战。此次会议，加强了各路农民起义军的团结，制定了协同作战的计划，对推翻明王朝的腐朽统治起到了决定性作用。

清代卷

　　1616年，努尔哈赤建立后金；1636年，皇太极改国号为清；1644年，清军入关，定都北京。作为一个由少数民族建立的政权，清代的统治者没有局限于民族压迫，而是积极吸纳中原农耕文明成果，大力发展经济，开创了我国封建社会最后一个盛世。但这一时期，君主专制达到顶峰，传统的"重农抑商"政策和"海禁""闭关锁国"政策，抑制了商品经济的发展，使中国日益落后于世界潮流。

满族是什么时候形成的

满族全称满洲族，是中国最古老的民族之一。史书上关于满族的记载最早见于周代。两汉、三国时期的"挹娄"，隋唐时期的"靺鞨"，辽宋金元时期的"女真"都是满族的祖先。直到明代后期，满族才最终形成。建州女真是满族的主体，起初活动于黑龙江沿岸。1616年，建州女真的首领努尔哈赤建立政权，国号大金。1635年，皇太极为了统一全族名称，也为了避免汉人将对历史上宋代女真人的反感引到自己身上，将族名改为"满洲"。1636年将国号改为"清"。所以说，满族的名称是在政权建立后才逐步形成的。

为什么说努尔哈赤开创了清王朝

努尔哈赤（1559—1626年），姓爱新觉罗，幼年时喜欢读《三国演义》和《水浒传》，深受汉文化影响。明万历年间，女真各部陷入混战中，统一成为当地人民的强烈愿望。努尔哈赤于1583年起兵，经历几十年奋斗，统一了女真各部。在统一过程中，努尔哈赤命人创制本民族文字，形成民族文化的认同；建立政权，在赫图阿拉（今辽宁新宾）宣布建国，国号大金；创制八旗制度，组织社会生产；起兵对明朝作战，在萨尔浒之战中打败明军，改变了双方的力量对比；设置和健全政权机构，割据辽东。清朝建立后，尊为清太祖。

努尔哈赤

什么是八旗制度

八旗制度创建于建州女真的发展阶段，是满洲和清政权的社会生活军事组织形式。包括明万历二十九年（1601年）由努尔哈赤编制的正黄、正白、正红、正蓝四旗和万历四十三年（1615年）增置的镶黄、镶白、镶红、镶蓝四旗。八旗制建立之初，努尔哈赤为最高统帅，并亲自统领正黄、镶黄两旗，其子、侄、孙统领其余六旗。努尔哈赤死后，随着大批蒙古人和汉人归附，又创制了蒙古八旗和汉八旗，八旗制度基本完善，但仍泛称八旗。八旗制度将建州女真分散的各部落迅速组织起来，丁壮战时皆兵，平时皆民，有利于人力、物力、财力的集中，提高了作战能力，在与明朝的直接对抗中发挥了重要作用，八旗成员也成为清初统治集团的主体。

"议政王大臣会议"有哪些权力

"议政王大臣会议"是清前期满族上层贵族参与处理国政的核心机构。在努尔哈赤时期就已经形成，军国大事由诸贝勒商议裁决，但名称直到皇太极时期才正式确定。最初，议政王大臣会议权力极大，包括军国大事的制定，甚至影响到皇位继承等重大决策。尽管皇帝拥有任命和撤销贵族及大臣议政资格的权力，但对于其决策皇帝不能随意更改。皇太极继位后，开始采取限制议政王大臣会议的措施，清军入关后，进一步加强皇权，至乾隆五十六年（1791年）被最终取消。

为什么萨尔浒之战努尔哈赤能以少胜多

后金政权建立后，明万历四十六年（1618年），明朝任命杨镐为辽东经略，调集军队10余万，分四路进攻赫图阿拉，准备消灭努尔哈赤。面对明军的围攻，努尔哈赤采取了"凭尔几路来，我只一路去"的方针，集中优势兵力各个击破。后金集中八旗全部兵力6万人，首先于萨尔浒击败明军主力3万人马，继而北进大败明军1.5万人，接着挥师南下，夹击明军。余下明军撤兵，努尔哈赤仅用5天就击溃了明朝三路大军，赢得了一场漂亮的歼灭战。从此，明朝在军事上陷入节节败退的被动防御地位，而后金则转向战略进攻。

大清的国都最初定在哪里

努尔哈赤建立后金政权后，曾将都城定在赫图阿拉（今辽宁新宾），称为"兴京"。萨尔浒之战大败明军后，后金军队完全占据辽东。1621

ZHONGGUO LISHI

年，努尔哈赤将都城从兴京迁到沈阳，称为"盛京"。努尔哈赤去世后，皇太极在沈阳即位，继续扩建沈阳城并营建宫殿，逐步形成内方外圆的城市格局。1636年，皇太极在盛京举行盛大典礼，将国号由大金改为大清，将族名由女真改为满洲。1644年清军入关，定都北京后，盛京成为陪都。1657年清朝以"奉天承运"之意在沈阳设奉天府。

皇太极为清军入关奠定了哪些基础

努尔哈赤去世后，皇太极继位，将族名由女真改为满洲，国号由大金改为大清。在皇太极统治时期，他不断革除弊政，首先废除了努尔哈赤后期"八大和硕贝勒共掌国政"的政策，在一定程度上强化了中央集权；同时，协调满蒙关系和满汉关系，缓和民族矛盾。在对八旗制度的变革中，完善和扩大蒙古八旗和汉军八旗，增强了军事实力。皇太极一生虽然未能入关，但其在军事上作出了突出贡献：征服朝鲜，解除了清军入关的后顾之忧，取得松锦之战的胜利，基本歼灭明朝精锐部队，为清军入关扫清障碍。

吴三桂为何引清军入关

当李自成的农民军攻占北京的时候，吴三桂是镇守宁远至山海关300里防线的大明宁远总兵。面对李自成的招降，吴三桂见明朝大势已去，父亲和家属又都在北京，曾想过投降李自成。但在他向京师进发的时候，见到从京师逃出的家人，得知其父为闯王部下索银20万和爱妾陈圆圆被闯王部下所占的消息，盛怒之下率部返回。李自成得知大怒，亲率大军前往山海关平叛。吴三桂自知无力与李自成的军队相抗衡，便派使者与清军联络，以引清军入关为条件，希望清军派兵救援。最终，清军入关，李自成败回北京。

李自成在北京当了多少天皇帝

明朝末年，农民起义不断。1644年正月，李自成在西安建立大顺政权，年号永昌，并向北京进发。3月17日进抵北京城下，18日夜占领外

城，崇祯皇帝走投无路上吊自杀。3月19日李自成占领北京。吴三桂引清军入关后，李自成兵败，在强敌紧逼的情况下决定放弃北京。4月29日，李自成在武英殿匆匆举行即位典礼后，放火焚烧明宫殿和九门城楼，向西撤退。李自成仅在北京当了42天皇帝。之后，农民军内部接连发生内讧，战斗力大为削弱，1645年上半年，李自成的军队基本被镇压下去。

什么是南明政权

李自成农民起义军攻占北京及清兵入关后，明朝的残余势力仍然占据淮河以南的半壁江山。留守南京的一些官僚决定拥立明朝皇室成员，挥师北上，重建明朝。所建立的政权以南京为都城，继续使用明朝旗号，史称南明。从1644年5月福王朱由崧登基起至1661年桂王朱由榔被俘，先后历经弘光政权、隆武政权、鲁王监国、绍武政权及永历政权，共历18年。南明政权既涌现出史可法等抗清英雄，其内部也不断发生权力争夺。随着清军南下，南明政权在自身矛盾、危机与无可挽回的形势下最终覆灭。

什么是"扬州十日"

南明弘光元年、清顺治二年（1645年），多铎率领清兵南下，渡过淮河，兵至扬州。南明将领史可法统帅军民，坚守孤城。同年4月，扬州城被攻陷，史可法被俘惨遭杀害。史可法领导的扬州保卫战是清攻打南明以来第一次遇到的顽强的抵抗，导致清军伤亡惨重。面对扬州这一富庶且全民抵抗的城市，清军在破城后进行了疯狂掠夺和大规模血腥屠杀，使得扬州尸横遍野。当时的幸存者王秀楚在所作的《扬州十日记》中记载屠杀抢掠共持续了十日，城内僧人收敛的尸体超过80万具，故名"扬州十日"。

为何会发生"嘉定三屠"

汉族自古以来就非常重视衣冠服饰，男子在成年后便不可剃发。而满族发型与汉族截然不同，要求男子将头颅前部剃光，后部头发编成长辫垂下。因此，剃发便成为汉人臣服的标志。清

军入关时便已颁布"剃发令",由于遭到汉人的反对曾公开废除。1645年6月,在清军南下过程中,多尔衮再次颁布"剃发令",限十日之内全国百姓一律剃发,提出"留头不留发,留发不留头",遭到汉族百姓的强烈反对。其中,嘉定人民的反抗最为强烈,为了镇压反抗,清军在6月13日、6月14日和8月16日三次屠城,史称"嘉定三屠"。

郑成功为何要收复台湾

郑成功(1624—1662年),本名郑森。其父郑芝龙曾被明朝皇帝赐朱姓,封忠孝伯,但清兵南下时郑芝龙率部投降。郑成功劝阻其父不成,决定起兵抗清。他以金门、厦门为根据地,成为南明主要的抗清势力。而在明崇祯年间,荷兰殖民者已经完全占据台湾,建立殖民统治,并以此为据点袭扰大陆沿海地区。荷兰殖民者的残暴统治激起了台湾人民的强烈反抗,清顺治十四年(1657年)台湾人民起义失败后,义军代表携带台湾地图渡过海峡,请求郑成功收复台湾。当时郑成功已经坚持抗清16年,而清朝也已经建立了稳固的统治。于是郑成功决定收复故土,以台湾为根据地继续坚持抗清斗争。

郑成功是如何收复台湾的

清顺治十八年(1661年)四月,郑成功率军25 000人,战船数百艘,从金门科罗湾出发,经澎湖,向台湾进军。一个月后,攻克荷兰殖民者的重要据点赤嵌城。起初,郑成功并没有做持久战的打算,致书给在台湾城的荷兰总督希望其投降。遭到拒绝后,郑成功曾一度进行强攻,但损失惨重。这使他被迫改用长期围困台湾城的战略,同时陆续收复荷兰殖民者在岛上的其他据点。围困8个月后,郑成功于康熙元年(1662年)一月对台湾城发动全面进攻。二月,荷兰总督被迫签字投降,荷兰侵略者在台湾38年的殖民统治宣告结束。

全国大规模的抗清斗争是什么时候结束的

1644年清军入关,各地人民掀起了激烈的抗清斗争。除南明政权外,还有以农民起义军为代表的李自成的大顺政权和张献忠的大西政权,但均相继失败。随着清军在江南地区的推进和掳掠,江南地区人民自发开展抗清斗争,在江阴、嘉定、浙江、江西、福建等地,给清军沉重打击。李自成、张献忠牺牲后,大顺、大西军队余部继续和清军展开斗争,但由于内部矛盾不断,终究未能转变局势。顺治十五年(1658年),南明政权的末代皇帝永历帝朱由榔逃往缅甸,后被吴三桂追俘。康熙三年(1664年),全国范围大规模的抗清斗争基本结束。

顺治帝为何能顺利进入北京

1644年3月,李自成的农民起义军推翻明王朝,占领北京。而吴三桂在山海关一战中迎清军入关,使得李自成在军事上丧失了主动权,由于短时间内无法调集各地军队,李自成最终决定放弃北京,逃往陕西。多尔衮得知李自成撤离的消息后,迅速派兵追击,同时亲率大军赶往北京。一路上为了稳定民心,改变以往屠城抢掠的做法,严明军纪,5月进入北京城。同时采取缓和民族矛盾的措施,提出"官来归者复其官,民来归者复其地",拉拢大批汉族

顺治帝

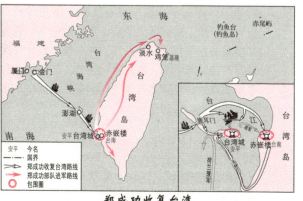
郑成功收复台湾

官僚和地主，稳定了北京的局势。这使得顺治帝于9月从沈阳顺利入关，定都北京。

什么是"跑马圈地"

清军入关后，大批贵族、官吏和八旗官兵涌入京城。顺治元年（1644年）十二月，颁布了圈地令，将京师附近原明朝遗留下来的土地和因战乱造成的无主荒地分给八旗贵族。所谓跑马圈地，就是由八旗贵族在规定的时间内骑马奔跑，所圈占的土地即归其所有。从顺治元年（1644年）至顺治四年（1647年），通过三次大规模圈占土地，总面积达16.6万公顷，并由圈占明朝皇室遗留的土地蔓延到强占平民百姓的土地，使得农民无地可耕，或逃亡，或不得不依附于满族贵族，造成社会矛盾不断激化。这一政策于康熙八年（1669年）正式废除。

清初的"迁海令"包括哪些内容

清初，浙江、广东、福建等沿海地区的抗清斗争不断，郑氏政权占据台湾，为了稳定东南沿海地区，断绝大陆与台湾的贸易往来，顺治十八年（1661年）颁布"迁海令"。北起河北，经山东、江苏、浙江，至福建、广东省沿海居民均属迁海范围。强制东南沿海所有居民内迁30里～50里，严禁商民船只私自出海。其中广东地区曾连续内迁3次，而福建地区最为严厉，规定迁界之地的房屋土地全部焚毁，越界者不论远近立斩不赦，并重新划界围栏。迁界之民不仅失去了祖辈相传的房屋和土地，也使捕鱼、贸易等行业遭受严重损失，大大激化了矛盾。康熙二十二年（1683年）被终止。

谁被顺治帝尊为皇父摄政王

在清朝初年有这样一个人物，1644年指挥清军入关，先后被封为叔父摄政王、皇叔父摄政王、皇父摄政王。逝世后先被追封为成宗义皇帝，后又因谋逆罪被削爵。他就是奠定大清统一大业进程中的关键人物，努尔哈赤第十四子——

多尔衮。多尔衮（1612—1650年），清初杰出的军事家及政治家。他迎请顺治入关，稳定了统治秩序。同时，在消灭抗清势力、完善清朝中央机构、妥善处理民族关系等问题上起到了积极作用。但由于其生前树敌，且张扬跋扈，去世仅两个月便被追罪，不仅被削爵，还遭掘墓、开棺、鞭尸。直至乾隆当政时才得以翻案，恢复其睿亲王封号。

清宫第一疑案指的是什么

所谓清宫第一疑案指的是"太后下嫁"。太后指清太宗皇太极之妃博尔济吉特氏、顺治帝的生母，谥号孝庄文皇后。下嫁则是指孝庄皇太后为使其子福林顺利即位，下嫁给睿亲王多尔衮，而下嫁后不到两年，多尔衮病逝。由于孝庄皇太后是多尔衮的兄嫂，弟娶兄嫂在汉人看来不合伦理，故未写入正史之中。对于太后是否下嫁，史学界一直争论不休。由于证据只来自野史和人们的推论，未能有过硬的史料证明太后下嫁多尔衮，所以清宫第一疑案至今仍是悬而未解的历史问题。

康熙初年的辅政四大臣指的是谁

1661年顺治帝病逝，年仅8岁的玄烨即位，次年改元康熙。清廷吸取了顺治帝即位后多尔衮摄政专权的教训，不再以亲贵辅政，而选取异姓功臣担任辅政大臣，分别为索尼、苏克萨哈、遏必隆、鳌拜，这一时期也被称为"四辅政时期"。四人中，鳌拜握有实权，结党营私，为专权铲除了政敌苏克萨哈。加上他的专权跋扈直接威胁到皇权，康熙帝16岁的时候，设计生擒鳌拜，铲除其党羽，将其永远囚禁，同时将遏必隆革职查办。到康熙八年（1669年）康熙帝亲政后，四大臣辅政时期结束。

康熙帝为什么要除掉鳌拜

康熙8岁即位，在16岁亲政之前，国家大事的决断权基本掌握在四位辅政大臣手中。而四人中，鳌拜握有实权，也对权力最有野心。鳌拜早年追随皇太极征战，战功卓著。但在治理国家方面，他主张采用满清入关前的旧制，激起了以康熙为首的革新力量的不满。再加上鳌拜自恃功高，在处理朝政时十分专横，许多军国大事均在自己家中议定再行实施。遇到康熙与自己意见不一致时，竟然不顾君臣之礼，强迫皇帝应允。他的专权跋扈激起了康熙及太皇太后的不满，为了稳固皇权，康熙帝决定铲除鳌拜。

少年康熙是如何除掉鳌拜的

鳌拜的专权跋扈直接威胁到了皇权，在太皇太后的亲自策动和周密部署下，16岁的康熙表面上隐忍不露，避免与鳌拜发生正面冲突；暗中则积蓄力量，召集一批身强力壮的亲贵子弟，在宫内练习布库（一种摔跤游戏）。

康熙皇帝

鳌拜以为那是皇帝年少贪玩，并没有引起重视。康熙八年（1669年）五月，康熙先借机将鳌拜的亲信分派到各地，远离京城，并掌握了京师的卫戍权。接着，康熙召见鳌拜觐见，在武英殿命练习布库的侍卫蜂拥而上，鳌拜束手就擒，康熙列举鳌拜30条罪状，将其终身囚禁，并迅速清除了他在朝中的势力。

什么是"三藩之乱"

"三藩之乱"是清朝初年三个藩王发起的反清事件。"三藩"是指平西王吴三桂、平南王尚可喜和靖南王耿精忠。吴三桂、尚可喜和耿精忠的爷爷耿仲明都是明朝将领，清军入关时先后归降，分别镇守云南、广东和福建。"三藩"在政令、财令方面相对孤立，加上其拥有重兵，对朝廷形成严重威胁。康熙十二年（1673年），康熙帝宣布撤藩，三藩以此为借口发动叛乱。起初，叛军在军事上占据优势，但康熙坚持武力平叛，

经过八年苦战，最终力挽狂澜，于康熙二十年（1681年）平定了三藩之乱。平定叛乱后，三藩人马被编入八旗，通过整顿边防，大大加强了统一政权。

施琅因何"背郑降清"

施琅本是郑成功的父亲郑芝龙的部下，顺治三年（1646年）随郑芝龙降清。后来在郑成功的招募下，加入了抗清队伍，成为郑成功部下的重要将领。郑成功在东南沿海抵抗清军的过程中，施琅对其重视陆战，轻视水战，并通过抢掠充实军饷的做法提出反对意见，被郑成功削夺兵权。后来施琅的一个亲兵犯法，逃至郑成功处，被提拔为亲随，施琅不满，杀了犯法的亲兵，再一次激起了郑成功的不满。二人矛盾升级，郑成功下令捉拿施琅父子三人。施琅逃脱，但他的父亲和弟弟却被杀害，施琅不得已被迫降清。

施琅在统一台湾的过程中起了哪些作用

郑成功收复台湾后不久便病逝了，随着郑氏集团内部矛盾不断激化，台湾问题已由抗清阵地转变为割据独立的性质。康熙二十二年（1683年），康熙帝派施琅率兵攻打台湾。施琅率军攻取澎湖后，利用有利的形势对郑氏集团进行招抚，顺利地收复了台湾。由于当时清政府对台湾的重要性认识不足，曾有人提出迁徙百姓，放弃台湾。施琅上疏力争，指出放弃台湾将严重威胁边疆安全。康熙支持施琅的意见，正式设台湾府，下辖三县，隶属于福建省，并在台湾及澎湖驻军1万镇守。这一措施不仅有利于保卫国家主权，更对台湾地区的开发起到了重要作用。

康熙为何三次亲征噶尔丹

噶尔丹是漠西蒙古准噶尔部的大汗，康熙初年噶尔丹接任汗位后，逐步吞并新疆南北和青海，拥有60万户人口。从康熙二十七年（1688年）起，其与沙俄勾结，逐步东进，直接威胁清

王朝的统一和京师的安全。在这种情况下，康熙帝开始了平定准噶尔部贵族叛乱的战争。康熙二十九年（1690年），康熙帝第一次御驾亲征，在距京师700里的乌兰布通用火炮击溃了噶尔丹用骆驼围成的"驼城"，大获全胜。康熙三十五年（1696年），康熙帝第二次亲征，取得了昭莫多战役的胜利，噶尔丹只率领几十名骑兵逃脱。康熙三十六年（1697年），在康熙帝第三次御驾亲征中，噶尔丹再次大败，最终服毒自尽。噶尔丹叛乱宣告结束。

什么是理藩院

理藩院是清政府处理与蒙古和其他少数民族事务的最高权力机构。清王朝本身就是少数民族建立的政权，这就使满族贵族特别注重与其他民族的关系，尤其是与以蒙古族为主的西北少数民族之间的关系。清军入关前，就已经于1636年设置了蒙古衙门，主管蒙古事务。1638年，改蒙古衙门为理藩院，隶属于礼部。康熙即位后，非常重视少数民族问题，便将理藩院从礼部中独立出来，拥有处理少数民族内部事务、满蒙联姻、宗教问题、会盟通商、制定民族内部律法等权力，成为处理少数民族事务的最高权力机构，并负责对沙俄的外交事务。

什么是清代"四大活佛"

清代"四大活佛"又称藏传佛教四大活佛，是藏传佛教格鲁派活佛转世制度下的四大活佛转世系统，分别为达赖、班禅、章嘉、哲布尊丹巴。活佛转世是藏传佛教特有的传承方式，活佛圆寂后，通过挑选灵童继任法位。清政府为了安抚西藏和蒙古，设置理藩院管理宗教事务，由中央出面参与活佛的册封。其中，达赖和班禅分管西藏宗教事务，章嘉和哲布尊丹巴分管蒙古的宗教事务。四大活佛接受中央的册封，又直接受中央管辖，既是清政府保护佛教的体现，又达到了分而治之的政治目的。

"达赖喇嘛"和"班禅额尔德尼"的称号是怎么来的

达赖和班禅是藏传佛教格鲁派中并列的两大宗教领袖。清政府为了加强对西藏地区的管理，于顺治十年（1653年），顺治帝正式册封五世达赖为"达赖喇嘛"。其中，达赖

五世达赖觐见顺治皇帝壁画

是蒙古语"海"的意思，喇嘛是藏语"上人"的意思，连在一起就是"大海一样的上师"。康熙五十二年（1713年），康熙帝正式册封五世班禅为"班禅额尔德尼"。"班禅"来自于梵文和藏文的结合，意为"博学的大师"，"额尔德尼"是满文，意为"珍宝"，连在一起就是"珍宝一样博学的大师"。从此，达赖和班禅的转世灵童均需得到中央政府的认可。

什么是"金瓶掣签"

"金瓶掣签"是藏族认定藏传佛教最高等的大活佛转世灵童的方法，正式设立于乾隆五十七年（1792年）。清康熙至乾隆年间，西藏地区教派纷争非常激烈，而在传统的活佛转世系统中，如何认定转

金奔巴瓶

世灵童也成为教派内部争斗的焦点。为了使西藏长治久安，乾隆帝制定了《钦定二十九条章程》，在第一条就定下了金瓶掣签制度，规定皇帝特赐金瓶供奉在宗喀巴佛像前，认定灵童时，须邀请四大护法将灵童的名字及出生年月用满、汉、藏三种文字写在签牌上，放进瓶内，选派有学问的活佛祈祷七日，当场选定。经中央政府认

定后，才能举行活佛的继任典礼。

清朝皇帝为何分葬东西二陵

　　清军入关后的第一位皇帝顺治在河北遵化县马兰峪修建了皇陵，顺治的继任者康熙也安葬于此。但雍正即位后却在河北易县梁格庄选择了另一块风水宝地。由于易县在遵化县的西面，便有了东陵和西陵之称。雍正为何没有选择东陵，是与其笃信佛教，崇尚风水密切相关的。雍正即位后，陵址本选在东陵九凤朝阳山上，但雍正认为此地风水不好，穴中之土又带有泥沙，很不满意。于是决定另寻宝地，最终在易县修建西陵。雍正违背了子随父葬的习俗，给他的儿子乾隆出了一道难题。最终，乾隆决定以后按昭穆制度父子分葬，也就造成了清朝皇帝分葬东西二陵的独特现象。

哪位皇帝违背了父子分葬东西二陵的祖制

　　清朝自雍正修建西陵，开创父子分葬的传统后，乾隆更是昭告子孙以后按昭穆制度父子分葬。但在清朝历史上，却有两位皇帝违背了这一祖制。一位是同治皇帝，另一位是宣统皇帝。同治于1875年1月去世，但直到第二年10月才入土为安，原因是找不到一块适合安葬的风水宝地。按照乾隆立下的祖制，同治应该追随他的爷爷道光皇帝安葬在西陵。但风水先生却认为同治安葬于此会阻碍国运。经过数月的争论，最终从"国家"的角度出发，决定将同治安葬在东陵。这样，同治的继任者光绪便安葬到了西陵。宣统皇帝（即溥仪）去世于1967年，按照当时的规定火化，骨灰安葬在北京八宝山革命烈士公墓。直到1995年，骨灰才转到清西陵附近的华龙皇家陵园。

中国人口数在什么时候达到一亿

　　明清时期经济发展迅速，人口也出现激增。明代人口最高数字为6 000多万。清军入关后，经康熙、雍正、乾隆几位皇帝的励精图治，出现了中国古代历史上又一盛世局面。据史料记载，清顺治十八年为1 900万丁，康熙五十一年为2 460万丁。丁是指成年男子，如果按照人口数为丁数的三倍以上，可以算出在康熙年间，我国人口已经接近1亿。雍正即位后推行新政，实行"摊丁入亩"，取消了人头税，这就使得原来通过藏匿人口逃避人头税的百姓取消了顾虑，人口出现大规模激增。至乾隆六年（1741年），全国人口达到1.4亿。

中国历史上最早的"罢工"出现在什么时候

　　明代中后期，在苏州和杭州地区的一些丝织业部门最早出现了雇佣关系，到了清前期这种雇佣关系有了进一步发展。在江南地区，手工业部门的规模不断扩大，雇佣劳动者数量显著增加，这就导致了雇佣劳动者与雇主之间的矛盾不断激化。一些地区便出现了手工工匠组织罢工的现象。广州从事丝织业的工匠还成立了"西家行"与工商业主的"东家行"对立。每当工人要求增加工资时，便由"西家行"的"先生"出面与"东家行"进行交涉。除此以外，苏州的纸工、织工，景德镇的陶瓷工，北京门头沟的煤窑工，云南的矿工等都先后爆发过反对开除工匠，要求提高工资的罢工斗争。

清代内阁与明代相比有什么不同

　　明初朱元璋废除丞相制度，至明成祖时期内阁制度正式形成。明中后期内阁权力极大，不仅拥有票拟权，内阁首辅更握有类似于丞相的行政大权。清军入关后仿明代中央制度，于顺治十五年（1658年）正式设立内阁。清代内阁名义上位居六部之首，是国家的中枢机关，但实际上并无实权。康熙时期的南书房，雍正年间的军机处，都逐步将内阁权力架空。但清代内阁也进行了一些改革，如改变了明代内阁成员只能兼职而无法定地位的局面，将内阁官员法定化，官秩最高到正一品。同时，确定内阁成员人数，改变明代内阁人无定额的做法。

康熙帝为何设置南书房

南书房本是康熙读书的地方，又称南斋，设在北京故宫乾清宫西南。康熙十六年（1677年），为了更加有效地行使皇权，康熙帝调翰林文人入乾清宫南书房当职，秉承皇帝旨意草拟诏书，发布诏令，参与军机要务。南书房职能的转变，体现了清代君主专制不断加强的趋势。康熙帝利用南书房限制、削弱传统的议政王大臣会议和内阁的权力，也正是在这一时期，形成了南书房、议政王大臣会议和内阁三足鼎立的局面。中央权力机构的分散与互相牵制，使得国家大权日益集中在皇帝手中。

康熙帝为何两废太子

康熙在位时，为了避免清初因争夺皇位而引起的纷争，决定仿汉人定制，立皇后之子胤礽为太子。胤礽第一次被立为太子时刚满周岁，但当诸皇子成年后，为争夺储君之位，与太子矛盾加深。康熙四十七年（1708年），康熙帝巡幸塞外，发现太子诸多不良表现，决定将其废黜。康熙的这一行为，不仅没有平息诸皇子间的纷争，反而使储君之争更加激烈。为避免皇子间的争斗，康熙四十八年（1709年），复立太子。但矛盾不但没有解决，反而更加激化。有朝臣告发太子意图谋反，康熙怒不可遏，于康熙五十一年（1712年）再度废除太子，将其终生幽禁。

什么是"九王夺嫡"

九王夺嫡是康熙皇帝的九个儿子争夺皇位的事件。所谓九王分别指：大阿哥胤禔、二阿哥胤礽、三阿哥胤祉、四阿哥胤禛、八阿哥胤禩、九阿哥胤禟、十阿哥胤䄉、十三阿哥胤祥、十四阿哥胤禵。康熙四十七年（1708年），太子首次被废，使得诸皇子纷纷觊觎储君之位。太子复立后，诸皇子的纷争不仅没有平息，反而愈演愈烈，逐步形成了太子党、八爷党、四爷党等几个派别。到康熙五十一年（1712年）再废太子之时，康熙深知，再立太子肯定会进一步激化纷争，于是将继位人选在死后公布。

雍正年间推行了哪些"新政"

雍正年间的"新政"主要指在经济领域推行的三项改革，分别为"摊丁入亩""废除贱籍"和"火耗归公"。"摊丁入亩"是指废除历代相沿的人头税，将丁银并入田赋，按田亩数量征税的赋税制度。废除人头税后，人口藏匿和流动的现象逐步消失，减轻了无地和少地农民的负担。"废除贱籍"是针对江南一带的蓄奴风气，从法律上宣布改贱为良，户口统一编入正册，加强国家对人口的控制。"火耗归公"对中央政府而言，不仅可以打击贪官，更充实了国库；对人民而言也降低了火耗银的征收标准。这些改革，推动了雍正年间社会经济的进一步发展。

军机处的职能发生过怎样的变化

军机处内景

雍正七年（1729年），清廷对西北用兵，为商议军事，防止泄密，雍正帝在隆宗门内设立军需房，选内阁中谨慎缜密者入职，以处理紧急军务，并帮助皇帝处理日常政务。雍正十年（1732年）正式定名为"办理军机处"，简称"军机处"。可以说，军机处在设立之初，只是一个临时机构，但由于它能在一定程度上摆脱官僚体系臃滞繁琐的弊病，能更好地遵从皇帝意志，所以在西北战事结束后，军机处不仅没有被裁撤，反而成为常设机构。职权也由原来的以军务为主，扩大到内政外交、军国大事、官员升迁考核、重大案件的审理等，成为皇帝发布诏令、处理政务的权力核心。

为什么说军机处的设立是皇权达到顶峰的标志

军机处成立后，总揽军政大权，成为国家的政治中枢。但军机处本身并没有独立性，军机处的官员称军机大臣，其职能没有制度上的规定，均由官员兼任，皇帝任命。这就使得军机大臣均为皇帝的亲信，工作完全由皇帝临时委任。同时，军机大臣不能私自结交官员，每日接受皇帝召见的时候都要跪受笔录，无权发表自己的见解，绝对听命于皇帝。因此，军机处虽然大权在握，实际上却只是对皇帝个人负责的工作班子。清代通过军机处保证皇帝旨意的传达畅通无阻，所有权力集中于皇帝一人手中，成为皇权达到顶峰的标志。

为什么说军机大臣是"三无产品"

由于军机处设立的特殊背景，使得它虽然总辖全国上下军政要务，却不是一个正式的权力机关。军机大臣无官职，无定员，人选及人数均由皇帝决定，各部官员兼任，而皇帝则可以任意增加或取消大臣参与军机处的资格。从人数上来看，军机大臣一般是三至六人。由于军机大臣并不是朝廷设立的正式职官，也就没有品级。官员之间在理论上并没有从属关系，都是直接隶属于皇帝，听命于皇帝的工作班子。同时，军机大臣均由各部官员兼职，导致了军机大臣无俸禄，参与军机事务纯属额外工作。所以有人戏称军机大臣是无工资、无品级、无合同的"三无产品"。

什么是"密折制度"

中国古代历史上的很多朝代都曾盛行过告密制度。清代康熙晚年，始创了一种密折制度，雍正继位后，将这一制度加以完善。所谓密折，就是大臣将所奏之事写在折叠的白纸上，锁在特制皮匣内的奏折。皮匣的钥匙备有两把，一把在大臣手中，另一把则在皇帝手里，除此以外，任何人都无法打开。呈递密折时，并不经过驿站层层转达，而是大臣选派亲信亲自递交，由皇帝对奏折进行批答。密折制度的实施，有效起到了震慑各级官员的作用，皇帝可以更加真实地了解地方事宜，是清朝君主专制不断加强的重要表现。

雍正帝为何要实行"秘密立储"

所谓"秘密立储"，又称"密匣立储"，是皇帝将皇位继承人的姓名写在御书上，封入密匣之中，存放在乾清宫正大光明匾额后面，另外写密旨一道由内府收藏，以资核对。天子驾崩后，由军机大臣、顾命大臣等共同取出，按御书所写内容确立新君。在中国古代历史上，历朝皇帝大多采取公开建储的方式。雍正帝继位后，认为公开立储弊端重重，如皇子之间为了争夺储位纷争不断，而确立的太子又容易骄矜失德，不求进取。再加上康熙晚年两废太子的教训，故雍正决定在皇子中择优选择继位人选，但不公布，以确保皇位的顺利传承。

雍和宫为何被称为"龙潜福地"

雍和宫最早修建于明朝，清康熙三十二年（1693年）成为皇四子胤禛的府邸。康熙四十八年（1709年），胤禛晋升为"和硕雍亲王"，他的府邸也随之升格为"雍亲王府"。雍正帝继位的时候，已经在此居住了将近30年，感情极深，便于雍正三年（1725年）改王府为行宫。由于雍正身份的变化，行宫的建筑规格也要随之提升，经过改建，最终成为与紫禁城同规格的黄瓦红墙殿宇，并赐名为雍和宫。雍正十三年（1735年）雍正帝驾崩后，灵柩也曾停放于此。同时，雍和宫还是乾隆皇帝的出生之地，一座府邸走出了大清两位皇帝，故被称为"龙潜福地"。

什么是"文字狱"

所谓"文字狱"，是指知识分子因文字著述招致祸端而被立案入狱。我国古代很多朝代均发生过文字狱，但最为严重的当属清朝。清军入关后，为了稳定统治，压制汉人的反抗情绪，加紧对文化思想领域进行严密控制，便厉行文字狱。清代文字狱的种类包括反清复明、触犯皇帝尊严、妄议朝政、文字附会四类。文字狱在康雍乾三朝更是达到极致，总共有160余次，杀戮无数。这使得知识分子在思想上日益僵化，不再敢随意著书立说，只得潜心于对典籍的考据。这严重阻碍了自然科学和思想文化领域的进步。

什么是"明史案"

"明史案"是清初开国以来的第一宗文字狱。浙江乌程有一个富户叫庄廷鑨，双目失明，却想仿效春秋时期同为盲人的左丘明，编著一部史书流传百世。但他并不通晓史实，便购买了明朝天启年间大学士朱国桢所写的明史遗稿，并召集江南一带立志修史的才子加以编辑整理，定名为《明史辑略》。虽然当时清军已经入关，但书中仍然使用明朝年号，不承认清朝的正统地位，后被告发。康熙二年（1663年）结案之时，尽管庄廷鑨已经病逝，仍被开棺戮尸，族人受到牵连。不仅如此，凡为此书作序、校阅、刻字、印刷、买书、卖书的人及地方官吏，均被处死。

最牵强附会的文字狱是什么

清代文字狱种类繁多，因为汉文往往一字多义，一语双关，很容易出现文字附会。因在用语时产生歧义而受到惩处的案件中，最牵强附会的案件发生在雍正年间。礼部侍郎查嗣庭出任江西考官主持当地科举考试，将《诗经·商颂·玄鸟》中"维民所止"一句作为考题。本意是让考生探讨民众与国家的关系，完全符合儒家思想，却因"维""止"二字与"雍""正"二字写法相似，便被曲解为"雍正无头"。雍正大怒，下令将查嗣庭全家逮捕严办，族人遭到流放。最终查嗣庭病死狱中，还被戮尸示众。

清代统治者为何尊崇儒学

清代是少数民族建立的政权，清军入关前，满族统治者并没有尊崇儒学的政策。但清政权在全国确立统治后，为了缓和与汉族的矛盾，笼络有才能的知识分子，巩固统治，决定按照前朝惯例，实行科举取士，尊孔崇儒。儒学思想内容丰富，但清代统治者最为推崇程朱理学的新儒学体系，将其奉为官方哲学，宣扬三纲五常，礼乐教化。康熙、乾隆曾多次去山东曲阜祭孔，康熙还依据儒家学说亲自编定《圣谕》16条，颁发全国，借儒家学说倡导尊卑有序，忠孝节义，以淡化民族矛盾和人民对前朝的怀念之情。

清代六部的职责有哪些变化

清代在中央行政管理机构方面仿明代旧制，设置吏、户、礼、兵、刑、工六部。但清代六部职责与明代相比有很大变化。清代六部长官只能奏请皇帝颁发诏谕，而无权直接向地方官发布命令。同时，除六部外，清代还设置了其他机构，这就使六部职责与一些机构相重叠。比如刑部的职责与都察院、大理寺重叠。刑部所定重大案件需经都察院复查，大理寺审查，这就是三法司会审。此外，宗人府、步兵统领衙门、理藩院、内务府等也都握有部分司法审判权。各部门权限分散，互相牵制，其结果必然是使军政大权全部掌握在皇帝手中。

清代的内务府与宗人府有多大权限

清代的内务府与宗人府权力很大。内务府是清代特有的机构，专管宫廷事务，照料皇帝生活起居，凡属皇家的衣食住行各项事务，均由内务府承办。这就使得内务府和国家政务也有一定联系，六部的职能内务府均可插手。而宗人府始设于明初，清代时，成为专门管理皇族事务的机构，对于宗族内部的事务，包括撰写帝王谱系，记录宗族子弟情况，包括对宗室犯罪的调查与惩处等。清代宗人府地位很高，列于内阁和六部之上，显示了皇族宗室地位的重要与特殊。

什么是"绿营"

绿营是清朝的正规军之一，主要来自于清军入关后招募和收编的汉族地主武装。清政府参照明朝旧制，以营为基本单位进行组建，以绿旗为标志，故称"绿营"。同为国家常备军，绿营的人数大致为八旗兵的三倍，约有60多万人。绿营在清初统一全国、镇压叛乱中发挥了重要作用。

但为了防止汉军实力过强，清政府规定驻防地方的绿营兵要受到八旗兵的监视和控制。绿营中的重要官职必须由满族将领担任，所有军队调防和各级武官的任命均须向皇帝奏报。清中后期，军备废弛，日趋腐败，绿营逐渐衰落。

"团练"和"绿营"有什么区别

同为汉族士兵组成的军队，团练与绿营最大的区别在于绿营是常备军，与八旗军一起构成了清朝的正规军，有统一的建制，直接归皇帝统辖。而团练则属于地方民兵组织，主要集中于汉族地区，由汉族地主进行招募，经费来自民间。一般在战事结束后，团练即宣告解散。团练起源于嘉庆年间镇压白莲教起义。当时，八旗和绿营腐败虚弱，不堪重用，再加上白莲教起义地点分散，持续时间长，因此，由地方士绅所招募的乡勇便成为镇压起义的主要力量。清后期，团练力量不断壮大，逐渐演变为正规的"勇营"。

什么是"康乾盛世"

康乾盛世是清王朝统治前期开创的盛世景象，起于康熙二十年（1681年）平定三藩之乱，止于嘉庆元年（1796年）白莲教起义爆发，历经康熙、雍正、乾隆三朝，持续时间长达115年。这一时期，国库富足，轻徭薄赋，边疆少数民族地区进一步得到开发，社会经济得到恢复和发展，基本改变了明末清初民生凋敝的景象。康熙四十八年（1709年），国库存银达5 000万两以上，存粮数千万石，至乾隆中期库银增至7 000万两。同时，人口增长迅速，乾隆五十五年（1790年）全国人口突破3亿，人民生活比较安定，成为我国古代社会的最后一个盛世出现。

清前期中俄为什么会爆发冲突

1547年，莫斯科公国大公伊凡四世加冕称沙皇，沙俄诞生。到17世纪40年代，俄罗斯帝国在越过乌拉尔山脉，征服西伯利亚地区之后，把

侵略矛头指向中国黑龙江流域。当时正值明末政局动荡，清军入关，政权更迭。因此，新政权无暇北顾。沙俄军队在没有遇到强有力抵抗的情况下，乘虚而入，其中一路在1643年跨过外兴安岭向南推进，强占黑龙江流域雅克萨等地。另一路军队在1644年越过贝加尔湖向东南进犯，强占尼布楚等地。沙俄军队在当地大肆劫掠，无恶不作。康熙初年平定三藩之乱，稳定政局后，决定对沙俄侵略军进行反击。

什么是雅克萨之战

康熙四年（1665年），沙俄军队在雅克萨地区修筑据点，奴役当地人民，并不断向黑龙江中下游扩张。清政府曾与沙俄多次交涉，却没有结果。康熙帝亲政后，对此事非常重视，认为沙俄的入侵不仅扰乱边疆，危害国家主权，还严重威胁了大清王朝的发祥地。于是，在平定三藩之乱，稳定政局后，于康熙二十四年（1685年）和康熙二十五年（1686年）两次发动对雅克萨的反击战。作战中，清军采取发兵阻断沙俄军队进退之路，屯兵驻守黑龙江，建立城寨与之对垒，进而合围将其歼灭的方针，使得沙俄军队遭受重创，最终被迫同意和谈。

清军围攻雅克萨示意图

清政府与西方国家签订的第一个条约是什么

康熙二十八年（1689年），清政府与沙俄在尼布楚正式谈判。当时，清政府已经取得雅克萨之战的胜利，但为保证中俄边界的稳定，康熙帝指示谈判代表可以作出让步。而沙俄方面，雅克萨一战损失惨重，也想与清政府达成和解。最终，中俄双方签订了《中俄尼布楚条约》，规定

ZHONGGUO LISHI

两国东段边界，肯定了黑龙江流域和乌苏里江流域广大地区属于中国领土，而清政府则放弃了贝加尔湖以东至尼布楚一带领土。《中俄尼布楚条约》是清政府与西方签订的第一个平等条约。条约签订后，中俄东段边境地区相对稳定，贸易得到较大发展。

驻藏大臣是如何管理西藏地区事务的

驻藏大臣是清政府派驻西藏地区的行政长官，全称"钦差驻藏办事大臣"，始设于雍正五年（1727年）。驻藏大臣代表中央政府与达赖和班禅共同管理西藏地方事务。在设置之初，驻藏大臣的权力仅涉及统领西藏地区官兵。为了加强中央对西藏的控制，乾隆五十八年（1793年）颁布了29条章程，规定处理西藏地区行政、人事、财政、军事、外交等方面事宜的决定权掌握在中央政府驻藏大臣手中。在宗教事务中，驻藏大臣亲自监督"金瓶掣签"过程，并报请皇帝批准生效。同时，驻藏大臣负责整顿藏兵组织，加强边防，每年五六月亲自巡视边界，处理边务。

什么是"木兰秋狝"

木兰围场是一座清代皇家猎苑，在今河北省东北部。清代皇帝每年秋天都要在此行围狩猎，故称"木兰秋狝"。木兰围场始建于康熙二十年（1681年），至乾隆四十六年（1781年），经历了一百年的扩建。此后，清朝皇帝每年夏天都要到承德避暑山庄处理朝政，入秋后在木兰围场围猎后再返回北京。此外，木兰围场北控蒙古，南拱京津，作为战略要地，"木兰秋狝"还承担军事演练的重要作用。秋狝之时，皇帝往往会云聚蒙古各部王公，以实现笼络蒙古上层贵族，加强民族团结，巩固北部边防的目的。

什么是大小和卓叛乱

和卓是波斯语的译音，本意是指穆罕默德的后裔，也指新疆地区信仰伊斯兰教的上层人物。大和卓和小和卓分别是指乾隆年间南疆维吾尔族封建主玛罕木特的两个儿子罗尼都和霍

集占。乾隆二十年（1755年）清军平定了新疆准噶尔部叛乱，释放了被准噶尔部囚禁于伊犁的大小和卓，并命其返回南疆，统领维吾尔民众。但大小和卓相互勾结，组织叛军，控制了天山南路大部分地区。清政府于乾隆二十三年（1758年）起开始平叛，至乾隆二十四年（1759年）击溃叛军，大小和卓西逃，最终被当地部族擒杀。至此，新疆地区分裂混乱的局面结束，重新归于中央统治。

土尔扈特部为何要回归祖国

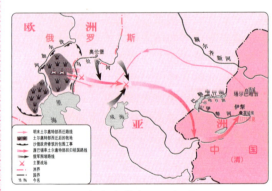

土尔扈特部回归祖国

土尔扈特部是清代厄鲁特蒙古四部之一。明末清初，因其首领与准噶尔部首领不和，遂率部西迁至伏尔加河下游。但西迁后，不断受到沙俄的侵略与奴役。同时，土尔扈特部一直与厄鲁特各部保持联系，并多次遣使向清政府朝贡。康熙五十一年（1712年），康熙帝派出使团，经西伯利亚，历时两年来到伏尔加河下游，探望土尔扈特部。乾隆二十一年（1756年）土尔扈特部也派出使团前往北京朝贡。在沙俄的压迫与祖国的感召下，土尔扈特部首领渥巴锡率众起义，历经千辛万苦，于乾隆三十六年（1771年）最终回到祖国，在木兰围场受到了乾隆皇帝的亲切接见。

清代为什么不修长城

自秦以来，长城一直是巩固北部边防，抵御北方少数民族南下的重要防御工程。而自清代入

关起，便停止修缮长城，这是和清代统治者的民族政策密切相关的。清代本就是南下的少数民族，对于长城的防御功能认识得更为清晰。康熙帝曾对历代皇帝因修筑长城消耗民力而最终亡国的做法提出过批评。在处理与北方各民族的关系上，通过利用宗教信仰、修建避暑山庄、木兰秋狝等措施，拉拢蒙、藏等少数民族的上层贵族，为统一多民族国家的巩固奠定了基础。所以，尽管清代不修长城，却仍然取得了积极的政治效果。

今天祖国的疆域是在什么时候基本形成的

清军入关后，非常重视边疆稳定问题，在巩固、加强统一多民族国家的过程中作出了巨大贡献。在东南沿海地区，收复台湾，设台湾府隶属福建省。在西北地区，平定准噶尔部叛乱，安定了新疆、蒙古、西藏和青海等地，同时，设驻藏大臣管理西藏，伊犁将军管理新疆。在东北地区，击溃沙俄入侵，签订《中俄尼布楚条约》，划定中俄东段边界地区。在西南地区，推动社会经济发展，稳定民族关系。至乾隆二十四年（1759年）最终平定准噶尔部叛乱后，今天祖国的疆域基本形成。

什么是督抚制

督抚是清代地方最高官员总督与巡抚的简称。与明朝临时派遣不同，清乾隆时督抚成为固定的封疆大吏。当时全国共有直隶、两江、闽浙、两湖、陕甘、四川、两广、云贵八位总督，官职为正二品，也有加尚书衔者为从一品，代表皇帝总揽地方军政大权。除总督外，每省还设巡抚，总管一省政务，为从二品官，负责监察本地政务。督抚均为皇帝直接委派的亲信，可直接向皇帝呈递密折。但督抚任期不长，且在权力上互相牵制，一方面有利于皇帝加强对地方的控制，另一方面保证了清代地方长时期的稳定。

清代最基层的管理方式是什么

为了能直接对人民进行严密的控制和监督，清朝沿用明代的保甲制，作为最基层的管理方式。在城乡各地，规定每十户为一牌，十牌为一甲，十甲为一保，分设牌头、甲长、保正。为了加强管理，实行严格的户籍制度，每户的成员姓名、人口、男丁数目均登记在册，

清代疆域图

外出及入住者均要详细记录。每月由保正出具无事证明，递交官府审查备案。保甲虽然不是正式的行政机构，但却是清政府控制人民的有效方法。通过保甲制，将各家各户束缚在一起，互相监督，联合作保，起到维护治安、强化统治的重要作用。

什么是"廷寄"

"廷寄"是清代的公文名称，是皇帝命内廷寄发的一种谕旨。清初，凡是皇帝颁发的谕旨均要经过内阁，再进行传抄。这种方式不易保密，而且过程繁复，速度很慢。从康熙时起，便出现了不经内阁，而由内廷官员直接传达给地方官员的做法。廷寄的广泛使用还是在雍正年间。雍正设立军机处后，遇到机密大事，如告诫臣下、指示方针、考核政事、责问失职等，为了防止内容泄露，不经内阁下达，而由军机处密封加印后，直接通过驿站，下达到地方官手中。后来，"廷寄"便成为军机大臣的专责，作为制度固定下来。

乾隆帝的"十全武功"指的是什么

"十全武功"是乾隆帝对自己一生的总结，指的是乾隆年间发动的十次大规模军事行动，分别为：两次平定准噶尔之役、平定大小和卓叛乱、两次金川之役、镇压台湾林爽文起义、缅甸之役、安南之役及两次抗击廓尔喀之役。乾隆五十七年（1792年），在击溃廓尔喀（今尼泊尔）入侵后，乾隆帝欣喜万分，在回忆自己继位57年来在边疆地区建立的功勋时，总结了这"十全武功"，并自诩为"十全老人"，作《御制十全记》，并命令写成满、汉、蒙、藏四种文体，建碑勒文，以传后世。

乾隆帝为何要六下江南

乾隆帝在位60年，曾经六下江南，究其原因，大致有三点：其一，古代信息不发达，皇帝要想访察民情，又避免为官员所蒙蔽，最好的方法就是亲自走访。再加上康熙帝就曾六次南巡，乾隆遵循祖制，也亲自下江南了解民生。其二，

为了网罗人才，加强与江南汉族地主的联系。清军南下时曾在江南遭遇过激烈的反抗，而江南是国家财富的重要来源。因此，乾隆帝利用南巡之机进一步拉拢江南士绅。其三，是为了视察河工，治理水患。乾隆每次南巡，都将视察黄河大坝、浙江海塘等水利工程定为头等大事。当然，乾隆下江南也包含着游乐的目的，官员前呼后拥，耗资巨大。

嘉庆为什么要查抄和珅

乾隆六十年（1795年），嘉庆被立为太子，和珅曾赠送玉如意以示拥戴。但嘉庆即位后便颁布了和珅20条罪状，将其赐死抄家。嘉庆查抄和珅的原因大致有三点：一是和珅通过贪污家藏万贯，富可敌国，查抄和珅可充实国库；二是嘉庆年间的白莲教起义波及数省，而民间流传的原因是官逼民反。为了安抚人心，嘉庆便决心查处朝中最大的贪官，以警世朝野，昭告世人；三是由于和珅身兼数职，权力过大，且勾结朝臣，势力庞大。嘉庆认为和珅势必威胁到自己的统治，遂决定扳倒和珅。

为什么说"和珅跌倒，嘉庆吃饱"

和珅是乾隆身边的重臣，权力极大，但却收受贿赂，贪得无厌。嘉庆继位后，宣布和珅20条罪状，将和珅赐死抄家。查抄家产的清单共编为109号项目，计有赤金580万两、生沙金200万两、金元宝1 000个、银元宝1 000个、元宝银940万两、田地800余顷、当铺75座、银号42座，此外还有大量古玩、珍宝、玉器、绸缎、貂皮等，全部家产约合8亿两白银。而当时国库每年收入仅有8 000多万两，和珅贪污所得相当于国库10年的财政收入。嘉庆将和珅家产全部充入内府，故有民间流传的"和珅跌倒，嘉庆吃饱"之说。

什么是白莲教起义

乾隆后期，各种社会矛盾激化，贪污盛行，土地兼并严重。人们的反抗情绪日增，各地各族人民不断爆发起义。嘉庆元年（1796年），白

川、湖北、陕西地区以白莲教为组织形式，爆发起义，参加人数达40万～50万人之多。参与者大多为失去土地的流民，斗争区域遍及四川、湖北、陕西、河南、甘肃五省，占据或攻破州县达204个，历时9年之久。为了镇压这次起义，清政府调集16个省的兵力，耗费2亿多两饷银；相当于政府四年的财政收入，元气大伤。自此，康乾盛世宣告结束，清王朝逐渐走向衰落。

清代的哪一次农民起义曾攻进紫禁城

嘉庆元年爆发的白莲教起义给清王朝以沉重打击，而作为白莲教的一个分支，李文成、林清领导的天理教起义也在河北、山东、山西、河南等地产生重要影响。嘉庆十八年（1813年）林清率领教徒200人在9月14日混入京城，分为两小队在15日对紫禁城发动进攻，一队攻入东华门，另一队攻入西华门，由入教的清宫太监作向导，一举冲入皇宫。在清廷火器营的围攻下，起义军由于人少势孤，不得不退出皇宫。这次起义引起巨大反响，嘉庆帝惊呼其为"汉唐宋明未有之事"。

清代三大科场舞弊案指的是什么

科举自隋唐起就一直是封建王朝选拔官吏的重要方式之一。科场舞弊历朝都曾出现过，在清代，出现了三次震惊朝野的科场舞弊案，分别为顺治十四年（1657年）的丁酉科场案、康熙五十年（1711年）的辛卯科场案和咸丰八年（1858年）的戊午科场案。三次科场舞弊案均由舞弊引发，在调查过程中涉及部分高官。而在其背后，往往牵扯着复杂的腐败链条和官场纠葛。另外，对于科场舞弊，皇帝均亲自督办，花大力气调查、惩处。对于每一次案件审理结果，均有高官人头落地，在一段时间内起到了震慑作用，维护了科举考试的公正。

清代农业有哪些发展

清代的农业生产比明代有了进一步发展，粮食产量大幅度提高。清前期在江南一带大面积推广双季稻，湖广及浙江、福建、四川等地亩产

量可达五六石或七八石。除稻米外，明代引入中国的玉米、番薯等高产作物在清代已推广到全国种植。粮食产量的提高，除了减轻人口增长压力外，还可提供更多商品粮，扩大了粮食商品化的范围。康乾时期，经济作物的种植面积也有所扩大，形成许多以种植经济作物著称的专业地区。烟草、茶、苎麻、蓝靛等经济作物产量的提高，突破了传统的农业结构，为手工业生产提供充足原料，商品化程度明显提高。

清代的纺织业中心有哪些地区

清代康乾时期，纺织业中心较之明代出现了新的变化。其中，南京、广州和佛山等地新兴的丝织业，从技术和产量上看，均代表全国最高水平。乾隆年间，南京全城织机多达3万台。福州、佛山的棉丝织业也极为发达。雍正年间，纺织业中心进一步南移，广州地区逐步取代了传统意义上的苏州、杭州地区，成为全国纺织业中心。到嘉庆、道光年间，广州地区的织工多达4万～5万人，生产规模庞大，分工细密，所产纱缎织造精美，花样花色更为繁多，被誉为"甲于天下"。

"闭关锁国"是从什么时候开始的

清军入关后，曾实行严厉的海禁政策。顺治十八年（1661年）颁布了"迁海令"，强迫东南沿海居民内迁50里。尽管康熙二十三年（1684年）曾开放海禁，但为了避免中国商人滞留海外，于康熙五十六年（1717年），下达了禁止中国商人前往南洋贸易的命令。到雍正时期，再次开放南洋之禁，但却对商人出海加以严格限制。乾隆二十二年（1757年），乾隆皇帝命令沿海各省停止对外贸易，西洋商船只准在广东的虎门一处停泊贸易。这标志着清政府开始正式实行"闭关锁国"的政策。

清政府为什么要"闭关锁国"

清政府实行"闭关锁国"政策，既来自于维护统治的需要，也源于对自身的盲目自信。清军在南

ZHONGGUO LISHI

下统一全国的过程中，反清势力逐步集中到东南沿海各省，郑氏政权割据台湾，均对清朝的统治造成威胁。一方面，为了防止反清势力聚集于海上，清朝统治者实行了"迁海令"。另一方面，为了保护沿海地区的社会经济，抵制西方势力的渗透，防止中国商人与外夷勾结，政府严禁对外贸易的开展。同时，中国是一个自给自足的农业大国，清政府对自己的经济和政治存在盲目自信，认为天朝上国无所不有，完全不需要对外贸易。因此，最终紧锁国门，造成了落后挨打的局面。

乾隆帝"闭关锁国"为何还要"一口通商"

乾隆二十二年（1757年），乾隆皇帝正式命令沿海各省停止对外贸易。但与此同时，保留了广州港，设立十三行作为专门经营对外贸易的机构。这是因为乾隆帝非常重视广州海关的作用。历史上，广州一直是对外贸易的重要口岸。清初，80%以上的外国商船都停泊在广州港，在各通商口岸中，广州的对外贸易最发达。这就使广州地区的多数居民都以进行对外贸易为生。同时，广州海关的巨额税收，是内务府的重要财源，与皇室生活息息相关。再加上广州的虎门、黄埔驻有官兵，即便与外国通商，也可保证海防安全。因此，乾隆帝将广州设为全国唯一的对外通商口岸。

英国为何要派使团来华为乾隆皇帝祝寿

18世纪60年代，英国开始进行工业革命，不断开拓海外市场，成为世界上经济实力最强大的国家。而同时期的中国，正处于康乾盛世后期，依然是自给自足的农业国家。西方对中国的茶叶及丝织品需求量极大，而清政府却为了保证海防安全严格限制对外贸易。因此，为了开拓中国市场，英国政府决定派使团访问中国，与清政府洽谈通商事宜。1787年，英国政府曾派出使臣，却在来华途中病逝，使团不得已中途返回。1792年，英国再次派出以马嘎尔尼为首的使团，以为乾隆皇帝祝寿为名，于1793年来到中国。

马嘎尔尼觐见乾隆皇帝遇到了哪些问题

马嘎尔尼是第一个访问中国的英国使臣，以为乾隆皇帝祝八十大寿为由，于乾隆五十八年（1793年）到达中国。作为新兴的资本主义强国，英国已具备和中国进行较量的实力，外交手段只是其第一个步骤。而清政府却盲目自大，对世界局势茫然不知。所以，将英国使团的到访定义为传统的朝贡贸易，在接待规格、觐见礼仪等方面，英国使团均没有得到平等的外交礼遇。对于英国使团提出的开放对外贸易的要求，清政府自认为天朝大国，没有必要与其他国家互通有无，而加以拒绝。

什么是三大商帮

明清时期，随着商品经济的进一步发展，出现了以地缘关系为基础，经营长途贩运贸易的组织，这就是商帮。清代著名的三大商帮是指晋商、徽商和潮商。晋商俗称"山西帮"，将山西富有的特产进行长途贩运，设号销售。足迹遍及我国大江南北及俄国。徽商指安徽徽州商人，徽商在经营生意的同时还特别注重博取功名。从乾隆到嘉庆十年的70年间，徽商子弟有265人通过科举入仕。潮商指广东潮州商人，一向是以冒险性格强烈、肯吃苦耐劳著称。潮商积极向外拓展，离乡背井远赴印度尼西亚、马来西亚等地，进取心强。

什么是乾嘉学派

乾嘉学派是指盛行于清代，致力于考据学的一个学派。这一学派治学严谨，主要工作是考据典章制度，因盛行于乾隆至嘉庆时期，故称乾嘉学派。乾嘉时期，清朝统治者大兴文字狱，为避免杀身之祸，一些知识分子只得埋头于学术考证。该学派研究的对象上至天文地理，下至各朝规章制度的细节，但总体特点是避免涉及与明、清有直接关系的事物，与现实社会完全脱节。尽管乾嘉学派存在脱离实际、厚古薄今、思想闭塞等问题，但其踏实朴素的学风却有利于对我国几千多年来的文献典籍进行保护和整理。

ZHONGGUO LISHI

《康熙字典》是怎样一部书

《康熙字典》是康熙年间，由户部尚书张玉书和吏部尚书陈廷敬等30多位学者奉康熙圣旨编撰的一部内容详尽的汉语辞典。该书的编撰工作始于康熙四十九年（1710年），成书于康熙五十五年（1716年），历时6年。全书采用部首分类法，共分为214个部首。每字按笔画排列，并按韵母、声调及音节分类排列韵母表及其对应汉字。全书分为12集，每集又分上、中、下三卷，共收录汉字47 035个。除了个别生僻字外，每字下面都举例解释，该书成为研究汉字的主要参考文献。

清代规模最大的工具书是什么

清代规模最大的工具书当属由康熙帝钦赐书名的《古今图书集成》。该书的编撰始于康熙四十年（1701年），印制完成于雍正六年（1728年），历时两朝28年。正文10 000卷，目录40卷，共分为5 020册，1.6亿字，内容分为6汇编、32典、6 117部。全书分类编排，形成汇编、典、部三层结构，涉及天文地理、文史哲学、政治经济、自然艺术、教育科举、农桑渔牧、医药良方、百家考工等，图文并茂。尤其可贵的是，该书收录了大量记载自然科学成果的著作，成为后世研究古代科技的重要论著。

为什么说《四库全书》是一部百科全书

乾隆三十七年（1772年），有官员提出要将明代《永乐大典》残存的篇目进行恢复整理，乾隆帝便命各省将所存书目及武英殿官刻书目进行汇集，重新编撰，定名为《四库全书》。在编撰过程中，征集书目耗时7年，又经过了整理、抄写底本、校订等工作，共历时10年。全书分经、史、子、集四部，其中，经部收录儒家"十三经"及相关著作；史部收录史书共计15个类别；子部收录诸子百家著作和类书；集部收录诗文词总集和专集等，共收录古籍3 503种、79 337卷、装订成3 600余册，保存了丰富的文献资料。

为什么说修《四库全书》是修书与毁书并存

《四库全书》保存了中国历代大量文献。在编著的过程中，不仅收录了许多孤本、善本，还发现了诸多失传已久的书籍。可以说，《四库全书》的编撰，无论是在古籍整理上，还是在辑佚、校勘、目录学等方面，都堪称典范。但乾隆时期厉行文字狱，在思想文化领域控制极为严格。因此，在向全国征集图书的过程中，始终贯彻"寓禁于征"的政策，凡是被认为妨碍统治的书籍，全部予以销毁或删改。同时，轻视科技著作，尤其是介绍西方自然科学的图书，一般不予收录。因此，《四库全书》的编撰也为后世留下了诸多遗憾。

你知道清代有一部著名的谈狐说鬼的小说吗

康熙十九年（1680年），蒲松龄完成了一部文言短篇小说集，定名为《聊斋志异》。"聊斋"是蒲松龄的书斋名，"志"是记述的意思，"异"指奇异的故事。这是一部假托谈狐说鬼以宣泄对现实社会不满的作品，所以又被称为《鬼狐传》。作者用传奇幻想的手法创作出许多怪异曲折、形象鲜明，又具有深刻社会意义的作品。全书共491篇，内容十分广泛，既有对官场腐败黑暗的抨击，也有花妖狐魅和人相爱的浪漫故事。作品内容既扎根于现实生活，也表现了作者冲破封建礼教，追求自由的思想。

为什么说《红楼梦》是古典文学的高峰

作为中国古典四大名著之一，《红楼梦》是创作于乾隆中期的一部伟大现实主义巨著。《红楼梦》共120回，作者是曹雪芹（后40回一般认为是高鹗续写），通过对贾、史、王、薛四大家族兴衰变迁的描写，揭露了封建贵族阶层的腐朽。作品以隐晦的手法，对封建社会进行了全面的批判，具有深刻的社会意义。全书情节复杂，语言精

《红楼梦》书影

练生动，人物形象鲜明，在艺术上达到了很高水平。尤其对贾宝玉与林黛玉追求婚姻自由、个性解放的爱情悲剧进行了讴歌，将古典现实主义文学推向了高峰。

为什么说《儒林外史》是一部讽刺小说

《儒林外史》是吴敬梓于乾隆初期创作的章回体长篇小说。全书共56回，约40万字，由一系列生动的故事连接起来，以讽刺的手法描写了近两百个人物。作者假托对明代知识分子热衷功名而进行入木三分地揭露和嘲讽，反映了康乾时期科举制度下读书人的现实生活，抨击了科举制度及其影响下极端虚伪的社会风气，以及封建官僚政治的腐败等现象，从而使这部小说成为中国古代讽刺文学的典范。

你知道康熙年间的两部著名戏剧吗

清初，许多知识分子开始探讨明朝灭亡的教训，并在戏曲作品中加以映射。康熙年间洪升创作的《长生殿》和孔尚任创作的《桃花扇》就是两部著名的戏剧作品。这两部作品都是现实主义和浪漫主义手法相结合的佳作。《长生殿》通过介绍唐玄宗和杨玉环之间的爱情故事，谴责唐天宝年间皇帝的昏庸和朝政的腐败。《桃花扇》经孔尚任十余年苦心创作，通过男女主人公侯方域和李香君的爱情故事，反映南明灭亡前后人物心理和社会氛围的变化，也在一定程度上抨击着封建等级贵贱观念。这两部作品在古代戏剧史上均占有重要地位。

清初著名的传教士有哪些

从明代开始，西方传教士便纷至沓来，在中国传播天主教。清代，德国人汤若望、比利时人南怀仁、法国人白晋、意大利人郎世宁等均得到皇帝重用。其中，汤若望在中国生活了47年，顺治年间被任命为钦天监监正，负责编修历法，康熙时期封为"光禄大夫"，官至一品。康

熙年间，康熙帝重用南怀仁和白晋等传教士，命他们编修历书，制造火炮，绘制地图，取得显著成效。而南怀仁更成为了康熙皇帝的科学启蒙老师，官至工部侍郎，正二品。为了引进更多西方先进的科学技术，康熙帝还曾表示希望教皇派更多有一技之长的传教士来华效力。

传教士在中国传播了哪些西方先进的科学知识

中国古代的科学技术曾在世界上处于领先地位，但随着西方近代自然科学的兴起，清政府依然故步自封，闭关锁国，逐步落后于世界科技潮流。而传教士的到来，传播了大量西方先进的科学文化知识。如汤若望的《远镜说》，是传入中国的第一部西方光学著作；《则克录》详尽介绍了炮台建筑、火炮铸造、子弹和地雷的制造技术，并教授使用方法。南怀仁的《御览西方要纪》，涉及欧洲的一般地理知识，以及社会和文化生活的各个方面。可以说，17世纪初西方的天文历法、数学、物理学、地理学、兵器制造学等科学技术均在这一时期传入中国。

清政府对天主教的传播持什么样的态度

尽管传教士给中国带来了西方先进的科学知识，但他们始终将传播天主教、在中国发展教徒作为最重要的任务。顺治年间，天主教徒人数增至15万人，康熙三年更多达24.6万人。这使得当时朝中部分士大夫对传教士的活动持怀疑、警惕态度。而康熙帝在欢迎西方科技传入的同时，也没有放松对传教士的警惕，始终对他们的活动予以严格监视。雍正年间，规定除留京效力的传教士外，其余各省传教士均安置于厦门，后令其回国。乾隆、嘉庆年间又先后制订西洋人传教治罪条例，打击天主教在中国的发展。

圆明园为何被称为"万园之园"

圆明园是清代著名的皇家园林，面积5 200余亩，包含景观150多处。它始建于康熙四十六年（1707年），至乾隆三十五年（1770年）基本形成圆明园、长春园、绮春园三园的格局。后又

历经嘉庆、道光、咸丰等几位皇帝的扩建，前后共历时150多年。圆明园不仅汇集了江南若干名园胜景，还创造性地移植了西方

圆明园复原图

园林建筑。园内不仅有百余处山水怀抱、意趣迥异的风景群，也包含了完整的河湖水系。圆明园点缀了大小250余座土山，层次鲜明，宛如江南水乡，意境深远，是古今中外造园艺术的最杰出代表。

圆明园中有哪些著名的西式建筑

乾隆年间，由意大利传教士郎世宁和法国传教士蒋友人、王致诚设计，中国匠师建造，在圆明园的长春园北修建了一批欧式园林建筑，俗称"西洋楼"。这一景群由十余座建筑和庭园组成，于乾隆十二年（1747年）开始筹划，至乾隆二十四年（1759年）基本建成。建筑风格采用欧洲文艺复兴后期的巴洛克风格，融合了中式建筑的装饰方法。该景群最著名的包括谐奇趣、海晏堂和大水法三处大型人工喷泉。尽管西洋楼景区所占面积不大，但它却是中国第一次成片仿照欧式园林建的，故又被称为"中国的凡尔赛宫"。

西方画法何时传入中国宫廷

清初，传教士的到来不仅带来了西方先进的自然科学知识，也传播了西洋绘画技法。其中的代表人物就是意大利人郎世宁。郎世宁于康熙五十四年（1715年）来到中国，随即进入宫廷如意馆，成为宫廷画家。在绘画创作中，郎世宁融中西技法于一体，形成精细逼真的效果。同时，传播欧洲的油画技艺，应用了在平面上表现深远效果的焦点透视法，并为圆明园绘制了许多欧洲风格的油画。对于中国绘画史来说，郎世宁的贡献不仅在于对人物正面肖像画法的创新，还包括将"透视法"引入中国及参与圆明园西洋楼的设计等。

"扬州八怪"是指哪些人

"扬州八怪"是清康熙中期至乾隆末年活跃于扬州地区的一批风格相近的书画家的总称，又称为扬州画派。该画派从康熙末年崛起，到嘉庆四年"扬州八怪"中最年轻的画家罗聘去世，前后近百年。关于"扬州八怪"具体指哪些人，历史上说法不一。还有人认为"八"只是一个虚数。通常的说法是指汪士慎、郑燮、高翔、金农、李鳝、黄慎、李方膺、罗聘。这些人运笔挥洒自如，技法不落窠臼，性格特立独行，尤其注重品行修养。从大量的传世作品看，他们不受成法和古法的束缚，敢于打破当时僵化的局面，给中国绘画带来了新的生机。

清代第一部官修农书是什么

清代第一部大型官修综合性农书是由鄂尔泰、张廷玉等于乾隆二年（1737年）开始编撰，乾隆七年（1742年）交武英殿刊刻的《钦定授时通考》。全书共78卷，约98万字，乾隆皇帝亲自作序。书中搜集古代典籍中有关农事的记载427种，配插图512幅，是对前人有关农业知识的系统总结。本书涉及范围广泛，内容丰富，共分为天时、土宜、谷种、功作、劝课、蓄聚、农余、蚕桑等八个方面，堪称是一部古代农学的百科全书，对清代农业生产起到了指导和促进作用。

《医林改错》有哪些新意

《医林改错》是我国中医解剖学上具有重大革新意义的著作。该书由清代王清任历时42年，于道光年间最终编写完成。全书共分二卷，约有三分之一的内容涉及解剖学。作者通过亲眼所见，与古代解剖作比较，画出他认为正确的13幅解剖图，以更正古代医术中的错误。对于辨别胸腔及腹腔内的内脏器官来说，具有革新和进步意义。另外，本书对中医有关活血化瘀理论及在临床中的实践进行了深入研究，对传统医书中一些病症的认识也提出了新的看法。尽管仍有纰漏之处，但它是当时医学界革新、创新的典范。

ZHONGGUO LISHI

晚清卷

　　鸦片战争一声炮响，西方依靠坚船利炮打开了中国大门，中国社会步入近代。鸦片战争后，西方国家先后发动了第二次鸦片战争、中法战争、甲午中日战争、八国联军侵华战争等一系列侵略战争，给中国带来极大灾难。面对西方国家的侵略，中国各阶层民众奋起反抗，地主阶级掀起了洋务运动，农民阶级发动太平天国运动，资产阶级改良派发起戊戌变法，资产阶级革命派发动了辛亥革命，最终推翻了清王朝在中国的统治。

虎门销烟是怎么回事

道光年间，鸦片泛滥，危及清政府统治。道光帝任命林则徐为钦差大臣，前去广州禁烟。林则徐抵达广州后，采取强制措施迫使英、美烟贩呈缴其所囤积的大量鸦片。

1939年6月3日，林则徐下令将所收缴的鸦片在虎门外滩当众销毁。因采用传统方法销毁鸦片，鸦片膏余会渗入地下，为防止吸食鸦片者掘地取土，林则徐采用了"海水浸化法"，即先将盐水注入销烟池中，然后将鸦片投入盐水中浸泡，再将石灰投入池中，石灰遇水沸腾，将鸦片销毁，最后利用退潮将池水引入海水中。直到6月25日，所有收缴鸦片全部销毁。

虎门销烟震惊了海内外，打击了英国资产阶级在中国的贸易掠夺，是中国禁烟运动的一大胜利，鼓舞了中国人民的斗志。

虎门销烟

林则徐为何被称为"近代中国睁眼看世界的第一人"

鸦片战争之前，清王朝自给自足，以天朝上国自居，闭关自守，对外部世界缺乏基本了解。鸦片战争一声炮响，一部分中国人开始注意其所面临的对手。林则徐在广州查禁鸦片的过程

林则徐

中，认识到知己知彼的重要性。于是，他大胆任用懂英语的人，着力翻译西方国家的报刊和书籍，主持编译了《四洲志》《各国律例》《华事夷言》等书籍。其中《四洲志》记述了世界30多个国家的地理和历史情况，"非我族类"的夷狄开始被认识，中国人开始重新认识眼前的世界。

三元里抗英是怎么回事

1841年5月，英军包围广州城，清军求和，奕山与英国签订了丧权辱国的《广州条约》，引起广州地区群众的愤怒。5月29日，驻扎在四方炮台的英军到广州北郊三元里地区抢劫，当地人民奋起反抗，当场打死数名英军。随后，集会的群众联络附近村民共同抗英，在地方士绅的组织和领导下，数千名群众，以刀、斧、锄头等为武器，向四方炮台进攻，并将英军包围。最后群众队伍被清政府强行解散。三元里抗英斗争，展示了中国人民不畏强暴，抵御外敌的爱国精神。

以马桶阵对抗英军的清军将领是谁

杨芳（1770—1846年），嘉庆、道光年间清军将领。鸦片战争初期，在广州负责军事指挥。他视英军的坚船利炮为巫术，于是，他命令地方保甲收集女性用过的马桶，并在马桶内盛满排泄物，然后将马桶放在竹筏上，同时在马桶上放上稻草、棉絮等可燃物。所有竹筏排列在珠江两边，一旦英军来犯，竹筏便顺水而下，迎击并火烧英船。这种破敌奇招便是"马桶阵"，杨芳因此被后人称为"马桶将军"。一个战功卓著的清军高级将领，在面对现代化的武器时居然摆出马桶阵，反映出当时中国人对西方的孤陋寡闻。

鸦片战争中清军阵亡的最高将领是谁

裕谦（1793—1841年），蒙古族。鸦片战争时，他任钦差大臣、两江总督。1941年9月，英军进犯定海。定海总兵葛云飞等率几千守军誓死守卫，最终全体牺牲，定海失陷。裕谦以"城存俱存，以尽臣职，断不肯以退守为词，离却镇海县城一步"的誓言号召广大官兵坚决抵抗，并积极加强防御，力图收复定海。10月，英军完成军队集结，开始进攻镇海，在浙江提督余步云临阵脱逃的情况下，裕谦亲自指挥军队顽强抵抗，但终因孤军奋战，镇海失陷。裕谦悲愤之下，跳水自杀殉国。

香港是怎么一步步被英国割占的

清政府在第一次鸦片战争中战败，被迫于1842年8月29日与英国签订《南京条约》，割让香港岛给英国。英、法两国通过第二次鸦片战争于1860年强迫清政府签订《北京条约》，清政府割让九龙司归英属香港界内。甲午中日战争后，帝国主义掀起瓜分中国的狂潮，其中，英国于1898年6月9日逼迫清政府签订《展拓香港界址专条》，把位于深圳河以南、九龙半岛界限街以北及附近岛屿的中国领土，即所谓"新界"，"租借"给英国，租期99年。至此，英国通过一系列不平等条约侵占了整个香港。

中国近代史上第一个不平等条约是什么

中英《南京条约》是中国近代史上第一个不平等条约。1842年，第一次鸦片战争中国战败，清政府被迫议和，耆英、伊里布与英方代表璞鼎查签订中英《南京条约》。条约规定：割香港岛给英国；开放广州、厦门、福州、宁波、上海五处为通商口岸；赔款2 100万元；英商进出口货物应缴纳的税款由中英双方共同商定。

《南京条约》的签订，标志着中国的领土和关税主权遭到破坏，独立发展的道路被迫中断，鸦片战争是中国历史的转折点，是中国近代史的开端。

中英《南京条约》签字场面

鸦片战争中中国为什么会失败

鸦片战争中中国战败，最根本的原因在于中国封建制度的腐朽和经济、科学技术的落后。当时的英国已经是资本主义国家，议会制、内阁制等先进的资本主义政治制度运行良好，极大地促进了资本主义经济的发展。英国在第一次工业革命的推动下，科技先进，军事上装备精良，四处侵略扩张。而当时的中国仍处于落后的封建统治之下，清政府腐败无能，闭关锁国，在西方工业革命方兴未艾时，整个中国社会经济仍是男耕女织的小农经济占统治地位。古老的中国难以抵御西方坚船利炮的冲击。还有，在战争中清政府对战和摇摆不定，贻误战机，没有充分发动人民进行抵抗等都是战败的因素。

《海国图志》是怎样一本书

《海国图志》书影

鸦片战争冲击了中国的思想界。在封建士大夫集团中，一些有识之士主张向西方学习，以达到强国御侮的目的。魏源（1794—1857年）作为其中的代表，根据《四洲志》及其他中外文献资料，综述各国历史、地理及中国应采取的对外政策，编写了《海国图志》。魏源在该书中提出了"师夷长技以制夷"的主张，即通过学习西方的科学技术来达到抵抗西方侵略的目的。魏源还主张中国要想强盛起来，不仅要学习西方的养兵练兵之法，还应当建立近代民族工业。魏源在该书中还介绍了西方的民主政治制度。《海国图志》对中国思想界产生了较大影响。其传入日本后，被翻印成多个版本，对日本的学术和政治产生了重大影响。

什么是片面最惠国待遇

道光二十三年（1843年），中英双方代表在广东虎门谈判，签订了《五口通商附贴善后条款》，又称《虎门条约》。该条约规定，如果中国给予其他国家新的权利或优惠措施，英国要同样享有，即"利益均沾"。英国只是单方面要求中国给予其最惠国待遇，并未提及给予中国同等待遇，这就是片面最惠国待遇。

此条款后来被多个国家援引，极大地损害了中国的权益，加深了列强对中国的侵略。

天京事变是怎么回事

太平天国建都天京后，领袖们彼此关系逐渐疏远。东王杨秀清随着个人权势的上升，日益跋扈专横。1856年杨秀清逼迫洪秀全到东王府封其为万岁。洪秀全虽然答应了杨秀清的要求，但立即密令在外的北王韦昌辉、翼王石达开返回天京。韦昌辉率军于9月1日深夜赶到天京，次日凌晨将杨秀清及其眷属杀害。9月中旬，石达开回到天京后责备韦昌辉滥杀。韦昌辉企图杀死石达开，石达开连夜逃走，但其在天京的一家老小全部被韦昌辉杀害。在石达开及其他将领的强烈要求下，洪秀全于11月初杀死韦昌辉及其心腹200多人。11月底，石达开回到天京后，洪秀全分封自己的两个哥哥为王来牵制石达开，石达开被迫于1857年6月离开天京。天京事变破坏了太平天国内部团结，损伤了太平天国的元气，是太平天国从强盛到衰弱的转折点。

《天朝田亩制度》是什么样的制度

1853年太平天国定都天京后，颁布了《天朝田亩制度》。《天朝田亩制度》本着"有田同耕，有饭同食，有衣同穿，有钱同使，无处不均匀，无人不饱暖"的理想原则，将土地分为上、中、下三级九等，好坏搭配，按每

《天朝田亩制度》

家人口平均分配。妇女同男子一样可以分得土地。农副业生产和分配都由农村政权的基层组织"两"来实行管理，每25户为一"两"。每"两"生产的农副业产品，除了所食可接新谷外，其余则归国库。《天朝田亩制度》平分土地的方案否定了封建地主土地所有制，但这种绝对平均主义的思想因违反社会发展规律而无法实行下去。

《资政新篇》提出了什么样的施政方案

金田起义后，洪仁玕因被清政府缉捕而逃往香港，后接触到一些西方资本主义的思想。回到天京不久，他被洪秀全封为干王，主持朝政。洪仁玕提出了新的施政方案《资政新篇》。在政治方面，强调制定法律制度；在经济方面，主张效法西方，发展近代交通运输业、金融业，奖励民间开矿、制造火车、轮船；在思想文化方面，主张兴办医院和学校，设鳏寡孤独院、育婴院；在外交方面，主张同资本主义国家自由通商，进行文化交流，但外国不能干涉太平天国的内政。《资政新篇》具有鲜明的资本主义色彩，但《资政新篇》不是农民战争实践的产物，未能反映农民最迫切的愿望和要求，加上战争等客观原因，《资政新篇》并没有真正实行。

《资政新篇》

太平天国运动为什么会失败

太平天国运动是中国农民阶级领导的反封建反侵略的运动。农民阶级的阶级局限性是运动失败的根本原因。农民阶级落后的生产方式导致其具有无法克服的局限性，小富即安，提不出先进的革命理论。在攻克南京后，太平天国运动的领导层逐步腐朽堕落，并由此产生内讧，导致许多将领被杀害，自身大伤元气。当时封建势力力量仍很强大，并联合外国势力对太平天国运动进行镇压。在中外反动势力的联合绞杀下，太平天国运动最终走向了失败。

英国人赫德是怎么成为中国海关总税务司的

1854年，赫德来到中国，在英国驻宁波领事馆从事翻译工作，后被派往广州领事馆担任翻译，赫德对中国的了解逐渐深入。

随着太平天国运动的发

赫德

展，清政府已无力控制上海海关。1859年，两江总督何桂清任命英国人李泰国为海关总税务司。同年，李泰国在广州创建粤海关，赫德为粤海关副税务司，赫德涉足中国海关事务的过程中逐渐获得了清政府的信任。1861年，李泰国回国，赫德开始代理海关总税务司职务。1863年底，赫德正式担任中国海关总税务司，执掌中国海关长达48年。

总理衙门是什么机构

1861年以前，清政府中央内部没有专门处理外交事务的机构，外交事务一般由礼部和理藩院共同管理，分工不明确，效率比较低。

《北京条约》签订后，随着对外交涉事务的增多，在恭亲王奕䜣等的奏请下，1861年，经咸丰皇帝批准，一个专门的中央级外交机构——总理各国事务衙门建立，简称"总理衙门"。总理衙门主要负责与各国进行外交事务交涉，同时在近代教育、邮政、海防、交通等方面都发挥了重要作用，成为晚清较为重要的机构之一。

为什么会爆发第二次鸦片战争

《南京条约》签订后，西方国家通过获得的各种特权，对中国进行经济掠夺，但是由于中国自给自足自然经济的抵制，西方国家并没有取得理想的贸易局面。为了进一步打开中国市场，扩大对中国的经济侵略，1854年，英国凭借最惠国待遇特权，故意曲解中美《望厦条约》12年后可变更条款的规定，向清政府提出鸦片贸易合法化、中国全面开放通商等多项无理要求，遭到清政府拒绝。于是，英国借口"亚罗号事件"，并联合法国发动了第二次鸦片战争。

什么是"马神甫事件"

"马神甫事件"又称"西林教案"。马神甫指的是法国天主教神甫马赖。1856年，他从广州非法进入广西西林县，并在当地教唆教徒为非作歹，横行霸道，无恶不作，激起极大民愤。西林县知县张鸣凤将马赖逮捕并依法处死，引起法

国政府极大不满。于是，法国政府以此为借口，打着"为保护圣教而战"的旗号，派葛罗率军来华，与英国一起发动了第二次鸦片战争。

什么是"亚罗号事件"

"亚罗号"是一艘长期进行走私的中国商船，曾经为方便走私，在香港注册过，但已经过了注册期。1856年10月，"亚罗号"停泊在黄埔港口，广东水师在该船上逮捕了几名中国海盗和涉案中国水手。英国驻广州领事巴夏礼硬说"亚罗号"是英国船只，并捏造中国水师扯下该船悬挂的英国国旗的事实，指责水师的该行为挑衅英国政府，要求两广总督道歉放人。当被捕的人送还时，巴夏礼却拒绝接收。随后，英国以"亚罗号事件"为借口，对华宣战，挑起第二次鸦片战争。

被时人讥为"六不总督"的清军将领是谁

叶名琛（1807—1859年），第二次鸦片战争初期担任两广总督。叶名琛在与英、法的交涉中奉行清政府的以抚为主、保持和局的政策。面对联军在广州城外的限期投降通牒，不逃跑、不议和、也不抵抗。1857年底，英法联军大举进攻广州，在身边人的极力劝说下才进入旧城躲避。广州被联军占领整整一周，叶名琛照常见客，仍然坚持"不可许入城"。最后，叶名琛被英军俘获。叶名琛的表现被时人总结为"不战、不和、不守、不死、不降、不走"，称为"六不总督"。

《北京条约》是如何签订的

在第二次鸦片战争中，英法不满足从《天津条约》中攫取的种种特权，以换约受阻为借口再次挑起战争，并攻占北京、火烧圆明园。清政府战败乞和，于1860年10月签订中英、中法《北京条约》。《北京条约》承认《天津条约》完全有效，增开天津为商埠，割让九龙司地方一区给英国，准许英法招募华工出国，赔偿英法军费各增至800万两。中国丧失了更多的主权，中国社会半殖民地程度进一步加深。清政府为筹集赔款，进一步压榨国

内劳动人民，人民处于水深火热之中。

谁烧毁了圆明园

圆明园，始建于康熙年间，是一座中西合璧的文化艺术宝库，作为清朝著名的皇家园林之一，享有"万园之园"的美誉。

1860年10月6日，英法联军占领圆明园，并对圆明园进行了大肆抢劫，无数奇珍异宝被抢掠，大量艺术精品被破坏，十余日之后，圆明园被洗劫一空。10月18日，以惩罚清政府为目的，英国全权代表额尔金下令焚烧圆明园，一座举世无双的皇家园林被大火吞噬，只留下满目疮痍的残垣断壁，这是对人类文明的野蛮破坏。

近代中国签订的字数最少的不平等条约是什么条约

英法联军攻陷广州，太平天国席卷江南，俄国便趁火打劫，于1858年初，强迫清政府签订中俄《瑷珲条约》。条约共三条，将黑龙江以北、外兴安岭以南的60多万平方千米土地割让给俄国，乌苏里江以东的中国领土由中俄共同管理等。三条条约内容不到500字，却是中国近代历史上一次性割占我国领土最多的一个不平等条约。此条约于1860年中俄《北京条约》中得到清政府批准确认。

"后党"和"帝党"是怎样的党

辛酉政变后，慈禧太后"垂帘听政"。1886年慈禧太后由"垂帘听政"改为"训政"，于1889年"归政"光绪皇帝，但慈禧太后始终不愿放弃权力，并把朝中和地方上的实权人物都集结在她的周围，形成了以她为核心的集团，时称"后党"。光绪皇帝自登基以来，始终处于无权的地位。亲政后依靠自己的老师翁同龢，集结了部分官僚，与慈禧太后一派争权，时称"帝党"。帝后两党不是真正的政党，只是清政府统治集团内部为争夺最高统治权而形成的集团，同时帝后两党在内政外交政策方面也存在一定的分歧。

近代割占中国领土最多的是哪个国家

沙俄是第二次鸦片战争最大的获利者。它通过1858年签订的《瑷珲条约》将黑龙江以北、外兴安岭以南60多万平方千米的中国领土划归俄国，后又通过1860年底签订的《北京条约》强迫清政府将乌苏里江以东、包括库页岛在内约40万平方千米的中国领土割让给俄国；后又通过一系列的勘界条约，尤其是1864年10月签订的《勘分西北界约记》，沙俄侵占了巴尔喀什湖以东以南44万多平方千米的中国领土。至此，沙俄共侵占了我国144万多平方千米的领土。

中国近代"留学生之父"是谁

容闳（1828—1912年），字达萌，号纯甫，广东香山人，写有《西学东渐记》等，中国近代著名的教育家、外交家和社会活动家。少年时期，容闳求学澳门，在西方人创办的马礼逊学校读书。1847年，容闳在马礼逊学校校长布朗的帮助下，远渡重洋，前往美国留学，并顺利考入耶鲁大学继续深造。大学毕业后，容闳怀揣教育报国梦想回到中国。在他的积极倡导和联络下，1872—1875年，清政府先后组织了4批共

俄国侵占中国北方领土示意图

120名幼童赴美留学。容闳是近代中国第一位留美大学生，是近代中国留学事业的重要开创者，被誉为"中国留学生之父"。

中国近代第一位女留学生是谁

金雅妹（1864—1934年），又名金韵梅。她出生于社会动荡的近代中国，三岁就失去父母成了孤儿。不幸的她又是幸运的，一对美国传教士夫妇将她收为义女。她的少年时代是随着养父母在日本度过的。1881年，18岁的金雅妹在养父母的鼓励和资助下前往美国留学，进入美国著名的纽约医院附属女子医科大学学习，并以优异成绩毕业。后来医术精湛的她回到中国，1907年担任天津北洋医院院长，1908年在天津创办了第一所护士学校——北洋女医学堂，为近代中国医学事业的发展作出了巨大贡献。

辛酉政变是怎么回事

1860年，英法联军攻入北京，咸丰皇帝出逃，并于次年8月病死在热河行宫。载垣、肃顺等八人在咸丰遗诏中被任命为"赞襄政务王大臣"，总理朝政，辅佐载淳。

载淳的生母慈禧，联合奕䜣，在握有兵权的胜保的支持下，发动了宫廷政变，将八大臣或捕杀或革职，定皇帝年号为"同治"。慈禧太后实行垂帘听政，获得了最高统治权。

1861年是农历辛酉年，因此此次政变被称之为"辛酉政变"。

曾国藩的湘军是怎么创办的

太平天国运动兴起后，八旗、绿营不断溃败，无法抵御，太平军在不到两年的时间里席卷了大半个中国，清政府下令各省组织地方团练。

曾国藩，虽丁忧在籍，但咸丰帝把协助湖南巡抚办团练的任务交给了他。于是，一支特殊的军队——湘军创办起来。湘军以乡勇为基础，吸收同族、同乡人入伍，形成严格的隶属关系。湘军以知识分子为营官，重视整顿军纪，加强军队指挥，作战能力相对较强，成为镇压太平天国的重要力量，也成为维护清朝统治的重要军事力量。

美国人华尔凭借什么成了清朝三品大员

太平天国运动后期，在李秀成和陈玉成的带领下，太平军连连得胜，又控制了江南地区，且直逼上海，这引起上海官僚和各国领事的恐慌。在清政府的请求和支持下，美国人华尔招募了一些在华的洋人组成洋枪队，专门用于攻打太平军，中外势力开始联合镇压太平天国运动。后来洋枪队招募了一些中国人，组成中外混合军。1862年，洋枪队配合清军和在上海的英法军队，击退了进攻上海的太平军。于是，清政府赐给华尔副将官衔，赏三品顶戴。

列强在中国境内设立的第一家银行是什么银行

鸦片战争之前，自给自足的自然经济占据中国社会经济的主体。整个中国没有近代化的银行，只有票号、钱庄等类型的旧式金融机构。五口通商之后，西方向中国大量输入商品。为了适应贸易发展的需要，1848年，英国在上海设立"东方银行分行"，又名丽如银行或金宝银行，这是列强在中国境内设立的第一家银行，负责处理发行纸币、国际汇兑等金融业务，方便了英国对中国的经济侵略。此后，几十家西方银行在中国纷纷设立，他们逐渐垄断了中国的财政金融，并借此控制中国经济。

什么是洋务派

两次鸦片战争均以签订不平等条约而告终，中国社会也暂时出现了"中外友好"的局面。面对两次鸦片战争失败所带来的统治危机，面对所未有的社会变局，清朝统治集团内部出现了一部分人，他们从西方的坚船利炮中看到了西方武器装备和科学技术的先进，开始转变思想，主张通过学习西方的先进技术实现国家富强。他们以恭亲王奕䜣，曾国藩、李鸿章、左宗棠等握有实权的当权派为代表，形成一股强大的政治力量，因他们主张兴办洋务，通常称为洋务派。在洋务派的推动下，洋务运动兴起了。

同文馆增设天文算学馆风波是怎么回事

随着洋务运动的起步和发展，洋务人才匮乏问题日益突出。1862年，京师同文馆建立。这是一所培养外语和科学技术人才的学校。为了适应洋务运动发展的需要，1666年，恭亲王奕䜣奏请在同文馆内设立天文算学馆，并且招收科甲出身的人入馆学习。倭仁等保守人士认为西方技术是"奇技淫巧"，容易惑乱人心，坚决反对科甲正途人员入算学馆学习。后倭仁虽撤议，但此次风波影响了天文算学馆的招生。这实际是洋务派与顽固派围绕要不要学习西方科技展开的一场斗争。

中国建立第一支近代海军的计划为什么夭折了

第二次鸦片战争后，为尽快改善中国的海防状况，清政府决定向外国购买军舰，建立一支近代海军。1862年，朝廷拨款80万两，通过中国首任海关总税务司、英国人李泰国从英国购买了八艘战舰。这批炮舰由英国人阿斯本及招募的几百名外国水兵负责送到中国来。当军舰驶抵中国后，阿斯本提出担任炮舰首领，继续任用外国水兵等要求，清政府最后予以拒绝，并遣散所有水兵，所购买的八艘军舰全部拍卖，中国第一支近代意义的海军就这样夭折了。

北洋海军是如何筹建的

1874年，日本侵略中国台湾，最终以清政府赔款结束。于是，加强海防、建立近代新式海军成为洋务派发展洋务事业的重要内容。在总理衙门的筹划下，1875年，李鸿章开始负责督办北洋海防，筹建北洋海军。海军军舰主要从英、德两国购买，部分由福州船政局和江南制造总局制造。1888年北洋海军正式成立，拥有大小军舰20余艘及威海卫和旅顺口两个主要军事基地，成为清政府海军主力。

"同治中兴"局面是怎么出现的

《北京条约》签订后，第二次鸦片战争结束，中外之间出现了相对友好的局面。1864年，太平天国被镇压，国内局势也暂时稳定下来。在洋务派的积极推动下，一场旨在挽救统治危机的洋务运动开展起来。比如向西方学习，兴办近代化军事和民用企业，发展近代化海防，创立新式海军，创办同文馆，派遣留学生。中国还拥有了近代外交机构——总理各国事务衙门。古老的中国焕发出一定活力。因这一时期是同治皇帝统治时期，因此称之为"同治中兴"。

为何北洋水师自1888年建立后便不再购置一舰一炮

北洋海军是清政府重点筹建的新式海军，因此每年从海关税收中拨款支持。在政府财政的支持下，李鸿章购买了"定远""镇远"两艘主力铁甲舰，以及"致远""经远"等吨位较大的巡洋舰，军事实力迅速增强，1888年初具规模的北洋海军正式成立。自此以后，北洋海军却再未添购一艘新军舰，一度连枪炮弹药也不再购买，因为用于北洋海军建设的经费被挪用于颐和园的重修工程。缺乏经费支持的北洋海军最终在甲午中日战争中全军覆没。

邓世昌为何按爱犬入水

1894年9月，中日海军在黄海北部海域激烈交战，北洋舰队官兵英勇还击。激战几个小时后，"致远"舰中炮，且弹药用尽，管带邓世昌认为日本舰队以"吉野"舰最强，如果将"吉野"舰击沉，北洋海军就有机会取胜，因此他下令全力撞击"吉野"舰，但在行进的过程中，"致远"舰被炮弹和鱼雷击中沉没。誓与军舰共存亡的邓世昌落水后拒绝随从救援，不离不弃的爱犬衔其胳臂救他，他毅然决然地将爱犬按入水中，以身殉国。

立宪派为什么要发动三次国会请愿运动

20世纪初，全国民主革命运动蓬勃发展，在立宪呼声的压力下，清政府派五大臣出洋考察宪政，并于1906年宣布"预备仿行宪政"。1908年清政府颁布《钦定宪法大纲》，但却迟迟不召开民选议会。立宪派认为召开国会是实行宪政的关键。为了给清政府施加一定压力，也为了制造开国会的舆论声势，在梁启超等立宪派的领导下，立宪派联络乡绅、华侨等人士，并通过各地咨议局等机构，于1910年发动了形式多样、声势浩大的请愿运动。第三次国会请愿运动后，清政府宣布于1913年召开国会。

"皇族内阁"是怎么回事

在三次国会请愿运动的压力下，1911年，清政府颁布了《新订内阁官制》，废除旧式内阁和军机处，仿行西方资本主义政治制度，实行责任内阁制。内阁成员共13人，以奕劻为总理大臣，汉族大臣4人，满族大臣9人，其中满族大臣中皇族有7人，因内阁成员中皇族太多，又被称为"皇族内阁"。皇族内阁的成立，使满怀立宪希望的立宪派对清政府极度失望，一些立宪派人转而同情革命，各地反清情绪高涨。

中国第一个资产阶级革命政党是什么

中国同盟会是中国第一个资产阶级革命政党。随着革命形势的发展，为了便于联络以更好地集中革命力量，1905年，中国同盟会在日本东京成立，选举孙中山为总理。中国同盟

中国同盟会成立

会是第一个全国规模的统一的资产阶级革命政党，其本部设在日本东京，国内设立五个支部，各省设有分会；海外设立四个支部，组织系统完整。中国同盟会有明确的革命纲领：驱除鞑虏、恢复中华、创立民国、平均地权。《民报》是其机关刊物。与旧式会党不同，中国同盟会具有了资产阶级革命政党的规模和特点。

光绪为何称慈禧太后为"亲爸爸"

"辛酉政变"后，同治皇帝继位，因其年幼，其生母慈禧太后通过垂帘听政的方式掌握了清王朝的实际统治权。同治皇帝去世时，由于他没有儿子，慈禧将尚不更事的载湉接入宫中继承

光绪皇帝

皇位，即光绪皇帝。光绪皇帝是醇亲王奕譞的二儿子，也是慈禧太后妹妹的亲生儿子，这样就避免了权力旁落，慈禧再度垂帘听政。位居太上皇地位的慈禧，让光绪皇帝以男子称呼叫她"爸爸"，而且又在前面加上一个"亲"字，既表示了亲近，又掩饰了非亲生之嫌。就这样，光绪一直称慈禧为"亲爸爸"。

慈禧太后为何又称为"老佛爷"

慈禧

据《清朝野史大观》记载，慈禧太后曾装扮成观世音菩萨照相，并且将照片挂在寝殿中，从此宫中便称呼其为"老佛爷"。观世音是四大菩萨中地位最高的，慈禧太后以观世音菩萨自居，并且经常装扮成观世音菩萨照相。

清朝是女真族建立的，女真族首领特称为"满柱"，取"吉祥""佛爷"之意。满语"满柱"翻译成汉语则为"佛爷"。"老佛爷"是清朝历代皇帝的特称。清朝晚期，慈禧掌握国家实际统治权力，无皇帝之名分、有皇帝之实权。所以，"老佛爷"这一称呼是对慈禧太后这一"无冕女皇"身份、地位、权力的一种表达。

慈禧太后为何宣布向西方列强宣战

维新变法后，不仅社会舆论指责慈禧太后，一些西方国家也开始支持光绪皇帝执政。其中，英国人创办的《北华捷报》发表了一篇主张慈禧归政给光绪的社论。这一社论后来被《字林西报》转载，几经辗转后又被荣禄当做机密汇报给了慈禧。此消息如晴天霹雳击中了慈禧太后最敏感的神经，于是，在一条并不属实且经过夸大其词的情报刺激下，1900年6月，慈禧太后在接到八国联军攻陷大沽口炮台的消息后，转而支持义

和团运动，宣布向西方列强宣战。

清政府为什么颁布“量中华之物力、结与国之欢心”的上谕

甲午中日战争后，中国的民族危机日益加深。1900年，山东地区爆发了义和团运动，并迅速扩展到京津地区，慈禧太后趁机借助义和团势力向西方列强开战，激恼了西方列强，同年八国联军攻入北京，慈禧太后西逃。

在八国联军强大军事的步步紧逼下，1901年初，清政府颁布求和上谕，对与西方开战表示后悔，提出要“量中华之物力，结与国之欢心”，以出卖国家利益来确保其政治统治，清政府的妥协、无能暴露无遗，清政府自此成为帝国主义统治中国的工具。

“中国航空之父”是谁

冯如（1884—1912年）。1909年，冯如驾驶自主设计的“冯如1号”飞机在美国试飞成功，这是中国人独立设计、制造的第一架飞机。这次飞行在中国的航天史上留下了浓墨重彩的一笔，冯如也被美国媒体赞誉为“东方的莱特”。成功后的冯如，毅然决然离开美国，带着两架飞机回国，投身到航空救国的伟大事业中。1912年，冯如以身殉职，死后安葬于黄花岗。冯如因对中国航天事业奠定了坚实基础，被尊称为“中国首创飞行大家”。中华人民共和国成立后，冯如被尊为“中国航空之父”。

近代中国最早出现的第一条展览性铁路是怎么回事

第一次工业革命中，铁路作为新式交通工具诞生。鸦片战争后，随着通商口岸的开辟，英国商人不仅将商品带到中国，也开始在中国修建铁路。

1865年，英国商人杜兰德在北京宣武门外修建了一条“展览铁路”，此铁路沿护城河修建，长约0.5千米。带着强烈的好奇心，周围的中国人纷纷前来观看火车试行，对铁路、火车闻所未闻的他们带着各种猜测和顾忌离开，新式交通工具被国人视为妖物，最终被清政府勒令拆除。

近代中国第一批留美幼童是如何成行的

部分出洋留学幼童合影

为培养洋务人才，洋务派在兴办多所新式学堂的同时，开始向外国派遣留学生。《中美续增条约》提出中美两国人可以互相留学，并享受最惠国待遇，这为中国学生留学美国提供了条约依据。曾经留学美国的容闳也向清政府提出了派遣留学生的计划，曾国藩同意后，朝廷批准，确定以陈兰彬为监督，以容闳为副监督负责相关事宜。1872年，第一批共30名幼童从上海出发，乘坐轮船抵达美国，开始留学生活。他们中包括日后著名的铁路工程师詹天佑。随后清政府又派出三批幼童留美。

李秀成投降是怎么回事

李秀成是太平天国后期重要的军事将领。1864年，天京陷落，忠王李秀成把自己的得力战马让给幼主，并一路保护幼天王洪天贵福冲出天京城。在突围过程中，二人被冲散，李秀成被村民抓获后送给清军。在曾国藩的威逼下，李秀成投降了清军，写下了长达几万字的《李秀成自述》供状，交代了参加太平天国的全部经过。在供状的最后，他还主动提出愿意帮助清军招降逃散的太平军余部。但供状写好的当天，曾国藩就将其凌迟处死了。

“紫光阁铁路”是做什么用的

1888年，一条全长约2 000米的紫光阁铁路，也称西苑铁路，在北京城完工。这条铁路从中海直达北海，是一条宫廷专用铁路。李鸿章专门从德国订购火车呈献给慈禧，包括6节车厢。因为慈禧迷信风水，更害怕火车机车汽笛声惊动皇城“气脉”，所以，宫廷专列不用蒸汽机牵动，而是每节车厢以四名太监用绳子拉动。虽然火车速度快的优势并没有在此体现，但是统治者开始乘坐火车这一“奇闻”，无疑为近代中国铁

路的发展起到了促进作用。

近代中国第一条自行设计和建造的铁路是什么

1909年，中国人自行设计和建造的第一条铁路——京张铁路建成通车。京张铁路连接北京至张家口，全长约200千米。詹天佑担任京张铁路的总工程师，他亲自勘定铁路线，其中最著名的是采用"人"字形铁路轨道，解决青龙桥地势险峻、坡度大的问题。虽然饱受欧美国家的质疑，但原计划6年完成的工程提前两年成功完成。京张铁路的建造不仅维护了中国的政治经济利益，而且展示了中国人的智慧，为中国铁路建设事业的发展树立了一座丰碑。

近代中国第一条电报线是何时架设的

为方便情报收集和信息传递，第二次鸦片战争后，西方国家纷纷要求在中国架设电报线。中国政府在拒绝的同时也意识到电报的重要性。1874年日本侵略台湾，台湾岛与大陆隔海相望，信息传递和交流极为缓慢，导致办事效率低，应对战事不灵活。负责台湾海防的沈葆桢上书朝廷建议架设大陆与台湾之间的电报线，但未能实现。

1877年，在福建巡抚丁日昌的支持下，一条从台湾府到高雄的电报线成功架设，这是近代中国第一条电报线。

天津教案是怎么处理的

1870年，天津地区发生多起孩童失踪事件，愤怒的群众怀疑是教会所为，他们包围了教堂。法国领事丰大业向天津知县刘杰开枪，被激怒的群众打死了丰大业，伤及传教士、修女、中国教民多人，焚烧了法国领事馆、天主教堂等，此事件被称为"天津教案"。教案发生后，法国联合多国进行军事威胁，清政府派曾国藩和李鸿章负责查办。最后，多名参与事件的群众被逮捕、处决、充军，天津知府知县均被革职，赔银50万两，北洋通商大臣崇厚代表清政府向法国道歉。天津教案以清政府的妥协而告终。

1874年日本侵略台湾结果怎样

1874年，在美国的支持下，日本大肆侵略台湾。清政府任命福建船政大臣沈葆桢为钦差大臣率军进入台湾。自知难以取胜的日本，通过美国、英国驻华公使进行外交"调停"，中国最终妥协，与日本签订了《北京专条》。清政府赔银50万两补偿日本在台湾的支出，承认日本出兵台湾是保护其子民的正义之举，事实上承认了琉球是日本的附属国。1879年，日本改琉球为冲绳县，正式吞并琉球。这一事件极大地助长了日本侵略中国的野心。

中国首位驻外使节是谁

郭嵩焘（1818—1891年）是中国首位驻外使节。太平天国运动时期，他协助曾国藩创办湘军，被委以重任。郭嵩焘主张学习西方，支持政府办理洋务。1875年，"马嘉理事件"之后，英国迫使清政府签订《烟台条约》，并要求清政府派官员到英国道歉。这个差事落在了郭嵩焘头上，后来清政府任命郭嵩焘为驻英公使。1877年，郭嵩焘抵达英国，建立驻英使馆，成为近代中国首位驻外使节。在英期间，他留心英国政治，并将出使英国期间的所见所闻写成《使西纪程》。1879年，迫于内外压力，辞职回国。

中国民族资本主义在什么条件下产生

鸦片战争后，西方经济侵略加剧，洋货大量涌入中国，手工业者纷纷破产，传统的男耕女织的自然经济开始瓦解。随着通商口岸的开辟，一些外国商人在中国建立了近代企业，先进的机器和技术传入中国。19世纪60年代开始，洋务派以"自强""求富"为口号投资创办了一批近代企业。在这诸多因素的刺激下，一部分官员、地主、商人等也投资创办近代企业，上海发昌机器厂、广东继昌隆缫丝厂等都是较早的民族企业。但因为资金、技术等因素的制约，这些企业主要集中在面粉、缫丝等轻工业部门，且规模相对较小。

马嘉理事件是怎么回事

英国占领缅甸后，觊觎中国西南地区。为方便入侵，英国阴谋开辟一条从缅甸直达云南的铁路通道。1874年，英国派出以上校柏郎为首的武装探路队，企图进入云南地区。英国驻华公使威妥玛则派上海领事馆的翻译官马嘉理前往接应。两队在缅甸汇合后，由马嘉理带领进入中国云南，在云南腾越地区的曼允，与当地人民发生冲突，马嘉理及其随员被杀，探路队被赶回缅甸。这就是"马嘉理事件"。事件发生后，中国在英国军事威胁下妥协，签订了《烟台条约》，并向英国赔款、道歉。

19世纪六七十年代中国出现了哪些边疆危机

1864年，新疆发生了反对清朝统治的武装起义，阿古柏政权建立，英、俄两国在新疆争夺激烈，引起西北边疆危机。

美国企图入侵台湾，遭到抵抗，转而支持日本。1872年，日本宣布琉球为其藩属国，1874年，日本悍然出兵台湾，最后清政府妥协，中国东南海疆危机不断。

1875年，"马嘉理事件"后，《烟台条约》签订，清政府给予英国进入云南和西藏的相关特权，便利了英国对西南地区的侵略，中国西南边疆出现危机。

左宗棠是如何收复新疆的

1865年，阿古柏入侵新疆后建立"哲德沙尔汗国"，对新疆人民进行奴役，英、俄两国则趁此机会加紧对新疆的侵略，新疆各族人民急切盼望中央政府早日平定危机。

1875年，清政府任命左宗棠为钦差大臣，出兵新疆。西征军分三路进入新疆地区。左宗棠在重视后勤保障的基础上，依据新疆地区地理特点，采取"先北后南""缓进急战"等方针率军先平定新疆北部，后平定新疆南部，最终消灭了阿古柏政权，收复了新疆大部分领土，为收复伊犁创造了良好条件，也为维护国家统一作出了重要贡献。后通过谈判，中国收回了伊犁，并在新疆建省进行管辖。

什么是"甲申易枢"

中法战争爆发后，奕䜣和李鸿章力图避战求和，在敌人的强大进攻下，多地连连失守，引起朝廷内部主战派官员的指责。慈禧决定借机削弱奕䜣权势，先是指责其因循守旧，严重失职，随后将奕䜣、宝鋆、李鸿藻、景廉、翁同龢五位军机大臣全部裁撤，任命礼亲王世铎，户部尚书额勒和布，阎敬铭，刑部尚书张之万，工部侍郎孙毓汶组成新的军机处，并下令军机处重要事情与醇亲王商办。为分散权力，又改变领班军机大臣兼任总理衙门大臣的惯例，任命奕䜣担任总理衙门大臣。这是晚清政府中枢机构的一次全面调整，因发生于甲申年（1884年），称为"甲申易枢"。

镇南关大捷是如何取得的

中法战争初期，镇南关在清军的消极抵抗下失守，中国的西南边境危急，70岁的老将冯子材临危受命，出任主帅。面对法军的疯狂进攻，冯子材积极备战，稳定军心。1885年，法军分三路进攻镇南关炮台和长墙，在炮台被占领，法军翻墙而入的情况下，主帅冯子材身先士卒，杀入敌阵，全军将士深受鼓舞，在各族人民的共同努力下，收复镇南关。中国军队乘胜追击，法国军队全线溃退，清军取得重大胜利，称为"镇南关大捷"。越南战场的形势由此开始转折。

黑旗军是如何抗击法军的

黑旗军，由刘永福领导，原是一支反清地方武装，因队伍旗帜是黑色三角旗，故称"黑旗军"。在清军追击下进入越南并发展壮大，后法国攻占越南，占领河内，应越南国王邀请，黑旗军与越南人民一起抗击，在纸桥击毙法军司令李维业取得纸桥大捷。为了保卫中国西南安全，清政府承认并收编了黑旗军。中法战争爆发后，黑旗军与清军配合作战。镇南关大捷时，黑旗军在临洮大胜法军，收复多个州县，共同促使越南战局好转。

为什么说中法战争中"法国不胜而胜，中国不败而败"

1885年，法军在镇南关惨败的消息传到巴黎后，茹费理内阁倒台。然而，正当抗法斗争胜利在望之时，清政府竟向战败的法国求和，于1885年4月7日命令前线停战，同年6月9日清政府与法国签订《中法新约》。根据该条约，法国势力从此侵入我国云南、广西，进一步加深了我国西南边疆的危机。中法战争是中国人民反对列强侵略并取得胜利的战争，但转眼间被腐朽的清政府的投降路线葬送，所以说中法战争"法国不胜而胜，中国不败而败"。

日本是如何利用朝鲜东学党起义挑起战争的

1894年，朝鲜爆发东学党起义，朝鲜政府无力镇压，请求中国政府派兵镇压。于是，清政府派直隶总督叶志超率军进驻朝鲜。日本则以保护驻朝公使和商民为由出兵朝鲜。东学党起义被镇压后，清军准备集结牙山后回国，日本不仅不撤兵，还成立海军联合舰队，陆续增兵朝鲜。在外交斡旋无果的情况下，光绪帝下令增兵朝鲜。为防止运兵船被日军袭击，清政府租用英国商船分三批运送清军，但这一消息被日军获取。第一批运兵队完成任务后返航，当船队驶及朝鲜半岛西海岸的丰岛海面时，遭到日军突袭，日本不宣而战。

甲午中日战争中著名的海战有哪些

1894年，日本突袭中国运兵船，丰岛海战爆发，标志着甲午中日战争爆发。

平壤战役后，日军在大东沟以南的黄海海面，偷袭北洋舰队，黄海海战爆发。双方损失惨重，李鸿章为保存自身实力，下令北洋舰队躲进威海卫基地，黄海制海权拱手让给日本。

躲在威海卫避战自保的北洋舰队，在1895年初遭到日军腹背夹击，虽奋力抵抗，但缺乏有力

救援，威海卫之战后，清政府苦心经营的北洋海军最终全军覆没。

甲午中日战争有哪些陆战

牙山战役。在日军偷袭清运兵船的丰岛海战后，导致牙山的清军处于孤立无援的状态，日军分两路进攻，清军不敌，不得不退守平壤，牙山失守。

平壤战役。牙山战役后，清军退到平壤，日军大举进攻，左宝贵阵亡，统帅叶志超弃城而逃，日军占领朝鲜全境，战火燃至鸭绿江。

黄海海战后，日军进犯中国东北，战火扩大到中国境内。旅顺、大连等多地失陷，日军在旅顺进行了惨绝人寰的大屠杀。

威海卫海战后，日军全力进攻辽东半岛，并迅速占领牛庄、营口等地，清军不堪一击，清政府最终决定求和。

中日谈判中李鸿章被刺是怎么回事

甲午中日战争中国战败后，清政府任命李鸿章为全权大臣，赴日进行谈判。谈判在日本马关的春帆楼上进行，日本的停战条件极为苛刻，谈判陷入僵局。1895年3月24日下午，第三次谈判无果之后，李鸿章离开春帆楼，坐轿返回居住地引接寺途中，遭遇一日本右翼青年持枪射击，左颊中弹，顿时血涌如注。李鸿章被刺后，国际社会纷纷谴责日本，在国际舆论重压下，日本宣布无条件停战。李鸿章被刺这一突发事件影响了整个谈判过程。

《马关条约》的主要内容是什么

甲午中日战争中中国战败，李鸿章与日本首相伊藤博文进行谈判。1895年4月17日，中日双方签订《马关条约》。条约规定：割让辽东半岛、台湾及澎湖列岛给日本；赔偿日本军费白银2亿两；增开沙市、重庆、苏州、杭州为通商口岸，日本船只可以在以上各口自由航行；允许日本在各通商口岸设厂；中国承认朝鲜是一个完全

独立自主的国家。条约签订后，中国的民族危机空前加深。

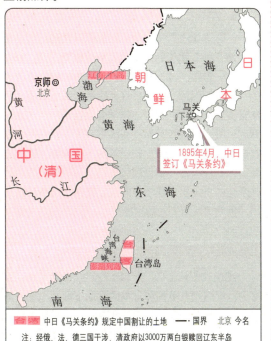

注：经俄、法、德三国干涉，清政府以3000万两白银赎回辽东半岛

《马关条约》割让领土示意图

"三国干涉还辽"是怎么回事

《马关条约》规定割让辽东半岛给日本，这与俄国在远东的利益产生冲突。德国想在远东扩张势力，需要俄国的支持。中法战争后，法国企图侵占台湾，与日本产生利益冲突，同时法国又是俄国的同盟国，因此三国达成共识，干涉还辽。

俄、德、法三国向日本政府施加外交压力，要求日本归还辽东半岛，如果日本不接受，则不惜用武力解决问题，准备派遣海军舰队到东北。最终，日本政府决定归还辽东半岛给中国，清政府赔偿日本3 000万两白银。三国干涉还辽后，列强掀起了瓜分中国的狂潮。

《时局图》说明了什么问题

《时局图》是兴中会会员谢瓒泰所绘制的一幅时事漫画。图中的熊，在东北地区，代表俄

国；虎，占据长江流域，代表英国；蛇，占据山东，代表德国；青蛙，占据广东、广西、云南，代表法国；太阳，代表日本；鹰，代表美国。图中还有三个中国人，一个是手举铜钱的清朝官员，一个卧在地上、昏昏欲睡，一个在马前练武。漫画

时局图

生动形象呈现了19世纪末20世纪初，列强对中国侵略的局面以及清政府面对外来侵略的应对措施，表达作者挽救民族危机的爱国之情。

山东是怎么变成德国的势力范围的

德国以帮助中国成功收回辽东半岛为由，向清政府要求租借港湾。1897年，两名德国传教士在山东地区被杀，即"巨野教案"。于是，德国在俄国的支持下，派出多艘军舰，强行占领胶州湾，并迫使清政府签订《胶澳租界条约》。根据条约，胶州湾租给德国，租期99年；允许德国修筑两条从胶州到济南的铁路线，并规定铁路沿线30里以内的开矿权归德国享有。自此，山东成为德国的势力范围。

美国为什么提出"门户开放"政策

19世纪末20世纪初，西方列强纷纷在中国租借港湾，划分各自的势力范围。美国因忙于与西班牙争夺菲律宾，丧失了在中国争夺势力范围的机会。美西战争结束后，为保护美国在华利益，1899年，美国国务卿海约翰提出著名的"门户开放"政策。这一政策首先承认各国在中国所取得的势力范围和既得利益，然后提出在各国势力范围和租借地内，实行统一关税，征收同等铁路运费和入港费，这就使各国势力范围都对美国开放。"门户开放"政策的提出，使美国有了独立的对华政策。

什么是"公车上书"

1895年正值会试之年，北京聚集了各省参加会试的举人。甲午中日战争中国战败，签订《马关条约》的消息传来，举国震动。在京参加会

试的举人以省籍为单位纷纷到都察院请愿。康有为发动1 300多名举人联名上书清廷，上书文字由梁启超执笔，万言书长达14 000字，提出了"拒和、迁都、变法"的主张。汉朝以后入京应试的举人被称为"公车"，所以这次上书称为"公车上书"。这次上书，都察院以《马关条约》已经签字，无法挽回为由拒绝接受。

什么叫"百日维新"

1898年6月11日光绪皇帝颁布"明定国是"诏书，宣布开始变法，到9月21日慈禧太后发动政变，光绪皇帝发布多道上谕推行新政，前后共103天，史称"百日维新"。其主要内容有经济上，设立农工商局，提倡开办实业，奖励新发明等；文教方面，改革科举制度，废八股，改试策论，设立学校，开办京师大学堂等；军事上，训练海、陆军等；政治上，裁撤机构，广开言路等。百日维新是在甲午中日战争后民族危机进一步加深，民族资本主义初步发展的基础上，由资产阶级维新派发动的资本主义性质的改革运动。

"戊戌六君子"是谁

1898年9月21日凌晨，慈禧太后发动政变，将光绪皇帝囚禁在中南海瀛台，并下令大肆搜捕维新派。康有为逃往香港，梁启超化妆逃往日本。谭嗣同拒绝了出走日本的劝告，决心为变法而死，9月25日，被捕入狱。9月28日，未经任何审讯，维新派人士谭嗣同、杨锐、林旭、刘光第、康广仁、杨深秀等六人在宣武门外菜市口刑场被杀，时人称之为"戊戌六君子"。

戊戌变法为什么会失败

戊戌变法因为触犯了封建顽固势力的利益而受到阻碍，以慈禧为首的封建顽固势力虽然腐朽没落，但仍掌握着国家的实权，力量仍很强大；而维新派大多都是没有政治经验的知识分子，把维新变法看得过于简单，以为有了皇帝的支持，就可轻易实现，而实际上光绪皇帝并没有实权。维新派主观上对封建顽固势力的估计不足，在实际的变法过程中又严重脱离民众，当遇到封建顽固势力对维新派

进行血腥镇压时，维新派只能以失败而告终。

强学会是如何建立的

"公车上书"失败后，维新派开始通过创办报刊、建立维新团体的方式大力宣传维新思想。1895年，第一份报刊《万国公报》在北京创刊，后改名为《中外纪闻》。同年11月，康有为联络帝党官员集资在北京成立强学会。强学会宗旨是广联人才，开创风气，以挽救时局。在多方宣传下，一些当朝官员如文廷式、陈炽、杨锐等加入强学会。除此之外，一些外国传教士也积极支持。《中外纪闻》是强学会的机关报。强学会的成立宣传了维新变革思想，推动了维新运动的发展。

戊戌政变后谭嗣同为何不逃走

戊戌政变发生后，慈禧下令逮捕维新人士，康有为、梁启超在英国和日本的帮助下顺利出逃。谭嗣同将生死置之度外，拒绝所有劝告和帮助，自身难保还设法营救光绪帝。他说各国变法要想成功都需付出流血牺牲的代价，中国没有听说过为变法流血的，所以国家难以昌盛，他要用自己的鲜血为中国的变革铺路。1898年9月25日，谭嗣同被捕入狱，留下了"我自横刀向天笑，去留肝胆两昆仑"的著名狱中题诗。9月28日，谭嗣同被清政府杀害。

义和团运动为何首先在山东兴起

甲午中日战争后，列强对山东侵略加剧，德国强占胶州湾，英国占领威海卫，山东人民的反帝情绪比较强烈。随着侵略的深入，外国教会势力在山东迅速扩张，民教冲突增多，官吏多偏袒教会，导致民众反抗活动升温。这一时期，黄河决口，水旱灾害频繁，教会趁机欺压，政府继续盘剥，人民无法生活下去。在山东义和拳的号召下，民众纷纷加入反抗的行列。于是，山东的义和团运动迅速发展壮大，并很快扩展到京津地区。

清政府为何对义和团先抚后绞再抚最后镇压

当义和团在山东地区刚刚兴起时，因担心激

起民变，地方官吏对其采取了以"抚"为主的政策，义和团得以迅速发展，这引起清政府恐慌。之后，清政府任命袁世凯为山东巡抚，对义和团进行绞杀。

随着中外关系的紧张，清政府开始招抚义和团，利用打着"扶清灭洋"口号的义和团与列强对抗，义和团很快活跃于天津和北京地区。以保护使馆为名，八国联军迅速集结并向北京进犯，清政府向联军宣战，支持义和团和清军围攻西什库教堂和东交民巷使馆区。八国联军占领天津后兵临北京城下，慈禧太后仓皇出逃，西逃途中下令镇压义和团，向联军示好求和。

如何看待义和团的"扶清灭洋"口号

"扶清灭洋"是义和团的口号，其主要意思是消灭洋人，挽救中国。

"扶清"就是保卫国家，即通过扶助清政府反对外来侵略，具有爱国含义。但义和团分不清朝廷和国家的区别，对清政府缺乏清晰地认识。

"灭洋"说明义和团的主要斗争对象是帝国主义，因此义和团的主要任务是反对列强对中国的侵略，具有救亡图存的时代进步性。但义和团排斥一切外来事物，无法正确认识西方侵略和西方文明，具有盲目排外性。

近代中国第一个租界在哪里

《南京条约》开放上海为通商口岸。随后《虎门条约》允许英国人在通商口岸租赁土地、建造房屋、永久居住。英国驻上海首任领事故意曲解此项条款，以华洋分居，可以避免中外纠纷为理由，于1845年迫使上海当局签订《上海土地章程》，将洋泾浜以北，李家场以北，界路以东、东至黄浦江的土地租与英国，界内只许英国人居住。上海英租界成为近代中国出现的第一个租界。

"东南互保"是怎么回事

北方地区义和团运动的迅猛发展影响到了南方，南方各省普遍发生了反教会的武装斗争。西方国家尤其是英国，害怕其在长江流域的利益受到义和团的影响，于是积极策动东南地区各省联合互保。清廷发布宣战上谕后，刘坤一、张之洞置之不理。1900年6月，他们授权盛宣怀等与各国驻上海领事会商，制定了《东南互保章程》，规定上海租界由各国共同保护，长江及苏杭内地均归各督抚保护。随后，两广、山东，浙江等纷纷支持"东南互保"，参与东南互保的地区也由湖北、湖南、江苏、江西、安徽扩大到广东、福建、浙江、山东等地。"东南互保"使这些地区免于战乱。

八国联军是怎么攻入北京的

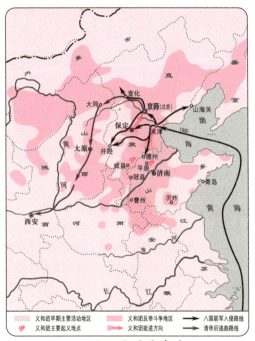

八国联军侵华战争

义和团运动愈演愈烈，英、美、日、俄、德、法、意、奥八国决定联合出兵北京。1900年6月10日，八国联军共2 000多人，在英国将领西摩尔率领下，从大沽登陆，由天津向北京进犯，遭到义和团顽强抵抗。在战舰的配合下，八国联军攻占大沽炮台，占领天津，攻陷通州，陈兵北京城下。俄国为抢头功，连夜偷袭清军。1900年8月14日，北京城被联军占领，慈禧太后携光绪皇帝仓皇西逃。

联军以搜查义和团为名，对北京城进行洗劫，北京又一次遭遇了劫难。

20世纪震惊世界的"黑龙江上的悲剧"是如何出现的

海兰泡是黑龙江左岸的一个村庄，1858年，俄国通过《瑷珲条约》占领了这一地区，建立新城，改名为布拉戈维申斯克。这里半数以上的居民都是中国人。1900年7月16日，沙俄军队将这里的中国居民驱赶到黑龙江边，用枪杀、溺死、刀砍等手段将他们残酷杀害。这种惨绝人寰的大屠杀一直持续到7月21日，近7 000名中国人被残杀。这就是骇人听闻的"海兰泡惨案"，是令人不能遗忘的发生在黑龙江上的悲剧。

克林德事件是怎么回事

随着京津地区的义和团运动高涨，各国积极备战，各国驻东交民巷的卫兵肆意挑衅。大沽炮台失守后，清政府决定对外宣战。1900年6月19日，清廷照会各国公使，限期24小时离开北京，中外失和后，中国政府不再保护各国使馆。次日，德国驻华公使克林德不知深浅，携带一名翻译乘轿到总理衙门理论。行至东单牌楼附近时，遇上清军神机营章京恩海巡逻，克林德开枪射击恩海，恩海还击将克林德击毙，此即"克林德事件"。不久，八国联军侵华，清政府战败，派醇亲王载沣代表中国向德国公开道歉，并在克林德遇害地建立克林德碑。

为何义和团两个月都没攻下西什库教堂

中外宣战后，义和团包围了西什库教堂。西什库教堂是天主教在北方的总堂。当时，教堂内总共有4 000人左右，其中法国教士、修女30多人，中国教徒3 200人左右，还有几十名意、法士兵。但"刀枪不入"的义和团在几杆洋枪的袭击下，大多饮弹毙命，几次前赴后继的进攻都败下阵来。于是，层层包围西什库教堂的几万义和团员"法术失灵"，不敢轻举妄动。再加上清廷对西方的态度很快转变，开始倾向求和，所以，荣禄等官员对使馆明攻暗保。从1900年6月15日至8月16日，长达两个多月断断续续的围攻最终也没有成功。

日俄战争战场为什么在中国

《辛丑条约》签订后，俄国军队盘踞东北，拒不撤军，妄图霸占中国东北。这与日本蓄谋侵占中国东北的政策发生冲突。

1904年6月8日，日军突然袭击驻扎旅顺的俄国舰队，日俄战争爆发。日俄军队在中国的领土和海域展开激烈争夺，战争持续了一年半多，最后在美国调停下，1905年9月5日，两国签订《朴茨茅斯和约》。和约规定俄国将旅顺大连租借地及长春至大连铁路租借权全部转让给日本。日俄战争在中国领土上进行，使大量中国百姓失去生命，给中国东北地区带来了极大灾难。

长沙人民抢米是怎么回事

1909—1910年，湖南滨湖地区发生严重水灾，导致大量灾民出现。而不法商人和外国商行却借机囤积粮食，抬高米价，谋取暴利。生存无路的长沙饥民自发聚集到官府衙门，要求政府开仓赈灾，降低米价，却遭到政府镇压。忍无可忍的群众起身反抗，烧毁巡抚衙门，捣毁米店，攻击外国洋行和教堂等，这就是发生在清朝末年的长沙抢米风潮。抢米风潮最终被清军和列强联合镇压下去，清政府也被迫降低米价。

清政府为什么派遣五大臣出洋考察宪政

为挽救清朝统治，1901年，清政府下令推行"新政"。日俄战争中，后起之国日本战胜俄国，这使中国人意识到只有立宪才能强国，只有实行深入变革才能实现富强，要求立宪的呼声越来越高。

1905年，清政府派载泽、戴鸿慈、李盛铎、端方和尚其亨等五大臣分两路考察东西洋政治。经过近一年考察，他们认为实行君主立宪可以巩固皇位，减轻外患。回国后，五大臣奏请朝廷立宪。1906年9月1日，清政府宣布预备仿行立宪。

科举制度是什么时候废除的

隋唐时期确立的科举制度，成为之后历朝历代最重要的选官制度。明清时期，科举考试以《四书》《五经》为主，逐渐僵化。清朝末年，在西学东渐的浪潮影响下，科举制度的弊端日益严重。1901年，袁世凯、刘坤一、张之洞等都纷纷上奏朝廷，建议废科举，并提出具体措施。1902年，清政府下诏废武科，下兴学诏，各省书院改设大学堂。1904年，《奏定学堂章程》公布，全国统一学制，促进了中国近代学校教育的发展。1905年9月，清政府决定自1906年开始，停止所有乡试、会试及各省岁科考试。延续1300多年的科举制度从此废除。

孙中山在英国被绑架是怎么回事

兴中会成立后，孙中山计划在广州起义，因消息走漏，起义未经发动即遭失败。清政府重赏缉拿孙中山，于是，孙中山离开广州辗转抵达英国伦敦。在伦敦，孙中山在香港学医时的老师康德黎给予他极大帮助，他也经常去看望康德黎。

孙中山

1906年10月11日，清政府驻英公使成功诱捕孙中山，将其囚禁在公使馆内，准备秘密押解回国。孙中山买通了公使馆内的一个英国仆人，将自己被羁押的消息传给康德黎。康德黎通过《泰晤士报》将此消息公布于众，清政府驻英公使在英国逮捕中国人违反了国际法惯例，舆论哗然，英国外交部也出面交涉，清政府迫于各方压力释放了孙中山。

谁自称"革命军中马前卒"

1903年，邹容（1885—1905年）在上海写成《革命军》一书，署名为"革命军中马前卒"，由上海大同书局出版。书中宣传了西方的自由平等、人民主权等思想，号召以革命手段反对君主专制，建立"中华共和国"。该书被誉为近代中国的《人权宣言》。此书一经出版，在海内外销量很大。革命刊物《苏报》也刊登了不少评论《革命军》的文章。清政府在恐慌之下查封了《苏报》，邹容被捕入狱，后死于狱中。

"鉴湖女侠"是谁

秋瑾

秋瑾（1875—1907年），著名女革命家，自称"鉴湖女侠"。她出身浙江官宦之家，自小接受的是"男尊女卑"的教育。1904年，随夫在京的秋瑾，冲破家庭束缚，自费前往日本留学。在日本，她积极参加留日学生组织的革命活动。回国后，她创办了《中国女报》，批判"男尊女卑"的腐朽思想，宣传妇女解放。她先后加入了光复会和中国同盟会，投身民主革命事业。1907年，秋瑾被捕就义。

什么是光复会

随着革命思想的传播，资产阶级革命团体出现。1904年10月，蔡元培、陶成章等联合江浙一些爱国人士在上海发起成立光复会，蔡元培为会长，主要会员有徐锡麟、秋瑾等。光复会的宗旨是"光复汉族，还我河山，以身许国，功成身退"，主要革命手段是暗杀。辛亥革命时期的很多暗杀活动都与光复会有关。光复会成立后，创办绍兴大通学堂培养革命人才，还积极策划浙江、安徽地区的武装起义。

黄花岗起义的结果怎样

1911年4月27日，革命党人兵分四路进攻广州，发动起义。一路起义军在黄兴率领下进攻两广总督衙门，两广总督张鸣歧逃跑，起义军放火烧了总督衙门。回撤时，起义军遭到清军堵截，双方展开激烈巷战，因清军人数众多，起义军缺乏策应，起义失败，革命党死伤惨重。《平民日报》记者、同盟会员潘达微，以当地慈善机构善堂的名义将革命党的遗体收集起来，共收集72具烈士遗体，葬于广州城外的红花岗，改红花岗为黄花岗。于是，遇难烈士被称为"黄花岗七十二烈士"，这次起义被称为"黄花岗起义"。

为什么说保路运动是辛亥革命的导火索

1911年5月，清政府宣布干线铁路收归国有，废除商办。随后盛宣怀代表清政府与英国汇丰、美国花旗、德国德华、法国东方汇理四国银行签订了600万英镑的湖广铁路借款合同，以粤汉、川汉两条铁路的修筑权为抵押。清政府出卖路权的行为遭到各阶层的反对，各地掀起保路运动，其中四川保路运动最激烈。1911年6月，川汉铁路股东在成都成立保路同志会，分会遍及全省。随后，清政府逮捕保路同志会负责人，群众集会演变为武装暴动，同盟会联络会党组建保路同志军进攻成都，宣布起义。清政府派端方率湖北新军前去镇压，造成武昌城内防守空虚，武昌起义打响。

新军是什么样的军队

甲午中日战争中国落败，怀着消弊振衰的目的，清政府下令训练新式军队。新式军队主要是在建制和训练上异于清朝的旧式军队，被称为"新军"。其编制主要效仿日本，训练方式主要学习德国，武器方面则全部采用西方新式装备。

在各地训练的新军中，最有名的是北方袁世凯的"新建陆军"和南方张之洞的"自强军"。但后来只有北洋一派成了气候，北洋军也逐渐成了袁世凯的"私军"。

为什么有人说武昌起义第一枪是意外打响的

四川保路运动爆发，清政府调湖北新军入川镇压，武汉革命党人决定于1911年10月11日发动起义。因起义前孙武在汉口俄租界制造炸药时发生爆炸，起义计划暴露，领导人被捕，形势非常紧张。10月10日，新军中的革命党人决定提前发动起义，当晚，新军工程营第八营二排排长陶启胜在巡查时，见士兵金兆龙正擦拭步枪，极为异常。情急之下，金兆龙号召周围新军动手。应声前来的程正瀛举枪将陶击毙。枪声响起，等待起义信号的士兵冲出营房，一举占领楚望台军械库，在吴兆麟的指挥下，占领武昌，起义胜利。

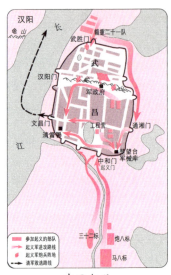

武昌起义

"革命党"这一称呼是如何出现的

"革命"二字，源于《易经》中的"汤武革命，顺乎天而应乎人"。

1895年，兴中会成立后，孙中山决定发动广州起义，但起义消息不慎走漏，清朝广东当局出动军队搜捕起义人员，第一次反清起义未经发动即宣告失败。清政府悬赏捉拿革命人士，孙中山逃往日本神户。一家日本报纸以"支那革命党首领孙逸仙抵日"为标题刊登了孙中山抵达日本的消息。孙中山看罢报纸后，认为"革命"一词涵义很好，从而认可了"革命党"这一称呼，从此以孙中山为首的革命人士就自称为"革命党"了。

北洋三杰"龙、虎、豹"指的是哪三人

王士珍、段祺瑞、冯国璋，都是北洋军阀的重要将领，深得袁世凯倚重。1899年，袁世凯检阅新军操练，接受检阅的新军在王士珍、段祺瑞、冯国璋的指挥下，操练娴熟，一起参与操练的德国军官称三人是杰出的将才。于是，"北洋三杰"说法从此传开。王士珍在政坛几度沉浮，善用权谋，时人谓之"龙"；段祺瑞，性格刚毅暴躁，善用铁腕，时人谓之"虎"；冯国璋善于带兵打仗，时人谓之"豹"。

中华民国卷

　　辛亥革命推翻了清王朝，结束了君主专制统治。但是袁世凯窃取了革命果实，中国社会陷入新的混乱，军阀混战，民不聊生。十月革命后，马克思主义传入中国，中国共产党成立。中国共产党与国民党合作发起了北伐战争，推倒军阀。日本发动侵华战争后，中国共产党与国民党实现第二次合作，建立抗日民族统一战线，进行全民族抗战并取得胜利。抗日战争胜利后，国民党挑起内战，人民解放军最终占领南京，国民党在大陆统治结束。

ZHONGGUO LISHI

《中华民国临时约法》的内容是什么

1912年，中华民国临时政府成立后，颁布《中华民国临时约法》。《中华民国临时约法》规定："中华民国主权属于国民全体"；"中华民国人民一律平等，无种族、阶级、宗教之区别"；人民享有信教、集会、结社、请愿等各项自由权；人民享有选举及被选举权等政治权利；参议院、临时大总统、法院分别为立法、行政、司法机构。《中华民国临时约法》体现了"人民主权""自由平等""民主共和""三权分立"等原则，是近代中国第一部具有资产阶级性质的临时宪法。

什么是三民主义

1905年，中国同盟会宣布成立，同盟会的宗旨是"驱除鞑虏，恢复中华，创立民国，平均地权"。同年11月，同盟会机关报《民报》创刊，孙中山在《民报》发刊词首次提出三民主义，即民族、民权、民生主义。

民族主义即"驱除鞑虏，恢复中华"，指推翻清政府的统治；民权主义即"创立民国"，指推翻君主专制政体后建立资产阶级共和国，实现人民主权，是三民主义最为核心的内容；民生主义即"平均地权"，指平均分配财富，解决贫富差距。

南北议和是怎么回事

武昌起义后，袁世凯被清廷重新起用，率军南下，攻克汉口、汉阳，隔江炮击武昌，向湖北军政府提出南北议和建议。1911年12月，北方代表唐绍仪和南方代表伍廷芳在上海进行谈判并达成协议，包括：袁世凯赞同共和，并逼迫清帝退位；南方让出政权，清帝退位后，袁世凯重组政府；清帝退位后，民国政府给予皇室特殊"优待"等。

南北和谈结束后，在袁世凯逼迫下，1912年2月12日，清帝宣布退位，清王朝统治结束。3月，袁世凯在北京就任临时大总统。

袁世凯为何能窃取辛亥革命果实

武昌起义后，帝国主义国家企图出兵干涉中国革命，各国军舰开赴武汉，给革命军施加压力，并开始支持袁世凯。袁世凯执掌重权，手握重兵，在清末新政中积极支持改革，深得人心。立宪派和旧式官僚对袁世凯怀有极大好感，期待袁世凯主持大局。一些革命党人也把推翻清王朝的希望寄托在袁世凯身上。孙中山表示，只要袁世凯拥护共和，逼清帝退位，愿意让出临时大总统。

袁世凯

1912年3月，袁世凯在北京就任中华民国临时大总统，4月，临时政府迁往北京，辛亥革命胜利果实被袁世凯窃取。

中华民国首任内阁总理为何辞职

《中华民国临时约法》规定，政府实行责任内阁制，内阁总理由参议院多数选举产生，总统行使权力需内阁总理副署才能生效。

袁世凯就任临时大总统后，重组政府，提名唐绍仪为内阁总理，组建首届内阁。唐绍仪不愿受袁世凯摆布，坚持实行责任内阁，引起袁世凯不满。1912年6月，唐绍仪内阁决定任命王芝祥为直隶总督，袁世凯指使北洋将领进行反对，并未经内阁总理副署下达命令将王芝祥改任他职，责任内阁制遭到破坏，于是，唐绍仪辞职。

宋教仁遇刺是怎么回事

清帝逊位，袁世凯被选为临时大总统。为维护共和，真正实行民主政治，革命人士着眼议会选举，力图建立一个强大的政党。1912年8月，宋教仁以中国同盟会为基础，联合其他4个小党派，组成国民党。国民党在第一届国会选举中大获全胜，成为国会多数党，获得组建责任内阁

宋教仁

的权力。为阻止宋教仁北上组阁，1913年3月20日，袁世凯派人将宋教仁在上海火车站暗杀，破坏政党政治。

什么是"二次革命"

宋教仁遇刺后，袁世凯先发制人，以反对"善后大借款"为名，解除江西都督李烈钧、广东都督胡汉民、安徽都督柏文蔚三位国民党籍都督的职务。1913年7月，李烈钧宣布江西独立，组建讨袁军，率兵讨袁，"二次革命"爆发。接着，江苏、安徽、上海、福建、四川、广东等地相继宣布独立，准备北上讨袁。

各地讨袁军全力作战，但未能抵挡住北洋军的南下。9月1日，北洋军攻克南京，孙中山等逃亡日本，"二次革命"以失败告终。

熊希龄内阁为何被称为"第一流人才内阁"

虽然"二次革命"失败了，但国民党在国会中仍占多数席位。为制衡国民党，袁世凯任命进步党人士熊希龄为总理组织新一届内阁。9名阁员中，北洋派系的孙宝琦、朱启钤、段祺瑞、刘冠雄、周自齐，担任外交、内务、陆军、海军、交通等实权部门总长。熊希龄兼任财政总长。梁启超、汪大燮、张謇分别担任司法、教育、农商总长。这届内阁成员多为各界名流，因此被称为"第一流人才内阁"。

袁世凯是如何在总统选举中"逼选"的

中华民国大总统由国会选举产生。国民党成立后，赢得国会多数席位。袁世凯支持统一、民主、共和三党组成进步党制衡国民党。另外，袁世凯还通过收买议员的手段组成完全由他控制的公民党。1913年10月6日，总统选举如期举行。袁世凯事先安排的警察、地痞流氓等打着"公民团"旗号，封锁会场，断绝会场内外联系，扬言不选袁世凯为总统就不能出会场半步。被折磨的筋疲力尽的议员们经过三轮投票，最终选举袁世凯为大总统。

什么是"癸丑报灾"

袁世凯排斥民主、走向专制，压制进步思想，掀起尊孔复古的逆流，一些进步报纸纷纷发表文章谴责这些倒行逆施的行为。为控制舆论，更好的实行独裁，袁世凯在镇压"二次革命"的同时，下令查封国民党系报刊及异己报刊，逮捕、枪杀大量编辑、记者，中国报业迅速萧条。1913年底，不到半年时间，全国500多种报刊仅剩130多种。这场报灾发生于农历癸丑年，史称"癸丑报灾"。

孙中山为什么要成立中华革命党

"二次革命"失败后，孙中山逃亡日本，继续坚持反袁。他认为"二次革命"之所以失败是因为党内思想涣散，缺乏统一指挥，因此，当务之急就是重组一个组织严密、思想统一、指挥得力的政党。于是，在孙中山的积极筹备下，1914年7月，中华革命党在日本东京正式成立。为严密党的组织，新成员入党要宣誓服从孙中山，而且要按指印。中华革命党以反对专制，建立真正民国为目的，是一个资产阶级革命政党。

"二十一条"的内容是什么

"一战"期间，日本妄图趁机变中国为其殖民地，以支持袁世凯称帝为名，向袁世凯政府递交了"二十一条"。其主要内容是：中国政府承认日本继承德国在山东的一切特权；日本在南满洲及内蒙古东部享有居住、开矿等各种特权；中日合办汉冶萍公司，公司所属附近矿山未经公司同意不准外人开采；所有中国沿海港湾及岛屿，一概不让与或租与他国；中国中央政府须聘用日本人为政治财政军事等顾问，日本对在中国内地设立的医院、寺院、学校等享有土地所有权，中日合办警察及军械厂，日本在中国有布教之权等。

"筹安六君子"是做什么的

1915年8月14日，杨度、孙毓筠、严复、李燮和、胡瑛、刘师培联合发起成立"筹安会"，杨度任理事长，孙毓筠为副理事长，另4人为理事。杨度在筹安会宣言中指出，成立此会的目的是"以筹一国之治安"。以上6个发起人被称为"筹安六君子"。他们以进行学术讨论为幌子，鼓吹君主立宪，为帝制复辟进行宣传，是袁世凯复辟称帝的工具。

什么是洪宪帝制

在帝国主义的支持下，袁世凯积极准备称帝。袁世凯授意杨度成立筹安会，公开为其进行帝制宣传。袁世凯还制造"民意"，授意各地亲信组成"公民请愿团"等团体，不断向参政院递交请愿书，要求变更国体。各地国民代表在监督下一致拥护帝制，并全部拥戴袁世凯为中华帝国皇帝。1915年12月12日，袁世凯接受帝位，恢复君主制，改中华民国为中华帝国，定年号"洪宪"，规定1916年为"洪宪元年"，史称"洪宪帝制"。

什么是护国运动

袁世凯倒行逆施，公然称帝，各地不断掀起反袁斗争。1915年12月，蔡锷、李烈钧、唐继尧发表讨袁通电，反对帝制，组成"护国军"，发动云南起义，宣布云南独立。贵州、广西、浙江等省纷纷响应，相继宣布独立。袁世凯众叛亲离，袁军也节节败退，走投无路之下，袁世凯被迫取消帝制，恢复责任内阁。反袁斗争并未因此停止，陕西、四川、湖南等省也相继宣布独立，彻底绝望的袁世凯此时病死，护国运动结束了袁世凯的帝制统治，具有重要意义。

袁世凯死后中国出现了怎样的军阀割据局面

袁世凯死后，各国纷纷在中国扶植新的代理人，中国出现了军阀割据的局面。

主要的军阀派系及其势力范围有：皖系段祺瑞，在日本支持下控制安徽、山东、陕西、浙江地区；直系冯国璋，在英美支持下控制江苏、江西、湖北地区；奉系张作霖，在日本支持下控制东北地区；晋系阎锡山，盘踞山西；滇系唐继尧，控制云南、贵州；桂系陆荣廷，控制广西、广东。军阀对内不断混战，争权夺势，对外则纷纷依靠帝国主义，出卖国家利益，给国家人民带来深重灾难。

"府院之争"是怎么回事

袁世凯死后，黎元洪继任为中华民国大总统，段祺瑞被任命为国务总理。二者分别在英、美、日的支持下展开权力争夺。"一战"期间，在要不要对德宣战的问题上，双方矛盾尤为激烈，段祺瑞对国会施压不成被免职。离京赴津的段祺瑞策动八省宣布独立，逼迫黎元洪辞职。黎元洪邀请张勋入京调停，张勋借机一手导演了溥仪复辟的政治事件，段祺瑞率军镇压后，总统由冯国璋担任，段祺瑞恢复总理职位。以黎元洪为首的总统府与以内阁总理段祺瑞为首的国务院之间的权力争斗被称为"府院之争"。

张勋复辟闹剧始末

清帝退位后，复辟清室的活动从未停止。府院之争发生后，复辟派代表人物张勋率领"辫子军"入京"调停"，并以武力威胁黎元洪解散国会。各地遗老们也纷纷进京，帮助策划清帝复辟事宜。1917年7月1日，12岁的溥仪登基即位，并发布数道"上谕"，封官授爵，复辟有功的张勋被封为议政大臣，掌握大权。复辟消息传出后引起全国各界强烈反对。孙中山发表《讨逆宣言》，号召反对复辟。段祺瑞、冯国璋联合组建"讨逆军"攻入北京。7月12日，溥仪宣布退位，复辟闹剧落幕。

宣统帝为何会两次退位

辛亥革命爆发后，清朝统治走向崩溃，掌握清政府实际权力的袁世凯与南方革命党进行南北和谈并达成停战协议，袁世凯提出优待条件逼迫清帝退位，于是，1912年2月12日，宣统帝退位，清王朝统治结束。

袁世凯洪宪帝制失败后，北京政府内部出现

了府院之争，忠于清廷的"辫帅"张勋率领"辫子军"入京，逼迫黎元洪辞去总统，拥戴12岁的溥仪复辟。段祺瑞、冯国璋率领"讨逆军"入京镇压。1917年7月12日，宣统帝再次宣布退位。

中国为何参加"一战"

"一战"期间，日本加紧侵略中国。日本为培植傀儡政权，不满袁世凯的统治，转而支持皖系军阀、内阁总理段祺瑞。段祺瑞在日本的支持下主张参加"一战"，旨在以参战名义向日本贷款，进而扩大皖系势力。美国参战后，与日本就中国问题妥协，支持中国参战。部分中国人也比较支持参战，因为此时协约国胜局已定，希望将来能以战胜国身份收回部分权益。

张勋复辟以失败告终后，段祺瑞继续担任内阁总理。1917年8月，北京政府正式对德、奥宣战，由段祺瑞担任参战督办，组建"参战军"。

民族工业出现"短暂的春天"的原因是什么

从外部来看，"一战"期间，西方国家忙于欧战，无暇东顾，放松了对中国的经济侵略。从内部看，辛亥革命推翻了清政府，为民族企业的发展扫除了障碍；民国政府建立后颁布了一系列鼓励资本主义工商业发展的政策并鼓励"实业救国"；群众性的反帝爱国运动兴起，提倡使用国货。所以，1912年至1919年间，中国的民族工业取得了较快发展，面粉、纺织等发展迅速。"一战"结束后，西方国家经济侵略卷土重来，中国的民族工业发展迅速萧条。

新文化运动是怎样兴起的

辛亥革命的胜利果实被袁世凯窃取，袁世凯倒行逆施，进行反动统治，厉行专制，大搞复辟。与此相对应，袁世凯为加强思想控制，在全国掀起尊孔复古逆流，要求恢复孔教，诵读经书，造成社会思想的极大混乱。这一时期，随着民族经济发展，资产阶级要求民主的愿望更为强烈。一些民主人士认识到思想启蒙的重要性，认为只有破除封建思想和观念，才能让共和观念深入人心，才能捍卫民主共和。1915年6月，陈独秀创办《青年杂志》，一场反封建的新文化运动兴起。

什么是文学革命

新文化运动时期，部分先进知识分子提倡白话文、反对文言文，提倡新文学、反对旧文学，主张文学变革。1917年，胡适在《新青年》上发表《文学改良刍议》，提出"文学改良"口号，主张使用白话文。随后，陈独秀发表《文学革命论》，提出"文学革命"口号，主张变革文学内容，主张文学作品要关注现实。在"文学革命"口号的号召下，这一时期出现了一批影响较大的白话文作品，例如胡适的《终身大事》《尝试集》，李大钊的《青春》，陈独秀的《随感录》，中国现代文学兴起。

近代不懂外语的翻译家是谁

林纾

林纾（1852—1924年），近代中国著名翻译家。自幼饱读诗书，古文功底深厚，但会试却屡试屡败，仕途道路走不通，遂专攻文学创作。一次偶然的机会，林纾与王寿昌合作翻译了法国著名作家小仲马的《巴黎茶花女遗事》，从此便一发不可收拾。林纾翻译了包括莎士比亚、托尔斯泰、雨果、巴尔扎克等世界著名作家的著名作品，且数量极其丰富，一生总共翻译近200部作品，被誉为"译界之王"。但是林纾不懂外语，所有的翻译作品都是与人合作完成的。

中山装的寓意是什么

中山装由民主革命先行者孙中山先生吸收中西服装特点亲自设计而成。其造型为立翻领、对襟、前襟五粒扣、四个方袋、袖口三粒扣、后片不破缝。如此造型寓意深厚：翻领紧闭表示严谨治国；前襟五粒扣表示行政、立法、司法、考试、监察五权分立；四个方袋表示治国要遵循礼、义、廉、耻；袋盖为呈倒置笔架表示以文治国；袖口三粒扣表示民族、民权、民生，即三民主义；后背整片不破缝表示国家统一。

蔡元培为何被称为"北大之父"

蔡元培担任北京大学校长后，在北大推行了大刀阔斧的改革。他提出思想自由、兼容并包的办学方针，不问出身，唯才是举，聘用陈独秀、胡适、李大钊、鲁迅、梁漱溟等新旧学者到北大任教，北大的学术思想空前开放，逐渐成为宣传新文化的主要基地。从培养全面人才的角度出发，他废科设系，沟通文理。从实行民主管理的角度出发，他推行教授治校。改革后的北大，思想自由开放，学术风气浓厚，为此后的发展奠定了重要基础，蔡元培因此被誉为"北大之父"。

巴黎和会中国外交失败是怎么回事

蔡元培

"一战"结束后，各战胜国在巴黎召开会议，商讨如何处理战败国及重建战后世界秩序问题。作为战胜国，中国政府派出了陆征祥、顾维钧等五人组成的代表团出席会议。中国代表团提出废除势力范围等七项条件和废除"二十一条"的正义要求。和会在美、英、法的操纵下拒绝讨论。中国代表团又提出将德国在山东的特权归还中国的要求，但英、法、美、日四国避开中国代表团，擅自决定将德国在山东侵占的各项特权全部转让给日本，巴黎和会中国外交失败。这一消息传入国内后，五四运动爆发。

为什么会爆发五四运动

"一战"期间，日本加紧侵略中国，中国人反帝情绪高涨。北洋军阀之间割据混战，国内矛盾重重。与此同时，民族资本主义经济不断发展，工人阶级队伍迅速壮大。思想文化领域内，掀起了反封建的新文化运动，十月革命爆发后，马克思主义传

入中国。巴黎和会中国外交失败的消息传入中国，青年学生率先行动起来，1919年5月4日，北京各校学生在天安门广场集会，举行游行示威，五四运动爆发。

北京学生在天安门前集会

中国代表团为何没在《凡尔赛和约》上签字

巴黎和会中国外交失败的消息传到中国后，北京学生在天安门广场集会，举行游行示威。他们高呼"外争国权，内惩国贼""拒绝在对德'和约'上签字"等口号。北京学生的爱国运动迅速扩展到全国，并引起各界支持。巴黎和会签约日期临近，北洋军阀政府电令中国代表在和约上签字。各地掀起反对签订对德"和约"运动，以山东地区最为激烈。1919年6月28日，巴黎和会签约之日，中国留学生和华工包围了巴黎中国代表团住所，阻止他们签约。在全国人民的强大压力下，中国代表团最终拒绝签订《凡尔赛和约》。

问题与主义之争是怎么回事

十月革命后，马克思主义思想开始在中国广泛传播，但并非一帆风顺，社会上出现了一些反对马克思主义的思潮。1919年，胡适在《每周评论》上发表《多研究些问题，少谈些"主义"》，主张多研究一些具体问题，少谈论主义，从而挑起问题与主义之争。李大钊则发表《再论问题与主义》予以反驳，指出中国社会的问题必须进行根本解决。问题与主义之争，其实质是改良与革命之争。

为什么陈独秀、李大钊没有参加中共一大

1921年7月23日，中共一大在上海法租界召开，后来因为法国巡捕干扰于最后一天转移至浙江嘉兴南湖的游船上继续举行。这次会议的召开

宣告了中国共产党的诞生。

　　陈独秀、李大钊是中国共产党两位最重要的创始人，称为"南陈北李"。只可惜在召开中国共产党第一次全国代表大会时，任广东政府教育委员会委员长的陈独秀，正在为筹办广州大学预科学校筹集资金，而任北京大学教授兼图书馆主任的李大钊正忙于主持北大教师讨薪工作，于是他们双双缺席此次会议。

陈独秀　　　　　李大钊

为什么中共一大召开宣告了中国共产党成立

中国共产党第一次全国代表大会会址

　　1921年7月23日，中国共产党第一次全国代表大会在上海召开，出席会议的代表共13人，代表全国50余名党员。会议确定党的名称为中国共产党。党的目标是以无产阶级革命军队推翻资产阶级，建立无产阶级专政，废除私有制，消灭阶级差别。大会选举陈独秀为书记，陈独秀、张国焘、李达组成中央局。另外，大会规定了党员条件、入党手续、党的组织纪律等问题。一个以马克思主义为指导的无产阶级政党诞生了，从此中国革命迎来了新的征程。

香港海员罢工的结果怎样

　　香港中国海员长期受到不公平待遇，与白人海员比，工资低，劳动强度大。1922年1月，由于英国资方拒绝增加中国工人工资，香港中国海员在苏兆征为首的中华海员工会的组织领导下举行大罢工，随后发展为香港工人大罢工。香港交通、生产全面瘫痪。面对英国对罢工的种种破坏，罢工工人毫不畏缩，在全国工人的积极援助下，坚持罢工近两月，迫使英国资方答应增加工人工资，并取消封闭中华海员工会联合会的命令。香港海员大罢工取得胜利，促进了中国工人运动的发展。

京汉铁路工人为什么罢工

　　京汉铁路连接北京和汉口，是一条贯通华北、华中的重要交通命脉。中国共产党成立后，在京汉铁路工人中积极开展工作，3万多工人加入党的组织。1923年2月，京汉铁路总工会成立大会在郑州召开，直系军阀吴佩孚派军警予以破坏，导致会议无法正常召开。为了反抗镇压，争取自由人权，铁路工人在总工会的统一指挥下举行罢工，京汉铁路全线停运。但是，京汉铁路罢工在吴佩孚的血腥镇压下失败，共产党员林祥谦等被害。

国共第一次合作是如何实现的

　　第一次工人运动高潮失败后，中共认识到要想取得革命胜利，必须联合农民和民族资产阶级。在共产国际的建议和帮助下，1922年6月，中共发表《中共中央第一次对时局的主张》，提出建立民主阶级联合战线。7月，中共"二大"正式确立建立民主联合战线的方针。1923年6月，中共"三大"确立以党内合作的方式同国民党合作。孙中山也希望通过国共合作为国民党注入新鲜血液。1924年，国民党"一大"确定联俄、联共、扶助农工三大政策，重新解释三民主义，国共第一次合作正式形成。

"好人政府"是如何成立的

　　虽然20世纪20年代的中国面临外部列强侵略，内部军阀割据，政治腐败，一部分人仍寄希望于改良救国。1922年，胡适、蔡元培、王宠惠等学界名流16人联合发表《我们的政治主张》，提出社会优秀分子应该站出来，担当起政治变革的责任，建立一个实行宪政、公开透明的"好人政府"。这一主张，被直系军阀吴佩孚利用。1922年，他支持王宠惠担任内阁国务总理，曾在《我们的政治主张》中签名的罗文干、汤尔和也进入内阁，时人称为"好人政府"，但这个政府仅存3个月就垮台了。

黄埔军校是一所什么学校

黄埔军校

孙中山总结多次革命失败的教训后，接受了共产国际代表马林"创办军官学校，建立革命军"的建议，决定建立一支由国民党领导的革命军队。在苏联和中共的帮助下，1924年，孙中山在广州黄埔岛建立了中国国民党陆军军官学校，又称黄埔军校。蒋介石担任黄埔军校校长，周恩来为政治部主任。黄埔军校实行军事教育与政治教育相结合，培养了大批优秀军事人才。黄埔军校学生是构成国民革命军的重要军事力量，在北伐战争中发挥了巨大作用。

什么是北伐战争

1924年，第一次国共合作实现。广东革命政府制订了反对北京军阀统治的方针。1926年5月广东革命政府派出北伐先遣队向湖南推进。7月，北伐军主力誓师出征，北伐战争全面开始。仅半年多时间，北伐军占领福建、浙江、南京，革命势力发展到长江流域。1927年北伐军占领郑州、徐州，歼灭直系军阀主力。帝国主义干涉中国革命，在中国寻找新的代理人。以蒋介石、汪精卫为首的国民党反动派先后发动"四一二""七一五"反革命政变，杀害共产党员和革命群众，国共合作破裂，北伐战争失败。

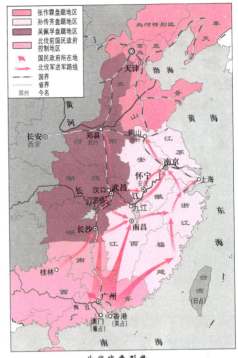

北伐战争形势

"五卅运动"是怎么回事

1925年5月，上海日本纱厂工人举行罢工，要求提高工资。内外棉七厂的资本家镇压工人罢工，枪杀共产党员顾正红，并打伤工人10余人。5月30日，上海学生进入租界举行反帝大游行，英国巡捕大肆拘捕学生，并开枪向游行群众射击，制造了"五卅惨案"。惨案发生后，上海掀起了声势浩大的工人罢工、学生罢课、商人罢市的斗争。上海工商学联合会在斗争中成立并公开领导这次斗争，上海反帝联合战线形成。"五卅运动"爆发后，反帝斗争迅速席卷全国，形成全国性的反帝爱国运动。

"中山舰事件"是怎么回事

1926年3月18日，蒋介石指使欧阳格以黄埔军校驻广东省办事处的名义，命令海军的代理局长、共产党员李之龙调派中山舰到黄埔候用。二天，中山舰开到黄埔后，蒋介石却污蔑中山舰擅自开入黄埔，是共产党阴谋暴动，并以此为口，逮捕李之龙、扣押中山舰，收缴工人武装，对广州全市实施戒严。以陈独秀为首的中共中央采取退让政策，全体共产党员退出第一军。通过该事件，蒋介石夺取了第一军的军权，中山舰事件是蒋介石打击共产党、篡夺领导权的开始。

"整理党务案"是怎么回事

1926年5月15日，国民党中央二届二中全会通过了蒋介石提出的《整理党务决议案》，主要内容为共产党员在国民党高级党部任执行委员的数额不得超过执行委员总数的三分之一；共产党员不得担任国民党中央机关的部长；共产党在给加入国民党的共产党员的发出指示前，须经两党联席会议讨论通过，来不及讨论通过的，应将此指示经联席会议追认；加入国民党的共产党员名单交国民党中央执行委员会主席保存。结果使在国民党中央任部长的共产党被解职，一批国民党右派分子当上了国民党中央各部部长。

直皖战争的结果是什么

皖系军阀段祺瑞在日本的支持下，希望武力统一中国，所以极力排斥直系军阀。皖系扩充在西北势力，威胁到了盘踞东北的奉系军阀利益，于是，直系、奉系军阀联合起来反对段祺瑞。双方纷纷扩充实力，形成军事对峙。1920年7月，直皖战争在北京附近爆发，奉系趁机入关助战，南方军阀也通电讨伐段祺瑞。段祺瑞被迫辞职，直系、奉系共同执掌北京政权，皖系军阀势力自此衰落。

北京政变是怎么回事

1924年第二次直奉战争爆发。直系将领冯玉祥被任命为"讨逆军"第三陆军总司令，赴热河迎战奉军。10月23日，冯玉祥趁北京空虚，秘密回京，包围总统府，监禁总统曹锟，控制北京城。冯玉祥成立中华民国国民军。

政变后，北京形势复杂，冯玉祥邀请孙中山北上。随后，冯玉祥、段祺瑞、张作霖在天津会晤，决定成立中华民国临时执政府，段祺瑞任临时执政。北京政权继续由军阀掌握。

蒋介石发动"四一二"反革命政变始末

北伐战争胜利进行，工人运动迅速发展，蒋介石在帝国主义支持下开始纠集反共势力，准备反共，并制造一系列反动事件。1927年4月12日，在蒋介石的授意下，全副武装的青红帮分子，冒充工人，进攻上海工人纠察队，收缴纠察队武装，占领上海总工会，捕杀共产党员和革命人士。蒋介石开始公开反共，国共第一次合作遭到破坏。政变发生后，蒋介石在南京成立与武汉国民政府相对立的政府。

"四一二"反革命政变

"宁可枉杀千人，不可使一人漏网"是谁提出的反革命口号

国共合作开启了国民大革命，反帝、反军阀。国民大革命顺利之时，蒋介石在帝国主义的支持下发动了"四一二"反革命政变，大肆残杀共产党员。武汉国民政府内部分化，矛盾尖锐。1927年7月15日，汪精卫开始转向反共，积极策划"分共"，并秘密召开分共会议。在此背景下，汪精卫提出"宁可枉杀千人，不可使一人漏网"的反动口号，残酷屠杀武汉地区的革命群众和共产党员，发动了"七一五"反革命政变。

什么是"宁汉合流"

蒋介石、汪精卫先后发动反革命政变，国民大革命失败。国民党内部派系林立，以地域命名，主要有南京地区蒋介石的宁派，武汉地区汪精卫的汉派，上海地区的沪派等，各派纷争不断，宁汉双方斗争尤其激烈。为共同反共、合作清党，宁汉开始谋求妥协，统一党务。在争权夺利中处于不利地位的蒋介石下野，加快了南京与武汉的相互靠拢。经过会谈协商，武汉政府迁往南京，南京国民政府与武汉国民政府合并，仍称为南京国民政府，史称"宁汉合流"。

日军为何炸死了张作霖

在日本的扶植下，奉系军阀张作霖控制中国东北地区，并逐渐向关内扩张势力。1927年，张作霖控制了北京政权，自任中华民国陆海空大元帅。日本妄图在中国东北地区谋取更多的政治、经济特权，张作霖并未满足日本要求；另外，张作霖试图利用英、美来牵制日本，如将美国资本引进东北，请美国修建大通、沈海等铁路和葫芦岛港口，而日本提出的增修吉会铁路和开矿、设厂、移民及阻止葫芦岛设港要求等，均未照办。这些引起日本不满。"宁汉合流"后，南京国民政府发动了对奉系军阀的北伐，大势已去的张作霖决定撤军。1928年6月，张作霖乘坐专列返回东北，当列车行至沈阳附近的皇姑屯车站时，被日本关东军事先埋好的炸弹炸死，即"皇姑屯事件"。

什么是"东北易帜"

"皇姑屯事件"发生后，张学良掌握东北军政大权，担任东北三省总司令。身负国仇家恨的张学良宣布停战，稳定东北地区局势，拒绝了日本关于满洲独立的要求。1928年底，张学良宣布遵守三民主义，服从南京国民政府，改易旗帜，更换五色旗为国民政府的青天白日满地红旗，称为"东北易帜"。张学良被任命为东北军边防总司令，南京国民政府形式上统一了中国，北洋军阀对中国的统治宣告结束。

国民党新军阀之间主要发生了哪些混战

北洋军阀灭亡后，国民党内部蒋、桂、冯、阎四派新军阀矛盾加深，进而展开新一轮混战。1929年，为争夺两湖地区，蒋桂战争首先爆发，最终桂系失败，蒋介石控制两湖地区。随后，蒋冯战争爆发，冯玉祥被逼下野，西北军失败。1930年，桂、冯、阎三派军阀联合反蒋，中原大

战爆发，随着张学良率军拥蒋作战，反蒋派失败，蒋介石取得最终胜利。

通过几次军阀战争，蒋介石击败了主要对手，政权日趋稳固。

为何建军节定在8月1日

大革命失败后，大量共产党员惨遭屠杀，中国共产党为挽救革命决定发动武装起义。1927年8月1日，周恩来、朱德、贺龙、叶挺、刘伯承等率军2万

南昌起义（油画）

余人在南昌发动起义。起义军占领南昌，并对起义部队进行整编，共产党取得军队领导权。

南昌起义打响了武装反抗国民党反动派的第一枪，是中共独立领导武装斗争和创建人民军队的开始。南昌是军旗升起的地方，因此8月1日被定为中国人民解放军建军节。

毛泽东"政权是由枪杆子取得的"论断是怎么提出的

为挽救革命，1927年，中共在汉口召开紧急会议，总结大革命失败的教训。会议批判了陈独秀在大革命中所犯的右倾错误，成立了由瞿秋白、李维汉、苏兆征等构成的新的中共中央领导机构。会议还确定了土地革命和武装反抗国民党反动派的总方针，并决定发动秋收起义。毛泽东在这次会议中提出，中共在以后的革命中"要非常注意军事，须知政权是由枪杆子里取得的"论断。

秋收起义的意义是什么

根据八七会议精神，1927年9月9日，毛泽东率军在湘赣边界发动秋收起义。秋收起义分三路进攻长沙，但因敌强我弱，各路军队先后遇挫。起义军败退到湖南浏阳的文家市，召开文家市会议，决定放弃攻打大城市长沙，改向湘赣鄂边敌人力量薄弱的农村进攻。这次起义打出中国共产党的旗帜，确立了党对军队的绝对领导，中国革命策略也自此发生了变化。

"朱毛会师"是在哪里

秋收起义后，毛泽东率军向井冈山进军，进军途中进行了著名的"三湾改编"，起义军改称工农革命军。随后，工农革命军抵达井冈山并创建井冈山革命根据地，开展土地革命，稳定了根据地政权。

1928年4月，朱德、陈毅率南昌起义余部及湘南农民武装抵达井冈山地区，与毛泽东在宁冈县砻市胜利会师。两部组成中国工农红军第四军，朱德任军长，毛泽东任党代表。

井冈山会师(油画)

共产党为什么在井冈山开辟革命根据地

攻打长沙失败，毛泽东率军到达井冈山。井冈山位于湘赣边境，地处山区，地势险要，易守难攻，有利于革命力量的保存和发展；井冈山地区国民党统治力量薄弱，便于中共展开长期斗争；井冈山地区群众长期遭受压迫，大革命时期，在中共的积极推动和领导下，井冈山地区农民建立起自卫军，纷纷支持共产党反对国民党，武装革命群众基础好；井冈山气候适宜，物产丰富，能为革命提供充足的物资供应。于是，毛泽东在井冈山创立了第一个农村革命根据地，开辟了"工农武装割据"道路。

毛泽东的"星星之火，可以燎原"指的是什么

由于敌我力量悬殊，南昌起义、秋收起义、广州起义先后失败。在武装起义的基础上，中共改变革命战略，开始发展敌人力量相对薄弱的农村，相继创立了一些革命根据地。最早开辟的根据地是毛泽东在湘赣边界的井冈山创立的井冈山根据地；此后，从1927—1930年，中共在江西、湖北、湖南、广东、广西、福建、河南、安徽、江

苏、四川等地创建了大小十几块农村革命根据地。根据地号召民众打土豪、分田地，进行土地革命，革命武装迅速壮大，形成星火燎原之势。

井冈山革命根据地

红军是什么时候组建的

南昌起义，标志着中国共产党创建人民军队的开始，当时起义军沿用国民大革命时期称号，仍称为"国民革命军"。广州起义中，起义军打出"工农红军"旗号。此后，朱德、陈毅率领南昌起义余部与毛泽东工农革命武装在井冈山会师，两军合编为中国工农革命军第四军，朱德任军长。1928年5月，中共正式决定将根据地的中国工农革命军改称为中国工农红军，取消之前的工农革命军称号。

日本是如何发动"九一八事变"的

侵占中国东北是日本大陆政策的重要组成部分，日本蓄谋已久。东北易帜后，日本制造满洲分离的计划失败，转而企图武力吞占东北地区。驻扎中国东北的日本关东军开始秘密向中国运送武器，并在沈阳、长春等地频繁进行军事演习，

制造战争气氛。1931年9月18日，关东军炸毁南满铁路柳条湖一段，谎称是中国东北军所为。当夜，日军突袭东北军大营，"九一八事变"爆发。事变后，蒋介石坚持"攘外必先安内"政策，致使东北三省很快沦陷。

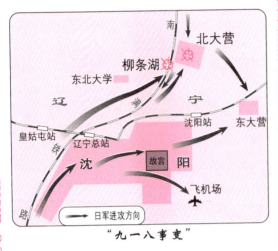

"九一八事变"

"伪满洲国"是怎么回事

"九一八事变"后，日本占领东北三省，决定在东北建立一个以宣统帝溥仪为首的傀儡政权。经过一番紧锣密鼓的准备，溥仪抵达东北，并于1932年3月在长春就任满洲国执政，满洲国建立，以长春为国都。满洲国是完全受制于日本的政权，日本强迫满洲国签订《日"满"议定

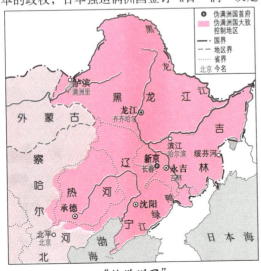

"伪满洲国"

书》，对满洲国的政治、经济等权进行控制。日本通过满洲国完全占有了中国东北。这一政权遭到国人极力反对，被称为"伪满洲国"。二战后，"伪满洲国"灭亡。

"华北五省自治"是怎么回事

华北五省指的是河北、山西、山东、察哈尔、绥远五省。日本占领东北后，开始向华北地区进逼。热河沦陷后，华北门户打开。日本开始策划华北五省自治，收买一些汉奸、流氓等到通县等地建立"自治政府"。随后，日本又在山西、山东、河北等地策划阎锡山、韩复榘、商震实行"华北五省自治"，华北危急。南京政府迫于日本压力，在北平设立享有极大独立性的冀察政务委员会，宋哲元任委员，日本在华北势力大大增强。

蔡廷锴为何与蒋介石决裂

1932年1月28日，日本进攻上海闸北中国驻军，国民革命军十九路军在爱国将领蔡廷锴、蒋光鼐的领导下进行了殊死抵抗，但由于蒋介石坚持不抵抗政策，淞沪会战失败，中日签订《淞沪停战协定》，蔡廷锴被调往福建镇压红军。蔡廷锴坚持抗日，逐渐走上抗日反蒋道路。在福建建立中华共和国人民革命政府，随后召开中国人民临时代表大会，公开反蒋，同蒋介石集团决裂。

"一二·九运动"是一场什么运动

日本加紧侵略华北，华北危急。1935年12月9日，北平学生举行罢课示威游行，反对日本侵略，反对冀察政务委员会成立。北平学生的爱国运动，得到全国各地学生的积极响应。工人阶级也行动起来声援学生，进行罢工。各地爱国人士纷纷组成爱国团体，出版抗日报刊，发表抗日宣言。北平学生的抗日爱国运动迅速发展成一场全国性的救亡爱国运动，促进了全国性的抗日民主运动的到来。

红军为何进行二万五千里长征

1931年，王明逐渐取得中共领导权，"左"倾冒险主义在党内推行。1933年9月，蒋介石调集大军，对中央苏区发动了规模空前的第五次"围剿"。蒋介石步步为营，几路并进，对红军逐渐形成包围之势。面对蒋介石的"围剿"，博古、李德提出"御敌于国门之外"，进行主动进攻，急躁冒进，导致渐渐陷入被动局面，红军损失较大。红军转为防御，但王明、博古等人又采取保守主义，导致红军被动挨打，处处被动。于是，1934年10月，红军不得不离开革命根据地，开始长征。

"工农武装割据"理论是怎么形成的

中共吸取大革命失败的教训，在农村建立起革命根据地，同国民党进行不懈斗争，逐渐走出了一条农村包围城市、武装夺取政权的新型道路，即井冈山道路。但党内一些人对这条道路持怀疑态度，对革命前途缺乏足够信心，依然主张攻打大城市。在此期间，毛泽东先后发表《中国的红色政权为什么能够存在？》《井冈山的斗争》《星星之火，可以燎原》等文章，联系中国实际，分析中国国情，论证了中国革命能够在农村取得胜利，从而创立了"工农武装割据"的伟大理论。

为什么说遵义会议是中国共产党生死攸关的转折点

红军开始长征

遵义会议会址

后，因"左"倾思想影响，红军代价惨重。1935年1月，红军攻占贵州遵义后，召开遵义会议。这次会议纠正了错误军事路线，肯定了毛泽东等人的正确军事路线，改组中央领导机构，张闻天为中央书记处总书记，毛泽东为政治局常委。会后，组成毛泽东、周恩来、王稼祥三人军事领导小组。遵义会议结束了党内"左"倾错误领导，确立了以毛泽东为代表的新的领导集体的正确领导，挽救了党，挽救了红军，革命形势转危为安，所以说遵义会议是中国共产党历史上生死攸关的转折点。

红军长征的意义是什么

1936年10月，红二、红四方面军与红一方面军在甘肃会宁会师，长征的胜利结束。红军长征纵横十一个省，行程几万里。长征的胜利使红军摆脱了国民党的围追堵截，保留了革命力量。红军长征

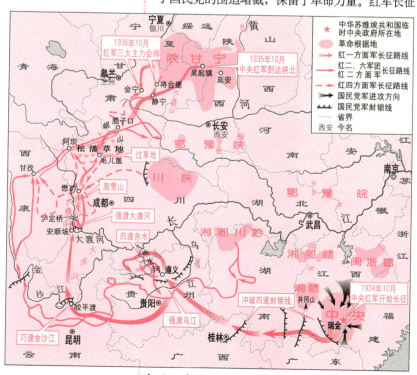

中国工农红军长征路线

ZHONGGUO LISHI

的胜利锻炼了红军将领，保留了红军骨干，并播下了革命的种子，壮大了红军力量。长征胜利后，红军创建了陕甘宁革命根据地，为抗日战争奠定了基础。长征展示了中国共产党顽强的斗争精神，极大地激励了人民群众。所以毛泽东说："长征是宣言书，长征是宣传队，长征是播种机。"

红军为何四渡赤水

红军占领遵义后，蒋介石紧急调集大批部队，进行围追堵截。为防止红军北渡长江，蒋介石在长江沿线设立封锁线。红军在毛泽东等人的领导下，暂缓北渡长江计划，采取灵活作战方略，实行运动战，与敌人进行周旋，及时调整行军方向，在赤水上来回穿梭，先后四次渡过赤水，并抓住有利时机歼灭敌人有生力量。四渡赤水扰乱了敌人的作战计划，使红军摆脱了敌人大规模的包围，红军取得战略转移胜利。

红军是怎么飞夺泸定桥的

泸定桥位于大渡河上，红军长征抵达大渡河时，敌人已经拆去桥面上大部分桥板，泸定桥变成铁索桥。敌人还在泸定桥附近布置了兵力，对桥面实行了军事封锁。可大渡河水流湍急，只有这座铁索桥可以通过。面对身后大军压境的形势，红军首长毅然下达了夺取泸定桥的命令。20余名勇士将生死置之度外，一边抓着铁索前进，一边将木板铺在桥面上，在敌人援军抵达之前，成功夺取泸定桥。"

抗日民族统一战线是怎么形成的

日本侵占东北三省后，又制造了华北事变，民族危机进一步加深。中共在长征途中发表《八一宣言》，提出停止内战，一致抗日，建立抗日民族统一战线的主张。全国掀起救亡运动高潮，国民党内部分化，张学良、杨虎城发动西安事变，逼蒋抗日，最终得到和平解决，为抗日民族统一战线的形成奠定了基础。1937年9月，国民党发表《中国共产党为公布国共合作宣言》，蒋介石发表了谈话，表示愿与各党派一起抗日，

事实上承认了中国共产党的地位，标志着抗日民族统一战线的正式形成。

西安事变是怎么发生的

随着民族危机加深，国民党部分将领逐渐倾向于抗日，但蒋介石仍然积极准备剿共。1936年12月，蒋介石亲自飞往西安，要求张学良的东北军、杨虎城西北军十七路军进攻西北地区的红军。张学良、杨虎城在抗日救国的感召下，不愿意再打内战。张学良多次劝说蒋介石放弃内战，一致抗日，蒋介石置若罔闻。1936年12月12日，张学良、杨虎城联合发动"兵谏"，扣押蒋介石，西安事变爆发，又称"双十二事变"。随后，张学良、杨虎城通电提出改组南京政府，停止内战等八项主张，逼蒋抗日。

西安事变

中共为何主张"和平解决西安事变"

西安事变发生后，国民党内亲日的何应钦力主武力解决，欲借机除掉蒋介石，夺取政权。亲英美的宋美龄、宋子文反对讨伐，主张以和平方式营救蒋介石。日本蓄意挑起中国内战，支持何应钦讨伐。英美为保护在华利益，主张和平解决。苏联支持中国抗日，不希

张学良与杨虎城

望中国搞内战，主张和平解决。西安事变爆发后，国内外形势非常复杂，中共审时度势，从抗日大局出发，把民族利益放在首位，最终确立了和平解决西安事变的方针。

国民党是如何加强法西斯统治的

"九一八事变"后，蒋介石坚持对外妥协，对内镇压，加强对人民的统治，推行法西斯主义统治。为加强军事力量，建立了一支由蒋介石直接指挥的军队，创办军官训练团，在地方建立保安队和民团等反革命武装。为加强对内控制，蒋介石成立"中统"等特务组织，从事各种特务活动，在全国制造白色恐怖。另外，蒋介石不断加强国民党一党专政和个人独裁，创立"保甲制度"并在全国推行。

"七君子事件"是怎么发生的

"一二·九运动"发生后，全国性的抗日救亡运动兴起，爱国救亡组织纷纷成立。宋庆龄、何香凝、沈钧儒等来自全国各地的爱国民主人士在上海召开会议，宣布成立全国各界救国联合会，提出停止内战等要求。国民党为打压全国各界救国联合会的活动，于1936年11月，逮捕了沈钧儒、李公朴、章乃器、史良、王造时、邹韬奋、沙千里等七位全国各界救国联合会的领导人，这一事件被称为"七君子事件"。

赵一曼"遗书教子"是怎么回事

赵一曼（1905—1936年），早年加入中国共产党。"九一八事变"爆发后，到东北组织领导抗日活动，率领军民与日作战。1935年底，她在一次战斗中被俘，面对严刑逼供，始终咬紧牙关，最终敌人于1936年8月将其杀害。临刑前，赵一曼给孩子留下一封遗书，写道："母亲对于你没有能尽到教育的责任，实在是遗憾的事情。母亲因为坚决地做了反满抗日的斗争，今天已经到了牺牲的前夕了。希望你，宁儿啊！赶快成人，来安慰你地下的母亲！在你长大成人之后，

希望不要忘记你的母亲是为国而牺牲的！"这是一位母亲对孩子最后的教诲。

我国第一部国产电影是什么

《定军山》原是京剧名段，取材于四大名著中的《三国演义》。1905年，丰泰照相馆老板任庆泰有了拍电影的念头，还为此专门买来摄像机和胶卷。在任庆泰的导演下，著名京剧大师谭鑫培在摄像机前表演了一段《定军山》，这是中国人第一次自己拍摄电影。就这样，中国第一部电影《定军山》在丰泰照相馆诞生了，这是一部京剧无声电影，中国电影自此起步。

什么是"七七事变"

驻守宛平县城的中国军队出城抗击日本侵略军

1937年7月7日晚，日军以在卢沟桥以北的龙王庙举行所谓军事演习时丢失一名士兵为由，要求进入宛平城搜查，遭到北平当局严词拒绝。双方派出代表由北平市前往宛平城调查，当双方代表在宛平城会商调查之际，日军向城内开枪开炮，中国守军奋起还击，多次打退日军进攻，史称"七七事变"，也称"卢沟桥事变"。"七七事变"是日本帝国主义妄图变中国为其独占殖民地的全面侵华战争的开始，它也揭开了中国全民族抗战的序幕。

什么是"八一三事变"

日本在华北加紧侵略中国的同时，也在积极准备出兵上海。1937年8月9日，日本海军陆战队中尉大山勇夫、水兵斋藤要藏，驾车强行冲入虹桥军用机场，并向中国士兵开枪射击，中国守军被迫开枪还击，日本官兵二人当场毙命，是为

"虹桥机场事件"。日本以"虹桥机场事件"为借口向中国提出拆除所有防御工事及向日方道歉等无理要求，并调动大批军队，于8月13日，炮击上海闸北，中国军队立即坚决还击，史称"八一三事变"爆发。淞沪会战从此开始。

淞沪会战是如何粉碎日本三个月灭亡中国计划的

"八一三事变"后，日军集中优势兵力组建上海派遣军攻打上海，企图消灭中国军队主力，实现速战速决。南京国民政府先后调集约70万人，在冯玉祥的指挥下组织淞沪会战。从1937年8月13日到11月12日，中国军队顽强抵抗，虽然伤亡很大，但是也迫使日本改变作战计划。日本将上海作为主战场，又调集军队组建华中派遣军到沪作战。中国守军最终败退，上海失陷。但长达三个月的抗争，粉碎了日本三个月灭亡中国的计划，打击了日本的侵略气焰。

你知道南京大屠杀吗

日本占领上海后，南京政府迁都重庆，日本向南京发动总攻，中国军队抵抗不力，1937年12月13日，南京失陷。在日军长官松井石根的指使下，丧失人性的日军，向手无寸铁的中国人民举起刀枪，在南京展开疯狂大屠杀。在一个多月的时间里，35万多中国人民被残杀，尸骨纵横，大量民房被焚烧，到处是残垣断壁，南京城很快成为一座空城、死城。日军暴行给中国人带来了巨大灾难和伤害，也激发了中国人的抗日斗志。

中国正式对日宣战是什么时候

1937年"七七事变"爆发后，中国全民族抗战开始。抗日民族统一战线形成后，国民党正面战场和共产党敌后战场两个战场配合作战，有力抵抗了日军前期的疯狂进攻。1941年12月8日，日军偷袭美国在太平洋的海军基地珍珠港，太平洋战争爆发，美国对日宣战，世界反法西斯阵营扩大。太平洋战争爆发当天，蒋介石约见了美、英、苏三国驻华大使，表示要竭尽全力与友邦协同作战，共同对抗日本法西斯及其轴心国。中日开战四年之后，国民党政府代表中国正式对日宣战。

中国军人是如何血战台儿庄的

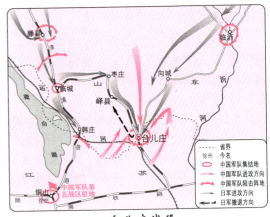

台儿庄战役

日军占领南京后，为贯通南北战场，日本调集南北军队会师台儿庄，合攻南北交通枢纽徐州。中国军队在临沂阻击北线日军，粉碎了日军会师计划。1938年3月24日，日本矶谷师团在空军配合下，向台儿庄发动一轮又一轮强攻。在李宗仁的指挥下，孙连仲部在城内抵抗日军正面进攻，以阵地战坚守，汤恩伯部则在外线采取运动战包围日军。在中国军队内外夹击下，中日展开激烈巷战，台儿庄内血流成河，中国军队取得胜利，这是中国军队在正面战场取得的重大胜利。

日军的"杀人比赛"是怎么回事

1937年11月，侵华日本第16师两个少尉野田毅和向井敏明，在从上海进军南京途中，为寻找"乐趣"，提出进行杀人比赛，规定在日军占领南京之前先杀100人者获胜。杀人成性的他们一路上遇人便杀，逢人便砍。10多天后，向井敏明杀106人，野田毅杀105人，但不清楚谁先杀到100人，比赛胜负难定。为决出最终胜负，两人继续比赛，以先杀150人者为胜。这一以杀人为游戏的比赛被日本《东京日日新闻》

全程报道。抗战胜利后，野田毅和向井敏明在南京被枪决。

日军《东京日日新闻》报道向井和野田杀人比赛的消息

为何说武汉会战是抗日战争相持阶段的转折点

武汉会战是一场空前规模的大会战，中日双方都投入了巨大兵力，日军尽管最终占领了武汉，但是却付出了极大代价，很难再发动更大规模的进攻。历时4个多月的武汉会战，粉碎了日本速战速决灭亡中国的计划。再加上战线太长，人力、物力、财力供应不足，日军开始调整对华政策。国民党在正面战场的积极抗战，有效抵制了日军，但消耗很大。敌后抗日根据地的人民抗战力量正在形成中。因此，中日都无法在短期内击败对方，抗日战争进入相持阶段。

皖南事变是怎么回事

叶挺

抗战相持阶段到来后，日本停止对国民党正面战场的战略进攻，对国民党以政治诱降为主，军事打击为辅，引起抗日阵营分化，国民党开始转向反共，并不断制造反共事件。国民党下令将在长江南北和黄河以南地区坚持抗战的新四军、八路军全部撤到黄河以北。1941年，新四军及所属部队9 000多人奉命北迁，当部队到达安徽南部泾县茂林地区时，遭到国民党袭击，新四军奋力抗击但寡不敌众。军长叶挺被扣押，副军长项英遇害，大部分士兵牺牲或被俘，这便是震惊中外的皖南事变。

中国远征军入缅作战是怎么回事

缅甸是英国殖民地，滇缅公路是中国接受外部援助物资的唯一通道。太平洋战争爆发后，日本企图攻占缅甸。为保障公路畅通，中国政府在国内抗战极为困难的情况下，派军10万，组成中国远征军，入缅与英军协同作战。罗卓英任远征军司令，杜聿明任副司令。中国远征军在作战中一度重创日军，并成功解救被围英军，迎来中外赞誉。由于日本扩大侵略，中国远征军战败，日军切断中国远征军退路。后撤过程中，远征军伤亡惨重，出征10万，最后只剩4万。

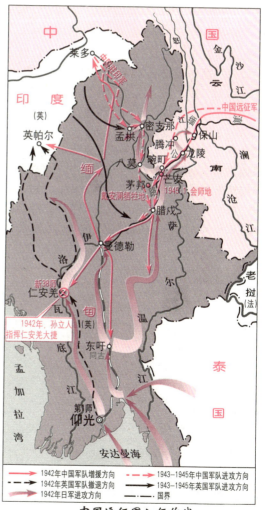
中国远征军入缅作战

ZHONGGUO LISHI

抗战以来中国军队取得的第一次重大胜利是什么

国共合作实现后，八路军深入敌后，与国民党协同作战。日军分两路进攻山西的平型关等地，1937年9月，八路军115师在林彪的率领下，利用平型关有利地形设下埋伏圈。9月25日，日军某部进入埋伏圈，八路军发动突然袭击，日军被分割包围。经过近一天的激战，歼灭敌军1 000多人，并收缴大量军用物资，八路军取得最终胜利，获得平型关大捷。这是中国军队自抗战以来取得的第一次重大胜利，鼓舞了人们的抗战信心。

什么是百团大战

抗战相持阶段到来后，日军调整侵华策略，开始重点进攻中国共产党领导的敌后抗日根据地，对根据地展开了疯狂大扫荡。敌后根据地军民面对日军进攻，以游击战为主，不放弃有利条件下的运动战，同日伪军展开顽强斗争。1940年8月，八路军129、120师在彭德怀等人的指挥下，发动了以破坏石家庄至太原的正太铁路为重点的交通破袭战。在几千里的战线上，八路军出击敌军据点，大量破坏铁路、公路、车站、桥梁等，反击日伪军扫荡，取得重大胜利。因这次作战，八路军先后投入104个团，因此称之为"百团大战"。

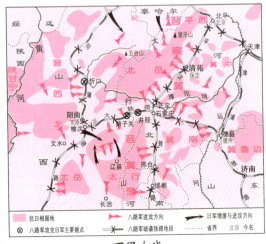

百团大战

抗战时期国民党阵亡的最高将领是谁

张自忠（1891—1940年），曾先后就读于天津北洋法政学堂和山东省法政专门学校。后投奔冯玉祥，慢慢成长为西北军将领。中原大战后，随西北军残部被中央政府改编为东北边防军第29军，张自忠担任第38师师长。日军侵占河北后，张自忠担任新成立的冀察政务委员会委员，并兼任察哈尔省主席。全面抗战爆发后，他投入抗战。1939年，由于在京山战斗中击退日军，张自忠获得上将军衔。1940年，日军进攻枣阳与宜昌一带，枣宜会战爆发。张自忠率74师团参战，因缺乏联系和支援被日军包围，最终血战殉国。牺牲后，张自忠被追赠陆军上将军衔。

"飞虎队"是怎么成名的

1941年，国民政府为提高中国空军力量，委托美国人陈纳德，前往美国重金招募飞行员。8月，中国空军美国志愿大队正式成立，蒋介石任命陈纳德为大队指挥官。陈纳德对中国空军美国志愿大队成员展开短暂专门训练后即投入战斗。12月，志愿队在云南昆明击落6架日机，且零损失，初战告捷。昆明各大报纸纷纷报道，报中称美国志愿队的飞机为"飞虎"，一战成名的美国空军志愿队从此就被称为"飞虎队"了。

毛泽东为何发表《论持久战》

全面抗战爆发后，日军在中国领土上肆虐。中共召开洛川会议分析战争形势，指出抗战的持久性和艰巨性，确立全民族抗战的方针。但是抗战初期，因为对敌我形势缺乏足够认识和分析，国内存在"速胜论"和"亡国论"两种错误观点，不利于抗战的顺利展开。1938年，毛泽东发表著名的《论持久战》，对敌我形势作出全面分析后指出："敌强我弱"，因此中国不可能速胜，只能打持久战；"敌退步我进步，敌小我大，敌寡助我多助"，因此中国必然胜利。《论持久战》的发表稳定了国内人民的抗战情绪，为抗战指明了方向。

抗战中中国共产党主要开辟了哪些抗日敌后根据地

抗战开始后，八路军主要在敌后开展游击战，配合国民党正面作战。太原失守后，华北地区大规模战争基本结束，八路军继续在敌后开展游击战争，并创立敌后抗日根据地坚持抗战。第一块敌后抗日根据地是晋察冀抗日根据地，由聂荣臻创建。随后，贺龙等开辟晋绥抗日根据地；刘伯承等开辟晋冀鲁豫抗日根据地；罗荣桓等开辟山东抗日根据地；新四军在华中地区开辟了苏南、皖中、豫皖苏等抗日根据地。抗日根据地的开辟有利于壮大抗日力量。

什么是"麻雀战"

抗日战争时期，日军在敌后非治安区发动大规模"扫荡"，实行烧光、杀光、抢光的"三光"政策。根据

麻雀战

地军民针对日伪的"扫荡"，开展了形式多样的游击战争。其中有一种作战形式主要在山区实行，抗日军民分散兵力，三人一队，五人一群，利用山地复杂地势，袭击、伏击、狙击敌军，敌人防不胜防。因为这种作战方式行动快、目标小、聚散不定，被形象的称为"麻雀战"。麻雀战与地雷战、地道战一样是中国军民在抗战中的伟大创造。

整风运动到底整什么"风"

日军的"扫荡"给敌后根据地带来严重困难。为坚持抗战，渡过难关，中国共产党围绕加强党的思想建设，以延安为中心，于1942—1945年间进行了一次规模较大的整风运动。主要内容是：反对主观主义以整顿学风，反对宗派主义以整顿党风，反对党八股以整顿文风。本着"惩前毖后，治病救人"的方针，广大党员干部积极学

习，开展批评与自我批评，增强了党的团结和统一，为抗战胜利奠定了思想基础。

"狼牙山五壮士"指的是谁

狼牙山位于河北省易县西南部，峰峦叠嶂，山势陡峭。1941年，日军华北方面军对晋察冀根据地进行大"扫荡"，包围了狼牙山地区，企图将晋察冀军区1分区一举消灭。八路军及群众采取措施紧急转移，分区第7连负责撤离掩护，保障大部队安全转移，7连6班奉命负责拖住日军。在马宝玉带领下，葛振林、宋学义、胡德林、胡福才等5名战士成功吸引日军主力，他们一边还击，一边将日军引向狼牙山棋盘陀险峰。弹尽之后，以石还击，最后自毁枪支，纵身跳崖。5位抗日战士的壮举被广为传诵，他们被誉为"狼牙山五壮士"。

中国抗战胜利纪念日是哪一天

在反法西斯同盟的共同斗争下，1945年8月15日，日本政府宣布无条件投降。9月2日，日本投降签字仪式在停泊于东京湾的美国军舰"密苏里号"上举行，中国派出徐永昌将军出席受降仪式。日本代表梅津美治郎在无条件投降书上签字，美、英、中、苏等同盟国代表相继签字接受日本投降。至此，抗日战争正式结束。第二天，举国庆祝。中华人民共和国成立后，中央人民政府确定9月3日为抗日战争胜利纪念日。

南京陆军总部举行中国战区日军投降仪式

重庆谈判是怎么回事

抗战胜利后，蒋介石企图建立一党专政。为争取政治主动，也为准备内战赢取时间，蒋介石连发三封电报邀请毛泽东到重庆共商大计。毛泽

东为争取国内和平，在周恩来等人的陪同下从延安抵达重庆。经过艰难谈判，1945年10月10日，双方签订《政府与中共代表商谈纪要》，确立了和平民主建国方针，并决定召开政治协商会议。但国民党很快撕毁了政协协议，悍然发动了反共、反人民的内战。

毛泽东等人从延安抵达重庆

解放战争时期形成的第二条战线是什么

全面内战爆发后，国统区的民主爱国运动遭到国民党镇压，这激起极大民愤。1946年底，在北京发生了美军强奸女大学生事件，青年学生首先站出来抗议美军暴行。上海学生发起反饥饿、反内战、反迫害的游行示威活动，引起各地学生积极响应。国民党开始血腥镇压示威学生，学生的爱国运动鼓舞了各阶层人民，他们纷纷掀起反抗国民党的斗争。国统区以学生为主发动的爱国民主运动，有力地配合了人民解放军粉碎国民党军队的全面进攻，形成反对国民党的第二条战线。

国民党主力是什么时候被基本消灭的

在解放战争中，人民解放军的力量不断壮大，战术水平有了极大提高，士气高涨。国民党进攻接连被粉碎，士气低落，且党内矛盾不断。解放军力量逐渐超过了国民党军，战略决战时机成熟。

1948年9月，东北野战军发动辽沈战役，歼敌47万余人。1948年11月至1949年1月，华东野战军和中原野战军发动淮海战役，歼敌55万余人。与此同时，东北野战军和华北野战军联合发动平津战役，北平和平解放，歼敌52万余人。辽沈、淮海、平津三大战役共歼敌150余万人，国民党主力部队基本上丧失殆尽。

国民党政权是怎么在大陆结束的

1949年4月，国共代表在北京举行和谈，但南京国民政府最终拒绝在《国内和平协定》上签字。4月21日，毛泽东、朱德发出"向全国进军"的命令，人民解放军百万大军分三路，在西起江西湖口、东至江苏江阴的千里江面上发动了渡江战役，彻底摧毁了国民党的长江防线。4月23日，解放军占领南京"总统府"，南京解放。国民党败退台湾，国民党政权在大陆的统治结束。

1949年蒋介石为何下野

三大战役胜利后，国民党主要军事力量遭到毁灭性打击，与此同时，国民党内部产生严重分裂，李宗仁、张治中等主张与中共和谈。美国也希望蒋介石下台。人民解放军随时准备渡江作战。1948年12月，毛泽东发表"将革命进行到底"的号召。蒋介石发表虚伪的"求和"声明被中共揭穿。为尽早结束内战，实现国内和平，中共提出愿意以八项条件为基础同国民党政府或者国民党地方政府或集团和谈。1949年蒋介石不得不宣布下野，李宗仁任代总统。

中华人民共和国卷

　　1949年10月1日，中华人民共和国成立。经历了百年抗争，中国人民最终赢得了民族独立，成为国家的主人中华人民共和国成立后，中国共产党领导全国各族人民为建设中国特色社会主义继续奋斗。在探索中，尽管经历了挫折与磨难，中国人民最终找到了适合本国发展的正确道路，实行改革开放，建立社会主义市场经济体制，在经济、科技、文化等方面都取得了重大突破。

你知道第一届中央人民政府是在什么时候选举产生的吗

1949年9月21日，中国人民政治协商会议第一届全体会议在北平开幕，30日闭幕。在普选的全国人民代表大会召开以前，中国人民政治协商会议代行全国人民代表大会的职权。会议选举出63人组成中央人民政府委员会，毛泽东为中央人民政府主席，朱德、刘少奇、宋庆龄、李济深、张澜、高岗为副主席，周恩来、陈毅等56人为委员。同时，会议通过中华人民共和国的国都定于北平，并将北平改名为北京。中华人民共和的纪年采用公元纪年，以《义勇军进行曲》为代国歌，国旗为五星红旗。

"中华人民共和国"的名称是如何确定的

1949年6月在北平召开的新政协筹备会议上，曾将新中国的名称定为"中华人民民主共和国"。而清华大学教授张奚若则提出了不同看法，认为中华人民民主共和国的名字太长，应该去掉"民主"二字，叫中华人民共和国。在9月份召开的中国人民政治协商会议第一次全体会议上，大家普遍认为"共和国"已经说明了国体，"人民"二字在新民主主义的中国是指工人、农民、小资产阶级和民族资产阶级四个阶级及爱国民主人士，已经把人民民主专政的意思表达出来，而再加"民主"二字则显得重复了。在这次会议上，"中华人民共和国"的名称最终确定。

中国人民政治协商会议第一届全体会议

五星红旗的设计者是谁

1949年，全国政协公开征集国旗、国徽图案。上海现代经济通讯社的曾联松提交了"红地五星旗"的作品。以一颗大五角星导引于前，象征伟大的中国共产党，四颗小五角星环绕于后，象征广大人民紧紧围绕在党的周围，也代指毛主席在《论人民民主专政》一书中提到的四个阶级，即工人阶级、农民阶级、城市小资产阶级和民族资产阶级。经过多次筛选，曾联松的作品从全国2 992件作品中脱颖而出。由于曾联松的原作品中有镰刀与锤子，与苏联国旗相似。为体现新中国的主权与独立，决定去掉镰刀锤子的图案，并最终将作品更名为"五星红旗"，作为新中国的国旗。

曾联松设计的国旗图案

你知道国歌的歌词曾被更改过吗

1978年3月—1982年12月，中华人民共和国的国歌虽然是《义勇军进行曲》，但歌词却发生了更改，当时由第五届全国人民代表大会第一次会议集体填词的国歌为："前进！各民族英雄的人民！伟大的共产党，领导我们继续长征！万众一心奔向共产主义明天，建设祖国保卫祖国英勇的斗争。前进！前进！前进！我们千秋万代，高举毛泽东旗帜，前进！高举毛泽东旗帜，前进！前进！前进！进！"田汉填词的《义勇军进行曲》直到1982年12月第五届全国人民代表大会第五次会议后才得以恢复。

中华人民共和国的国歌经历过几次更改

1949年9月中国人民政治协商会议第一届全体会议将《义勇军进行曲》定为代国歌。《义勇军进行曲》创作于1935年，由田汉作词，聂耳作曲，原是电影《风云儿女》的插歌。"文化大革命"时期，词作者田汉被指控为叛徒下狱，国歌在这一时期改为单纯演奏，不再演唱。而《东方红》则在实际上成为当时的国歌。"文革"结束后，1978年3月，定《义勇军进行曲》为中华人民共和国国歌。1982年12月第五届全国人民代表大会第五次会议通过决议，撤销1978年3月全国人民代表大会通过的歌词，恢复原《义勇军进行曲》之词、曲为中华人民共和国国歌。

开国大典上为何由54门礼炮鸣28响

1949年10月1日，当第一面五星红旗在天安门广场上冉冉升起的时候，礼炮齐鸣28响，把开国大典的气氛推向了高潮。但国外一些国家在举行庆典活动时，最高礼仪规格是鸣礼炮21响，而新中国开国大典为何要鸣28响呢？这个提议是由毛泽东提出来的，28响礼炮代表中国共产党从1921年起，领导全国人民，经历了28年的奋斗，才迎来新中国成立。而54门礼炮则代表当时统计的我国的54个民族。在开国大典当天，为了缩短每响礼炮的时间间隔，实际上准备了108门礼炮，分为两组，一组填充，一组发射，轮流作业。所以习惯上仍称为54门礼炮。

开国大典(油画)

开国大典上受检阅的飞机共有多少架

开国大典的阅兵式中，有17架5种机型的飞机编队飞过天安门广场，与地面行进的坦克队列相呼应。17架飞机中，9架是P—51型战斗机，2架是蚊式战斗机，3架是C—46型运输机，1架是L—5型通讯联络机，2架是PT—19型初级教练机。为了保证队列整齐，分秒不差，飞行队专门选择了3个不同的航线进入广场。战斗机从通州进入，运输机从建国门和通州之间进入，其余飞机从建国门东侧进入。当9架领航的战斗机飞过天安门后，指挥室命令战斗机编队再次飞跃广场上空。所以很多人认为开国大典受阅的飞机是26架，其实后面9架是重复飞行的。

开国大典为何选择在下午举行

1949年10月，尽管祖国大部分已经解放，但当时南方一些地区仍在国民党控制范围内。国民党经常派空军北上袭扰新生的人民政权，相对而言，新中国成立之初的人民空军实力较弱。在开国大典前夕，还破获了一起企图炮轰天安门城楼的间谍案。因此，整个典礼的安全措施显得极为重要。而国民党飞机夜航能力差，北上后必须在天黑前返回，如果典礼在上午举行，就给国民党空军制造了北上空袭的机会。改在下午进行，能在一定程度上增加安全系数。后来，随着人民空军战斗力的增强，拥有了绝对的制空权，以后的国庆活动就都选择在上午举行。

你知道人民英雄纪念碑上浮雕的含义吗

中华人民共和国成立后，为了纪念在人民解放战争和人民革命中牺牲的人民英雄，决定在首都北京建立纪念碑。碑身

人民英雄纪念碑

上镶嵌着八幅巨大的汉白玉浮雕，分别以"虎门销烟""金田起义""武昌起义""五四运动""五卅运动""南昌起义""抗日游击战争""胜利渡长江"为主题，在"胜利渡长江"的浮雕两侧，另有两幅以"支援前线""欢迎中国人民解放军"为题的装饰性浮雕。浮雕高2米，总长40.68米，镌刻着170多个人物形象。是对中国人民自鸦片战争以来100多年不屈不挠抗争历史的生动概括。

为什么说人民大会堂的修建是中国建筑史上的创举

1958年，为迎接1959年的新中国成立十周年，国家决定兴建十大建筑，展现新中国十年来的建设成就。其实，从1956年起，国家便酝酿在北京建设一个大型的礼堂，以供党中央开会使用。1958

年，中共中央明确指示要在北京修建万人大礼堂。人民大会堂全部由中国工程技术人员自行设计、施工，集中了当时全国各地的建筑材料，加上建筑工人加班加点地建设，从1958年10月动工，到1959年9月建成，仅用了10个多月的时间就完成了从设计图纸到从内及外所有装修和设备的安装调试。创造了中国建筑史上的一大创举。

"炮轰天安门事件"是怎么回事

北京解放前夕，大批特务潜伏下来，企图破坏新生的人民政权。1950年9月下旬，一封寄往日本的普通信件引起了公安人员的高度警觉。在信件中发现了一张用铅笔绘制的天安门地形草图，并画出了炮弹射击天安门检阅台的路线。经过紧张严密的布控，公安机关终于侦破此案。这是一项由美国间谍机关策划，企图在国庆节用迫击炮炮轰天安门城楼、谋杀新中国领导人、制造国际混乱的惊天阴谋。9月28日，此案被成功破获，主犯意大利人李安东、日本籍特务山口隆一等伏法。

美国间谍阴谋炮轰天安门

祖国大陆是什么时候完全统一的

1949年10月1日新中国成立时，东北全境、华北全境早已解放，西北地区的解放战争也已基本结束，9月底新疆宣告和平解放。但中南、西南和华东一些地区及沿海岛屿尚未解放。当时，盘踞在未解放地区的国民党正规军约有70余万人。为了将全国人民解放战争进行到底，人民解放军于1949年9月开始了向中南、西南的大进军。到12月底，国民党反动派残留在大陆的正规军事力量基本上被消灭。1950年6月渡海作战完成，1951年10月西藏和平解放。至此，除台湾及一些沿海岛屿外，基本实现了全国统一。

新中国为何要抗美援朝

1950年6月朝鲜战争爆发后，美国立即进行武装干涉，援助南朝鲜。同时，还命令海军第七舰队开入台湾海峡，公然干涉中国内政。针对美国的行为，中国政府强烈谴责美国通过侵略朝鲜、台湾干涉亚洲事务的罪行。7月，美国操纵联合国安理会通过了武装干涉朝鲜的决议，组建了所谓的"联合国军"，大举进入北朝鲜，将战火推进到中朝边境。中国政府对朝鲜局势极为关注，认为一旦战火烧到中国境内，美国将会以朝鲜为跳板，威胁新中国的安全。10月，组建的中国人民志愿军开赴朝鲜战场，与朝鲜人民并肩作战。

抗美援朝战争分为几个阶段

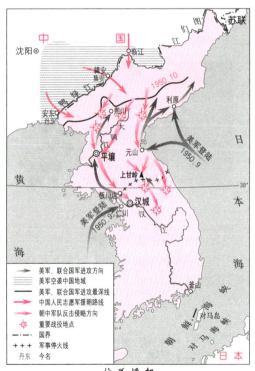

抗美援朝

抗美援朝战争历时3年，主要可分为三个作战阶段。第一阶段是从1950年10月—1951年6月，中国人民志愿军遵照毛泽东提出的"以运动战为主，与部分阵地战、敌后游击战相结合"的方针，和朝鲜人民军一起连续进行了五次战役。

从1951年6月—1953年5月，为抗美援朝第二阶段。中朝人民军队执行"持久作战、积极防御"的战略方针，进行持久的防御作战。这一阶段，军事行动与停战谈判交替进行。第三阶段是从1953年5月—1953年7月27日，在中朝部队三次反击作战的压力下，战争双方最终在停战协定上签字，朝鲜战争宣告结束。

封建土地所有制是什么时候被彻底废除的

1950年6月，中央人民政府委员会通过和颁布了《中华人民共和国土地改革法》等一批法令文件，根据各地区的不同情况，在全国分期分批地完成土地改革。农民在土改时拔掉地主立的界碑 改革的总路线是"依靠贫农、雇农，团结中农，中立富农，有步骤的有分别的消灭封建剥削制度，发展农业生产"。在这一路线的指导下，土地改革运动取得了良好成效，有3亿多无地少地的农民无偿获得了约7亿亩土地和大量生产资料。到1953年，祖国大陆除一部分少数民族地区外，土地改革均顺利完成，彻底消灭了封建土地所有制，为社会主义制度的确立奠定了基础。

什么是"三反""五反"运动

中华人民共和国成立后，一批共产党员被资产阶级的"糖衣炮弹"腐蚀变质，出现了贪污受贿的行为，严重破坏了国家的经济建设，损害了党的形象。因此，1951年10月—1952年3月，中共中央和中央人民政府深入开展了"三反""五反"运动。"三反"是指反对贪污、反对浪费和反对官僚主义。"五反"指反对行贿、反对偷税漏税、反对盗骗国家财产、反对偷工减料和反对

盗窃经济情报。这一运动在全国党、政、军、民内部迅速开展起来，对形成健康的社会风气、保证资本主义工商业沿着有利于国计民生的方向发展起到了推动作用。

"三反"活动中的街头标语

中国第一个五年计划从哪年开始实施

从1953年起，我国开始执行发展国民经济的第一个五年计划。整个计划的编制工作是由周恩来、陈云、李富春主持进行的，前后历时四年。按照规定，从1953—1957年为中国第一个五年计划时期，基本任务是建设我国社会主义工业化的初步基础，建立对农业、手工业和资本主义工商业的社会主义改造的初步基础。"一五"计划对于国家的建设投入了大量资金；五年内，各项支出总数为766.4亿元，一半以上用于基础设施的建设。到1957年，我国基本改变工业落后面貌，逐步向社会主义工业化迈进。

你知道"一五"计划取得了哪些成就吗

1956年底，"一五"计划的主要指标大都已经提前完成。到1957年底，计划的各项指标都大幅度超额完成。五年中，兴建了一批工业部门，如飞机、汽车、发电、冶金、矿山设备、重型机械等，填补了我国重工业建设的空白。同时，重工生产在工业总产值中的比重由1952年的35.5%提高到1957年的45%，改变了旧中国重工业落后的面貌。农业方面，1957年农业总产值达604亿元，完成计划的101%。交通运输业方面，

到1957年底，全国铁路里程达29 826千米，公路通车里程达25.5万千米。可以说，"一五"计划的超额完成，奠定了我国社会主义工业化的初步基础。

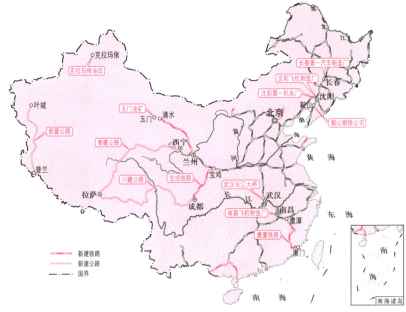

第一个五年计划主要建设成就

第一部《中华人民共和国宪法》是何时制定的

新中国成立之初，由于宪法尚未制定，政治协商会议通过的《共同纲领》便被赋予临时宪法的作用。1954年9月15日，第一届全国人民代表大会第一次会议在北京开幕，会议的第一项任务就是制定宪法。刘少奇代表宪法起草委员会做了《关于中华人民共和国宪法草案的报告》。大会经过认真讨论，一致通过了第一部《中华人民共和国宪法》。这是中国历史上第一部社会主义类型的宪法，确立了我国向社会主义过渡的方向和途径，规定了公民的基本权利和义务，体现了人民民主和社会主义两大原则。

第一届人大代表正在步入会场

中国的社会主义制度是什么时候确立起来的

对于中国何时能确立社会主义制度，毛泽东曾做过18年的设想。1952年9月，又将设想缩短到15年。从1953年开始，按照过渡时期总路线的要求，国家开始逐步对农业、手工业和资本主义工商业进行社会主义改造。这本应是一个漫长的过程，但从1955年起，三大改造进入高潮。到1956年，基本完成了对生产资料私有制的改造任务，从而使中国的经济制度和阶级状况发生了根本性的变化。社会主义公有制成为我国主要的所有制形式，社会主义制度在中国基本确立起来了，我国进入了社会主义初级阶段。

《论十大关系》中提到了哪些问题

在我国建设社会主义道路的初步探索中，毛泽东在1956年4月25日举行的政治局扩大会议上作了《论十大关系》的讲话。《论十大关系》在认真总结我国社会主义革命和建设的经验教训，特别是注意避免苏联走过的弯路的基础上，阐述了社会主义建设中的十大关系，即重工业和轻工业、农业的关系；沿海工业和内地工业的关系；经济建设和国防建设的关系；国家、生产单位和生产者个人的关系；中央和地方的关系；汉族和少数民族的关系；党和非党的关系；革命和反革命的关系；是非关系；中国和外国的关系。

什么是"计划经济体制"

计划经济体制初步形成于1953—1957年的"一五"计划时期。这一时期，由于国家建设资金不足，技术力量和经验缺乏，工业建设直接关系到国家经济命脉等原因，必须由国家出面集中统一管理才能完成。所以，计划经济体制逐步确立起来，在这一体制下，经济计划由国家统一制定并进行管理，国家财政的绝大部分资金集中在中央，主要工业企业由中央各部直接管理，国家对人力、物力进行统一调配等。这种集中统一的计划经济管理体制，在物资缺乏、经济基础薄弱的条件下有利于集中全国力量进行大型项目的建设，但却无法发挥地方和企业的自主性，不利于市场经济的发展。

"新人口论"的主要内容是什么

1957年6月在全国人大一届四次会议上，经济学家马寅初作了题为《新人口论》的书面发言，7月5日，《人民日报》全文发表了这篇文章。这是马寅初在深入调查研究的基础上经过科学分析论证而得出的结论，主要内容包括：我国人口增长太快，而我国的资金积累不够快，人口发展必须同国民经济发展相适应，并在量上保持一定的比例关系，否则就会出现许多矛盾。因此，要控制人口，定期进行人口普查，以此制定人口政策，实行计划生育，提倡晚婚晚育等。但在当时"左"倾思想的影响下，"新人口论"遭到了批判。

我国从何时起正式推行简化汉字

中华人民共和国成立后，国家将扫盲识字作为重要工作加以展开。因为新中国成立初期，我国适龄人口中有80%以上是文盲，而在推广扫盲识字工作的过程中，最棘手的问题就是汉字字数多、笔画多，书写、学习都很困难。于是，从1952年起，中国文字改革委员会就着手将繁体字进行简化。1956年1月，国务院正式公布了《汉字简化方案》。该方案共分三部分，第一部分列出简化汉字230个，第二部分列出简化汉字285个，第三部分列简化偏旁54个。简化的汉字公布后，大大激发了人民群众学习汉字的热情。从1956年2月1日起，简化汉字开始陆续在全国使用。

"共和国第一贪腐案"是怎么回事

刘青山、张子善案件是在新中国成立初期"三反"运动中查出的一起党的领导干部严重贪污盗窃国家资财案件。刘青山和张子善在担任天津地区领导期间非法挪用、占有国家财产共计1 554 954万元，严重影响了民众生活和国家形象。1951年11月，中共河北省第三次代表会议揭露了刘、张的罪行。同年12月4日，中共河北省委作出决议，经中央华北局批准，将刘青山、张子善开除出党。1952年2月10日，河北省人民政府举行公审大会，随后河北省人民法院报请最高人民法院批准，判处刘青山、张子善死刑。刘青山、张子善案是中华人民共和国成立初期严肃处理的一起重大贪污典型案件，因此也被称为"共和国第一贪腐案"。

你知道民族自治区之最吗

我国五个少数民族自治区分别为内蒙古自治区、新疆维吾尔自治区、宁夏回族自治区、广西壮族自治区和西藏自治区。其中，内蒙古自治区成立于1947年，是唯一一个在新中国成立之前成立的民族自治区。新疆维吾尔自治区成立于1955年10月，是面积最大的自治区。而1957年成立的宁夏回族自治区则是面积最小的自治区。1958年广西僮族自治区成立，1965年更名为广西壮族自治区，成为唯一一个改过名的自治区。西藏自治区成立于1965年，经历了10年的筹备期，在此期间发生了达赖叛逃和西藏平叛等事件，可称得上是成立过程最为曲折的自治区。

和平共处五项原则是怎样提出的

1953年12月，中印两国政府代表团就两国在中国西藏地方的关系问题进行了谈判，周恩来在会见印度代表团时首次提出，在处理国与国关系时，应遵循"互相尊重领土主权、互不侵犯、互不干涉内政、平等互惠和和平共处的原则"。同年6月，周恩来出访印度、缅甸。6月28日，周恩来和尼赫鲁发表了中印两国总理联合声明，将之前的提法进行了修改，正式提出了和平共处五项原则。即"互相尊重主权和领土完整；互不侵犯；互不干涉内政；平等互利；和平共处。"和平共处五项原则为国际社会认可，成为解决国与国之间关系的基本准则。

周恩来会见印度政府代表团

新中国第一次以大国身份参加的重要的国际会议是什么

为和平解决朝鲜问题和恢复印度支那和平问题，1954年4月，在苏联的推动下，中、苏、美、英、法及有关国家外长在瑞士日内瓦召开会议。我国派出以周恩来为团长的代表团出席。这是中华人民共和国成立后第一次以大国身份参加的重要国际会议。周恩来在会议上全面阐述了中国政府对朝鲜问题和印度支那问题的立场，强烈谴责了美国在亚洲的战争政策和侵略行为。日内瓦会议打开了新中国同西方国家扩大接触的局面。会议期间，周恩来与英国外交大臣多次会见，中英关系得以改善。

周恩来出席日内瓦会议

20世纪60年代中苏关系为何会全面破裂

中苏两国边界线漫长，中华人民共和国成立后曾保持了很长时间的友好关系。但从20世纪50年代后期起，苏联奉行大国沙文主义，对中国内政主权强加干涉，致使两国矛盾冲突不断。另外，对于如何向社会主义过渡等问题也是分歧重重。从1957年起中苏关系开始恶化，两国经常展开论战，边境冲突不断。1961年，苏联报刊和受苏共影响的一些国家开始发表文章攻击中国共产党，1963年，两国论战更是不断升级。中共中央也在党报上指名批判"赫鲁晓夫修正主义"。1966年后，两党关系中断。此后，苏联向中苏边境不断增兵，并向蒙古派驻军队，致使两国关系全面破裂。

你知道新中国十大元帅都是谁吗

1955年9月27日，中华人民共和国全国人大常委会第二十二次会议通过了授予中华人民共和国元帅军衔的决议。当天下午，十位共和国开国元勋在中南海怀仁堂接受了元帅军衔及勋章。毛泽东亲自授予朱德、彭德怀、林彪、刘伯承、贺龙、陈毅、罗荣桓、徐向前、聂荣臻、叶剑英10人为中华人民共和国元帅军衔，并授予一级八一勋章、一级独立自由勋章、一级解放勋章。他们就是我国著名的"十大元帅"。林彪在"文化大革命"时期叛逃，十大元帅的排名曾发生过变化，将林彪由第三位调至第十位，后经改正，恢复了最初的顺序。

什么是"大跃进"运动

1957年9月，中共中央和国务院要求各地掀起农业生产高潮。1958年5月中共八大二次会议后，"大跃进"运动在全国范围内全面展开。"大跃进"的主要表现是片面追求工农业生产建设的高速度，不断地大幅度地提高和修改经济计划，制定不切实际的高指标。伴随着高指标，是日益泛滥的浮夸风。1958年夏收期间，各地不断放"卫星"，虚报高产。同时，提出"以钢为纲"的口号，要求在15年或更短的时间内，在钢铁产量方面赶超英国。"大跃进"运动忽视了经济发展的客观规律，给国民经济造成了严重后果，导致人民生活水平普遍下降。

人民公社的特点是什么

随着"大跃进"运动在全国展开，农村广泛兴起了人民公社化运动。按照毛泽东的指示，应该逐渐地有次序地把"工、农、商、学、兵"组成为一个大公社，从而构成我国社会的基本单位。从1958年8月起，在短短的几个月，全国农村就实现了人民公社化。人民公社的基本特点是"一大二公"。所谓大，指规模和经营范围大，担负着政治、经济、文化、军事等各方面的任务。所谓公，指集体化、公有化程度高。力图消灭私有制，尽快过渡到共产主义。人民公社运动超越了中国当时社会生产力发展水平，不是建设社会主义的正确途径。

你知道"七千人大会"的情况吗

1962年1月11日至2月7日，中共中央在北京举行了扩大的工作会议。参加会议的各级干部共计7 118人，所以又称"七千人大会"。这次会议是在国内外形势十分严峻的情况下召开的，共分为两个阶段。第一阶段是从1962年1月11日至29日上午，主要是讨论、修改刘少奇代表中共中央所作的书面报告。同时联系实际、检查工作、总结经验教训、反对分散主义。第二阶段从1月29日下午到2月7日会议闭幕，主要是发扬民主，开展批评与自我批评。这次会议，对于纠正"大跃进"以来经济工作中"左"的错误，克服经济困难，起了积极作用。

"文化大革命"全面发动的标志是什么

随着"左"倾错误在党内的不断蔓延，1966年5月，中共中央政治局扩大会议在北京举行。5月16日，通过了毛泽东亲自主持制定的《中国共产党中央委员会通知》，即"五一六通知"。对党和国内的政治形势作了完全脱离实际的错误估计。并在会后宣布成立了"中央文化革命小组"。为了排除全面发动"文化大革命"的阻力，8月1日至12日，毛泽东在北京亲自主持召开中共八届十一中全会。会议通过了《关于无产阶级文化大革命的决定》，即"十六条"。这两次会议成为"文化大革命"全面发动的标志。

红卫兵运动是如何兴起的

1966年5月29日，北京清华大学附属中学一些学生集会，从保卫毛泽东、保卫红色政权出发，组织了全国第一支红卫兵。6月以后，北京其他一些学校也相继出现了红卫兵组织。8月1日，毛泽东给清华附中的红卫兵写信，鼓励他们的造反精神，并印发成文件传遍全国。8月18日，毛泽东身穿军装，佩戴红卫兵袖章，在天安门接见来自全国各地的百万群众和红卫兵。从8月18日至11月26日，毛泽东在北京先后8次接见了1 100万师生和红卫兵。此后，红卫兵运动迅速发展到全国。

什么是"样板戏"

"文化大革命"时期，江青主管文艺工作。这一时期，一批经过创作、改编的大型舞台艺术作品陆续推出并广为流传。1967年5月23日，在纪念毛泽东《在延安文艺座谈会上的讲话》发表25周年当天，"样板戏"在北京各剧场同时上演。5月31日，《人民日报》发表评论《革命文艺的优秀样板》，将8个文艺作品确定为革命样板戏，分别为京剧《红灯记》《沙家浜》《智取威虎山》《海港》《奇袭白虎团》、芭蕾舞剧《红色娘子军》《白毛女》和交响音乐《沙家浜》。后来又有京剧《平原作战》《龙江颂》等样板作品，成为"文化大革命"时期特殊的文艺形式。

什么是"上山下乡"

"文化大革命"后期，面对愈演愈烈的武斗，各个领域的混乱和每年2 000多万毕业生的就业问题，毛主席提出"农村是一个广阔的天地，到那里是可以大有作为的"。1968年12月又发出"知识青年到农村去，接受贫下中农的再教育，很有必要"的指示，号召知识青年到农村中去，在那里定居和劳动。"上山下乡"运动大规模展开。1968年当年在校的初中和高中生，全部前往农村接受再教育。"文革"时期"上山下乡"的知识青年总人数达到1 600多万人，当时全国十分之一的城市人口来到了乡村。1977年，最后一批知识青年来到农村后，"上山下乡"运动宣告停止。

"九一三事件"是怎么回事

林彪集团是在"文化大革命"这个特殊历史环境下形成的，中共九大将林彪定为"接班人"并写入了党纲。随着林彪集团权势的扩大，他们对党和国家最高权力的野心也急剧膨胀。1971年9月，林彪集团密谋对南巡途中的毛泽东采取谋杀行动。毛泽东了解到一些可疑情况，秘密安全回到北京。林彪集团见阴谋败露，先是决定南逃，计划破产后，最终决定向北飞往苏联。9月13日零时32分，林彪等人乘坐飞机在没有做好启航准备的情况下仓皇起飞，在飞经蒙古时飞机坠毁，机上8男1女全部死亡。这一事件被称为"九一三事件"。

"四人帮"指的是哪些人

"四人帮"是指江青、张春桥、姚文元、王洪文四人在"文化大革命"时期所组成的帮派。毛泽东在1971年初批评江青等人搞宗派活动时最早提出"四人帮"问题。"四人帮"成员早期是中央文革小组的成员，后来全部进入中央政治局，并担任重要职位。"文化大革命"时期，他们对大批国家干部和知识分子进行迫害，试图篡取国家政权，给党和国家带来了严重的损失。1976年10月6日，华国锋、叶剑英等为代表的中央政治局，对"四人帮"进行审查，彻底粉碎了这一反革命集团，这一事件也标志着"文革"的结束。

新中国奉行的三大外交方针是什么

中华人民共和国成立后，根据国内外形势的发展变化，在外交战线上制定了三大方针。分别是"另起炉灶""打扫干净屋子再请客"和"一边倒"。"另起炉灶"是指不承认旧中国屈辱的外交关系，而要在新的基础上同各国重新建立平等的外交关系。"打扫干净屋子再请客"即是把帝国主义在中国的残余势力清除干净后，再考虑和他们建立外交关系。"一边倒"则是指倒向社会主义阵营。三大外交方针既是对当时的国际形势，包括美苏对华政策制定的，也是新中国为维护主权与权益而作出的选择。

中华人民共和国在何时正式恢复联合国合法席位

中国是联合国的创始国和安全理事会五个常任理事国之一。但在美国的阻挠下，中国在联合国的合法席位长

五星红旗在联合国大厦前飘扬

期被台湾当局代表的中华民国占有。随着新中国成立以来取得的一系列外交成就，联合国成员国中赞成恢复中国合法席位的国家越来越多。1971年10月25日，经过激烈的辩论，第26届联合国大会以76票赞成，35票反对，17票弃权的压倒性多数恢复了中华人民共和国在联合国中的一切合法权利，台湾当局则被逐出联合国的一切机构。

什么是"双重代表权"

中华人民共和国成立后在外交战线上取得了一系列成就，国际上要求恢复中国合法席位的呼声也日益高涨。为了保住台湾当局在联合国的席位，美国在1971年8月2日抛出了所谓的"双重代表权"方案。即同意接纳中华人民共和国进入联合国，但也不剥夺台湾当局的代表权。对此，中国政府明确表示，台湾是中国领土的一部分，决不接受任何形式的"双重代表权"。1971年10月25日，第26届联大进行了最终表决，将恢复中华人民共和国在联合国合法权益这一提案放在美国提出的"双重代表权"前面进行表决，最终以压倒性多数通过。美国的提案还没来得及表决就成为废案。

中美两国如何实现关系正常化

20世纪70年代，国际形势发生了巨大变化。美国在美苏两国的军备竞赛中处于劣势，美国又深陷越南战争的泥潭，再加上中华人民共和国恢复了在联合国合法席位，而中苏两国关系还没有改善，使得中美两国领导人都认为有必要结束长达20多年的敌视状态。1970年国庆，毛泽东在天

安门会见了美国记者埃德加·斯诺，发出了友好信号。1971年4月，中国乒乓球队邀请在日本参加世界乒乓球锦标赛的美国队访华，拉开了两国人

尼克松访问中国

民友好往来的大门。7月9日，美国总统特使基辛格秘密访华。1972年2月21日，美国总统尼克松抵达北京，与毛泽东进行了亲切会谈。28日，中美两国在上海发表了《联合公报》，标志着两国关系开始走向正常化。

中美两国正式建交是在什么时候

"文革"结束后，我国的外交工作打开了新的局面。1978年12月16日，中美两国政府分别在北京和华盛顿同时发表建交联合公报，决定自1979年1月1日起正式建立外交关系。美国承认中华人民共和国政府是中国的唯一合法政府，台湾是中国的一个省。在中美建交的同日，美国宣布断绝同台湾的外交关系。1979年1月29日至2月5日，邓小平副总理对美国进行了正式访问，受到美国总统卡特的热情接待，并被美国《时代》周刊评为风云人物，登上杂志封面。自此，中美两国关系开始进入到一个新的发展阶段。

中日两国何时建立的外交关系

二战中，日本侵略者曾给中国带来沉重灾难。而中华人民共和国成立后，日本政府又长期追随美国，采取敌视中国的态度。当美国总统尼克松访华，中美关系正常化之际，日本国内要求中日邦交正常化的呼声也非常猛烈。1972年9月25日，刚刚继任日本首相的田中角荣访问中国，受到毛泽东接见，并同周恩来总理就两国实现关

中日建交

系正常化等问题进行了会谈。9月29日，中日两国正式建立外交关系，同日，日本宣布同台湾当局断交。中日两国结束了二战后长期的敌对状态，揭开了新的一页。

对越自卫反击战是怎么回事

中华人民共和国成立后，中越两国一直保持友好关系，新中国还一直对越南进行经济技术援助。但自1978年起，越南当局掀起大规模的反华排华运动，导致中越关系恶化。之后，越南不断侵犯我国领土，两国之间的紧张关系不断升级。1979年2月14日，中共中央发出《关于对越南进行自卫反击、保卫边疆战斗的通知》。从2月17日至3月5日，我国边防部队发起自卫反击，并达到预期目的。从3月5日起，边防部队开始撤回中国境内，至3月16日全部撤回，战争结束。在这次自卫反击战上，我国取得了政治和军事上的重大胜利。

"银河一号"是怎样一部计算机

"银河一号"是我国第一台巨型计算机，每秒钟可运算一亿次以上。它由国防科技大学主持研发。从1978年3月到1983年12月22日，国防科技大学教授慈云桂等历时六年，克服重重困难，先后攻克了100多道技术难关。国际上计算机的发展速度非常快，为了跟踪国际最新成果，慈云桂和他的团队不惜舍弃已完成的工作成果，重新设计更为先进的方案。在工程实施上，更是一丝不苟，创造了"银河一号"200多万个焊点无一虚焊的奇迹。"银河一号"的研制成功，标志着中国成为继美、日等国后，能够独立设计和制造巨型计算机的国家。

什么是"两弹一星"

"两弹一星"是指原子弹、导弹和人造地球卫星。中华人民共和国成立后，西方国家一直采取敌对态度。面对愈演愈烈的武力威胁和核讹诈，1956年，中央政府制定了《1956—1967年科

学技术发展远景规划纲要》。在这一规划的指导与爱国科学家的艰苦努力下，1960年11月5日，我国成功发射了第一枚自主研制的导弹；1964年10月16日，我国第一颗原子弹爆炸成功；1970年4月24日，"东方红一号"人造卫星发射成功。此后，我国的国防科技工业不断发展壮大。"两弹一星"精神也激励着一代代中国人勇于探索，不断创新。

我国第一颗原子弹爆炸

中华人民共和国成立后第一座有计划发掘的帝王陵墓是哪一座

明十三陵的定陵地官是中华人民共和国成立后第一座有计划发掘的帝王陵墓，定陵是万历皇帝朱翊钧和他两位皇后的陵墓。建于1584—1590年，占地面积18万平方米。对十三陵的考古挖掘开始于20世纪50年代中期，最早提出这个计划的，是当时中国著名的历史学家，时任北京市副市长的吴晗。在挖掘计划中，首选是规模最大、保存最完整的长陵，但对长陵的调查工作进展得并不顺利。最终，考古队决定，对定陵进行试掘。1956年5月，试掘工作正式开始，一直到1957年发掘工作才告一段落，共出土各类文物3 000多件。

末代皇帝是什么时候成为新中国的公民的

二战后，末代皇帝溥仪被定性为战犯，1950年8月初被押解回国，在抚顺战犯管理所学习改造。1956年11月15日，毛泽东在中共八届二中全会的讲话中提出，对待溥仪等人只能是逐步地改造，而不能简单地处决。1959年夏，在北京的中央会议上，毛泽东听取了关于国民党战犯和伪满蒙战犯的学习改造情况报告。之后，毛泽东代表中共中央向全国人大常委会提交建议，提出在庆祝新中国成立10周年之际，对于一些确已改恶从善的罪犯实行特赦。1959年12月4日，溥仪成为国内得到特赦的第一名战犯，转变为新中国的公民。

新中国第一个世界冠军是谁

容国团

新中国第一个世界冠军获得者是我国著名乒乓球运动员容国团。1958年，容国团被选为国家集训队队员，他采用直拍快攻打法，尤其精于发球。1959年在第二十五届世界乒乓球锦标赛上，他先后战胜对手，为中国夺得了第一个乒乓球男子单打世界冠军。1961年在第二十六届世乒赛上，又为中国队第一次获得男子团体冠军作出了重要贡献。1964年后容国团担任中国乒乓球女队教练，在他的指导下，中国乒乓球女队在第二十八届世乒赛上，获得了女子团体冠军。为了表彰容国团对中国乒乓球运动作出的贡献，国家体委于1961年和1964年，两次为他记特等功。

谁实现了中国奥运历史上金牌"零"的突破

中国奥运会历史上的首位冠军是我国男子射击队运动员许海峰。1984年，许海峰进入国家射击队，担任训练中心射击队助理教练兼运动员。同年7月29日，在美国洛杉矶第23届奥运会射击赛场上，27岁的许海峰夺得首项冠军，是中国人在奥运历史上夺得的首枚金牌，实现了中国奥运历史上金牌"零"的突破。1984和1986年，许海峰两次被评为"全国十佳运动员"。1995年，许海峰出任国家射击队女子手枪组教练。一年后的1996年，他的弟子李对红在第26届亚特兰大奥运会上夺得女子运动手枪冠军。

新中国的第一支股票是什么

1984年11月，经中国人民银行上海市分行批准，由上海飞乐电声总厂、飞乐电声总厂三分厂、上海电子元件工业公司、工商银行上海市分行信托公司静安分部发起，成立上海飞乐音响股份有限公司，向社会公众及职工发行股票。由此创造了上海飞乐音响股份有限公司发行新中国第一张股票的历史。当时发行的总股本一万股，每股面值50元，其中35%由法人认购，65%向社会公众公开发行。飞乐音响公司这次发行的股票，没有期限限制，不能退股，可以流通转让，人们亲切地称其为"小飞乐"。

你知道"票证"的历史吗

1955年8月25日，国务院全体会议第17次会议通过了《市镇粮食定量供应凭证印制暂行办法》，粮票从此诞生。此后，食用油票、豆腐票、布票等各种票证进入了人们的生活。可以说，票证是特殊经济条件下的产物。在新中国建立初期，商品短缺，物资供应紧张，国家只能通过发行票证的方法进行计划供应。而城镇居民也只有凭借各种票证才能购得日用必需品。改革开放后，国家经济不断发展，物资供应充足，曾经严格的票证制度越来越松动。1983年底，布票正式退出流通领域，1993年，粮票也正式退出历史舞台。票证的历史宣告结束。

各种票证

你知道新中国第一家电视台是哪年开始播出的吗

1958年5月1日，中国第一座电视台北京电视台开始试播，9月2日正式播出。从此，中国广播事业由声音广播发展到声像广播。当时北京电视台的演播室是由一间50多平方米的排练厅临时改建的，播出的电视节目也是黑白成像

的。9月2日正式播出后，每周播出4次，每次2～3小时。当时全北京市只有30多台电视机，而电视信号的覆盖半径也只有25千米，但北京电视台的建立却标志着中国电视事业的起步。1978年5月1日，北京电视台正式更名为中央电视台，成为中国最具影响力的国家级电视台。

你知道"解放台湾"这一说法是怎样提出的吗

中华人民共和国成立后，国民党退守台湾，台湾和大陆关系以军事对抗为基本形式。在对台政策上，1949年到1955年，大陆一直强调要"武力解放台湾"。这一时期，中国共产党积极准备"解放台湾"，而蒋介石集团则幻想依靠美国的支援重返大陆。从1955年到1978年的20多年里，两岸关系开始由紧张的军事对抗转变为以政治对抗为主、军事对抗为辅的斗争形势。1979年1月1日，全国人大常委会发表《告台湾同胞书》，宣布和平统一祖国的大政方针。此后，"解放台湾"这个说法便不再提及。

什么是"两个凡是"

"两个凡是"是指"凡是毛主席作出的决策，我们都坚决维护；凡是毛主席的指示，我们都始终不渝地遵循"。"两个凡是"的提法最早见于1977年2月7日《人民日报》《红旗》杂志和《解放军报》的社论《学好文件抓住纲》。"四人帮"被粉碎以后，华国锋主持中央工作，为了稳定政治局势，提出了这一主张。但这一方针阻碍了大量历史遗留问题的迅速解决，限制了对实际生活中出现的新问题的正确研究处理，在实际工作中造成了新的失误，因而一经提出立即遭到邓小平、陈云等同志的坚决反对，并由此引发了全党范围内关于真理标准问题的大讨论。

关于真理标准问题讨论的实质是什么

1978年5月10日，中央党校的内部刊物《理论动态》第60期刊登了《实践是检验真理的唯一

标准》一文。次日，此文在《光明日报》公开发表，新华社将其作为"国内新闻"头条转发全国。文中阐明："实践是检验真理的标准，而且是唯一标准，实践不但是检验真理的唯一标准，也是检验路线正确与否的唯一标准"，这实质上是将矛头直接指向"两个凡是"的错误方针。在全国引起了强烈的反响，受到广大干部和群众的普遍赞同与支持。这次大讨论为全面、认真的拨乱反正，为十一届三中全会的召开奠定了思想上和理论上的基础。

十一届三中全会作出了哪些重要决策

1978年12月18日至22日，中国共产党第十一届中央委员会第三次全体会议在北京召开，中心议题是将党的工作重心转移到社会主义现代化建设上来。此次全会作出了许多重大决策，主要包括：全会冲破了党在指导思想上的教条主义和个人崇拜，确立了马克思主义实事求是的思想路线；全会讨论并着重提出了健全社会主义民主和加强社会主义法制的任务，恢复了党的民主集中制传统；全会作出了实行"改革开放"的伟大决策并启动了农村改革的新进程；全会对重大历史是非问题开始进行系统清理。十一届三中全会实现了党自新中国成立以来的伟大历史转折。

中国共产党十一届三中全会会场

经济特区"特"在哪里

经济特区是实行特殊经济管理体制和特殊政策，用减免税收等优惠办法和提供良好的基础设施，吸引外商投资和促进出口的特定地区。经济特区具有一定的"特殊"之处：其一，一般选择在港口附近、交通方便之处，以便有利于货物流转；其二，在对外经济活动中采取开放政策，并减免关税以吸引外资；其三，订立优惠条例和

保障制度，为外商创造方便安全的投资环境；其四，特区产品以外销为主；其五，特区行政管理机构有权制定因地、因时制宜的特区管理条例，区内企业享有一定的自主权。因此，建设经济特区，有利于对全国经济的发展及转型起到借鉴作用。

"一个中心，两个基本点"指的是什么

1987年，中国共产党第十三次全国代表大会将党的基本路线概括为"一个中心，两个基本点"。"一个中心"，指以经济建设为中心；"两个基本点"，指坚持四项基本原则（即坚持社会主义道路、坚持人民民主专政、坚持中国共产党的领导和坚持马列主义、毛泽东思想）和坚持改革开放。"一个中心"的确立，充分体现了社会主义本质的要求，是解决我国现阶段社会主要矛盾的根本途径。"两个基本点"是社会主义现代化建设的根本政治保证。只有坚持四项基本原则和改革开放，才能保证社会主义现代化建设沿着正确的方向稳步、快速前进。

"一国两制"构想是如何提出的

"一国两制"构想出现于党的十一届三中全会后。1979年元旦，全国人大常委会发表《告台湾同胞书》，郑重宣告了和平

1979年元旦《人民日报》登载的《告台湾同胞书》

统一祖国的大政方针。同年1月30日，邓小平访美时提出"只要实现祖国统一，我们将尊重台湾的现实和现行制度"，初步形成了"一国两制"的构想。1981年9月30日，叶剑英发表了关于台湾回归祖国实现和平统一的九条方针政策。针对叶剑英的谈话，邓小平指出，这实际上就是表达了"一个国家，两种制度"。1982年9月，邓小平在会见英国首相撒切尔夫人时，阐明了中国政

府准备用"一国两制"的办法来解决香港问题，标志着"一国两制"构想已经成熟。

邓小平"南方谈话"的主要内容是什么

在中国社会主义现代化建设的关键时期，邓小平于1992年1月18日至2月21日先后到武昌、深圳、珠海、上海等地进行视察，发表了一系列重要谈话。主要内容包括，深刻阐明了社会主义的本质，强调要坚持党的基本路线一百年不动摇。同时指出，必须加快改革开放的步伐，要大胆地试验，勇敢地探索，抓住时机，发展经济。还提出，要坚持两手抓，两手都要硬。并要求搞好党的建设和领导班子建设，保证政治路线的正确。最后，强调对社会主义的前途要充满信心，坚信社会主义必然代替资本主义。

邓小平在深圳发表讲话

现代化发展战略要分哪三步走

十一届三中全会后，邓小平提出了有步骤、分阶段实现社会主义现代化的思想，于1987年制定了"三步走"的发展战略。具体而言，即第一步，从1981年到1990年，实现国民生产总值翻一番，基本解决人民的温饱问题；第二步，从1991年到20世纪末，实现国民生产总值再翻一番，人民生活达到小康水平；第三步，到21世纪中叶，人均国民生产总值达到中等发达国家水平，人民生活比较富裕，基本实现现代化。然后在这个基础上继续前进，把我国建设成为富强、民主、文明的社会主义现代化国家。

什么是"科教兴国"战略

1995年5月，江泽民同志在全国科技大会上发表重要讲话，提出"确立科技和教育是兴国的手段和基础的方针"，即科教兴国战略。主要内容是，在科学技术是第一生产力思想的指导下，坚持教育为本，把科技和教育摆在经济、社会发展的重要位置，增强国家的科技实力及向现实生产力转化的能力，提高全民族的科技文化素质，把经济建设转移到依靠科技进步和提高劳动者素质的轨道上来，加速实现国家的繁荣昌盛。这一战略的提出和实施大大提高了各级党政干部对科技和教育重要性的认识，为我国科教事业的进一步发展提供了无穷动力。

什么是"211工程"

"211工程"自1990年便开始酝酿。1990年6月，国家教委在制定全国教育事业十年规划和"八五"计划时，曾研究要在"八五"期间集中力量办好一批重点高校的问题。后来，考虑到进入新世纪，各行各业都要面临新技术革命的挑战。经过多次研究，确定了到2000年前后，要集中中央和地方各方面的力量，分期分批地重点建设100所左右的高等学校和一批重点学科、专业，力争在21世纪初有一批高等学校和学科、专业接近或达到国际一流大学的水平。这项发展高等教育的重要措施开始简称为"211计划"，后来确定为"211工程"。

什么是经济的"软着陆"

在我国经济继续大步前进的过程中，由于经济体制中深层次的矛盾尚未解决，从1992年下半年开始，经济开始升温，出现了高投资规模、高货币信贷投放、高工业增长、高物价上涨的现象，由此引发了股票热、房地产热、开发区热和集资热。为了解决出现的经济问题，从1993年至1996年起，国家开始进行宏观经济调控。到1996年中国经济成功地实现了"软着陆"，既有效地抑制了通货膨胀，使商品零售价格涨幅从最高峰的25.2%降到4.4%，又保持了经济的快速增长，1996年国内生产总值增长率仍达9.7%，避免了经济的大起大落。

中国首个南极科学考察站名称是什么

位于南极洲菲尔德斯半岛的中国南极长城站是中国为对南极地区进行常年性科学考察而建立的第一个科学考察站，东临麦克斯维尔湾中的长城湾，背依终年积雪的山坡。南极长城站以世界著名的长城命名，由时任国家主席的江泽民于1997年题写站名。经过不断的扩建，长城站现拥有各种建筑25座，建筑总面积达4 200平方米。其中包括办公栋、宿舍栋、医务文体栋、气象栋、通讯栋和科研栋等7栋主体房屋，还有若干栋科学用房，夏季可容纳科研人员60人，冬季可供20人左右进行越冬考察。

什么是"九二共识"

"九二共识"指1992年大陆的海峡两岸关系协会与台湾的海峡交流基金会就解决两会事务性商谈中就坚持一个中国原则的态度及表述问题所达成的共识。1992年10月28日至30日，海基会与海协会在香港举行会谈，在"一个中国的问题上"没有达成统一意见。11月16日，海协会正式致函海基会，"海峡两岸都坚持一个中国的原则，努力谋求国家的统一。但在海峡两岸事务性商谈中，不涉及'一个中国'的政治涵义。"12月3日，海基会回函海协会，未表示异议。至此，双方关于一个中国原则表述问题的讨论以达成共识而告一段落。

中国建设的第一座核电站名称是什么

秦山核电站位于浙江省海盐县，面临杭州湾，背靠秦山，是中国第一座自己研究、设计和建造的核电站。至今共建设了三期工程。一期工程由核工业部主导推进，于1985年动工，1991年12月首次实现并网发电，成为当时中国投产的唯一一套核电机组。机组在测试运行了两年之后，正式投入商业运营。目前秦山核电站的总装机容量为290万千瓦，已成为中国一处大型的核电基地。秦山核电站的建成结束了中国无核电的历史，投产以来，机组运行一直处于良好状态，成为中国自力更生和平利用核能的典范。

什么是"西部大开发"

西部地区特指陕西、甘肃、宁夏、青海、新疆、四川、重庆、云南、贵州、西藏、广西、内蒙古12个省、自治区和直辖市。"西部大开发"是中共中央贯彻邓小平同志全面推进社会主义现代化建设的重大战略部署。2000年1月，国务院西部地区开发领导小组召开西部地区开发会议，研究加快西部地区发展的基本思路。同年10月，中共十五届五中全会通过了《中共中央关于制定国民经济和社会发展第十个五年计划的建议》，正式将实施西部大开发、促进地区协调发展作为一项战略任务。经过"西部大开发"，我国西部地区的落后面貌已发生明显改变。

中国什么时候正式加入的世界贸易组织

关贸总协定是世界贸易组织的前身，而中国是关贸总协定的缔约国之一。1950年3月，退往台湾的国民党政权以"中华民国"的名义退出关贸总协定。从此，中国被排除在关贸总协定之外。1986年7月，中国正式提出恢复关贸总协定缔约国地位的申请。到1995年1月1日，世界贸易组织取代关贸总协定成立，中国也由申请"复关"变为申请"入世"。2001年9月，中国完成了与世贸组织成员的所有双边准入谈判。2001年12月11日起，中国正式成为世界贸易组织成员国，标志着中国的对外开放迈入了全新阶段。

中国加入世界贸易组织签字仪式

"三个代表"重要思想的主要内容是什么

"三个代表"重要思想是江泽民同志于2000年2月在广东省进行工作考察时提出的，其内容是：中国共产党要始终代表中国先进生产力的发展要求，始终代表中国先进文化的前进方向，始终代表中国最广大人民的根本利益。"三个代表"重要思想是江泽民同志对中国共产党七十多年历史的总结，也是根据国际国内形势的新变化，和我国改革开放及现代化建设提出的新问题和新任务。"三个代表"重要思想深化了对中国特色社会主义的认识，是对马克思主义建党学说的新发展，也是在新的历史条件下全面加强党的建设的伟大纲领。

什么是"科学发展观"

"科学发展观"是中共中央总书记胡锦涛同志在党的十七大作的《高举中国特色社会主义伟大旗帜，为夺取全面建设小康社会新胜利而奋斗》的报告中提出，并被写入党章，成为中国共产党的重要指导思想之一。科学发展观的内容是："坚持以人为本，树立全面、协调、可持续的发展观，促进经济社会和人的全面发展"，按照"统筹城乡发展、统筹区域发展、统筹经济社会发展、统筹人与自然和谐发展、统筹国内发展和对外开放"的要求推进各项事业的改革和发展。"科学发展观"标志着马克思主义基本理论和中国具体国情的结合达到了新的高度。

北京市成功申办2008年夏季奥运会是在哪一天

北京申奥成功

1908年，中国一本名为《天津青年》的杂志曾向国人提出过三个问题："中国何时才能派一位选手参加奥运会？中国何时才能派一支队伍参加奥运会？中国何时才能举办奥运会？"1998年11月，国务院总理办公会议和中央政治局常委会经讨论，决定由北京申办2008年夏季奥运会。2001年1月17日，北京2008年奥运会申办委员会在洛桑向国际奥委会递交了《申办报告》。2001年7月13日，北京时间22时，在莫斯科举办的国际奥委会第112届全体会议中，仅经过两轮投票，北京便从五个申办城市中脱颖而出，成为2008年夏季奥运会主办城市。中国人一百年的奥运梦想终于得以实现。

谁被誉为"杂交水稻之父"

中国科学工程院院士袁隆平，从1964年就开始研究杂交水稻，1973年培育成第一个杂交水稻强优组合"南优2号"，比以前的水稻单产增加20%。1975年研制成功杂交水稻种植技术，从而为大面积推广杂交水稻奠定了基础，被誉为"杂交水稻之父"。1982年袁隆平担任全国杂交水稻专家顾问组副组长；1985年提出杂交水稻育种的战略设想，为杂交水稻的进一步发展指明了方向。现在，我国杂交水稻的优良品种已占全国水稻种植面积的50%，平均增产20%。2001年2月19日，中共中央、国务院隆重举行国家科学技术奖励大会，授予袁隆平2000年度国家最高科学技术奖。

袁隆平在田间观察水稻

三峡大坝最早由谁提议修建

我国最早提出修建三峡大坝设想的是民主革命先行者孙中山先生。1918年，孙中山在《建国方略之二——实业计划》中"改良现存水路及运河"一节提出，"自宜昌而上入峡行……当以

ZHONGGUO LISHI

水闸堰其水，使舟得溯流以行，而又可资其水力"。1924年8月，孙中山先生在广州国立高等师范学校礼堂作演讲《民生主义》时又提到，"像扬子江上游夔峡的水力，更是很大。有人考察由宜昌至万县一带的水力，可以发生3 000余万匹马力的电力，像这样大的电力，比现在各国所发生的电力都要大得多……"这是我国开发三峡水力发电的最早提议和设想。

中国第一次承办的世博会在哪个城市举办

第41届世界博览会于2010年5月1日至10月31日期间在中国上海举行。此次盛会是中国举办的首届世界博览会。1999年12月，中国政府正式宣布申办2010年世博会，到2002年12月3日，经国际展览局大会投票表决，中国获得2010年世博会举办权。上海世界博览会以"城市，让生活更美好"（Better City, Better Life）为主题，诠释了建立"和谐城市"，从根本上立足于人与自然、人与人、精神与物质和谐的涵义，总投资达450亿人民币。世博园区用地范围为5.4平方千米，创造了世界博览会史上最大规模记录，同时超越了7 000万的参观人数，包括其他项目共有13项纪录入选世界纪录协会世界之最。

上海世博会标志

中国第一艘载人航天飞船发射成功是在什么时候

2003年10月15日9时整，我国自行研制的"神舟"五号载人飞船于中国酒泉卫星发射中心发射升空，这是中国首例载人航天飞行试验，实现了中国人千百年来的飞天梦想。乘坐"神舟五号"载人飞船执行任务的是我国自行培养的第一代航天员杨利伟。10月16日6时23分，在环绕地球14圈、行程达60万千米之后，"神舟五号"载人飞船返回舱在内蒙古着陆场成功着陆。"神州"五号的发射成功，使中国成为继俄罗斯和美

2003年10月15日，我国成功发射载人飞船"神舟五号"

国之后，世界上第三个自主发展载人航天技术的国家，也为即将实施的探月工程和深空探测提供了动力。

中国首颗探月卫星叫什么名字

"嫦娥一号"是中国自主研制并发射成功的首个月球探测器，由中国空间技术研究院研制，主要用于执行获取月球表面三维影像、分析月球表面有关物质元素的分布特点、探测月壤厚度、和地月空间环境等任务。2007年10月24日，"嫦娥一号"在西昌卫星发射中心由"长征三号甲"运载火箭成功送入太空，并开始成功输送大批月球影像资料。这向世界宣告，中国已成为世界第五个成功发射月球探测器的国家。2009年3月1日16时，"嫦娥一号"在控制下成功撞击月球，为中国月球探测的一期工程画上了圆满句号。